Jürgmeier • Staatsfeinde oder SchwarzundWeiss

Jürgmeier

Staatsfeinde oder SchwarzundWeiss

Eine literarische Reportage aus dem Kalten Krieg

Der Autor dankt der Stadt Winterthur und der «Stiftung Archiv Schnüffelstaat Schweiz» (ASS) für die Förderung seiner Arbeit.

Umschlag: Thea Sautter, Atelier für visuelle Gestaltung, Zürich
© 2002 Chronos Verlag, Zürich
ISBN 2-0340-0553-9

Vorwort

War der «Fichenskandal» in der Schweiz der letzte, der allerletzte Aufschrei einer Zivilgesellschaft? Es gibt einige gute Gründe, sich diese Frage zu stellen, nicht nur hier zu Lande. Der spezifisch schweizerische Skandal, dessen Aufdeckung damals landesweite Empörung ausgelöst hatte, scheint heute so weit schon in der Geschichte zurückzuliegen, dass man ihn vergessen kann, angesichts neuer Bedrohungen sogar vergessen soll. Der «Staatsschutz» hat schon wieder kaum mehr irgendwelche Legitimationsprobleme; er hat sich in der Zwischenzeit auf technologischer Ebene so weit entwickelt, verfeinert und «raffiniert», dass er mindestens im Westen, zu dem die Schweiz sich immer dann besonders gerne bekennt, wenn der Feind von der westlichen Führungsmacht geortet und benannt ist, in Krisensituationen nicht nur hingenommen, sondern sogar als brauchbar, ja nötig anerkannt wird – und nur schon deshalb gebraucht werden *soll*. Was damit preisgegeben wird, scheint dann jeweils sofort nicht mehr zu zählen.

Mit dieser Wahrnehmung der jetzigen Situation (die wohl noch einige Zeit «herrschen» dürfte) fing ich an Jürgmeiers «literarische Reportage» zu lesen. Ich kenne und schätze Jürgmeiers Arbeiten, die literarischen und die journalistischen, seit Jahren. Ich zähle seine journalistischen Befragungen und «Hinterfragungen» für Radio DRS noch immer zum Besten, gerade weil sie InterviewpartnerInnen so zu Wort kommen lassen, dass sich weite Felder hinter dem aktuellen Anlass dem Verständnis auftun; und ich erkenne auch in seinen Kolumnen und Essays den häufig auch kurz erzählenden Ansatz oder Einstieg, knapp und verhalten brillant, der auch seine eigentlich literarischen Arbeiten kennzeichnet. Ich konnte also auf die Lektüre seines nun vorliegenden grossen Werks gespannt sein – und ich war zu Recht gespannt. Jürgmeier gelingt in diesem Buch, um das Wichtigste vorwegzunehmen, eine *Form* von Geschichtsschreibung, die *Inhalte*, deren Vergessengehen von gewissen Kreisen eigentlich vorgesehen war, in ein hoffentlich breites öffentliches Gedächtnis rettet. Denn es geht in diesem Buch um das, was konkreten, sich in diesem Land engagierenden und damit auch sich exponierenden *Menschen*, Frauen und Männern, bei dem, was, um angeblich den Staat zu schützen, über sie in Fichen festgehalten wurde, sich wirklich in die Erinnerung eingeprägt hat. Dabei geschieht etwas absolut Erstaunliches: die sehr individuellen *Geschichten* der wenigen Männer und Frauen, die in den Jahren, die anhand ihrer Fichen-Registrierung in diesem Buch festgehalten werden und die biographisch, wenn überhaupt, dann höchstens sehr vermittelt miteinander etwas zu tun hatten, für eine(n) LeserIn auf äusserst spannende Weise zu etwas werden, was ich den «Roman», den «wirklichen», einer ganzen Zeit, der Zeit hier zu Lande während des Kalten Krieges, auch nennen könnte, ohne damit den hochdokumentarischen Wert des Textes schmälern zu wollen. Es ist, als ob der Autor, der sich selbst im ganzen Text konsequent «Berichterstatter» nennt (und als solcher auch selbst ins Spiel bringt), während der sehr langen Zeit journalistischer Recherche im besten und professionellsten Sinn dieses Worts schon von Anfang an den Verdacht gehabt hätte, dass man gerade zur Zeit seines Erscheinens von dem, was hier Sprache geworden ist, mächtigerseits tunlichst wieder mal möglichst wenig wissen wollte, um erneut den Staat vor seinen BürgerInnen, seinen Citoyens und Citoyennes, zu schützen. Damit steht Jürgmeiers nun vorliegendes Buch in der besten Tradition schweizerischer Literatur, die, im Sinne von Max Frisch, so in die «eigenen Angelegenheiten» eingreift, wie es jeder und jede in einer zivilen Gesellschaft tun könnte und sollte, wenn ihn, sie auch zivile Courage und nicht bloss (dann eben zu beschützende) Sicherheitsängste leiten würden.

*

Der Autor reflektiert in seinem Buch das Verhältnis von literarischem und streng dokumentarischem Anspruch *immanent* – in den Techniken der Umsetzung von hunderten von Seiten Abschriften der Tonbandaufzeichnungen, in Text und Erzählung von Gesprächen, Formung der inneren Dramaturgie eines Gesprächs, Gesamtdramaturgie des Ablaufs einer Geschichte, wie sie ganz verschiedene Figuren zur je selben Zeit erlebten, erfuhren, selbst reflektierten oder dem «Berichterstatter» gegenüber kommentierten. Das gehört alles zum Handwerk der Montage, die die Lesenden weiterführen, spannen und nicht unnötig irritieren soll; Montage ist nie Selbstzweck. Der Autor versteht dieses Handwerk. Ich werde noch auf ein paar Details hinweisen, die vielleicht deutlich machen können, was die von ihm gewählte literarische *und* dokumentarische Methode vermag, wenn es darum geht, wirklich, geschichtlich und persönlich gemachte Erfahrung einer langen Zeitspanne nicht einfach vergessen gehen zu lassen – eines Abschnitts Zeitgeschichte, die bis heute (leider) nichts an Relevanz verloren hat.
An wenigen Stellen reflektiert der Autor *explizit* die Problematik und innere Spannung seiner Verfahrensweise zwischen Literatur und dokumentarischem Journalismus. Das macht dann Sinn, wenn die genannte Spannung und Problematik im Gespräch selbst zum Thema geworden war – und damit der «Berichterstatter» selbst ins Spiel hineingezogen – und damit selbst zu einer Figur des Geschehens wurde.
Im zweiten Bericht über Jochi W., übertitelt mit «Der Sturm», stehen folgende Sätze: «Fühlte der Vater [von Jochi W.] sich seinerseits schuldig? Obwohl seit seiner Geburt 1902 in der Schweiz lebend? Weil er sich um ganz gewöhnliche Geschäfte kümmerte, während anderen nicht einmal die Goldzähne blieben, kümmern musste, um der jungen Familie Dach und Tisch zu decken?» In diesen Sätzen kommt ein scheinbar bekanntes Phänomen zur Sprache: Juden, die sich schuldig fühlen, weil sie, zum Beispiel in der Schweiz, nicht Opfer werden mussten im Wahnsinn der Hitlerschen «Endlösung». Doch die Passage

fährt, unerwartet gerade für eine(n) LeserIn, die doch schon einiges zu wissen meint über solche schwierigen jüdischen Befindlichkeiten, folgendermassen fort: «‹Bei meinem Vater eine gewagte These›, lässt Jochi W. den Berichterstatter wissen ...» Die offenbar vom «Berichterstatter» vorgebrachte «Meinung» ist für den befragten Sohn dieses «Vaters» zwar nicht einfach falsch, aber «gewagt», denkbar vielleicht schon, vielleicht wäre sie dem Sohn, dem Jochi W., *ohne* den «Berichterstatter» einfach nicht in den Sinn gekommen. Die Skepsis des Befragten bringt nun den «Berichterstatter» selbst dazu, sich, wenn nicht rechtfertigen, so doch erklären zu müssen. In einem sehr weit ausholenden Relativsatz bringt er sich selbst ins Spiel in dem Text, den er gerade als «zweiten Bericht Jochi W.» zu Papier bringt: er, der Berichterstatter, «der für einmal an der Fiktion festhält, sich an die vom Schweizer Filmer Alain Tanner in ‹La salamandre› aufgeworfene, aber unbeantwortete Frage erinnernd, wer der Wirklichkeit näher komme, der vor Ort recherchierende Journalist oder der im stillen Kämmerlein beziehungsweise am lärmigen Beizentisch phantasierende Dichter». Ich erinnere mich meinerseits an ein Streitgespräch vor Jahren im Bahnhofbuffet Neuchâtel zwischen dem immer noch reinen Dokumentarfilmer Alexander J. Seiler und dem für Seiler in der Zwischenzeit abtrünnigen Verräter Alain Tanner (der selbst als Dokumentarist begonnen hatte und dann zum Spielfilm «übergelaufen» war) – wenn ich mich denn meinerseits richtig an dieses Gespräch erinnere.

Ziemlich vertrackt, die Frage: Was tritt näher an die Wirklichkeit heran, die Fiktion oder die «reine» Recherche? Der bekannte kritische Journalist Niklaus Meienberg (der seine Reportagen aber als die Literatur verstand, die jetzt nötig, an der Zeit war) beharrte in einem viel später stattfindenden und Staub aufwirbelnden Streit auf seinem immer wieder vorgebrachten Diktum «la réalité dépasse la fiction». Jürgmeier verfährt an dieser Stelle – und in seinem ganzen Werk – ziemlich anders: er lässt nicht bloss, recherchiert und registriert, das Sprache werden, was als Skepsis des Jochi W. aus dem Band tönt; er «dichtet» vielmehr am Einwand vorbei *seine* Fiktion einmal weiter: «Hatten Mutter, Vater, hatten beide das Gefühl, ihre jüdischen BrüderundSchwestern im Stich gelassen zu haben? Begannen sie dies einander übel zu nehmen? Sich, gerettet und sicher, zu vergraben? In einem Land, einem kleinen, einem Haus, einem kleinen, der Familie, der kleinen?» Der Berichterstatter oder eben der Autor, der «Dichter», will mehr wissen als das, was das laufende Band eben festgehalten hatte. Und er erfährt mehr, letztlich, im Verlauf der vielen langen, intensiven, auf vieles wieder zurückkommenden Gespräche mit Jochi W., auch warum die These bei diesem Vater dem Sohn «gewagt» vorkam.

Hinter dem skeptischen Zögern Jochi W.s, der Vermutung des «Berichterstatters» einfach zuzustimmen, verbirgt sich Bedeutsameres, tiefere familiale Zusammenhänge etwa, die im Ganzen der Gespräche mit Jochi W. deutlich wurden, von denen der «Autor» aber an dieser Stelle etwas erwähnt. Man könnte sagen, weil an dieser Stelle seines Buches der Autor mehr Hintergrund für sinnvoll erachtet.

Bei der *Mutter* nämlich zeigte sich immer wieder das, «was psychologisch Belehrte ‹eine Depression› nennen». Das Verfahren zwischen Befragten und Berichterstatter führt dann allerdings genau an dieser Stelle zur Mitteilung eines Satzes der Mutter, der fast erschreckend authentisch klingt, den Kern überhaupt des Ganzen trifft, in dem Jochi W. herangewachsen war. Nach der Erwähnung der mütterlichen «Depression» liest frau/man: «‹Schlimmer als beim Hitler› habe sie das W.'sche Familienleben ein paarmal genannt.» Diese erstaunliche Feststellung «bewahrheitet» sich in den vielen noch folgenden Berichten Jochi W.s.

*

In dieser behutsamen Genauigkeit des Vorgehens wird vom Autor (wie ich ihn jetzt gegen den Strich nenne) die Möglichkeit allererst entdeckt, den gewaltigen Stoff dieser sehr verschiedenen Biographien zu realisieren, Einzelleben erzählerisch und recherchiert zu vermitteln, die alle fichiert wurden in *derselben* Zeit des Fichiertwerdens hier zu Lande, einer spezifisch helvetischen Ausprägung der Zeit des Kalten Krieges.

Denn einerseits ist es so, dass die interviewten Personen aus ihren Erinnerungen längst selbst schon *Erzählung* gemacht hatten; die «Erzählung» konstituiert allererst die «Wahrheit» der Erinnerung. Andererseits merkt frau/man als LeserIn von Jürgmeiers Text immer mehr, wie die Geschichte des «Berichterstatters» mit dem Zuhören, Registrieren, Ab- und Umschreiben in «Berichte», in Erzählung, selbst *mit* wächst. Damit ist vielleicht das (in aller Literatur überhaupt auftauchende oder verschwiegene) Problem von Nähe und Distanz (zu den Stoffen) auf spezifisch jürgmeiersche Art aufgehoben – in einer äusserst genauen und wirklichkeitsdichten *Literatur,* wie ich es mal nennen möchte. Und vielleicht ist solche *Literatur* auch die einzige und letzte Möglichkeit, noch etwas in Sprache zu retten vom *Politischen* der längst vergangenen Geschichten und der leider gar nicht obsolet gewordenen Geschichte, die man gerade heute wieder einmal für nicht mehr opportun zu erklären versucht; wir (wer?) hätten doch heute ganz andere Sorgen ...

*

Die «anderen Sorgen», die wir heute anscheinend zu haben haben, resultieren allerdings aus einer Geschichtszeit, während der sich alle Gesprächspartner des Berichterstatters in einem herausragenden Mass *engagiert* hatten als Citoyens und Citoyennes – und gerade deshalb zu Objekten der Beobachtung des Staatsschutzes wurden, es wieder würden, es längst vielleicht schon wieder sind (zusammen mit vielen anderen), weil unseren Ängsten und (an sich legitimen) Sicherheitsbedürfnissen erneut allenfalls fälliger Ausnahmezustand angedroht wird angesichts des erneut ausgebrochenen Ernsts der Lage, wo dann halt anderes wichtiger ist als die Sorgen der Citoyennes und Citoyens um (immerhin auch) ihren Staat. Der gerade passende «Staatsfeind» ist von jedem Staatsschutz jederzeit auszumachen. In einem uralten Lied von Georg Kreisler hiess es einmal mitten im Kalten Krieg, wenn ich mich richtig erinnere, ungefähr so: «Zu Bonn am Rhein, da fürchtet sich der Kommunist, sollte man etwas weiter östlich sein, fürcht' sich nur, wer keiner ist.» Heute wird uns weltweit gesagt, wann man/frau schon «Terrorist» geworden ist.

Die «Sorgen» der im Buch Jürgmeiers erzählten Lebensentwürfe hatten ihren Grund nicht in irgendwelcher helvetischer Nabelschau oder Staatsverdrossenheit. Es lohnt sich, die sparsamen, aber wichtigen Anmerkungen im Buch zur Kenntnis zu nehmen. Auch dort wird deutlich, welche gleichsam weltgeschichtlich relevanten Themen diese ZeitgenossInnen umtrieben, wird noch einmal unterstrichen, welche politischen Optionen, die längst nicht bloss dieses Land betrafen, von wem an welchem ausgezeichneten Punkt der eigenen Biographie gewählt wurden, gewählt werden mussten. Peter Brückner, der Begründer einer «politischen Psychologie», hat einmal angemerkt, es gehe immer um die Schnittstelle, die nämlich zwischen der eigenen Biographie und dem, was wir uns geschichtlich sonst so antun. Dass Engagement in Widersprüche, in innere (und äussere) Tragödien führen kann, sollte, menschlich betrachtet, niemanden (ausser eben Staatsschützer) verwundern. Die Sorgen der Beschatteten drehen sich um zentrale Themen, sie kämpfen alle gegen Bedrohungen, die der Welt Sorge bereiten oder bereiten sollten; Engagement, wie es in diesem Buch als immer spannendere Geschichte einer ganzen Epoche zur Kenntnis genommen werden darf, kann an die Abgründe der Zeit führen. Es geht den hier porträtierten Menschen schliesslich um atomare Bedrohung, Gefährdung des Friedens, aber auch um Apartheid, um die (immer weiter eskalierenden) Konflikte in Palästina, aber auch um Diktaturen im Namen einer Ideologie, einer marxistischen Sicht der Welt zum Beispiel, für die man/frau die politisch besten Gründe hatte (und behielt), sich mit seiner ganzen Existenz einzusetzen.

So wird denn in Jürgmeiers Buch eine Perversion, ja eine eigentliche Obszönität immer greifbarer, immer widerlicher deutlich, nämlich die Perversion der staatlichen Schnüffler mit ihrem ungeheuerlichen Anspruch: Mit den Methoden des Aushorchens, des staatlich anerkannten Voyeurismus, wollten die etwas vom Engagement, von der Existenz eines *Menschen* «gefasst» haben!

Jürgmeiers Buch erweist sich als ein gerade jetzt, wie mir vorkommt, sehr notwendiges Werk, und zwar gerade in seiner Literalität, mit seinen Methoden der Montage, der Überführung von Recherche in Erzählung, die *Menschen* erfahren lässt, Menschen, die LeserInnen etwas angehen und nicht von wem auch immer angestellte Schnüffler, – als *Frontalangriff* auf gewisse Verfahrensweisen so genannter Staatsschützer. Die *literarische Reportage*, die nirgends vorgibt freie Fiktion zu sein, demaskiert die Überwachungspraxen auch unseres hiesigen Staatsschutzes als die Obszönität, die sie tatsächlich darstellen – in ihrer ganzen Unerträglichkeit für jede *Staats*bürgerin, für jeden *Staats*bürger (wie man das elegantere französische Citoyen wahrscheinlich richtig ins diesbezüglich schwerfälligere Deutsche übersetzen müsste).

*

War der «Fichenskandal» der letzte, der allerletzte Aufschrei einer Zivilgesellschaft? Ich stelle mir die Anfangsfrage dieses Vorworts noch einmal, gebe zu, ich bin ziemlich pessimistisch; auch und gerade die Überwachung aller hat sich längst in einem Ausmass «globalisiert», dass heute die letzte Weltmacht einer zu allem bereiten weltweiten Hysterie praktisch alles zumuten kann, insbesondere die Aufgabe ausgerechnet all der Freiheiten und Bürgerrechte, wofür die Weltmacht (wieder einmal) die nötigen Kriege für uns zu führen vorgibt.
Ich lasse meinen persönlichen Pessimismus mal beiseite und möchte auf einen letzten Punkt – und vielleicht auch eine letzte Irritation bei einer Lektüre von Jürgmeiers Buch – mindestens kurz hinweisen. Der Berichterstatter-Autor (wie ich ihn nun endgültig nennen möchte) hat sein Unternehmen schon vor einiger Zeit in Angriff genommen, lange bevor die Twin Towers einstürzten und weitere Apokalypsen Schrecken verbreiteten, noch weitere befürchten lassen. Aber besagter Berichterstatter-Autor schien schon früh von einer Ahnung beschlichen worden zu sein, die ich als *meine* Vermutung etwa folgendermassen formulieren könnte: er ist sich sehr klar, sich die Illusion nicht machen zu können, auch nicht machen zu wollen, dass ein Buch wie das vorliegende verhindern könnte, dass Schnüffeln – mit anderen Methoden, noch raffinierteren, wie alle Schnüffler immer von neuem sich selbst in ihrem Tun überzeugen – wieder und wieder Konjunktur haben wird. Ich meine allerdings, seine Ahnung hat noch die andere Seite, die wirkliche, die im besten Sinne *zivile* Kehrseite, dass er weiss, dass es immer Menschen gibt, geben muss, die sich ihr Engagement, ihren Mut, ihre Gefährdungen und vielleicht Zweifel und Verzweiflungen von keinem «Fichenfritz» und auch von keiner «staatlichen» Drohung werden austreiben lassen. Ich vermute – wohl mit einigem Recht –, der Berichterstatter-Autor gehört selbst zu dieser Spezies. Und: früher nannte man solche menschlichen Versuche gegen (gemachte) Angst schön und einfach *Zivilcourage*.
Nun ist der «Berichterstatter» ja ein Autor, ein Schriftsteller, der etwas mit seinen Büchern, mit seiner *Literatur* zu bewerkstelligen versucht, und dazu kann dann einiges, auch Ungewohntes, allenfalls Irritierendes gehören. Jürgmeiers Buch hat *zwei* Haupttitel, «Staatsfeinde» und «SchwarzundWeiss», und einen Untertitel, der einiges erklärt und einiges auch nicht; den zweiten Titel zum Beispiel nicht. Ich will das auch in meinem Vorwort zu diesem Buch

nicht tun. Aber auf einiges hinweisen möchte ich denn schon, weil ich ja selbst mich zuerst an diese ziemlich verqueren Figuren gewöhnen musste: Schwarz und Weiss sind offenbar rein *fiktive* Figuren, *erfunden* von diesem Schriftsteller, der in ihren Passagen es auch sprachlich bunter treibt als in den Berichten, die sich auf Recherchen stützen. Was aber Schwarz und Weiss miteinander treiben, wird über das ganze Buch hinweg immer spannender, eine Art Krimi spielt sich da ab (oder auf!) mitten durch die gewaltigen Stoffmassen einer ganzen Geschichtszeit hier zu Lande hindurch; der «Krimi» aber transportiert, kolportiert dann doch auch einigen Stoff, der in den eigentlichen Berichten nicht vorkommt, bei dem der Autor womöglich dabei war, mit seiner Fantasie mindestens. In dieser *Kolportage* schreibt einer und hat dann schliesslich zu schreiben, weil der andere ihm den Auftrag geben kann, genau das zu tun.

Ob in solcher Fiktion nicht der Verdacht eines Schriftstellers auf den Punkt kommt: ins Absurde getrieben, sähe das alles ja dann etwa so aus. Warum denn nicht? Das allermeiste, was der «Staatsschutz» während der Zeit des Kalten Krieges zustande brachte, war eine ziemliche miserable Kolportage über den angeblichen Staatsfeind. Das wissen die meisten längst, können es aber nach der Lektüre des Buchs von Jürgmeier mit ein paar guten Gründen besser wissen.

Manfred Züfle

Die Personen

Leni A.
Leni Altwegg, 1924 in Wädenswil geboren und dort aufgewachsen als jüngstes von fünf Kindern eines Primarlehrers. Töchter-Handelsschule Zürich mit Diplomabschluss, anschliessend Lehre als Arztsekretärin und medizinische Laborantin. Mit 32 bis 40 Jahren zuerst Abendmatur, dann Theologiestudium, beides in Zürich. Zwei Pfarrstellen, zehn beziehungsweise zwölf Jahre in Schlieren und Adliswil, Pensionierung 1987. Seit 1979 intensives Engagement mit Südafrika und in der Anti-Apartheid-Bewegung.

Hansjörg B.
Hansjörg Braunschweig (8. Januar 1930–9. Februar 1999), in Basel geboren, die Schulen besucht und Jurisprudenz studiert. Aktiv in der Blaukreuzjugend. 1956–1966 Mitarbeiter des «Service Civil International», der «Internationalen Liga der Rotkreuzgesellschaft» in Algerien und des «Schweizerischen Arbeiterhilfswerkes». 1966–1994 Amtsvormund der Stadt Zürich. Verheiratet mit Sylvia Braunschweig, geborene Häner, eine Tochter und drei Söhne, seit 1964 in Dübendorf wohnhaft. 1953 Eintritt in die «Sozialdemokratische Partei der Schweiz». 1964–1975 Präsident des «Schweizerischen Friedensrates», 1968–1978 Kantonsrat, 1976–1982 Präsident der «SP des Kantons Zürich», 1978–1990 Nationalrat. 1982–1992 Präsident der «Arbeitsgemeinschaft für Rüstungskontrolle und ein Waffenausfuhrverbot», 1984–1997 Präsident der «Vereinigung Freunde der Neuen Wege». 1994–1999 Präsident des «Vereins und Treffpunktes Nordliecht» in Zürich.

Emilio M.
Emilio Modena, 1941 als Sohn eines Marineoffiziers und einer Schriftstellerin in Neapel geboren, dann in Messina, La Spezia und Genua bis zur Übersiedlung nach Zürich 1950. Als Adoleszenter Mitglied der «Freien Jugend», dann Gründung der «Fortschrittlichen Studentenschaft Zürich» und der «Revolutionären Aufbauorganisation Zürich», der «Gewerkschaft Kultur, Erziehung, Wissenschaft», der «Vereinigung unabhängiger ÄrztInnen», des «Vereins Pro AJZ» etc. Nach Abschluss des Medizinstudiums an der Universität Eröffnung einer Allgemeinpraxis in Zürich-Aussersihl und psychoanalytische Ausbildung am Psychoanalytischen Seminar Zürich. Persönliche Analysen bei Paul Parin und Johannes Cremerius. Seither psychotherapeutische Privatpraxis. Ab 1979 in der «Stiftung für Psychotherapie und Psychoanalyse». Dozent und Supervisor am «Psychoanalytischen Seminar Zürich», zeitweise Lehrbeauftragter an der Universität Klagenfurt. Zahlreiche Publikationen in den Themenbereichen Psychoanalyse und Gesellschaft, psychoanalytische Ausbildung, Narzissmus und Triebtheorie. Zuletzt Herausgeber des Sammelbandes «Das Faschismus-Syndrom. Zur Psychoanalyse der Neuen Rechten in Europa».

Victor S.

Victor Schiwoff, geboren am 22. November 1924 in Meiringen. Der Vater war Russe, die Mutter Polin; beide schlossen ihr Medizinstudium in Zürich ab. Kurz vor Maturaabschluss wurde Victor Schiwoff vom Militär einberufen – 300 Aktivdiensttage. 1945 als jüngstes Parteimitglied bei der Gründung der «Partei der Arbeit» dabei. 1946 den Maturaabschluss nachgeholt. 1947 bis 1951 Studium mit Abschluss als Dr. rer. pol. Nach verschiedenen Tätigkeiten 1954 erste Arbeiten für den «Verband des Personals öffentlicher Dienste» (VPOD), unter anderem die Studie zum 50-Jahr-Jubiläum «Das Mitsprache- und Mitbestimmungsrecht des Arbeitnehmers im öffentlichen Dienst», 1955 Wahl zum Sekretär der VPOD-Sektion Luftverkehr, 1956 die so genannte Schiwoff-Affäre mit Ausschluss aus dem VPOD. Nach einer kurzen Zeit der Stellenlosigkeit verschiedene Arbeiten, unter anderem als Hilfsmaler und Packer in einer Buchhandlung. 1960 bis 1971 Redaktor beim «Vorwärts» in Genf, wo er als Mitglied der PdA in den Gemeinderat von Meyrin und in den Grossrat des Kantons Genf gewählt wurde. 1971 bis zu seiner Pensionierung 1989 Zentralsekretär des VPOD in Zürich.

Elsi S.

Elsi Schiwoff, geborene Wettstein. Am 3. Januar 1925 in Meilen geboren. Ausbildung: Handelsmatura in Neuenburg, Lateinmatur in Zürich, Diplom für französische Sprache und Zivilisation an der Sorbonne in Paris. Tätigkeit als Verwaltungsangestellte in Treuhandbüros, Wohnbaugenossenschaften und Gewerkschaften. Politisches Engagement hauptsächlich in Genf-Cointrin.

Anjuska W.

Anjuska Weil-Goldstein, geboren 1946 in Zürich. Die ersten Lebensjahre in Jugoslawien und Israel verbracht, 1951 in die Schweiz zurückgekehrt. Nach der Mittelschule Ausbildung zur diplomierten Kindergärtnerin. 1956 eingebürgert, 1965 Heirat, dann sechs Jahre im Thurgau und sieben Jahre in St. Gallen. Sie gründete mit ihrem Ehemann die Sektion Ostschweiz von «Terre des hommes», adoptierte einen tunesischen Knaben und ein koreanisches Mädchen. Der Aufenthalt im Kibbuz unmittelbar nach dem Sechstagekrieg weckte in ihr Zweifel an der israelischen Politik. Sie engagierte sich gegen den Vietnamkrieg, für die Befreiung von Angela Davis, für die Selbstbestimmung der Frau und trat 1971 in die «Partei der Arbeit» ein. Ende der siebziger Jahre nach Zürich zurückgekehrt, wurde sie 1982 (bis 1994) Sekretärin der «Partei der Arbeit» des Kantons Zürich, 1983 ins Zentralkomitee der PdAS, 1987 in die Parteileitung und 1995 ins Präsidium der PdAS gewählt. Von 1991 bis 1999 sass sie für die FraP! («Frauen Macht Politik») im Zürcher Kantonsrat. Ohne Unterbruch setzt sie seit der 68er Bewegung ihre Aktivitäten mit den Organisationen der ImmigrantInnen im Kampf gegen Apartheid und Rassismus und in der Solidarität mit den Völkern des Südens fort. Seit 1996 ist sie Präsidentin der «Vereinigung Schweiz – Vietnam».

Jochi W.
Jochi Peter Weil-Goldstein, geboren am 12. Januar 1942 in Zürich. Ausbildungen: Eisenbetonbauzeichner, Primarlehrer, heilpädagogische Zusatzausbildung. Berufliche Tätigkeiten: Zeichner; Lehrer auf verschiedenen Stufen; langjährige Mitarbeit in der «Arbeitsgruppe für Strafreform an der Hochschule St. Gallen»; Sozialarbeiter beim «Team 72» und später beim «Verband Schweizerischer Jüdischer Fürsorgen» (VSJF), Zürich; Sekretär der «Centrale Sanitaire Suisse» (CSS), Zürich – heute noch deren Projektverantwortlicher für Palästina. Nebenamtliche Tätigkeiten: Mitbegründer von «Terre des hommes Thurgau und Ostschweiz», später Vorstandsmitglied von «Terre des hommes Schweiz»; Schlichter bei der Schlichtungsbehörde in Mietsachen des Bezirks Zürich; vor allem aber seit über zwei Jahrzehnten in verschiedenen Bereichen der Verständigungsarbeit zwischen Israel und Palästina aktiv.

SchwarzundWeiss zum Ersten

Ich spürte, wie er an meiner Schädeldecke ansetzte – es war, als hätten sich die Bananenpflückerinnen und Reisbäuerinnen der ganzen Welt, denen unser Vieh das Brot vom Tisch frisst, die uns Polizei und Justiz bisher mit vereinten Kräften erfolgreich vom Leib gehalten haben, zum Jüngsten Gericht versammelt und durchbohrten mich mit diesem einen, seinem Blick; sein Geschiele war zu wenig ausgeprägt, als dass ich mir hätte vormachen können, er hätte es auf die Dame abgesehen, die zwei Meter neben mir einen Pelzmantel schüttelte, um zu prüfen, ob er lebe – die Motten stoben in alle Richtungen davon, der Pelzmantel war echt, keine machte sich vor, die vormalige Besitzerin hätte sich, durch die im Fernsehen gezeigten Gräuelbilder geschockt oder von ihren eigenen Kindern als Mörderin beschimpft, freiwillig zum Verkauf ihres besten Stücks entschlossen; Mahnungen, nicht Bekehrung waren der Grund für den schweren Schritt, Mahnungen von Steueramt, Krankenkasse, Elektrizitätswerk, Autovermietung, Fitnessclub; Schwarz – ich hatte ihn schon lange nicht mehr gesehen, aber es musste Schwarz sein – war einer dieser Leute, die ihr Leiden vor sich hertragen wie die Eisverkäuferin ihre Lade, wahrscheinlich war es nur sein eigenes beschränktes Leiden, das Leiden an einem braven Leben in Gemütlichkeit, das ihm anhing wie ein Bierbauch, aber vielleicht tat ich ihm Unrecht, vielleicht bot er tatsächlich das Abschmelzen der Polkappen, die Massaker in Ruanda oder den endlosen Krieg im Nahen Osten feil.

> Ich hatte ihn sofort erkannt. Weiss hatte einen Tick. Er trug immer einen Zylinder. Einen grauen. Weisse Schuhe. Gamaschen. Handschuhe. Und ein schwarzes Stöckchen mit Silberknauf. Jetzt wurde mir auch klar. Wo er diese noblen Dinge auftrieb. Schliesslich kam er nicht aus einer entsprechenden Familie. Ich selbst hatte begonnen. Mir einen Spass daraus zu machen. Einen traurigen Spass. Die Spatzen beim Frass zu beobachten. Ich wollte. Dass die Leute. Die meine Habe für lächerliche Beträge erstanden. Mir in die Augen schauen mussten. Wollte sie sehen. Die sich auf diesem Wege ergatterten. Was eigentlich ihr Budget sprengte. Die sich über die kleinen Reichtümer derer hermachten. Die sich verrechnet hatten. Die Tafelsilber. Elektrische Brotschneidemaschine. Videokamera. Brillantcollier. Und den Brieföffner aus Elfenbein. Hergeben mussten. Damit ihre Gläubiger befriedigt werden konnten. Rein finanziell natürlich.
> Ich hatte ihn. Vor einigen Wochen. Mit resignierter Gelassenheit hereingebeten. Den Betreibungsbeamten. Mit dem ich längst einen geradezu familiären Umgang pflegte. Den billigen Fusel und das Du hatte er bei seinem letzten Besuch allerdings abgelehnt. Höflich. Aber sehr

bestimmt. Mit dem Hinweis. Er sei «im Dienscht». Hatte um ein Glas Mineralwasser gebeten. Das, bekanntlich, Vertraulichkeiten nicht sonderlich förderlich ist. Den solchen Anlässen angemessenen Wein. Drei Flaschen Burgunder. Hatte ich vorsorglich zwischen der schmutzigen Wäsche versteckt. Der Jahrgang entsprach nicht meiner Finanzlage.
«Bei mir haben Sie ja schon alles geholt, was es zu holen gibt.» Toastete ich ihm zu. Mit Wasser. Aber heiter.
«Ein schönes Stück.» Murmelte er plötzlich. Ich zuckte zusammen. Er hatte mein Wohn- und Arbeitszimmer mit geübter Kopfbewegung gefilzt. Stand jetzt vor meiner Schreibmaschine.
«Uralt.» Winkte ich ab. Hastig. Womöglich zu hastig.
«Eben.» Fühlte er sich bestätigt.
«Aber heutzutage hat doch schon bald jede Hausfrau einen eigenen Computer.»
«Eben.» Er wiederholte sich. «Für einen zwei Jahre alten Computer wäre ich nicht einmal aufgestanden.» Dass ich meine Schreibmaschine älter machte. Als sie war. Erwies sich als Fehlschlag. «Je schneller die Moden und Winde wechseln.» Begann der Beamte zu philosophieren. «Desto mehr hängen die Leute an altem Gerümpel.» Ich überging die Beleidigung. Hoffte. Damit die Schreibmaschine retten zu können. Vergeblich. «Handgeschriebene Briefe und Bewerbungen machen sowieso einen besseren Eindruck.»
Jetzt bekam ich es mit der Angst zu tun. «Die Schreibmaschine gehört für mich zum existentiellen Notbedarf.»
Er horchte auf. Überrascht. Dass mir die gesetzliche Terminologie geläufig war. «Sie leben also vom Schreiben?» Fragte er. Lauernd.
«Ich kann nicht leben, ohne zu schreiben.» Wich ich aus.
«Schreiben ist also Ihr Beruf?» Ich atmete auf. Nickte heftig. Er sah mich zweifelnd an. «Und Sie arbeiten für einen bibliophilen Verlag, nehme ich an?»
Ich erkannte die Falle nicht. Und blieb ehrlich. «Nein. Wieso?» Es half nichts. Dass ich auf die Ordner und Archivschachteln mit Hunderten von Texten zeigte. Sauber getippt.
«Damit können Sie heute bei keiner Zeitung und keinem Verlag mehr landen.» Verwies er mich auf die Wirklichkeit. Es nützte nichts. Dass ich ihm glaubhaft machen konnte. Dass ich jeden Tag schrieb. Stundenlang. Zu den üblichen Bürozeiten. «Aber verdient haben Sie damit wahrscheinlich nicht grad viel.»
Ich musste mich geschlagen geben. «Zwanzig Franken in den letzten drei Jahren. Für zwei Leserbriefe.» Gab ich zerknirscht zu.
«Das reicht nicht mal fürs Papier.» Knurrte er. «Bei der Fürsorge müssen Sie ja nur unterschreiben, und für das Ausfüllen Ihrer Steuererklärungen brauchen Sie auch keine Schreibmaschine.» Dann zuckte er die Achseln.

Als wollte er mich um Verständnis bitten. «Äxgüsi. Sie mögen ja ein begnadeter Künstler sein, aber wenn's niemand merkt ... Ich habe da meine Vorschriften.» Mit einem höflichen. «Sie gestatten.» Packte er die Maschine zweihändig. Wartete die bedeutungslose Antwort nicht ab. Verabschiedete sich. Aus naheliegenden Gründen. Ohne mir die Hand zu geben. «Nüt für unguet, Härr Schwarz.» Bat er unter der Türe. Vom Zwischenboden rief er mir zu. Und meinte es aufmunternd. «Den letzten Zahlungsbefehl können wir damit sicher niederschlagen. Ich kenne den Gantausrufer.»

«Im Anfang war das Wort»[1]

Vorspiel

Am Anfang waren ein paar Worte zu viel, Frauenworte, vertrauliche, allzu vertrauliche, auch für das Ehepaar mit dem landesweit bekannten Lämmchen; Worte, die am 12. Januar 1989 eine für schweizerische Verhältnisse einmalige magistrale Demission nach sich zogen und einmal mehr die Vorteile patriarchaler Rollenteilung deutlich machten. Denn: Wann hätte je eine Frau die politische Karriere ihres Gemahls mit zwielichtigen Geschäften beendet? Nicht weil Frauen das edlere Geschlecht sind, sondern weil sie, verbandelt mit einem erfolgreichen Mann, gar keine Gelegenheit zu irgendwelchen eigenen Geschäften erhalten.

Vier Jahre zuvor war der Wahl der Freisinnigen Elisabeth Kopp-Iklé, die einst mit gestreckten Beinen übers Eis gesprungen war, ungewöhnlich lange applaudiert worden, berichteten die Zeitungen, fünfzig Sekunden, handgestoppt, oder so. Dann hatte die erste Bundesrätin an einem jener Pültchen Platz genommen, an denen sich bis zu diesem Zeitpunkt nur Manne mit und oni Schnöiz gelegentlich für einen flüchtigen Schwenk schweizerischer TV-Kameras um regierende Haltung bemüht hatten.

In den ersten Tagen des Jahres 1989 gab die ihrem MannundFilou Hörige dem Stumpen-Villiger mit ihrem Rücktritt Gelegenheit, sich ins Gruppenbild ohne Dame zu drängeln. Rechtschaffen. Anständig. Obwohl die Altlasten des familieneigenen Betriebes, die 1935 arisierte Niederlassung in Süddeutschland, den braven Kaspar merkwürdig ungerührt zu lassen schienen. Er wagte als zweite Besetzung, was in patriarchalen Häusern keinem Mann gelingen darf – die Mutter zu ersetzen. Die erste Frau mit bundesrätlicher Rente aber mutierte zum schlagendsten Argument der Fraktion HeimundHerd. Weil die Bundesrätin dem in zweifelhafte Geschäfte verwickelten Mann partnerschaftlich mit Insiderinformationen beigesprungen war, wurde die eben noch Gefeierte die Hintertreppe hinuntergeschubst und spielte mit ihrem Abgang denen kiloweise staatlich erstelltes Belastungsmaterial zu, die damit als Staatsfeinde hätten überführt werden sollen, zu Hunderttausenden.

Der Berichterstatter vermag – wie die grossen Zeitungen bei unsicherer Faktenlage jeweils munkeln – aus gut informierter Quelle zu vermelden, dass die «Parlamentarische Untersuchungskommission» (PUK) eines Tages in jenem schicksalsschweren Jahr 1989 in der so genannten Registratur stand, von welcher der neue Departementschef am Chlaustag desselben Jahres sagen sollte, «dass ich das Konzept dieser Mischregistratur für unzweckmässig und seine Handhabung teilweise für dilettantisch halte und deshalb eine rasche Änderung vornehmen werde». Vor den Akten – in denen, so Bundesrat Arnold Koller, «Vorgänge eingetragen» seien, «die nicht in eine solche Registratur gehören», und sich, auf allen Vieren womöglich, «Bemerkungen eingeschlichen» hätten, «die ich nicht akzeptiere» – versuchte der Chef der

Bundespolizei, der erklärten Absicht nachzukommen, die ParlamentarierInnen über die Aktivitäten des Staatsschutzes im Allgemeinen (und vielleicht auch ein wenig im Besonderen) aufzuklären, hielt auch pflichtbewusst an diesem Unterfangen fest, obwohl er nach wenigen Minuten nur noch die höfliche Aufmerksamkeit des späteren Bundesrates Moritz Leuenberger auf sich zu ziehen vermochte. Der war schon anderthalb Jahre früher vor den gewaltigen Korpussen gestanden, in denen oppositionelle Regungen und das, was der staatsschützlige Blick dafür hielt, registriert wurden,[2] hatte sich aber anscheinend nicht getraut, die Finger – mit denen er Jahre später den vaterländischen Dienst nach bestem Wissen und Gewissen geloben sollte – auszustrecken. «Nöd mit de Finger luege, gäll!» Pädagogische Ermahnungen dieser Art schienen bei den übrigen Mitgliedern der so genannten PUK keine anhaltende Wirkung erzielt zu haben. Kaum habe der erste, nach verschämtem Griff in Karteikarten, verhalten, aber für alle deutlich vernehmbar seiner Entrüstung über die bundespolizeiliche Überwachung seiner Grosstante Lydia[3] bei einem Picknick im Grünen mit einem Roten Ausdruck gegeben, hätten die wohlerzogenen ParlamentarierInnen jede Contenance verloren, hätten den platten Polizeichef ins Leere, fast ins Leere referieren lassen, hätten sich ihrerseits, nach Buchstaben geordnet, auf Karteischubladen gestürzt, hätten mit parteiübergreifender Erregung an Metallgriffchen gerissen. Der Berichterstatter sieht sie in selbst inszeniertem Film, sieht sie beim Einträgegrabschen, in den engen Gängen zwischen den Konsolen, in gewählte Bäuche und Hintern prallen und immer wieder entsetzt fündig werden. Begebenheiten aus dem eigenen oder dem Leben Verwandter, Bekannter, Befreundeter waren da zuhauf fein säuberlich, wenn auch scheinbar unsystematisch auf Karteikarten, schweizerdeutsch: Fichen, festgehalten. Beim gemeinsamen Mittagessen sei es eigentümlich gedämpft zu- und hergegangen. Geschockt, konsterniert seien die ParlamentarierInnen dagesessen. Was sie da mit nüchternem Magen gesehen, erschien ihnen unwirklich.
Der Versuch des Berichterstatters, den Ort des Geschehens zu besichtigen, scheitert. Der Locus Delicti[4] – vernichtet, zu Büros umgebaut; Gips, Farbe, Backstein gegen die Erinnerungen an einen Skandal. Die Fichen übrigens wurden mit dem so genannten Archivierungsgesetz im Oktober 2000 für fünfzig Jahre einer «Schutzfrist» unterstellt. Der Zugang zu den während Jahrzehnten gesammelten und jetzt im Bundesarchiv gelagerten Akten ist damit sowohl der Verwaltung als auch den Fichierten selbst bis Mitte des einundzwanzigsten Jahrhunderts verboten.[5] Im gesamtdeutschen Berlin ist nicht nur die Mauer niedergerissen, sind auch die Büros der ehemaligen Staatssicherheit von den Siegern aufarbeiterisch an die Öffentlichkeit gezerrt worden. Nur eine Kordel hindert den Besucher am Griff nach geleerten Aschenbechern und Hängeregistern, nach gespitztem Bleistift und halb abgerubbeltem Radiergummi. Hier haben Mielke und Co. Aktenberge angehäuft. Wäre den Österreichern 1989 gelungen, was sie 1315 in der Schlacht

von Morgarten der mythisch aufgeladenen eidgenössischen Holzträmel und Steinbrocken wegen verpassten, der ehemals schweizerische Fichensaal wäre mit Korpussen und alphabetischen Registern zum Mahnmal für zeitgeschichtlich interessierte TouristInnen ausgebaut worden.

Am 6. Dezember 1989 erklärte Nationalrätin Monika Stocker[6] am Rednerpult – das inzwischen auch ein Rednerinnenpult geworden –, erklärte es im Nationalratssaal: «Ich gehöre also auch dazu», zu den rund neunhunderttausend Erfassten. Überrascht sei sie nicht, «ich erfülle alle Kriterien ... Ich bin eine Frau, ich bin eine Grüne, ich bin in der Friedensbewegung, ich bin in der Dritt-Welt-Bewegung, ich bin in der Asylbewegung ... Ich habe auch nicht im Sinn, irgend etwas davon zurückzunehmen oder irgendwie dem Feminismus zu entsagen, wie das offenbar nötig wäre, siehe den Bericht, Seite 170.[7] Ich habe unzählige Petitionen und Initiativen mit unterzeichnet, ich habe also meine verfassungsmässigen Rechte ausgeübt.» Sie habe «natürlich» gewusst, dass sie beobachtet werde. «Es war kein minderer als Herr alt Bundesrat Friedrich, der uns schwarz auf weiss mitgeteilt hat, dass alle Unterzeichnerinnen und Unterzeichner der Ehrverletzungsklage gegen ihn in der Bundesanwaltschaft registriert seien.» Insgesamt 1413 Frauen und Männer hatten gegen den damaligen Bundesrat geklagt, «der schlichtweg behauptet hatte, alle, die sich in der Friedensbewegung engagierten, seien von Moskau gesteuert und bezahlt». An diesem 6. Dezember hatten, ergriffen in erster Linie jene das Wort, die sich in den Akten gefunden, wenn auch nicht immer erkannt, sprachen von einer «Krise des Staates» (die Grüne Rosmarie Bär) und forderten die Abschaffung der politischen Polizei. Die vereinzelten Bürgerlichen, die das Wort verlangten, versuchten – obwohl von den Dimensionen des Aktenberges ihrerseits etwas beunruhigt – die Staatsaffäre als Schildbürgerstreich zu deuten – mehr als einmal kassierten die Maulwürfe für ihre Arbeit die Qualifikation «dilettantisch» – und warnten davor, «gleich das Kind mit dem Bade ausschütten zu wollen» (Eva Segmüller, CVP). Sie warfen den empörten RatskollegInnen vor, sie wollten «an der Aufwärmung dieser Geschichte ihr Süppchen kochen, die gesamte Bundesanwaltschaft diskreditieren und unseren Staatsschutz ins Lächerliche ziehen». So Paul Zbinden, CVP, der klagte: «Sie treten dabei in einer selten überheblichen Art als Meister Proper und als öffentliche inquisitorische Kläger auf», um dann einzuräumen: «Wir können die Bedrohungslage im ausgehenden Jahrhundert auch in der Bundesanwaltschaft neu definieren, aber die Bedrohungen selbst können wir allein nicht beseitigen.» und klarzustellen: «Wir können in der politischen Polizei des Bundes die Karteien ausmisten, aber den Staatsschutz können wir nicht abschaffen.» Im Gegenteil, doppelte Théo Christian Portmann, CVP, nach: «Wir brauchen nicht weniger Staatsschutz, sondern wirksameren Staatsschutz – als Bürgerschutz.» Dem wollte natürlich SP-Nationalrat Paul Rechsteiner gerade in diesen Tagen nicht so recht trauen. «Dass Feministinnen, dass AKW-Gegner, dass Friedensorganisationen bespitzelt worden sind, ist keine Panne

des Systems, sondern es liegt in der Logik der politischen Überwachung, weil die politische Polizei immer die Opposition bespitzelt, nämlich diejenigen Menschen, die mit den herrschenden Verhältnissen nicht einverstanden sind. Wer glaubt, dass dies in Zukunft anders wäre, macht sich Illusionen. Vor einer politischen Polizei, die vom Zeitalter der Karteikästen in die Effizienz des Computerzeitalters überführt wird, kann einem nur grauen.» Rief er seinen RatskollegInnen zu. Was dank moderner Technologie gar nicht mehr nötig gewesen.
Nur kurze Zeit später begrub der dicke Staub der schnellen Zeit den Jahrhundertskandal. So wie er täglich Zehntausende von Hunger- und Kriegstoten, Menschen ohne Namen, zum Verschwinden bringt. Jahre später zogen Abertausende von namentlich Bekannten in Polstergruppen, an Küchentischen oder zwischen verschwitzten Leintüchern ihre bundespolizeilich beglaubigte Biografie aus eingeschriebenen Couverts. Wurden in längst vergangene Tage zurückgerissen, mit Realitäten konfrontiert, die ihnen damals verborgen geblieben. Jetzt erst wurde für sie Wirklichkeit, was für «die andere Seite» längst Vergangenheit war, alte Geschichten.

SchwarzundWeiss zum Zweiten

Wo bei modernen Computerkeyboards schon nach wenigen Monaten Zweifel aufkommen, Finger suchend über Buchstabenruinen kreisen, verriet die Beschriftung dieser Tasten noch nach Jahrzehnten gestochen scharf und zweifelsfrei das Resultat eines allfälligen Anschlags, als hätten Fingerkuppen nicht wütend, verzweifelt, sehnsüchtig das Elend der Welt, den Zorn des Gerechten und blinde Verliebtheit auf E, I, A, O, L, M gehämmert, seltener aufs Q, aber immer bis zum bitteren Z, als hätten nicht millionenfach zwei, drei, sechs, sogar zehn Finger das kleine und grosse DerDieDas in die Maschine gehackt – altes, bestes Handwerk. Schwarz verdarb mir mit seinem Blick den guten Kauf, es war seine Schreibmaschine, die ich ersteigert hatte, und er starrte mich an, als hätte ich einem Kind den ersten Teddy geraubt, was mich ziemlich aufbrachte, es war schliesslich nicht meine Schuld, dass er offensichtlich am Verlumpen war; während der ersten Jahre, in denen wir uns langsam aus den Augen verloren, hatte ich noch ein paarmal den einen oder anderen Artikel von ihm gelesen, schreiben konnte er, das auf jeden Fall, er hätte Karriere, Geld machen können; ich wusste nicht, was ihn daran gehindert hatte, und ich hatte auch keine Zeit, länger danach zu fragen.
«Wann hast du zum letzten Mal etwas publiziert?», hatte ich wissen wollen.
«1989», hatte er zur Antwort gegeben.
Und auf mein «Vorher oder nachher?» erwiderte er zu meinem Erstaunen: «Einen Tag danach.»
«Aber du hast doch gar nie an den Osten geglaubt», gab ich meine Verwirrung zu erkennen, die er mit seinem «Vorher nicht» nur noch vergrösserte; ich beschränkte mich im Weiteren auf zwei, drei Höflichkeitsfragen nach seinem allgemeinen Befinden, seinen Antworten entnahm ich, dass er in einer existentiell bedrohlichen Lage war, längst keine Arbeit mehr hatte, alles, was man nicht zwingend zum hiesigen Überleben benötigte, hatte verkaufen müssen, unter dem Gefühl litt, nicht mehr gebraucht zu werden, und davon träumte, eines Tages in eine psychiatrische Klinik eingeliefert zu werden. «Da würde ich versorgt, könnte an einem Holztischchen sitzen, schreiben, was ich will, und keiner würde sagen: ‹Interessiert keinen Hund›», lächelte er – irgendwie unheimlich; ich rettete mich mit einem unvorsichtigen «Vielleicht habe ich einmal einen Auftrag für dich» aus der unangenehmen Lage, ergriff als deren rechtmässiger Besitzer Schwarz' Schreibmaschine, brummte ein «Ich muss», ein «Mach's guet» und ein «Sorry» in seine traurige Visage, dann hatte mich die Normalität wieder.

Weiss verriet sich durch seinen überstürzten Abgang. Das Zusammentreffen mit mir war ihm sichtlich unangenehm. Dass es meine Schreibmaschine war. Die er sich zu einem Spottpreis gesichert hatte. Schien ihn zu irritieren. Es war ja auch ein seltsamer Zufall. Der uns nach so vielen Jahren zusammengeführt hatte. Ausgerechnet an diesem Ort. Schlimmer als in einem Pissoir. Meine offensichtliche Lage war ihm peinlich. Er traute sich nicht. Sie anzusprechen. So wie sich Schwerstnormale krampfhaft bemühen. Behinderungen zu ignorieren. Nicht in Glasaugen zu starren. Nicht nach fehlenden Ellen, Speichen und Schienbeinen zu fragen. Magische Strategien. Die die Erinnerung an das Mögliche tilgen sollen. Daran. Dass der Kopf nicht so fest auf dem Hals sitzt. Wie wir im Allgemeinen annehmen. Zauberrituale. Die die Davongekommenen auch künftig vor Unheil beschützen sollen.

Es war mir im Übrigen gerade noch gelungen. Das kleine und grosse E plattzufeilen. Kurz vor Beginn der Versteigerung. Während der allgemeinen Besichtigung der Gantobjekte. Die kleine Manipulation liess mir den Tag etwas erträglicher erscheinen. Mit kindischer Schadenfreude stellte ich mir vor. Wie Betreibungen, Befehle und Beschwerden auf meiner Maschine zu Btribungn, Bfhl und Bschwrdn zerfielen. Der ehrverletzende Esel zu einem harmlosen sl verkam. Die Erde von allen Ecken, Ebben und Erdbeben befreit wurde und als rd nur noch ckn, bbn und rdbbn zu befürchten haben würde. Dass schliesslich der aufgeblasene Weiss zu einem hundsgewöhnlichen Wiss zusammenschrumpfte. Liess mich den Abend nach diesem Tag doch noch feiern. Ich öffnete eine der drei Burgunderflaschen. Und bot mir. Endlich. Das Du an.

Die Freude wollte nicht recht aufkommen, jahrelang war ich an jede Gant in der näheren Umgebung gefahren, hatte, meist aus Verlegenheit, manchmal aus einer Art moralischer Verpflichtung dem Gantausrufer gegenüber, irgendwelche chinesischen Vasen aus sämtlichen Dynastien ersteigert, kaiserlichundköniglich abgetretene Perserteppiche, Pendulen mit kiloschweren Gewichten, Suppenschüsseln aus Meissner Porzellan, Commedia-dell'Arte-Figuren aus Muranoglas, Tonbandgeräte, Plattenspieler und Fernsehgeräte aus allen Kunststoffperioden des zwanzigsten Jahrhunderts, und jetzt endlich hatte ich sie, die Schreibmaschine, aber die Freude – sie kam ihrer Verpflichtung nicht nach; das Ding, das ich unter anderen Umständen als absoluten Glückskauf gefeiert, behutsam auf dem dafür reservierten Sockel aus Carraramarmor platziert und, Type für Type poliert, mit einem der mehr als zwanzigjährigen Burgunder begossen hätte, dieses schwarze Ding glotzte mich jetzt vorwurfsvoll an, verwandelte Myhomeismycastle in einen Gerichtssaal und erinnerte mich in meinen eigenen vier Wänden dauernd an Schwarz, den ich schon fast vergessen hatte.

Seit er nicht mehr schrieb, jedenfalls nicht so, dass ich und die breite Öffentlichkeit dazu verdonnert waren, es wahrzunehmen, war es mir zunehmend besser gelungen, Schwarz aus meinem Leben zu verdrängen, bis ich seinen Blick in meinem Rücken spürte, sofort war es wieder da, dieses Gefühl, dieses unangenehme und äusserst penetrante Gefühl, ein rundum schlechter Mensch zu sein – schuld am Aussterben der Beutelratten in Südkalifornien, an der Klitorisbeschneidung in Somalia, an der Vertreibung der Indianerinnen aus dem Mittleren Westen, an der Vergewaltigung thailändischer Hurenkinder, an der Ausschaffung krimineller Asylbewerberinnen, die sich, so würde Schwarz es gesehen haben wollen, hier zu Lande nur zurückholen, was ihnen unsere Multis in ihrer Heimat geraubt hatten, unsere, meine Multis!, schuld an Schwarz' leerem Kühlschrank und anhaltendem Weltschmerz; Schwarz gehörte zu dem «edlen» Menschentypus, der, solange er physisch noch zu Anteilnahme in der Lage ist, selbst Schuldgefühle gegenüber seinen Henkerinnen entwickelt, denen er, den Exitus seiner robusten Physis wegen hartnäckig hinausschiebend, den ersten Akt von «Don Giovanni» verdirbt, und natürlich hätte er, das Messer in der Milz, auch Erbarmen mit seinen Mörderinnen aufgebracht, weil er, ganz abgesehen von deren zweifellos traumatischer Kindheit, bestimmt etwas gefunden, mit dem er sie ganz persönlich zu dieser typischen Überreaktion emotional Schwerstverletzter provoziert hätte.

Ich konnte das leise Triumphgefühl nicht vor mir verbergen, als ich die Schreibmaschine auf einen Stapel Papier plumpsen liess – Artikel aus Schwarz' besseren Zeiten, die ich fein säuberlich ausgeschnitten und auf festes Papier geklebt hatte. Tempi passati!

Als der Krieg ausbrach ...

Hansjörg B. – Erster Bericht

Die Verdunkelungsdecken lagerten noch in den Gestellen, der nächtliche Anschluss an grossdeutsche Finsternis hatte noch nicht stattgefunden. Die Bombe war keine von denen, die die alliierten Geschwader Jahre später, durch schweizerische Abwehrdispositive getäuscht, diesseits der Landesgrenzen abwarfen. Die Bombe fiel 1936, fiel unter dem Eindruck des italienisch-abessinischen Krieges, und sie fiel auf einem Basler Murmelnsack, von ungeschickter Bubenhand gestickt. Widerwillig habe ihm die Kindergärtnerin das Schwarz eingefädelt. Die Bombe habe ein wenig wie ein Kohlensack ausgesehen und gut zwischen Hausdach, Flugzeug und Wolken Platz gehabt. Ja, und dann habe er noch einen Storch in den Himmel gucken lassen, Seitenstich gegen die Mutter, die ihm und seinem Bruder die Geschichte vom Storch, die alle andern Kinder gekannt hätten, in fortschrittlichem Dünkel vorenthalten habe. Womöglich hatte sie aber ganz einfach Angst, Hansjörg B. würde ihr das aufklärerische Klappern nicht abnehmen, schliesslich hatte ihr Mann den späteren Amtsvormund und Nationalrat als Dreijährigen bei der Geburt seines Brüderchens mitten in der Nacht aus dem Bettchen gerissen. Bei dieser freudigen Gelegenheit musste er den schlaftrunkenen Buben in einige biologische Geheimnisse einweihen. Dem wollte es nämlich zuerst partout nicht einleuchten, weshalb die Mutter ihn mit seinem Vater im Stich gelassen und sich 1933 in ein verrauchtes Spitalzimmer abgesetzt hatte.

Zwei Jahre später wurde jenseits des Rheins die allgemeine Wehrpflicht wieder eingeführt und Hansjörg B. von seiner Mutter aufgefordert, dem Vater «Adieu» zu sagen. Ein Elternpaar stritt und schrie sich auf dem Trottoir ins Gedächtnis seines Nachkommen. Der wollte sich weigern, sich der Trennung der Erwachsenen zu beugen. Aber was vermag ein Fünfjähriger gegen die Entscheidungen derer, die ihn in Liebe gezeugt? Gegen den Zorn des Vaters? Gegen die Tränen der Mutter? – Nichts. Er steigt ein in den vollbepackten Möbelwagen und wird vom Ort seiner ersten Jahre weggekarrt. Eine Herrschaftsvilla mit acht Zimmern und drei Terrassen, die der 67-Jährige noch einmal sehen möchte, zwecks Überprüfung des erinnerten Grundrisses.

«Es war ein sozialer Abschied, äh, Abstieg. Vom guten Mittelstand in die Armut.» Die neue Wohnung sei eng gewesen. Eine Dreizimmerwohnung für vier Personen. Der Grossvater habe Vaters Platz eingenommen, habe die Wohnung und der Mutter ein Haushaltgeld bezahlt. Das Sozialamt habe sich um die nur zögerlich überwiesenen Alimente kümmern müssen. Der Vater habe sie ins Elend gerissen, habe den Konkurs des Geschäftes und damit auch den Verlust der acht Zimmer und drei Terrassen verschuldet, hiess es in der Familie mütterlicherseits, die zuerst auf die hochgepriesenen Fähigkeiten des Schwiegersohns gesetzt und ihm das familieneigene Haushaltgeschäft anvertraut, ja beinahe aufgedrängt hatte.

Während im Norden Jüdinnen und Juden Recht um Recht verloren, beantragte eine geschiedene Baslerin aus ganz privaten Gründen eine Namensänderung. Sie habe fortan darauf bestanden, dass er, Hansjörg B., sie seinen Kollegen vorstellte, wie es der Komment und die zerrissene Familie erforderte. «Das ist meine Mutter – Frau Scheuchzer.» Habe verlangt, dass er die unaufmerksamen oder vielleicht auch nur harmoniebedürftigen Buben korrigierte, wenn sie nur Minuten später ihr «Adieu, Frau Braunschweig» herausdrucksten. Die Mutter habe wieder eine Scheuchzer sein wollen, Nachfahrin des weltberühmten Johann Jakob Scheuchzer, der als erster die Schweizer Alpen erforscht, dem die Familie das Scheuchzerhorn, die Scheuchzerstrasse und das Scheuchzersche Wollgras, lateinisch: Scheuchzeria, verdanke. Gründe für diesen Schritt mag es viele gegeben haben – die Eitelkeit, der Wunsch, einen definitiven Schlussstrich zu ziehen, der emanzipatorische Reflex, die eigene Identität nach liebesbedingter Verblendung zurückzuerobern oder womöglich doch ein Schuss Antisemitismus, latenter oder scheidungsbedingter. Wobei die Mutter sich ob der jüdischen Verfolgung durch die Nazis immer enragiert gezeigt habe. Trotz ihres Misstrauens gegenüber jüdischen Geschäften. Im Übrigen hätten sich die in die scheuchzersche Familie eingeheirateten Braunschweigs nie als Juden verstanden. Abklärungen von Hansjörg B.s Tochter hätten es erst viele Jahre danach als auch denkbar erscheinen lassen, dass sie ursprünglich jüdischer Abstammung gewesen, aber durch einen in den dreissiger Jahren gefälschten Stammbaum nachträglich «entjudet» worden seien. Ein in jenen Jahren durchaus übliches Schutzverhalten, das weder definitiv bestätigt noch ausgeschlossen werden kann. Die Mutter wollte mit ihrem Mann, dem Vater von Hansjörg B., Jude hin oder her, nichts mehr zu tun haben. Eine «schlechte Partie», sie hätte ihn besser nie geheiratet, nie kennen gelernt, habe sie später erklärt und kindliches Einverständnis gefordert. Da habe er, der Sohn, die Gefolgschaft verweigert, nicht an seiner eigenen Existenz rütteln wollen. «Dann wäre ich ja gar nie geboren worden!»
Hansjörg B. beschloss, zu beenden, was Erwachsene ihren Sprösslingen auferlegen und rauben zugleich – die unbeschwerte Kindheit. Beschloss in kindlicher Klausur, zu übernehmen, was sonst keine und keiner zu übernehmen bereit war – die Verantwortung für die Wiedervereinigung. Beschloss es und bewahrte Stillschweigen darüber. Als wollte er niemanden belasten mit seinem Plan, ein Haus zu bauen, ein grosses, oder zu kaufen, für seine Liebsten – Mutter, Vater, Bruder, Grossvater –, um sie dann vor verbindende Mauern zu stellen. Habe alles diesem Unternehmen, habe seine ganze Freizeit dem Versuch unterworfen, Geld zu verdienen, habe das nutzlose Spielen und Herumlungern ebenso aufgegeben wie das wenig einträgliche Lesen von Büchern, habe sich an allen erdenklichen Wettbewerben und Preisausschreiben beteiligt. Habe Toto gespielt, wenn er Geld gehabt. Er habe kaum je etwas, habe einmal ein Globibuch gewonnen, aber der Bub konnte sich darüber nicht freuen. «Damit kauft man kein Haus.» Habe weitergehende unternehmerische

Pläne geschmiedet, auf die der pensionierte Amtsvormund und Alt-Nationalrat mit einem gewissen Stolz verweist. Beeindruckt durch Grossvaters Berichte über die Feuerwehr dachte er sich eine Art «Löschblitz» aus – «Brennt es im Dach oder im Bett, lodert das Öl und das Fett, stürzen Sie sich nicht aus dem Fenster, Braunschweig löscht gründlich und schnell, Anruf genügt, und schon sind wir zur Stell'» –, mit einem Flugzeug, so dachte sich der kleine Geschäftsmann, aus dessen Schnauze er hektoliterweise Wasser in die Flammen kippen würde, gleich den Piloten auf Korsika, die bei Waldbränden stundenlang zwischen dem Meer und dem Landesinnern hin- und herfliegen. Konkrete Marktabklärungen betrieb der halbwüchsige Hansjörg B. in Sachen Weinbergschnecken. Die besten Geschäfte habe er abgeklappert, gefragt, wo sie ihre Schnecken bezögen und ob noch ungedeckter Bedarf bestehe, habe dreist verkündet, er könne jederzeit liefern – «Braunschweig hat die schnellsten Schnecken» –, habe über seine Schneckenzucht parliert, als kröchen diese einheimischen Weichtiere bereits zu Hunderten in eigens dafür angefertigten Behältern durch sein Zimmer, blieben aber Kopfgeburten wie der «Löschblitz» auch.

Nicht so «der Krieg», den sich ein anderer ausgedacht, der hielt, was er versprochen, dem sie jenseits des Rheins folgten, als hätten sie auf ihn gewartet. Zu Hunderttausenden marschierten und mordeten sie mit. Andere erhielten keine Gelegenheit dazu. Er, Hansjörg B., habe an jenem 1. September 1939 in der Mittagssonne in der Nähe des Spalentors auf seine Mutter gewartet, die sich mit einer Zeitungsverkäuferin gestritten. Die habe ihr Blatt, womöglich eine Sonderausgabe, mit lauter Stimme angepriesen. Durch Basels Gassen habe sie es gerufen – Krieg! Deutsche Panzer rollen gegen Polen. «Chabis», hätte seine Mutter protestiert, wenn es der scheuchzersche Sprachgebrauch zugelassen. Habe in gewählteren, aber bestimmten Worten darauf bestanden, der Krieg sei eben gerade erst erklärt worden. Unmöglich, dass deutsche Soldaten schon am Morgen die polnische Grenze überquert hätten. Die Frau mit den druckerschwarzen Fingern habe sich nicht von völkerrechtlichen Usancen beeindrucken lassen, habe auf Realitäten, ungemütliche, gepocht. Die Mutter habe ihn energisch an der Hand genommen, habe sich von den durch die Stadt hastenden Männern nicht von ihrem Vorhaben abbringen lassen, habe sich, Mobilmachung hin oder her, in Badekleid und mit Sohn in Septembersonne und Freibad gelegt.

Mit dem Krieg kamen die Soldaten, und mit den Soldaten kam er ins Geschäft, besorgte ihnen Zigaretten und Schokolade gegen Trinkgeld, schrieb ihnen, schrieb an Einheiten in der ganzen Schweiz, schrieb fleissig, schrieb sechs Briefe am Tag, bat und bettelte um Soldatenmarken, mit deren Verkauf die Fürsorgekasse der Wehrmänner geäufnet werden sollte – und bekam meistens Antwort. Bis der rege Briefverkehr von amtlicher Seite unterbunden, darauf hingewiesen wurde, die kostenlose Feldpost sei ein vaterländisches Geschenk an Soldaten und Angehörige, aber keine staatliche Unterstützung privatwirtschaftlicher Unternehmungen. Hansjörg B. umging den Vorwurf der gewerbsmässigen Korrespondenz, indem er seine Briefe ins Feld künftig in verschiedene Kästen warf. Die Soldaten liessen sich durch Kinderschrift erweichen, schickten ihm die postalisch wertlosen, aber unter Philatelisten begehrten Marken, die er stolz in sein Soldatenmarkenalbum klebte, das er als einziger seiner Klasse besass. Nie das Ziel all seiner Anstrengungen aus den Augen verlierend – Geld für das familienvereinigende Dach zu beschaffen –, verkaufte er, was er für sein Album nicht brauchen konnte, Doppel, Viererblöcke, Sonderausgaben. Bis ein an ihn adressiertes Ersttagscouvert im Schaufenster des Briefmarkengeschäftes ausgestellt wurde und statt zur erhofften Familienzusammenführung zu einem währschaften Familienkrach führte. Dass er das von seinem Vater beschaffte Prunkstück einfach so verhökerte, wurde dem kleinen «Kriegsgewinnler» – Hansjörg B. über Hansjörg B., fünfzig Jahre danach – nicht so schnell verziehen.

Der Bub hätte ebendieses Markenalbum mitgenommen, wenn es zu dem gekommen wäre, was seine Mutter in jenen ersten Kriegstagen mehrfach ankündigte – der Flucht aus der Grenzstadt Basel. Die, wie sich später herausstellte, gegen einen Angriff der deutschen Wehrmacht nicht wirklich verteidigt worden wäre. Der anhaltende Krieg brachte grosses Elend über die Welt, für Basels SchülerInnen aber begann nach wenigen schulfreien Tagen der Alltag wieder. Nur die Plätze einiger KlassenkollegInnen aus reichem Hause seien eine Weile leer geblieben. Ihre Familien hätten sich bei Verwandten oder Bekannten in der Innerschweiz einquartiert oder in einem der renommierten Hotels am Vierwaldstättersee Unterschlupf gesucht. Möglich, dass Mutter und Grossvater von Hansjörg B. die militärische Lage anders einschätzten beziehungsweise schon zu jenem Zeitpunkt stärker auf schweizerische Geschäftstüchtigkeit vertrauten als die hinter die mögliche Front zurückweichenden Offiziersfamilien. Wahrscheinlicher aber ist, dass es ihnen die noch immer etwas ungewohnte wirtschaftliche Situation verwehrte, sich in Sicherheit zu bringen. Jedenfalls sei nur das aus der Konkursmasse gerettete scheuchzersche Familiensilber verpackt und zu einer Freundin der Mutter ins Simmental verbracht worden. Riesige Pakete habe der Grossvater gemacht, die verknoteten Schnüre vor den staunenden Augen des Enkels und zum Schutz vor unerbetenem Zugriff versiegelt.

Hansjörg B. will die von der Polizei überwachte und durchgesetzte Verdunkelung der Schweiz schon damals als das durchschaut haben, was sie eigentlich war – eine der Schweiz abgepresste Massnahme zum Schutze Nazideutschlands vor alliierten Bombenangriffen. Trotzdem hielt er damals dem Vaterland die Treue und grosse Stücke auf «den General», wie Henri Guisan von älteren SchweizerInnen auch heute noch ehrfürchtig genannt wird. Stolz sei er gewesen auf den persönlichen Brief, mit dem sich der oberste Schweizer Militär bei ihm für die zum 66. Geburtstag erhaltenen Basler Läckerli bedankt habe. Geehrt habe er sich gefühlt, dass ein benachbarter Arzt sich anlässlich jedes Besuches bei Grossvater persönlich bei ihm nach der allgemeinen Lage erkundigt und sich im Kinderzimmer den aktuellen Frontverlauf habe erklären lassen. Von 1942 an habe er jeden Morgen die «Basler Nachrichten» gelesen und aufgrund der minuziösen Frontberichte die Nadeln auf seiner Karte neu gesteckt, die Frontfäden den Vormarsch- beziehungsweise Rückzugsbewegungen der verschiedenen Heere angepasst. Wahrscheinlich ohne sich Rechenschaft darüber zu geben, wie viele Tote es brauchte, um eine der vielen Stecknadeln um einen Zentimeter nach links zu verschieben.

Leni A. – Erster Bericht

Als 1939 «der Krieg» ausbrach – als wäre er vorher eingesperrt gewesen –, war Leni A. fünfzehnjährig und entsprach nicht den Vorstellungen ihrer Eltern. Die spätere Pfarrerin log, wenn sie nicht auf dem schnellsten Weg nach Hause kam, und sie hatte mehr Buben im Kopf als Heilige. Es war ungewiss, ob sie noch erwachsen werden würde. Viele wurden es nicht damals in Europa. Das mag der Grund dafür sein, dass in kriegsbetroffenen Ländern der Frieden ausgiebiger gefeiert wird als in der Schweiz die Mobilmachung. Das Gedränge am Kalten Buffet ist so beträchtlich kleiner.

Unklar, was sie mehr eingeengt habe – die Moral oder die Finanzlage der Eltern. Nicht einmal in der Mädchenriege habe sie als Lehrer- und Kirchenpflegepräsidententöchterli mittun dürfen. Und als die eidgenössische Turngemeinde 1938 ihre verschwitzten Köpfe in Wädenswiler Wasser kühlte, sei ihr der Blick auf tausendfach gen Himmel gereckte Männer- und Frauenbeine verwehrt worden. Erst 1939, als die ausgerichteten TurnerInnenbrüste noch einmal vorgeführt werden sollten, an der Landesausstellung – die als «Landi» in den schweizerischen Weltkriegsmythos einging – hätte sie dem Rumpfbeugen und Bockspringen doch noch beiwohnen dürfen. Jetzt war der Blick auf blutte Wädli kein schamloses Vergnügen mehr, sondern patriotische Pflicht. Aber die rief die Männer an die Grenze, und das grosse Turnen musste abgesagt werden. Immerhin: Im Schutz des Krieges konnte sie auch ihren ganz persönlichen Neigungen nachgehen. «Dinge, die meine Mutter glatt entsetzt hätten.» Dem Vaterland aber war sie eine gute Tochter, nicht nur als Mitglied des freiwilligen Frauenhilfsdienstes, schliesslich gelten derlei Kontakte als Stärkung soldatischer Moral.

Emilio M. – Erster Bericht

Emilio M. ist ein Kriegskind. 1941 in Neapel geboren als Sohn eines Gedichte schreibenden Panzerkreuzerkapitäns, an dessen Hände und Stimme er sich nur durch Mutters Augen und Ohren zu erinnern vermag. Die trug und zog ihn in den ersten Lebensjahren auf den Spuren der italienischen Marine von Küste zu Küste, wiegte ihn in den Häfen, in denen die Flotte stationiert war, in den Schlaf, bis 1943 alliierte Truppen in Sizilien an Land gingen, eine sich nach Norden vorwärtskämpfende Front eröffneten und Zivilpersonen aus dem betroffenen Gebiet evakuiert wurden. Da zog sich die Frau des Marineoffiziers, dessen Königstreue ihn rechtzeitig von faschistischen Emblemen befreite, mit dem kleinen Emilio in den Norden zurück, in den Apennin, zu ihrer mit Partisanen und KommunistInnen sympathisierenden Familie, das absehbare Ende des Krieges abwartend.

Victor S. – Erster Bericht

Seine Mutter, erzählt er stolz, habe damals in Zürich den späteren grossen Revolutionären – Lenin, Trotzki, Sinowjew – den Tee serviert. «Sie war eine enge Bekannte von Lenin. Und eine bildhübsche Frau», die für «den Platten» geschwärmt. Für jenen Schweizer Kommunisten, über den Stefan Heym in seinem Roman «Radek»[8] schreibt: «Platten war hochgewachsen und muskulös, die Züge in seinem braungebrannten Gesicht markant, ein Bergsteiger, ein passionierter, hiess es, ihm seien die Gipfel bei entsprechendem Wetter meistens wichtiger als seine Parteiaufträge.» Es muss ein hartnäckiges Tief über Mitteleuropa gelegen haben, als Platten jene weltberühmt gewordenen plombierten Eisenbahnwagen durch deutsche und angrenzende Lande manövrierte. Dem Mann, den er so an den Ort des Jahrhundertereignisses brachte, Lenin, musste er im Januar 1918 bei einem Attentat in Petrograd noch das Leben retten, damit der definitiv seinen mythisch aufgeladenen Platz in der Revolutionsgeschichte einnehmen konnte. Platten selbst bezahlte anfangs der vierziger Jahre den höchsten Preis dafür, dass er das Land verliess, das seine Gemütlichkeit und die meist ausgesprochen positive Handelsbilanz dem mehr oder weniger freiwilligen Verzicht auf Einmischung in fremde Händel verdankt.

Victor S.' Mutter aber sass nicht in jenem Zug, der sie womöglich in die Nähe ihrer Heimat, Grodno in Polen, gebracht hätte. Sie habe vielmehr ihr Geburtsdatum mittels einer hochwertigen Rasierklinge gefälscht, um in jungen, bürokratisch gesehen zu jungen Jahren Medizin studieren zu können, habe bei dieser Gelegenheit in Zürich S. getroffen, der als Sohn eines russischen Dirigenten – der sich seinerseits von jener Geschichte machenden Reisegesellschaft nach Amerika vertreiben liess – erst in Frankfurt, dann in Zürich Medizin studierte und im November 1924, dannzumal schon Schweizer Bürger, Ehemann und Berner Landarzt in Meiringen, den neugeborenen Victor S. zum ersten Mal in den Arm nahm. Dieser Vater habe fast nicht geschlafen, berichtet der Sohn siebzig Jahre später bewundernd, er habe meist erst morgens um vier das Licht gelöscht. «Der Mensch hat in seinem ganzen Leben nur sehr wenig geschlafen, sondern gelesen, gelesen, gelesen. Er hat den ganzen Marx gelesen. Sechsunddreissig Bände. Ich habe sie dort auch.» Victor S. deutet in seinem Tessiner Altersdomizil auf das volle Büchergestell. «Von der ersten Zeile bis zur letzten. Aber in Russisch.» (Mit den beiden Söhnen allerdings hätten die Eltern von S. nie ein russisches Wort gesprochen, hätten alles dafür getan, «uns zu richtigen Schweizern zu erziehen.») «Er hat den

ganzen Lenin, ich habe ja nur etwa fünfzehn oder sechzehn Bände, aber er hat die grosse Ausgabe gehabt, fünfunddreissig Bände, glaube ich, die hat er alle gelesen und mit kleinen Anzeichnungen versehen.» Victor S.' Mutter hatte dem Medizinstudenten S. das Jawort gegeben, jenem Schöngeist, der sich zwar gegen das wenig einträgliche Leben eines Geigers entschieden hatte, aber das goldene Handwerk des Arztes und Psychiaters wie eine brotlose Kunst betrieb. Wenn PatientInnen, wie das damals üblich gewesen, nach der Sprechstunde zum Geldbeutel gegriffen, habe er, sich die Haare raufend, gerufen: «Ich helfe Ihnen, und Sie wollen mich bezahlen! Sie beleidigen mich!» Dann sei er «davongerast», die Mutter aus der Küche gestürzt, den vorbereiteten Honorarzettel in der Hand, um die fünf oder zehn Franken zu kassieren. «Ohne sie wären wir verhungert. Er konnte kein Geld annehmen.» Der Sohn, Victor S., sollte sich später gegen die Literatur, für die Ökonomie entscheiden.
Vorerst aber verdarb ihm, 1944, der sich ins Leben von Millionen drängende Krieg die akademische Laufbahn. Er habe ausgerechnet zwei Monate vor der Matur «einrücken» müssen. Habe als Absolvent einer Privatschule im Gegensatz zu seinen Dienstkollegen aus der Kantonsschule vorgängig keine «Schnellmatur» machen können. Habe rund dreihundert Tage dieses Jahres in Uniform verbracht trotz aller privater Unbill mit einer «durch und durch positiven Einstellung», schliesslich hatte er sich schon zu Beginn des Krieges, sechzehnjährig, beim Territorialkommando 6 als Freiwilliger vor einen Hauptmann gestellt und erklärt: «Wenn Sie mich brauchen können – ich stehe Ihnen zur Verfügung.» Der habe ihm eine Binde mit Schweizerkreuz um den Oberarm geschlungen, einen Rucksack und ein Velo aushändigen lassen und bestimmt: «Sie werden Meldeläufer!» Stolz «wie ein Pfau» habe er die nächtlichen Patrouillen zwischen Zürich und Eglisau aufgenommen. Auf den Rückfahrten zwischen zwei und drei Uhr sei er auf dem Militärvelo von Hunderten von Wagen – «Ich übertreibe nicht!» – überholt worden, vollbepackt, die alle Richtung Innerschweiz fuhren. «Grossbürger aus der ganzen Ostschweiz, auch aus Basel. Gute Schweizer, die ihre Familien in Sicherheit, ins Réduit brachten!» Landesverräter in den Augen des lebenslänglichen Kommunisten, den der Nationalsozialismus gleichermassen zum Patrioten und Freund der Sowjetunion machte. «Meine ganze Familie mütterlicherseits ist von den Nazis umgebracht worden. Bis auf einen Onkel. Der konnte fliehen. Hat in seinem Versteck mitanschauen müssen, wie seine Mutter, sein Vater, seine Schwester erschossen wurden. Hat sich durchgeschlagen zur Roten Armee. Hat den ganzen Krieg in den Wäldern verbracht. An der Seite der Roten Armee. Hat dann mit russischer Hilfe in Polen Karriere gemacht. Ist bis ins Ministerium aufgestiegen. Bis er in den fünfziger, sechziger Jahren, als die Spannungen zwischen der Sowjetunion und Polen zunahmen, vorübergehend in Ungnade gefallen ist. Ihn habe ich einmal an einer Buchmesse in Leipzig getroffen, und einmal war er auch für zwei Tage bei

seiner Schwester, meiner Mutter, zu Besuch. Aber sonst wusste ich von dieser Familie nichts. Wusste nur, dass die Nazis sie gekillt und ihr Haus, eine wunderschöne Villa, als SS-Quartier gebraucht haben.»

Jochi W. – Erster Bericht
Ohne Streicher, Julius Streicher,[9] gäbe es diesen Jochi W. nicht, diesen nicht, der seit dem 12. Januar 1942 einen Teil, natürlich nur einen Teil der Menschheit erfreut, ärgert, irritiert, zum Lachen bringt, zu Tränen rührt und zur Verzweiflung treibt. An jenem Montag erblickte er die Leuchte eines Zürcher Gebärsaals. Acht Tage vor der so genannten Wannsee-Konferenz, an der …, nein, eben nicht die «Endlösung der Judenfrage» beschlossen wurde, wie immer wieder kolportiert wird, sondern nur noch die längst beschlossene und bereits praktizierte Ausrottung der jüdischen Bevölkerung Europas organisatorisch und technisch verfeinert, das heisst die Koordination zwischen Berlin und den ausführenden Organen vor Ort perfektioniert werden sollte.
«In ruhiger und entspannter Atmosphäre und in einem repräsentativen Ambiente», schreibt Peter Klein in der Dokumentation «Die Wannsee-Konferenz vom 20. Januar 1942», wollte der Leiter des Reichssicherheitshauptamtes Reinhard Heydrich «die Vertreter der Reichs- und Parteibehörden in die langfristig angelegten Pläne einweihen, die die ‹Endlösung der Judenfrage› herbeiführen sollten». Da, wo sich die BerlinerInnen heute von Baulärm und Bildschirmgeflimmer erholen, wurde protokollarisch festgehalten: «An Stelle der Auswanderung ist nunmehr als weitere Lösungsmöglichkeit nach entsprechender vorheriger Genehmigung durch den Führer die Evakuierung der Juden nach dem Osten getreten … Im Zuge dieser Endlösung der europäischen Judenfrage kommen rund 11 Millionen Juden in Betracht … In grossen Arbeitskolonnen, unter Trennung der Geschlechter, werden die arbeitsfähigen Juden strassenbauend in diese Gebiete geführt, wobei zweifellos ein Grossteil durch natürliche Verminderung ausfallen wird. Der allfällig endlich verbleibende Restbestand wird, da es sich bei diesem zweifellos um den widerstandsfähigsten Teil handelt, entsprechend behandelt werden müssen, da dieser, eine natürliche Auslese darstellend, bei der Freilassung als Keimzelle eines neuen jüdischen Aufbaues anzusprechen ist …» Laut späteren Aussagen von Adolf Eichmann sei «ganz unverblümt von Massenmord gesprochen worden. Niemand habe grundsätzliche Bedenken oder Einwände geltend gemacht.» Am schönen Wannsee hätten die Anwesenden in neunzig Minuten und entspannter Gesprächsatmosphäre alle offenen Fragen bereinigt, sodass sich «der Führer» schon am 8. November 1942, ein knappes Vierteljahr vor «Stalingrad» und während in verschiedenen Ostgebieten längst kilometerweit der Geruch verbrannten Menschenfleisches zu riechen war, im Münchner Löwenbräukeller vor den «alten Kämpfern» der Partei brüsten konnte: «Sie werden sich noch erinnern an die Reichstagssitzung, in der ich erklärte: Wenn

das Judentum sich etwa einbildet, einen internationalen Weltkrieg zur Ausrottung der europäischen Rassen herbeiführen zu können, so wird das Ergebnis nicht die Ausrottung der europäischen Rassen, sondern die Ausrottung des Judentums in Europa sein (Beifall). Sie haben mich immer als Propheten ausgelacht. Von denen, die damals lachten, lachen heute Unzählige nicht mehr (vereinzeltes Lachen, Beifall). Die jetzt noch lachen, werden in einiger Zeit vielleicht auch nicht mehr lachen (Gelächter, starker Beifall).»
Nach Schluss der Sitzung seien, so Hannah Arendt in ihrem «Bericht von der Banalität des Bösen»[10] über den Eichmann-Prozess, Getränke serviert worden, «und man ass gemeinsam zu Mittag – ein ‹gemütliches Zusammensein›, bei dem sich engere persönliche Kontakte anbahnen sollten». Am schönen Wannsee, wo mann und frau sich heute zu Sport, Fun und Liebelei trifft, wo gesegelt, gesurft, gelacht, geschrien, geseufzt und Schinkenbrot gegessen wird. Kann mann, kann frau fünfzig Meter neben dem damaligen Gästehaus der SS, Am Grossen Wannsee 56–58, Pommes essen? Mann kann. Und frau. Und sie schmecken. Die meisten denken bei der S-Bahn-Station Wannsee – wer auf dem Rückweg ins Zentrum in der S1 einschläft, landet übrigens direkt in Oranienburg, dem Sitz des Konzentrationslagers Sachsenhausen – an Sonnenschutzfaktor, Schwimmen, Mücken, Grillwürste und Vanilleeis. Gedankenlosigkeit? Zynismus? Verdrängung? Oder tröstlicher Sieg des kleinen Lebens über den grossen Massenmord?
Koordiniert acht Tage nach dem ersten Schrei von Jochi W., der geboren wurde, weil – naja, über derlei Angelegenheiten weiss heutzutage ja jedes Kind Bescheid. Weil seine Mutter, damals noch Lizzi M., in den dreissiger Jahren im Jüdischen Krankenhaus Berlin die Pflege Verletzter erlernte – wozu es in jenen Tagen blutiger Strassenkämpfe, unmittelbar vor der so genannten Machtergreifung, reichlich Anlass gab. Weil sie sich bei dieser Gelegenheit über Menschen aller Couleur beugte. Weil die Augen der aus der Ohnmacht erwachenden SA-Leute beim Anblick des zu diesem Zeitpunkt noch selbstbewusst und freiwillig getragenen Davidsterns auf ihrer Brust verrieten, wer da künftig wem hilflos ausgeliefert sein würde. Weil ihr der leitende Arzt nach der für viele Jahre letzten oppositionellen Meinungsäusserung im deutschen Reichstag riet, das Land zu verlassen, dessen Führung sich eben gerade zu allem ermächtigt hatte. Weil dieser Arzt glaubte, was der bereits erwähnte Streicher in seinem Kampfblatt der «Bewegung», dem «Stürmer», der jüdischen Bevölkerung für diesen Fall seit langem angedroht hatte. Weil die Krankenschwester Lizzi M., den traurigen Augen vertrauend, alle, die, und alles, was ihr lieb war, zurückliess und über Holland in die Schweiz floh. Eine ihrer Schwestern sei im Konzentrationslager Theresienstadt eines «natürlichen Todes» gestorben, ein Schwager habe sich der in Wannsee abgesprochenen «Behandlung», die Gestapo schon vor der Tür, nur mit gezieltem Schuss in den eigenen Kopf entziehen können, und eine weitere Schwester sei in einem Lager vergast worden, dessen Name die Mutter von Jochi W. nie ausgesprochen

habe. «Es dauerte 3 bis 15 Minuten, je nach den klimatischen Verhältnissen, um die Menschen in der Todeskammer zu töten. Wir wussten, wann die Menschen tot waren, weil ihr Schreien aufhörte», gab der Kommandant von Auschwitz Rudolf Höss später zu Protokoll.

Weil die Jüdin Lizzi M. in der Schweiz den aus einer Luzerner Schlachtviehhändlerfamilie stammenden Juden W. traf, der, seinerseits Textilkaufmann mit eigener Fabrik, aus Lizzi M. eine Lizzi W. machte, wurde das Judenkind Jochi W. zmittst im grossen Schlachten geboren und erhielt Gelegenheit, in einem Reiheneinfamilienhaus am Zürichberg – in einer Atmosphäre, die er als «eng» empfand – zu einem widerspenstigen, schwierigen Buben – wie ihm bis heute «attestiert» werde – heranzuwachsen. Der Fortgang der grossen Ereignisse verhinderte, dass alle elf Millionen Juden und Jüdinnen Europas, dass die aufgelisteten 18 000 SchweizerInnen jüdischer Religion, darunter Jochi W., der organisatorisch vorbereiteten «Behandlung» unterzogen werden konnten. «Bei den angegebenen Judenzahlen der verschiedenen ausländischen Staaten», so das Wannsee-Protokoll, «handelt es sich jedoch nur um Glaubensjuden, da die Begriffsbestimmungen der Juden nach rassischen Grundsätzen teilweise dort noch fehlen.» Im Falle von Jochi W. hätte es keine begrifflichen Probleme gegeben.

Anjuska W., geborene G. – Erster Bericht

Die Kinder waren nicht da, als der kurzfristig angekündigte Schulbesuch eintraf. Die ausländische Gesellschaft wird ohne offiziellen Willkomm etwas ratlos in den Gängen des Hauses – das vermutlich wie eine bei Hochwasser Hals über Kopf verlassene Mühle aussah – umhergeäugt haben, wird wahrscheinlich ein paar Minuten herumgestanden haben in polierten Stiefeln und gut gebürsteten Uniformen, hilflos, ja ungehalten an nutzlosen Gewehren und Bajonetten herumfingernd. Um dann unverrichteter Dinge wieder abzuziehen – Auftrag mangels Opfern nicht erledigt.

Die SchülerInnen erhielten nie Gelegenheit, sich zu bedanken. Für den schulfreien Tag. Für das vorläufig gerettete Leben. Der Mann, dem sie beides schuldeten, lebte nicht in gemütlichen Zeiten. Deshalb bekamen sie ihn nie zu Gesicht, erfuhren niemals seinen Namen, erhielten kaum Kenntnis von seiner Existenz. Die seinen Namen herausbekamen, trachteten ihm nach dem Leben, sodass Branko G., Mitglied der illegalen kommunistischen Partei Jugoslawiens und Kundschafter des Widerstands gegen die deutschen Besatzer, 1942 das Land verlassen musste – in dem sein Namensvetter der roten Zora Anlass zu Liebeskummer gab –, keine Schulkinder mehr vor der deutschen Wehrmacht – die ihn steckbrieflich jagte – warnen, keine rechtzeitigen Evakuationen mehr veranlassen, nicht verhindern konnte, dass 65 000 seiner jüdischen Landsleute aus Jugoslawien deportiert und – in jener Zeit tatsächlich – verheizt wurden, nur noch die eigene Haut retten, nach Italien, später in die Schweiz fliehen konnte. Wo sich der Flüchtling und «Balkanjude» (die Grossmutter über den

Vater von Anjuska W., ledige G.) der Leiterin eines Flüchtlingslagers, in dem auch die letzten Überlebenden des Konzentrationslagers Bergen-Belsen wieder zu Kräften gekommen sein sollen, der Schweizerin Els L., als Vater ihrer künftigen Kinder, darunter Anjuska G., spätere W., empfahl.

Als der kalte Friede begann ...[11]

Leni A. – Zweiter Bericht

Es ist durchaus denkbar, dass es am 8. Mai 1945 war. Das würde erklären, weshalb sich Leni A. dieser Tag nicht als Tag des Friedens MEG (mitteleuropäischer Geschichtsschreibung) eingeprägt hat. Sie habe für ihren Bruder Briefe getippt, für den jüngsten, den sie «den Kryptokommunisten» nennt, der als Kompaniekommandant sehr viele Schreibarbeiten zu erledigen gehabt, sie deshalb zum Diktat bat, befahl. Sie habe, müde von der eigenen Arbeit, Fehler gemacht. Schon beim zweiten habe er begonnen, sie anzuschreien: «Jezt pass doch uf!» Durch Kasernenhöfe geschult, habe Bruder Hauptmann gedonnert: «Los jezt emal richtig zue!», bis sie entnervt den halb beschriebenen Bogen von der Walze gezerrt und auf den Boden geschmissen habe. Der solchen Ausbrüchen entgegenwirkende Auftrieb wird das Blatt gestoppt und, womöglich nach einer kleinen Schraube aufwärts, langsam auf den Boden geschaukelt haben. Für Leni A. kein Grund zur Versöhnlichkeit. Sie sei aufgestanden und habe dem Bruder ins Gesicht gebrüllt: «Mach doch din Seich sälber!» Worauf der seiner einundzwanzigjährigen Schwester eine Ohrfeige verpasst habe, die sie noch nach fünfzig Jahren zu brennen scheint. Sie sei empört aus dem Haus gestürzt, der Vater ihr nach und habe verlangt, «ich müsste mich bei meinem Bruder entschuldigen! So war das bei uns!» Der Vater habe ihm immer Recht gegeben, habe den Sohn, diesen Sohn, gegen Anfeindungen aller Art verteidigt, habe immer Angst gehabt, er könnte nicht mehr kommen, wenn ihm etwas nicht passte. Oder könnte sich etwas antun. Sei nie ins Bett gegangen, bevor der Sohn, dieser Sohn, zu Hause gewesen. Sei zwischen dem eigenen und dem Nachbarhaus hin- und hergetigert – stundenlang, frierend, nächtelang.

Es ist aber auch möglich, dass der Bruder, dieser Bruder, dem Berichterstatter den Gefallen nicht getan hat, diesen ganz privaten Streit ausgerechnet am 8. Mai 1945 vom Zaun zu brechen, an den sich Leni A. nur sehr dunkel erinnert. Ein Freudentag, gewiss, irgendwie, aber nicht das Ende des Krieges, eines Weltkrieges. «Da kamen ja noch Hiroshima und Nagasaki.» «Little Boy» und «Fat Man», wie die Verantwortlichen die ersten und bisher einzigen auf bewohntes Gebiet abgeworfenen Atombomben tauften. Nach Lesart der US-Regierungen das sanftestmögliche Ende des Krieges im Fernen Osten, gemäss sich erhärtenden historischen Erkenntnissen die furiose Eröffnung des nächsten Kampfs um mondiale Führerschaft. Die Toten – sie erfuhren nie, wofür sie verglühten, in wessen Namen sie verstrahlten.

All das verdarb Leni A. zwar das grosse Friedensbuffet, spielte sich aber weiter hinten als in der Türkei ab. Der Krieg in Europa war zu Ende, wurde jetzt erst Wirklichkeit für sie. Überlebende aus dem Konzentrationslager Buchenwald, etwa hundertfünfzig Befreite, brachten die «Endlösung» ins Kantonsspital St. Gallen. Jetzt erst begriff die Schweizer Medizinlaborantin Leni A., die es zwar schon vor Jahren gelesen – in den «Moorsoldaten», jenem bekannten Bericht des deutschen Schauspielers und Regisseurs Wolfgang Langhoff,[12] der nach seiner Entlassung aus der KZ-Haft ab etwa 1935 am Zürcher Schauspielhaus Theater spielte. Hatte auch den «Totenwald» von Ernst Wiechert gelesen, der 1938 als Häftling «Nummer 7188» während zweier Monate im Konzentrationslager Buchenwald gewesen und 1950 in Uerikon am Zürichsee starb. Habe alles gelesen und sei «fürchterlich beeindruckt» gewesen. Habe es aber nie als gestorbene Realität empfunden, und erst noch so nahe der Schweizer Grenze. Habe es «nie wirklich geglaubt». Die Davongekommenen lassen das grosse Morden weit harmloser erscheinen, als es ist, zu allen Zeiten. Die Flüchtlinge, die aus den Lagern berichteten – «sie waren da, und wir haben ihren künstlerischen Leistungen applaudiert».

Jetzt aber stiegen sie aus den Büchern, die ganz gewöhnlichen Menschen, und legten sich kraftlos in ostschweizerische Spitalbetten – jede und jeder eine «Sensation», den Schrecken von Wirklichkeiten in den Augen, leidende Menschen, und nicht nur liebenswürdige, Menschen eben. «Ich erinnere mich an einen Typen. Der hatte von Kopf bis Fuss Psoriasis. Und der jammerte und jammerte! Wegen dieser Schuppenflechte! Erbärmlich! Ich konnte ihn nicht ausstehen», sagt eine pensionierte Pfarrerin, die sich zu jenem Zeitpunkt nicht hätte vorstellen können, irgendwann einmal das Vaterunser vor versammelter Gemeinde zu beten und auch Täter in die Fürbitte einzubeziehen, sich vielmehr über die katholischen Schwestern ärgerte. «Ich musste irgendeine Blutentnahme machen. Schon vor dem Zimmer hörte ich ein lautes Geheul. Drinnen sass eine Frau auf der Schüssel, ich machte meine Blutentnahme, sie krümmte sich vor Schmerz, der ganze Rücken war eine offene Wunde. Sie, ich, wir läuteten Sturm. Niemand kam.» Die Schwestern waren am Beten. «Weigre dich nicht, dem Bedürftigen Gutes zu tun, wenn es in deiner Macht steht.»[13] Sie sei hinübergerannt, rein, in den Betsaal und habe geschrien: «Um Gottes willen, da muss doch jemand kommen! Das geht doch einfach nicht! Jetzt muss einfach jemand kommen!» Murmelnde Köpfe drehten sich, bis es in Halswirbeln knirschte. Strafend die Blicke der Schwestern. Die sich in der Vereinigung mit ihrem Herrn Jesus nicht von irdischem Leid stören lassen wollten. «Sprich nicht zum Nächsten: ‹Geh hin und komm wieder; morgen will ich dir geben› – da du's doch jetzt kannst.»[14]

Hansjörg B. – Zweiter Bericht

Er habe eine grosse Erleichterung empfunden an jenem 8. Mai, das schon, auch wenn sich nicht unbedingt die erwartet starken Gefühle eingestellt hätten. Es

sei ein wenig gewesen wie später bei der Matur oder der Heirat oder der Geburt eines der Kinder, Ereignissen, die man mit grosser Spannung erwartet, auf die man sich lange im Voraus gefreut habe – «und plötzlich sind sie da, dann ist meist alles ganz anders, als man es sich vorgestellt hat, gewöhnlicher. Oder die Befreiung ist so gross, dass man sie gar nicht richtig erfasst.»
Die Erinnerung ans Kriegsende sei jedenfalls weniger prägnant als die an die Mobilmachung. Die Glocken hätten geläutet, das wisse er noch, in der ganzen Schweiz. In Basel sei gemurrt worden, weil es kein Volksfest gegeben habe, wie in den Siegerstaaten, in denen die Nacht durchgetanzt worden sei. Die Schweiz gehörte nicht zu den Siegern, nicht zu den Verlierern. Die Schweiz war neutral – nicht für den Krieg, nicht für den Frieden. In der Schweiz sei man nicht in der Lage gewesen, richtig zu feiern. Vielleicht, weil man nicht begriffen habe, was Krieg wirklich bedeutete.
Für ihn selbst, für sein Leben sei der Krieg eine wichtige, eine prägende Sache gewesen. Ohne ihn hätte er sich mit vielem nicht befasst, hätten Zeitungen, hätten Briefmarken nie diese Bedeutung erhalten, und dann sei das alles plötzlich vorbei gewesen. Er erinnere sich nicht einmal an eine bescheidene Gedenkfeier. Bestimmt sei er kurz in der Stadt gewesen, habe es aber «e bizzeli» langweilig gefunden, sei bald wieder nach Hause gegangen, verpasste deshalb die Invasion der Elsässer, von der die «Neue Zürcher Zeitung» in ihrer Auffahrtsausgabe vom 10. Mai berichtet: «Feiernde Elsässer in Basel. Basel 9. Mai, ag: Zur Feier des Waffenstillstandes brannten in der Nacht zum Mittwoch im ganzen Oberelsass zahlreiche Höhenfeuer. Wieder feuerten die Soldaten Leuchtraketen, Leuchtkugeln und Leuchtspurmunition ab. Aus den umliegenden elsässischen Ortschaften, besonders aus Neudorf, das noch vor kurzem unter dem deutschen Artilleriefeuer lag, strömte die Bevölkerung nach St. Louis, wo grosse Umzüge mit Lampions und Fackeln veranstaltet wurden, an denen Tausende von Personen teilnahmen. Am späten Abend näherte sich ein Umzug von mehreren tausend Personen aus St. Louis und Neudorf der Schweizergrenze beim Lysbüchel. Im Freudentaumel, den alle ergriffen hatte, begehrten sie den Tag des Sieges auch noch in Basel zu feiern. Da der Stacheldrahtverhau schon beseitigt war, vermochten die Grenzwächter, die angesichts der Bedeutung des Tages nicht von der Waffe Gebrauch machen wollten, und das zu Hilfe gerufene Polizeiaufgebot den Tausenden nicht Halt zu bieten. Nach einem gewaltigen Gedränge wurde der Kordon durchbrochen, und viele Hunderte strömten mit Fackeln und Lampions durch die Elsässerstrasse stadteinwärts, zum Teil bis auf den Marktplatz, wo elsässische Redner Ansprachen hielten.» Vermutlich ohne Redebewilligung.
Habe danach, wie andere auch, auf die grosse Friedensbewegung gewartet, gehofft, wie es sie nach dem Ersten Weltkrieg gegeben habe, ein weltweites «Niewieder». Habe aber vergebens gewartet. Wie die Mutter aufs Familiensilber, das jetzt auch in Basel wieder vor deutschem Zugriff sicher sei, habe sie der Freundin im Simmental geschrieben. Telefon hätten sie damals nicht

gehabt, die Freundin wahrscheinlich auch nicht, die aber auch auf Briefe nicht reagierte, das Silber im Versteck zurückbehielt. Die Mutter sei aufgeregt, sei enttäuscht gewesen, habe wieder geschrieben, immer wieder, schliesslich auch eingeschrieben, habe die Freundin gebeten, aufgefordert, ermahnt, sie möge das Silber zurückschicken, unter Angabe der entstandenen Unkosten für die kriegssichere Aufbewahrung. Aber das Silber blieb bei seiner unrechtmässigen Eigentümerin. Irgendetwas, vermutet Hansjörg B., müsse während des Krieges zwischen den beiden Freundinnen vorgefallen sein, was dem mit internationalen Frontlinien beschäftigten Buben entgangen. Die Empörung am Familientisch sei gestiegen. Dass eine Freundin sie derart im Stich lasse!, habe sich die Mutter echauffiert, und vielleicht nahm sie sogar das Wort «Betrug» in den scheuchzerschen Mund.

Die Freundin im Simmental hatte weniger Glück als die Schweizer Banken. Die das Familiensilber bei ihr deponiert hatte, überlebte, überlebte in baslerischer Gemütlichkeit und forderte ihr Eigentum zurück, bestimmt, hartnäckig, verbissen. Immer drohender müssen die Briefe geworden sein, deren Empfang die Freundin dem Briefträger immer häufiger bestätigen musste, bis ihr das fremde Familiensilber die Berner Platte verdarb. Eines Tages wird sie den Briefträger gebeten haben, die schweren Pakete mitzunehmen – «Wänner weit so guet si» –, wird dem braven Mann womöglich den Schmus gebracht haben, er sei ihre letzte, ihre einzige Hoffnung, man drohe ihr schon mit dem Gerichtsvollzieher, ohne ihn wüsste sie nicht, wie sie die ganze Ware zur Post schaffen sollte. Der Pöstler wird, stolzer Beamter, die umkämpften Löffel, Gabeln, Messer, Kaffeelöffelchen, Dessertgäbeli mit Zuckerzange und Tortenschaufel in seinen Wagen geladen und mitgenommen haben, obwohl zu diesem Zeitpunkt noch niemand von «service public» sprach und die Post noch keine «KundInnen» hatte.

Ein, zwei Jahre nach dem Krieg sei es zurückgekommen. Das scheuchzersche Familiensilber. Die Siegel seien aufgebrochen gewesen. Gefehlt habe nichts. Die Mutter sei erleichtert gewesen. Dass die leidige Geschichte ein Ende gehabt habe. Er habe weiter auf die Friedensbewegung warten müssen. Und die beiden Freundinnen hätten sich nie wieder gesehen.

Emilio M. – Zweiter Bericht

Kontrollierte er, ob die Setzlinge genügend Wasser hatten? Die Rosen fachgerecht geschnitten und der Gartenschlauch richtig zugedreht waren? Riss er im Vorbeigehen ein paar Büschel Unkraut aus? Pflückte er sich zwei Aprikosen vom Bäumchen? Klopfte er an? Die Ewigkeit bis zum Quietschen der Scharniere mit heftigem Kauen zu verkürzen suchend. Der Vater, als er aus dem Krieg zurückkam. Trug er die Uniform? Welche? Trat er unruhig von einem Fuss auf den andern? Wie der zum ersten Mal verliebte Jüngling vergangener Tage, voller Angst, anstelle der Umworbenen mit den erotischen Kniekehlen könnte der eifersüchtige Tochtervater mit Schlagringen an der

Hand im hölzernen Rahmen auftauchen? Oder stiess er die Tür mit kräftigem Ruck auf? Ohne den Schmutz von den Schuhen zu klopfen. Stapfte mit undeutlichem Gebrumme in die Küche. Hockte sich wortlos an den Tisch. Nachdem er sich die Hände mit kaltem Wasser gewaschen. Stumm auf das Essen wartend. Als wär's ein Tag wie jeder. Oder stürmte er mit wehendem Mantel ins Haus? Stürzte sich auf die Mutter. Warf sie mit kräftigen Armen aufs Bett. Riss ihr die Kleider vom Leib. Während der vierjährige Emilio M. mit entsetzten Augen auf die teigverklebten Finger der Mutter starrte. Erkannte sie ihren Mann, den sie seit Jahren nicht mehr gesehen? Oder wies sie dem Fremden die Tür? Stellte sie Emilio M. den eigenen Vater vor, nachdem sie den schluchzend zwischen den Kartoffeln kauernden Marineoffizier voller Reue wieder ins Haus geholt. «E Papa!» War ihm der Geruch der Hände vertraut, die nun über sein verwirrtes Köpfchen strichen?
Der Fünfundfünfzigjährige kann sich an nichts erinnern. «Alles verdrängt», diagnostiziert er lachend und wird sich seinen Reim auf die Fantasien des Berichterstatters machen, der sich, unvorsichtig, auf die Couch des Psychoanalytikers Emilio M. gelegt. Tatsache ist: Der Vater kam 1946 aus dem Krieg zurück, krank, Tuberkulose, und starb ein Jahr später. Stand der kleine Emilio am Totenbett? Berührte er die kalte Hand? Zupfte er den Vater am halbwarmen Ohrläppchen? Kitzelte er ihn mit einem Grashalm in der Nase? Voller Bewunderung ob dessen Selbstbeherrschung. Er weiss es nicht. Geblieben ist ihm nur das detailgetreue Modell eines Kriegsschiffes, das er von Italien in und durch die Schweiz gezügelt. Erinnerlich ist ihm nur die Rede über den Vater – ein Gentleman, witzig, sportlich. «Ein Riesenideal, an dem du dich immer misst. Das du nie erreichst, weil es ein Phantom ist.»

Victor S. – Zweiter Bericht
8. Mai war's, 1945, Victor S. sass, einundzwanzigjährig, auf dem Dachboden des Zürcher Schauspielhauses und sah die Welt im Morgenrot – inmitten kultureller Prominenz, darunter der Schauspieler Wolfgang Langhoff, der, aus Deutschland vertrieben, bald darauf in die damalige Ostzone, spätere DDR, zurückkehrte. Auch Heiri Gretler sei da gewesen, der Schweizer Bühnen- und Filmstar, der seiner Rollen wegen lange Jahre als der gute Eidgenosse galt, bis die wahre Natur von «Kommissar Studer»,[15] bis der heimliche Landesverräter doch noch durchbrach, «Wilhelm Tell» mit seiner Frau das patriotische Publikum testamentarisch vertäubte. Postum, Anfang der achtziger Jahre, wurde bekannt, dass das Ehepaar Gretler sein gesamtes Erbe der Zürcher Jugend vermacht hatte, der bewegten, ausdrücklich.
Mit dem «ganzen Kommunistenclub» – so der gleich nach der Gründung 1944 in die «Partei der Arbeit» eingetretene S. – feierte er das Ende des Krieges in Europa über jener Pfauenbühne – die dank der Bücher- und Menschenverbrennungen im Norden und Osten für Jahre zur bedeutendsten im deutschsprachigen Raum geworden –, feierte den Zusammenbruch der

41

nationalsozialistischen Barbarei, der menschenmöglichen, feierte den grossen Sieg, den Sieg der grossen Sowjetunion, Mutterland des Sozialismus. Mit ihm feierten viele. Der britische Premier Winston Churchill hatte in einer Rundfunkrede um 14.00 Uhr «den heutigen und den morgigen Tag» zum «europäischen Siegestag» erklärt. «Heute werden wir wohl zumeist an uns selber denken; morgen aber werden wir unseren heroischen russischen Kameraden einen besonderen Tribut zollen, deren Leistungen im Felde einen der grossartigsten Beiträge zum allgemeinen Siege gebildet haben».[16] Auf dem Zürcher Helvetiaplatz «zollte» laut der «Neuen Zürcher Zeitung» der Gewerkschaftssekretär und spätere Nationalrat Otto Schütz der «Sowjetunion und ihrer Roten Armee hohes Lob, einige Einschränkungen mussten sich die ‹kapitalistischen Länder› England und Amerika gefallen lassen, ganz schlecht kamen die ‹schweizerischen Financiers› und jener Teil des schweizerischen Bürgertums weg, ‹der es sehr gerne gesehen hat, als die Arbeiterorganisationen in Deutschland und Österreich zusammengeschlagen worden sind›. Die Parole müsse heissen: ‹Kampf dem Faschismus, Kampf dem Kapitalismus›.»

Er habe sich, so Victor S., in irgendeine Ecke gedrückt. «Ich war ein kleiner Mitläufer.» Ein Glas Wein wird er trotzdem erhalten haben, um auf die neue Zeit anzustossen. Er habe einfach nur zugehört, wie die allgemeine Euphorie, die Hoffnung auf Veränderung, kommende, auch in der Schweiz, laut und lauter geworden.

Glaubte mann und frau damals tatsächlich daran, dass die Schweiz demnächst ein sozialistisches Land ...

«Ja. Wir waren überzeugt, dass der Umbruch bevorstand.»

Revolution?

«Nein. Keine gewaltsame auf jeden Fall. Wir standen zwar auf der Seite der Revolution. Unser Abzeichen war die Jakobinermütze. Aber wir hatten nicht vor, zum Karabiner zu greifen und alle Kapitalisten zu erschiessen», er lacht, «so eine idiotische Idee habe ich nie gehört. Aber wir dachten – jetzt geht es aufwärts.»

Mit gutem Grund. Die PdA hatte innerhalb eines knappen Jahres 20 000 Parteibücher ausgestellt. «Ein absolutes Unikum in der Geschichte der Schweizer Parteien»,[17] unterstreicht Simon Spengler in seiner Diplomarbeit über die Geschichte der schweizerischen Arbeiterpresse. «In Basel und anderen Städten steht sie kurze Zeit gleich stark neben der SP», die der bürgerlichen Presse – aus Wut über verlorene Mitglieder, aus Angst vor einem unfriendly takeover? – umgehend einen Schimpfnamen für die ungebetene Konkurrenz zuspielte: «Partei des Auslands», PdA.[18] Die sich «im Gegensatz zu den übrigen kommunistischen Parteien der Welt» nie die «Diktatur des Proletariats» ins Programm geschrieben habe. Natürlich hätten sie auch nicht auf den sozialdemokratischen Weg gesetzt. «Nur mit dem Stimmzettel – daran glaubten wir nicht.» Seien überzeugt gewesen, dass sich das Kapital auf irgendeine Art wehren würde – gegen entsprechenden Volksbeschluss. Hätten aber keine Vorstellung gehabt, wie die Macht übernommen, wie sie gesichert werden könnte, wenn, wenn es so weit gekommen wäre, wie es niemals kommen sollte. Die Machtergreifung – sie blieb dem Schweizer Kommunisten Victor S. erspart, der sich an jenem Abend derlei düstere Gedanken verbeten hätte, sich unter dem Dach des Schauspielhauses der allgemeinen Siegesfreude hingegeben, gerne hingegeben haben wird. Denn in jenen kurzen Tagen war mann als Kommunist ein respektables Wesen, in dessen Nähe sich manche und mancher in guter Gesellschaft glaubte, auch in der Schweiz – für kurze Zeit, wie gesagt.

Anjuska W., geborene G. – Zweiter Bericht

Eigentlich war der engere Umgang einheimischer Frauen mit internierten Männern unerwünscht, wenn nicht sogar verboten. Schon damals plagte Behörden und eifrige Beamte die Aussicht, dass sich die Flüchtlinge aus der kriegsgeschüttelten Welt in der kriegsverschonten Eidgenossenschaft – «Tief ergriffen gedenkt heute der Schweizer dieser grossen Gnade, und in seinem dankerfüllten Herzen klingt zugleich die Bitte mit: ‹Lass auch weiter strahlen deinen schönsten Stern nieder auf mein irdisch Vaterland›», schloss der damalige Bundespräsident von Steiger seine Ansprache zum «Tag der Waffenruhe»[19] –, dass sich die Verzweifelten aus aller Welt in des Schweizers wohlverdientem Paradies zu wohl fühlen könnten. Suchten zu verhindern, dass sie hier auch noch das Herz, nachdem sie draussen schon alles andere verloren, um dann als frisch verliebte Härtefälle auf die allgemeine Tränendrüse zu drücken.

Aber wer hätte an diesem Tag den Flüchtling Branko G. und die Flüchtlingsmutter Els L. auseinander reissen mögen? «Es war ein Tag von unendlicher Schönheit und Bitterkeit», berichtete «At» in der Auffahrtsausgabe der «Neuen Zürcher Zeitung»,[20] «Fahnen, Gesang, feierndes und festendes Volk. Glocken, ein See voller Schiffe, Schulklassen, die sangen und Fahnen schwenkten, Kirchen mit ergriffenen Gemeinden, all das ein Ausdruck der Freude über den Abschluss des grössten Welttrauerspiels. Aber an dieser Freude hing das dunkle Gewicht des Wissens um eine zerstörte, geschleifte Welt und der Ahnung einer Zukunft von schmerzlicher Ungewissheit. Unsere Stadt hat den Tag bis auf einen Zwischenfall würdig gefeiert, angefangen von jener kollektiven Heiterkeit der Leute auf der Strasse, von denen jeder mit dem andern die schweigende Gewissheit teilte, dass man Zeuge eines Tages von historischer Grösse sei, bis zur ergriffenen Menge, die schweigend die Glocken vernahm oder die ihre Münzen auf die Fahnentücher der Schweizer Spende warf, als müsste das weisse Kreuz das Gewicht unserer Dankbarkeit und unseres Helfenwollens tragen ...»[21]

Niemand konnte ahnen, dass sich in den Gesichtern der beiden, die sich eins ums andere Mal anlachten, nicht nur das allgemeine Strahlen spiegelte, dass sie den Tag des Friedens zu ganz und gar privaten Zwecken missbrauchten.

«Um elf Uhr, gerade als sie beim Bürkliplatz jene Stände abbrachen, an denen an diesem Vormittag so auffallend viele Blumen verkauft worden waren, begannen die Glocken zu läuten. Man stand auf der Quaibrücke, hörte die Glockenorgel der Türme – keine zweite Stadt trägt die Kerzen ihrer Kirchtürme so dicht und keine zweite Stadt hat einen Glockenchoral von dieser tiefen Fülle – oder man sah über den Seespiegel mit den vielen Booten und Segeln zum blauen Aquarell der Berge hinüber ...»[22]
Ich lasse den in Hedingen internierten Branko G. diesem Werben, als wär's der Zürcher Verkehrsverein, erliegen, zumal auch das Wetter die Leute aus den Häusern trieb und ihnen die Winterkleider schamlos vom Leibe riss. Sieben Grad wärmer als im statistischen Durchschnitt sei es an diesem 8. Mai 1945 gewesen, 19,1 Grad Celsius, und die Bewölkung, die sich in den frühen Morgenstunden noch auf sieben Zehntel aufgeplustert habe, sei bis Mittag auf einen Zehntel zusammengeschnurrt und um 22.00 Uhr gänzlich aufgelöst gewesen, registrierte die Schweizerische Meteorologische Anstalt. Gründe zuhauf für Branko G., das «Säuliamt» hinter sich zu lassen, an den Zürichsee zu fahren, ein paar Batzen aus dem Hosensack zu klauben, für einen Strauss der so heiss begehrten Blumen, den er im Frauenlager in Wollishofen der Leiterin Els L. überreichte, die er an diesem Tag bat, die «seine» zu werden, damit die schlimmsten Befürchtungen aller aufrechten Beamten bestätigend. Aber auch diese gönnten sich, nach Jahren harter Vaterlandsverteidigung, einen Moment unwachsamer Freude. Und schon packten die zwei die Gelegenheit, um sich zu vereinen, wenn auch nicht offiziell. Liebende hätten keine Augen für andere, heisst es, hätten nur Augen für sich, klagen die Verschmähten. Aber der Tag dieser Verlobung wurde mit Blick auf die Welt gewählt, sei ihnen deshalb immer weit wichtiger gewesen als die offizielle Beglaubigung im Stadthaus. Eine Verbindung des Friedens hätten sich die beiden gewünscht und ein Kind des Friedens, woraus aber, wie mathematisch Begabte schnell einmal feststellen dürften, nichts geworden ist. Anjuska G., spätere W., kam erst am 21. August 1946 zur Welt. An jenem 8. Mai 1945 durfte der Flüchtling Branko G. trotz des ohne Zögern ausgesprochenen Jaworts der Els L. die Nacht über nicht in Zürich bleiben.
«Am Abend strömten Tausende in nie gesehenen Scharen aus der Stadt dem See zu. Auch die Jauchzenden auf dem See draussen, eine singende Jugend, die plötzlich auf den Strassen zu tanzen begann und die festenden Gäste, die alle Gaststätten bis zum letzten Platz füllten, störten die Weihe des Abends nicht. Als die Glocken zum zweitenmal an diesem Tage zum Friedensgeläute anhoben, füllten sich die Kirchen und als wir ins Grossmünster traten, packte uns ein Bild, wie wir es noch nie gesehen: gefüllte Bänke, Hunderte stehend in den Gängen und Schiffen, darunter viele Eltern mit Kindern, alles zu Choral und Gebet bereiter als sonst ...»[23]
Im Übrigen hätten sich Behörden und Beamte in diesem Fall nicht um das Schweizer Boot zu sorgen brauchen. Branko G. und Els G., geborene L., verliessen bald danach das Land – das sich irgendwann für einen Sonderfall zu

halten begonnen hatte –, um Anjuska G., spätere W., in der Heimat von Branko G. zu vorerst molekularer Existenz zu verhelfen. Für den grossen Rutsch in die Welt verliess die Mutter für drei Wochen die Armseligkeit eines kriegsversehrten Landes, gab damit der Schweizer Grossmutter Gelegenheit, ihre Enkelin Anjuska vor dem missliebigen Schwiegersohn – den sie während Jahren keines Wortes würdigen sollte – in die Arme zu nehmen.

SchwarzundWeiss zum Dritten

Ich sehe ihn noch. In meinem Hirnkino. Wie er sich in diesem Geflecht festkrallte. Den Körper rhomboidförmig auseinander gerissen. Wie ein Freeclimber. Der nach neuen Sicherungspunkten tastet. Er war etwa fünf, sechs Meter hochgeklettert. Hing in der Mitte des Maschendrahtzauns. Dahinter der bellende Hund mit Mensch an der Leine. Der deutsche Schäfer kotzte sich beinahe die Lungen aus dem Rumpf. Sprang ab. Wurde durch die auf alle viere gerissenen achtzig, neunzig Kilo Mann im Flug gestoppt. Brüsk brach das Blaffen ab. Der Hund donnerte mit den Hinterläufen auf vereidigte Bauchmuskeln und polizeiliches Fettgewebe. Das Japsen des Grenadiers und das Jaulen des Hundes wurden durch ein kurzes Serienfeuer geschluckt. «Ihr Schweine!» Hörte ich Weiss schreien. Der in solchen Situationen immer die Beherrschung verlor. Der Hund musste mit den Vorderläufen die Schüsse ausgelöst haben. Weiss. Auch im Gesicht. Liess sich fallen. Griff. Noch auf den Knien. Nach seinem Stöckchen. Das er auf besetztem Boden hatte liegen lassen. Auf dem Dach. Die Männer. Rissen ihre Maschinenpistolen in Anschlag. Sie hätten. Hiess es später. Scharfe Munition geladen gehabt. Damals. Bewiesen wurde es nie. Weiss wurde umringt. Rückte den Zylinder zurecht. Wollte sich nicht beruhigen. «Ihr mit eurem gewaltlosen Fasnachtsumzug!» Zischte er. «Würdet eure Chörnli am liebsten mit den Bullen teilen!» Und hämmerte wütend mit Silber auf Draht. «Ein Agent provocateur!» Flüsterten sich einige zu. Erregt. Lächerlich. Weiss! Der am Morgen in seinem Cabrio vorgefahren war. Der aussah. Als hätte er sich auf dem Weg zu einem Casting für einen Liebesfilm in Ascot verfahren. Der die irritierten Blicke der bunt uniformierten Menge wie einen Auftritt auf der Showbühne zu geniessen schien.

Aus Angst vor Schwarz' Blicken hatte ich mich widerstrebend aus zärtlichen Armen gelöst, hatte, wie James Bond, begehrlich schmollende Lippen mit einem letzten, druckvollen Kuss auf gemütlichere Zeiten vertröstet, war im Dienst einer höheren Sache durch die halbe Schweiz gerast, um, natürlich an einem Sonntag, das Oppositionsobligatorische zu absolvieren, an einem jener Aufmärsche Anwesenheit zu markieren, die bei mir immer das dumpfe Gefühl hinterliessen, an einer ziemlich lächerlichen Veranstaltung teilzunehmen, an einer Art heidnischem Ritual, das auf das Wetter etwa gleich viel Einfluss hat wie das dreiundvierzigfache Herunterbeten des Rosenkranzes auf die Fruchtbarkeit von reformierten Kanalratten. Da zogen ein paar tausend, so viel werden's wohl gewesen sein, über geteerte Strässchen Richtung Reaktorgebäude, sangen lüpfige Lieder, schwenkten Transparente – «Atomkraft – nein danke» –, kauten biologisch gedörrte Aprikosen, wechselten mit Seife gewaschene Windeln, sahen überall Staatsschutz, vermuteten, und das zu Recht, unter ihresgleichen Spitzel, belauerten argwöhnisch die paar Chaoten in den eigenen Reihen, die nicht auf die Durchschlagskraft geistiger Beschwörung vertrauen mochten, sondern auf die Wirkung von Farbspritzern auf Eisenbeton setzten.

Es kam wie befürchtet – es beeindruckte weder die Hunde mit ihren gespannten Läufen und uniformierten Führern, die Atomkraftwerkbetreiber noch die Welt schlechthin, dass ich das gut gewärmte Bett mit nüchternem Magen verliess, während sich K. an Gipfeln, Tee, Kaffee, Trauben, Käse und sich selbst gütlich tat. Schwarz, der mich Jahre zuvor am liebsten vor ein Revolutionsgericht gezerrt hätte, wegen unerlaubten Fernbleibens – ich hatte mich durch den Regen von der Teilnahme an der Protestdemonstration gegen den Militärputsch in Chile abhalten lassen, «Bei schlechter Witterung wird die Revolution verschoben», hatte er mich damals abgekanzelt –; Schwarz, der es im Sommer 1977 als Selbstverständlichkeit hinnahm, dass ich allen Verführungsversuchen K.s widerstand und mich für die gute, aber hoffnungslose Sache entschied, erwies sich einmal mehr als sturer Hund, nicht einmal der Hinweis auf E., in die er sich zu verlieben anschickte, konnte ihn dazu bewegen, seinen Hintern in mein Auto zu quetschen, er fuhr konsequent mit Bus, Bahn und Atomstrom in die Nordwestschweiz und brachte mich damit in die unangenehme Lage, K., die sonst ausgesprochen tolerant war, erklären zu müssen, weshalb ich sie am Sonntagmorgen blutt und vaterseelenallein im Bett liegen liess, um dann mit E. ein Fährtli à deux zu machen, was mir die Pflichterfüllung, zugegeben, nicht unwesentlich versüsste.

> Plötzlich waren sie da. Aus Nebelschwaden traten sie vor. Mann neben Mann. Rückten über Felder und Äcker näher. «Wie im Krieg!» Entsetzten sich einige. Viele von uns. Gedankenlos. Nur Weiss gab sich gelassen. Gebärdete sich angriffslustig. «Habt ihr im Ernst geglaubt, die würden den Laden dichtmachen.» Spottete er. «Nur weil ein paar Ökofreaks ihre Parolen in den Wind hängen.» Er grinste. «Jetzt könnt ihr zeigen, wie ernst es euch ist. Ihr habt doch den armen Bauern in den Stall geplärrt: ‹Wehrt euch, leistet Widerstand!›» Die Stehversuche eines Helikopters zogen Blicke himmelwärts. Der Polizeivorstand habe den Einsatz vor Ort leiten wollen. Höchstpersönlich. Hiess es im Nachhinein. Sekunden später erinnerte nur noch das Dröhnen der Rotoren an das Kommando über unseren Köpfen. Beissend wölkte uns das Kampfgasgemisch ein. Von drei Seiten trieben sie uns Tränen in die Augen. «Da rennen sie. Wie die Hasen.» Hörte ich Weiss höhnen. Hinter mir. Er schien der Megafonstimme nicht zu folgen. Ich löste mich aus der sofort gebildeten Kette. Die mir sowieso unangenehm war. Irgendwo hörte ich E. schreien. Beinahe hysterisch. Sie schien sich. Links und rechts in fremde Arme gehängt.

Vorwärtsreissen zu lassen. Hatte Weiss sie. Hatte sie Weiss stehen lassen? Ich wartete einen Moment. Hörte Weiss. Der immer noch. Irgendwo in meinem Rücken. Dem allgemeinen Fliehen zu trotzen suchte. «Schweine!» Schrie er. «Idioten!» Und wusste offensichtlich nicht mehr. Wo hinten und vorne. Rechts und links war. Ich fand ihn nicht. Er fand mich. Mitten in den kopulierenden Gaswolken stand Weiss. Wie eine Schneegans von der Umgebung geschluckt. Nur das Stöckchen und die feinen schwarzen Nadelstreifen verrieten ihn. «Da rennen sie, Schwarz, deine Leute!» Frotzelte er. «Wie die Schafe. Immer hinterher. Im Gleichschritt, marsch!» Er lachte. Bis der nächste Tränengasangriff ihn zum Husten zwang. Ich schwieg. Konnte. Wollte nicht widersprechen. Mir war selbst der unangenehme Gedanke durch den Kopf gegangen. Der Mann am Mikrofon. Es war ein Mann. Könnte uns führen. Irgendwohin.

«Wir lassen uns nicht vertreiben!» Rief Weiss in Gaswolken. Stellte sich mit roten Augen mitten aufs Bahngeleise. Wie Napoleon auf den Feldherrnhügel. «Wir bleiben!» Krächzte er. Aus verlassener Kehle. Ein vertrautes Geräusch schreckte mich auf. Ich riss Weiss über Schwellen, Schienen, Schotter. Dann donnerte der Intercity Richtung Zürich über seinen Zylinder. «Danke.» Sagte er. «Du hast mir das Leben gerettet.» Das Flackern in seinen Augen verunsicherte mich. «Schade um das gute Stück.» Murmelte er. Ich war mir nicht sicher. Ob er tatsächlich froh war. Über den Ausgang dieses Tages. Oder ob er sich gewünscht hätte. Für die gute Sache zu phallen.

In unserem Rücken prustete der Kühlturm seine Dampffahne in höhere Luftschichten. Sodass sie auch auf dem Hörnli im Zürcher Oberland den Sieg der Atomlobby im solothurnischen Mittelland sehen konnten. Und können. Bis auf den heutigen Tag.

Als die ersten Bilder fielen ...

Victor S. – Dritter Bericht

Winston Churchill, der damalige englische Oppositionsführer, spürte nichts, ahnte nichts, erfuhr es nie, dass sein Kopf rollte am 19. September 1946, am letzten Abend seines rund einmonatigen Aufenthalts in der Schweiz, während er auf dem Herrliberger Landgut «Schipf» des Zürcher Medizinprofessors von Meyenburg Termitenhügel mit totalitären Staaten verglich.[24] In einem Barocksaal, der von Kerzen beleuchtet war, die bei einer allfälligen Machtergreifung der Kommunisten in der Schweiz, so Churchill, umgehend verlöschen würden. Weil dann kein Platz mehr wäre «für all die Dinge, die das Leben lebenswert machen».[25]

Sätze, die den Kommunisten Victor S. noch mehr in Rage gebracht hätten als die kurze Ansprache auf dem Münsterplatz, in der Churchill nur andeutete, was er zuvor ausgesprochen hatte – am Morgen in der Aula der Universität, ein halbes Jahr zuvor in der berühmten Rede von Fulton, Missouri, in der zum ersten Mal der «Eiserne Vorhang» fiel.

Aus Angst, für allfällige aussenpolitische oder wirtschaftliche Unbill verantwortlich gemacht zu werden, hatte die Zürcher Regierung im Voraus in Bern um Absolution gebeten, für den neutralitätspolitisch heiklen Auftritt des englischen Kriegspremiers, und von Aussenminister Petitpierre den beruhigenden Bescheid erhalten, die Landesregierung habe keinerlei Einwände gegen die «Zürcher Rede» des Briten, schliesslich finde die Ansprache nicht öffentlich, sondern «innerhalb des Universitätsgebäudes statt, andrerseits wurde uns ausdrücklich zugesichert, dass die Rede nicht politischer Natur ist, sondern im wesentlichen eine Ermunterung der Jugend darstellt, für den Frieden und gegen den Krieg zusammenzuarbeiten». Im Übrigen kam Churchill nicht als offizieller Staatsgast in die Schweiz, sondern auf Einladung eines privaten Komitees, das nicht öffentlich in Erscheinung trat, diskret die Kosten des gesamten Aufenthaltes, rund 60 000 Franken, übernahm und dem Vertreter von Bally, Ciba, Georg Fischer, Geigy, Hoffmann-La Roche, Interfranck/Bank für Anlagewerte, Nestlé, Sandoz, der Schweizerischen Rückversicherung, Sulzer, Volkart, Wander und Zürich-Unfall angehörten.

Während Victor S. das Konterfei seines Kriegshelden von der Wand nahm, las dieser im «Grand Hotel Dolder» das Glückwunschtelegramm von Bundesrat Petitpierre, der dem Verfasser der Dissertation «Churchills Schweizer Besuch 1946 und die Zürcher Rede» Jahre später verriet, was der 1945 abgewählte Sieger des Zweiten Weltkrieges dem Schweizer General a. D. Guisan in inoffiziellem Gespräch kundtat. Er werde alles in seiner Macht Stehende tun, «um den Kommunismus innerhalb und ausserhalb Russlands zu bekämpfen. Er schloss einen Präventivschlag nicht aus, der mit Hilfe der Atombombe möglich sein sollte. Über kurz oder lang würde es ohnehin zu einem Zusammenprall zwischen Ost und West kommen. Die Schweiz müsse auf der

Hut sein, sie werde von den Westmächten als wichtiger Vorposten einkalkuliert, der den Feind an der Landesgrenze oder im Réduit so lange binde, bis die Kriegsmaschinerie der Westalliierten wieder auf vollen Touren laufe, was einige Monate dauern könne.»[26]
Victor S. hätte das Porträt Churchills nicht nur vom Nagel genommen, hätte den Kopf des bulligen Briten auf den Boden la gheit, wenn er gewusst hätte, wie weit dessen Überlegungen gegenüber dem einstigen «Kriegsbruder» Sowjetunion gingen, nur ein Jahr nach der Kapitulation des «Dritten Reichs», als er Deutschland gemeinsam mit Frankreich schon wieder eine Führungsrolle im Nachkriegseuropa zudachte.
Während seine Demontage auf Victor S.' Tapete einen dunklen Fleck hinterliess, schlief Winston Churchill bei den Darbietungen der Kabarettistin Elsie Attenhofer ein, sodass ihr Auftritt vorzeitig abgebrochen werden musste. Der hohe Gast war ganz einfach müde, der spätere Literaturnobelpreisträger soll bis morgens um sieben an seiner «Zürcher Rede» gefeilt haben. Die ZürcherInnen dankten es ihm, obwohl damals die wenigsten Englisch verstanden, mit «anhaltendem Applaus» in der Alma Mater, mit «unbeschreiblichem Beifall» auf dem Münsterhof. Zürichs SchülerInnen hatten frei, viele Angestellte nahmen oder bekamen eine verlängerte Mittagspause. Rund 25 000 hätten sich zwischen die Zunfthäuser zur Waag und zur Meisen, das Eisenwarengeschäft Pestalozzi und das Fraumünster gedrängt, als Churchill der Schweiz eine Vorbildrolle zudachte, weil sie «trotz ihrer Vielfalt zu einer Einheit geworden»,[27] sei die Menge «förmlich aus dem Häuschen geraten». «Der Krieg war vorbei, die Schweiz gerade noch davongekommen, aber unsicher, wie gut das Gewissen zu sein hatte», interpretiert der Journalist Markus Somm fünfzig Jahre später das eidgenössische «Churchill-Fieber».[28] «Aussenpolitisch stand man im Abseits, zur Gründungsversammlung der Uno war die Schweiz nicht einmal eingeladen worden. Der Ruf der Schweiz schepperte. ‹Sechs Tage arbeiten die Schweizer für die Nazis›, sagten die Engländer im Krieg, ‹am siebten beten sie für den Sieg der Alliierten.› Zwei lange Jahre hatte man in Moskau betteln müssen, um mit der Sowjetunion endlich diplomatische Beziehungen aufnehmen zu können. Die Stimmung war schlecht, aber jetzt kam der Sieger Churchill und machte einen glauben, man sei wieder aufgenommen im Kreis der anständigen Nationen.»
Bis in den Limmatquai hinein seien die Leute gestanden, erzählt Victor S., der die Hände im Hosensack liess, als das tausendfache Fleisch- und Knochengeklopfe losging, der nach dem antifaschistischen Zwischenspiel schon wieder antibolschewistische Töne ausmachte. Die Reden von Fulton und Zürich waren für ihn ein Fanal, eine grosse Enttäuschung, dass Churchill – dieser «phantastische Staatsmann, der mitgeholfen hat, zusammen mit der Sowjetunion, die Nazis zu zerschlagen» – das alte Lied anstimmte, dass aus seinem Munde plötzlich «eine Attacke gegen den Kommunismus kam». Jetzt zerbrach die Allianz des Zweiten Weltkrieges auch an Victor S.' Bürowand. Zurück

blieben die aus der Zeitung geschnittenen Fotos der «vier Heiligen» – Marx, Engels, Lenin, Stalin –, «aber auch nicht mehr lange», schmunzelt Victor S., und er schmunzelt charmant, «ich bin kein grosser Götzenverehrer».

Lieber Herr Bundesrat ...

Hansjörg B. – Dritter Bericht

Am fünften November 1946 erhielt der Polizeidienst der Schweizerischen Bundesanwaltschaft Post von höchster Stelle, vom damaligen Vorsteher des Eidgenössischen Justiz- und Polizeidepartementes. Eduard von Steiger, befreit vom Kampf gegen die «Verjudung der Schweiz», verlangte Auskunft über einen Hansjörg B., der ihm am 3. November geschrieben habe und laut Erhebung der Bundesanwaltschaft identisch war mit «B., Hansjörg Rudolf, des Fridolin Rudolf u. d. Klara gesch. Sch., von Basel, geb. 1. 8. 30 in Basel, Schüler des Mathematisch-naturwissensch. Gymnasiums, wft. bei seiner Mutter Missionsstr. 37 in Basel».
Er habe dem damals wegen seiner Flüchtlings- und Staatsschutzpolitik umstrittenen BGB-Bundesrat[29] tatsächlich einen Brief geschickt, bestätigt Hansjörg B. 1997. Mit der Bitte, an die Notleidenden zu denken und beigelegtes Abzeichen der «Winterhilfe» nicht zu refüsieren, das auf dem Weg von Basel nach Bern durch so viele kräftige Pöstlerhände gegangen war, dass es seine ursprüngliche Form verloren haben soll. Der Alt-Nationalrat thront auf seinem Dübendorfer Sofa, schmunzelt genüsslich, sieht das verbogene Ding vor sich, welches das Auge des Staatsschutzes, geschult durch den beginnenden Kalten Krieg und silvesterliches Zinngiessen, sofort als HammerundSichel entlarvt habe.
«Was! Dieser von Steiger!», imitiert er die fast überschnappende Stimme seiner 93-jährigen Mutter, «das ist doch der, der die Flüchtlinge in den Tod getrieben hat!», der seinen NachfolgerInnen zu zahlreichen Entschuldigungsgesten und Abwehrschlägen gegenüber Nachkommen und Opfern des Holocausts verhalf. Mit dem im August 1942 erlassenen Beschluss, «Flüchtlingen nur aus Rassegründen» die Einreise in die Schweiz zu verwehren. Mit dem schon im Sommer 1938 von seinen Beamten in Nazi-Berlin initiierten «Judenstempel».[30]
«Und der hat uns die Polizei ins Haus geschickt!» Stolz zitiert Hansjörg B. die ungebrochene Empörung seiner Mutter, als er ihr aus seinen Staatsschutzakten vorliest, über fünfzig Jahre danach. Sie habe ihn, so will er sich erinnern, auch damals «ziemlich verteidigt».
«Ich weiss und habe ihm in dieser Hinsicht schon öfters Vorwürfe gemacht, dass er in politischen Fragen für sein jugendliches Alter zu vorwitzig sei. Im allgemeinen ist er sehr folgsam, doch lässt er sich gerne in Diskussionen politischer Art ein», notierte der Polizeibeamte am 19. November 1946, nachdem er an der Basler Missionsstrasse bei Klara Sch., geschiedene B.,

vorgesprochen hatte, die ihm versicherte: «Ich weiss aber bestimmt, dass er keiner politischen Jugendorganisation als Mitglied angehört. Er betätigt sich als sehr aktives Mitglied des Basler Jünglingsbundes vom Blauen Kreuz und opfert viele Abende für diese sicher einwandfreie Vereinigung. Auch zeigt er sich hilfsbereit, wenn der Aufruf an die Jugendlichen erging, für irgendeine Institution Plaketten oder Abzeichen zu verkaufen.» Deshalb habe er sich auch am Strassenverkauf des Winterhilfe-Abzeichens 1946 beteiligt, vertraute Mutter Sch. dem wohlwollenden Erkundigungsdienstler an. Bei dieser Gelegenheit habe ein Angesprochener dem 16-jährigen Hansjörg B. entgegnet, «er soll diese Dinger den Leuten verkaufen, die dazu das Geld hätten, so den Kapitalisten. Schliesslich erklärte ihm der Unbekannte, er solle ein Abzeichen an Herrn Bundesrat von Steiger schicken, der die Winterhilfe unterstützen solle ... Ich habe ihm das zu verwehren versucht mit dem Hinweis, dass Herr Bundesrat von Steiger bestimmt seinen Obolos für die Winterhilfe schon entrichtet habe und Hansjörg solch dummes Zeug unterlassen solle.»
Als der Ausgang Tausendjähriger Reichsgeschichte bereits absehbar geworden war, hatte sich Bundesrat Eduard von Steiger in seiner präsidialen Neujahrsansprache weltoffen gegeben. Dunkel der Anzug, weiss das Hemd und s'Poschettli, warb er am 1. Januar 1945 mit eindringlicher Stimme für die so genannte «Schweizer Spende»,[31] legte das Manuskript zur Seite, nahm die Brille von der Nase, liess sie in seinen gefalteten Händen verschwinden, streckte das ergraute Lippenbärtchen mit Kopf der «Wochenschau»-Kamera entgegen, als wollte er seinen Untertanen in den Teller schpienzle, als er sie aufforderte: «Alli sölle mithälfe. Mit guetem Wille. Fröidig.»[32] Finster schaute er in die Kamera, Bundespräsident von Steiger, als er sein Volk in väterlicher Strenge ermahnte, daran zu denken, «wie's däne im Usland schlächt geit».
Der Sohn zeigte sich sperrig gegenüber mütterlicher Unterweisung, forderte den hohen Herrn in Bern respektlos auf, ins eigene Portemonnaie zu greifen, als der schon wieder ein ganz gewöhnlicher Bundesrat war. Die Mutter bedauerte «diesen Vorfall und möchte ersuchen, dass Hansjörg diesbezüglich zur Rede gestellt wird, in der Annahme, dass ihm die Polizei etwas Eindruck machen werde». Der Polizeibeamte übernahm den erzieherischen Beistand, lud den Filius vor, kam bei einer «unpolizeilichen Diskussion mit Hansjörg», wie er sich in seinem Bericht ausdrückte, «zur Überzeugung, dass es sich bei diesem um einen, für sein Alter, sehr aufgeschlossenen Jüngling handelt. Er teilte mir mit, dass in seinem Schreiben an Herrn Bundesrat von Steiger keine böse Absicht gewesen sei, obwohl ihm Herr von Steiger persönlich auf Grund der in politischen Belangen gemachten Erfahrungen, nicht sehr sympathisch sei.»
Während des Krieges hatte der oberste Zensor mit allen Mitteln zu verhindern gesucht, dass die InländerInnen erfuhren, wie es den an der Schweizer Grenze zurückgewiesenen Jüdinnen und Juden draussen erging. Beim Lesen der Rekurse der «Nation»[33] gegen die Beschneidung der Pressefreiheit verfiel der Berner Patrizier regelmässig in den volkstümlichen Ton der Bauern-,

Gewerbe- und Bürgerpartei. «Frecher Bengel», «Prototyp eines unanständigen Journalisten», «Schweinehund» kritzelte er mit bundesrätlichen Fingern an den Rand der Eingaben und Rekurse des Redaktors Peter Surava und beliess es nicht beim Kritzeln. «Er wurde fichiert und diffamiert, während Nazifreunde und Waffenlieferanten ‹ehrenwerte Bürger› blieben. Nach dem Krieg und ungerechtfertigten Prozessen geriet er in Vergessenheit ... Ein Mann, der in der ‹freien Schweiz› nur im Schutz von stets wechselnden Pseudonymen leben und arbeiten konnte, verdient endlich seine Rehabilitation», musste Bundesrätin Ruth Dreifuss am 26. Januar 1995, fünfzig Jahre nach Kriegsende, in Solothurn festhalten.[34] Anlässlich der Uraufführung von Erich Schmids Film «Er nannte sich Surava». In Anwesenheit von Peter Surava alias Hans Werner Hirsch alias Ernst Steiger alias James Walker alias Thomas Quinton alias Peter Hirsch.

Der Beamte muss Hansjörg B. geschickt auf politisch heikles Terrain gelockt haben. Der verriet ihm jedenfalls an der Wettstein-Allee treuherzig, er sei «von den besseren Baslerjungens schon als Kommunist und [mit] anderen Bezeichnungen tituliert worden». «Es sei doch so», protokollierte der Staatsschützler Hansjörg B.s Aussagen, «dass viele jungen Leute zufolge ihrer zu ‹straffen› Erziehung nur das annehmen, was ihre Eltern oder nächsten Bekanntenkreise predigen würden. So habe er viele Kameraden, die zum Beispiel alles was von Russland komme, verdammen, aber im Glauben seien, dass alles was in der Schweiz vorgekehrt werde, unbedingt das Richtige sei. Er könne dies nicht begreifen und knüpfe bei solchen Gelegenheiten stets Diskussionen an, was ihm auch schon den Spitznamen ‹Oppositiönler› zugetragen habe ... Er müsse aber zugeben, dass er sich noch nirgends [zurechtgefunden] habe und er sei überzeugt, nie kommunistischen Lehren zu erliegen, da er sich in diesen Kreisen keineswegs daheim fühle und er den Eindruck habe, dass ihre Presse, Propaganda und die schon gehörten Referenten nicht auf hohem geistigen Niveau stünden.» Dies und die Tatsache, dass Hansjörg B. bezüglich des ominösen Winterhilfe-Abzeichens glaubhaft machen konnte, es mit dem eigenen Sackgeld gekauft zu haben, muss den Beamten nachhaltig beruhigt haben, jedenfalls meldete er dem Chef des Eidgenössischen Polizeidienstes in Bern zuhanden seines Dienstherrn: «Ich zweifle jedenfalls nicht daran, dass seinem Schreiben an Herrn Bundesrat von Steiger keine politischen Hintergründe [zugrunde liegen].» Der liess sich nicht lumpen. «Wenn ich mich recht erinnere, hat er mir zwanzig Franken geschickt.» Mit der landesväterlichen Ermahnung, doch dem patriotischen Geburtsdatum «1. 8.» gerecht zu werden, womit sich der Herr Bundesrat als Legastheniker outete; Hansjörg B. war am 8. 1. 1930 geboren worden, fern von Höhenfeuern und Trachtengruppen.

Im Februar 1998 erklärt sich der Bundesrat «menschlich tief betroffen» vom Schicksal der Familie Sonabend.[35] Diese war 1942 in die Schweiz geflüchtet, dann ins besetzte Frankreich ausgeschafft worden, die Eltern wurden in einen der vielen unbemerkten Züge gepresst, in denen Hunderttausende durch ganz

Europa gekarrt wurden – Endstation Auschwitz. «Wenn man zum vornherein gewusst hätte, was sich drüben im Reich abgespielt hat, hätte man vermutlich den Rahmen des Möglichen anders gespannt»,[36] wehrte sich Bundesrat a. D. von Steiger Jahre nach dem Krieg gegen die Vorwürfe der in gemütlicheren Zeiten gross Gewordenen, gegen die Kritik an der schweizerischen Flüchtlingspolitik zur Zeit des grossen Mordens im Norden und Osten. Am 26. Februar 1998 macht sich der Steinmaurer Hans Büchler in einem halbseitigen Inserat im Zürcher «Tages-Anzeiger» Luft: «Wut erfasst mich, wenn ich die ständigen Anschuldigungen und Forderungen aus jüdischen Kreisen hören und lesen muss – und erst recht, wenn sie durch unsere Medien zusätzlich noch unterstützt, ja regelrecht angeheizt werden.» Der Sohn der Familie Sonabend, der in einem jüdischen Kinderheim in Paris überlebt hatte, verlangt viele Jahre später von der Eidgenossenschaft eine «Genugtuung». «Wer entschädigt uns für die verlorene Jugendzeit, wer die Frauen für die harte Männerarbeit? Wer entschädigt meine verstorbene Mutter, die sogar 10 Wochen mit einem gebrochenen Fuss im Gipsverband die schwere Arbeit verrichten musste?» Fragt Hans Büchler. Der 1939 elfjährige Bauernbub musste seiner Mutter während des Aktivdienstes auf dem Hof helfen. «Für Schulaufgaben hatte ich keine Zeit. Kinder und Frauen mussten harte Männerarbeit verrichten – nur so konnte unsere Bevölkerung, dazu gehörten Internierte und Flüchtlinge und auch gut 30 000 Juden, ernährt werden.» Hunderttausend fordert der inzwischen 66-jährige Sonabend, die ihm der Bundesrat im Februar 1998 verweigert, angesichts der leeren Bundeskasse und weil die Toten damit auch nicht mehr zum Leben erweckt, das Erlittene nicht mehr gut gemacht werden kann. «Heute werden wir ständig mit neuen Beschuldigungen überhäuft, nur um Geld zu erpressen! Ist das der Dank dafür? Kann das mit Geld überhaupt abgegolten werden?» Lässt Hans Büchler fett 282 333mal über Druckrollen pressen. Solches sagen die sechs Männer und die Dame in Bern natürlich nicht, verweisen vielmehr darauf, die Schweizer Bundesbehörden hätten «sich im Gegensatz zum Nazi-Regime weder eines Verbrechens gegen die Menschlichkeit noch eines Kriegsverbrechens schuldig gemacht». Das Vorgehen habe den damals geltenden Gesetzen durchaus entsprochen. Und im Übrigen sei das Ganze längst verjährt, ein Genugtuungsgesuch hätte bis spätestens 1952 eingereicht werden müssen. Schreiben hätte der damals zwanzigjährige Charles Sonabend sicher schon gekonnt.

Ein Austritt, aber nicht von Herzen

Victor S. – Vierter Bericht
Er konnte es nicht wissen, damals, welche Bedeutung diese Frage noch bekommen würde. Auch der dank später Geburt Davongekommene stellt sie ihm, warum er als Mitglied der ersten Stunde 1947 die PdA verlassen, 1953 der «Sozialdemokratischen Partei» beigetreten – aus der er 1957 ausgeschlossen wurde – und Anfang der sechziger Jahre in «die Partei» zurückgekehrt sei. «Im Herzen war ich immer Kommunist», beteuert er. Es ist in seinem Gesicht zu lesen, er spricht nicht gern darüber, dass er ein «Doppelleben» führen musste, glaubte führen zu müssen. Weil er in Bern studieren wollte, auf Einkünfte angewiesen war, im Statistischen Amt arbeitete, den Kindern der Berner Aristokraten Nachhilfestunden gab und die Unterstützung seiner Professoren brauchte, die einem Kommunisten das Studium schwer gemacht, damals. Der Kalte Krieg hatte schon begonnen, nach 48, Tschechoslowakei, die Verhärtung. Und so gab es zwei S., musste es zwei S. geben: den Marxisten in seinen vier Wänden mit seinen Büchern – Marx, Engels, Lenin –, seiner Ideologie, und S., der zu vorsichtigem, klandestinem Verhalten gezwungen war.

Ein friedlicher Sonntag

Hansjörg B. – Vierter Bericht
Fast hätte der Sonntag, an dem er zum Pazifisten werden sollte, ohne Hansjörg B. stattgefunden. Die Mutter stellte sich ihm in den Friedensweg, habe ihm verboten, an der nordwestschweizerischen Landsgemeinde der «Blaukreuzjugend» teilzunehmen, wegen der Schulaufgaben. Sie sei durch sein Ausrufen eines Hungerstreiks konsterniert gewesen. Es ist ungewiss, wem ein bis zum bitteren Ende durchgehaltenes Fastenwochenende des jungen B. mehr auf den Magen geschlagen hätte, der besorgten Mutter oder dem hungernden Sohn, der bereit war, sich für seinen Auftritt an der Landsgemeinde zu quälen. Schliesslich war der Flagellant der Verfasser des vorjährigen Protokolls und wollte es sich nicht nehmen lassen, es vor versammelter Hundertschaft selbst vorzutragen. Die durch söhnliche Hartnäckigkeit überraschte Mutter liess es nicht zum Äussersten kommen, ging mit ihrem FleischundBlut ein, worauf schweizerische Politik ein Patent anmelden würde, wenn es ein entsprechendes Amt dafür gäbe – einen Kompromiss. Samstag über Büchern und an Mutters Fleischtöpfen, Sonntag im Wortgefecht und am landsgemeindlichen Rednerpult.
Es wird vor allem die seltene Trübung familiärer Harmonie gewesen sein, die diesen Sonntag zum Stichtag in Hansjörg B.s friedenspolitischer Entwicklung stilisierte. Echte Bekehrungserlebnisse sind schliesslich auch im christlichen Abendland selten, in dem vor bald zweitausend Jahren ein Saulus zum Paulus

wurde. «Plötzlich umstrahlte ihn ein Licht vom Himmel, und er stürzte zu Boden.» Als der Christenverfolger wieder aufstand, konnte er «drei Tage lang nicht sehen und ass nicht und trank nicht ... Und alsbald fiel es» dem späteren Apostel Paulus «von den Augen wie Schuppen, und er wurde wieder sehend und stand auf und liess sich taufen. Und er nahm Speise zu sich und kam wieder zu Kräften.»[37]

Hansjörg B.s körperliche Schwäche hielt sich Ende der vierziger Jahre des vergangenen Jahrhunderts in Grenzen, der Hungerstreik wird kaum länger als eine Stunde gedauert haben. Er fuhr als Patriot ins basellandschaftliche Seltisberg, als Befürworter einer starken Armee – schwankend in der Frage der ersten schweizerischen Flugzeugbeschaffung nach dem Krieg, die Hauptthema der Landsgemeinde war –, und kehrte als überzeugter Pazifist zurück. Der Schritt «ins andere Lager» sei nicht wie ein Blitz aus heiterem Himmel gekommen, aber er habe Zeit gebraucht, die «schwarze, das heisst das Militär befürwortende Vergangenheit» hinter sich zu lassen. Gut möglich, dass er zeitweise Meinungen vertreten habe, die schon nicht mehr seine eigenen gewesen. «Aber an diesem Sonntag habe ich mich entschieden», hält er fest, mit Nachdruck, klopft auf den Tisch, Silbe für Silbe betonend. «Während des Krieges gab es keine andere Möglichkeit. Dieses Hitlerdeutschland musste bekämpft, musste besiegt werden. Aber jetzt war der Krieg zu Ende. Jetzt konnte ein neuer Anfang gemacht werden. Und ich wollte mich dafür einsetzen, dass es nie mehr zu einem Krieg kam.» Die Flugzeugbeschaffung erschien ihm und seinen Gesinnungsfreunden – es waren nur Burschen, Mitglieder des Jünglingsbundes, nach Seltisberg gekommen –, die Aufrüstung der Flugwaffe erschien ihnen als Rückfall in den Militarismus. «Statt dass man sich jetzt Friedensaufgaben zuwandte, wurden Flugzeuge angeschafft.» Er habe an diesem Sonntag den letzten Schritt zum bekennenden Pazifismus gemacht. «Man konnte doch nicht eine Resolution gegen eine schlagkräftige Flugwaffe unterstützen und selber Soldat sein.» Hansjörg B. beschloss, den Militärdienst zu verweigern. Wenn es je wieder zu einem Krieg kommen sollte, wollte er nicht mitmachen. Reden und Handeln, so erschien es ihm, mussten eine Einheit sein.

Vaters letzte Geschäfte

Hansjörg B. – Fünfter Bericht

Er habe im Relief der mütterlichen Seele, dem Gesicht, zuweilen Spuren der Bitterkeit entdeckt. Stumm klagte ihre Haut, wenn die Alimente ihres Geschiedenen ausblieben, sie sich nicht traute, den Grossvater um Unterstützung zu bitten, der ja schon die ganze Miete bezahlte. «87 Franken 50. Das weiss ich noch genau.» Als der ältere der beiden Söhne sei er über derlei Angelegenheiten gut informiert gewesen. «Man spricht ja mehr mit den

Kindern, wenn es Probleme gibt», weiss Hansjörg B. Die Mutter habe sich geschämt, dass ihr Vater, immerhin ein Sch., beim Hausmeister den ursprünglichen Zins von hundert Franken «abgmärtet» habe, mit dem Argument, er sei jetzt Konkursit. Das Wort «jude»,[38] das im Elternhaus des Berichterstatters in den sechziger und siebziger Jahren mehrfach fiel, nahm sie vermutlich nicht in den Mund. Bescheiden sei es in dem einst besseren Haus zugegangen. Die Mutter habe die Kleider selbst genäht und gestrickt, der Sohn habe sich manchmal geniert – mit den wollenen Hosen, der Windjacke, die er auch bei strahlendster Sonne habe tragen müssen.

Den Vater habe er häufig, habe er gerne, habe er im Allgemeinen in einem Restaurant getroffen. Der habe ihm meist «e Glasse schpändiert», habe schliesslich keinen eigenen Haushalt gehabt, in einem billigen Zimmerchen gelebt und wieder «gschäftet», auch mit Erfolg. Bis es plötzlich geheissen habe, er sei im Gefängnis, 49 wahrscheinlich, in Freiburg im Breisgau. Er sei mehr als einmal «is Dütsche'n use gfaare», um den Vater zu besuchen, der dort mehrere Monate in Untersuchungshaft gesessen, der in den so genannten Liebesgabenhandel verwickelt gewesen sei.

Zur Unterstützung der Not leidenden Bevölkerung im Nachkriegsdeutschland hätten Schweizerinnen und Schweizer zu Tausenden Naturalpakete gezeichnet. Fünf, zehn, zwanzig Kilo – Käse, Reis, Kartoffeln, Leinen, Zutreffendes bitte ankreuzen. Etwas dubiose Firmen hätten das Gewünschte abgepackt und den Begünstigten ausgeliefert, die sich nach dem Zusammenbruch des Tausendjährigen mit leerem Magen an alte Bekannte im Süden erinnerten, an Abplanalps in Eischoll – bei denen sie, noch vor dem grossen Aufbruch, einmal Ferien verbracht hätten –, an den Häberling – der auf der Walz für sechs Wochen im familieneigenen Betrieb ausgeholfen habe –, an die Urururenkel von Grossvaters Grosstante – die schon in der 48er Revolution in die Schweiz ausgewandert seien –, an den Kellenberger – der 33 nach Deutschland gekommen, um sich am Aufbau des neuen Europas zu beteiligen, nach Stalingrad ernüchtert und ohne Schwierigkeiten beim Grenzübertritt, nach Schwyz zurückgegangen sei –, an Martha – mit der einer der Söhne bei einem Ausflug in den Schwarzwald fast verliebt Adressen getauscht habe –; von wildfremden Leuten seien plötzlich Bettelbriefe gekommen.

Der Vater habe mit verschiedenen Firmen zusammengearbeitet, die an diesem Liebesgabengeschiebe gut verdient, sich aber wahrscheinlich nicht immer an alle Vorschriften gehalten hätten. Auch der Vater habe recht verdient, sei froh gewesen, als er, B., nach der Maturität, vor Beginn des Studiums ein halbes Jahr bei ihm ausgeholfen habe. Trotzdem, wundert sich Hansjörg B., wisse er nicht, was sich der Vater eigentlich habe zuschulden kommen lassen. Schliesslich sei er entlassen worden, ohne dass Anklage erhoben worden sei, habe aber noch im Gefängnis einen Schlaganfall gehabt, sei teilweise gelähmt zurückgekommen, nicht mehr arbeitsfähig gewesen, multiple Sklerose, auf einem, dann auf beiden Augen erblindet, armengenössig geworden, schliesslich vorzeitiger Exitus.

Exodus und Schlangeneier

Anjuska W., geborene G. – Dritter Bericht

Sie sieht mit Kinderaugen durch Glas, sieht in eine Kombüse, sieht, wie der Küchenbursche «uf de Grind überchunnt», und weiss, «es ist wegen mir, weil er mir eine halbe Tomate gegeben hat», und erinnert sich, «da war ich drei». Der Boden schwankte, es roch nach Teer, überall standen Koffer auf verwitterten Holzfliesen, auch die der G.s. Sie wusste damals nicht, was es bedeutete, beobachtete nur – es wird alles zusammengepackt, wir gehen weg, mit diesem Schiff, das ein paar Monate nach der Gründung des Staates Israel (am 14. Mai 1948) in den Hafen von Haifa schaukelte, dessen Passagieren das Schicksal jener 4500 erspart blieb, die im Juli 1947 auf der «Exodus» illegal ins Gelobte Land zu gelangen suchten, aber vor der Küste des damals noch britischen Palästina von der Royal Navy abgefangen und beschossen wurden, sodass mehrere von denen, die dem grossen Geschlachte entkommen waren, es nicht mehr erlebten, wie alle andern ins Land der Vollstrecker, Gehilfen, Denunzianten und Hitlergrüssler – die zwölf Jahre lang nichts gesehen, gehört und gerochen haben wollten – zurückgeschoben, damals noch «zurückgeschickt» zu werden.

Angefeindet, weil viele die Mutter für eine Deutsche hielten, der Vater nicht im bewaffneten Widerstand gewesen, verliessen Anjuska W., damals noch G., und ihre Eltern den Balkan mit einem Kontingent von Jüdinnen und Juden. In Israel einwanderungsberechtigt, kehrten sie Titos Jugoslawien (ungern) den Rücken, auch wenn die Nahrung auf dem Schiff ebenso knapp war wie später in Israel. Weshalb der Küchenbursche der kleinen Anjuska fürsorglich die Hälfte einer der seltenen Tomaten zusteckte, was ihm jene Ohrfeige à la mode du chef eintrug und die, entwicklungspsychologisch gesehen, im Trotzalter steckende Anjuska zum ersten Aufschrei gegen die ungerechte Welt provozierte.

Sie hätten die ersten Wochen in einem Zeltlager nördlich von Haifa verbracht, Zelt neben Zelt neben Zelt, hätten mit einer anderen Familie das Ihre teilen müssen. Die Mutter und sie seien an Typhus erkrankt, so Anjuska W., die als Kind keine Angst vor dem Tod aufzubringen vermochte, nur einigermassen ratlos registrierte – ich kann nicht aufstehen, wo sie doch eben erst auf eigenen Beinchen zu gehen gelernt hatte. Was sie bekümmert zur Kenntnis nahm, wird die Erwachsenen in Panik versetzt haben, zumal der Lagerarzt und Herr der Medikamente vom Gatten und Vater der Darniederliegenden verlangte, er solle seine Frau freigeben, damit er die Sklavin seiner Wahl heiraten könne, andernfalls bliebe sein Pillenschrank für Mutter und Tochter G. verschlossen. Das Leben seiner Liebsten ernsthaft bedroht sehend, sei der Vater in einen geradezu salomonischen Zwiespalt geraten, die Mutter aber habe sich den Arzt mit einem zwar typhusgeschwächten, aber unmissverständlichen «Nein» vom Leib und anderem gehalten, sodass ihr und ihres Kindes Überleben an den dünnen Faden der Solidarität zu hängen kam, der sich zum Glück als reissfest erwies. Andere Erkrankte «verloren» mit verlässlicher Regelmässigkeit und Anteilnahme ihre eigenen Medikamente und liessen sich hinterher neue verschreiben.

Die Grossmutter im fernen Zürich zog beim Gedanken an die Enkelin in der israelischen Wüste womöglich auch Kindsentführung in Erwägung, nahm aber schliesslich aus Alters- und Vernunftgründen Abstand von der beschwerlichen Reise, begnügte sich damit, einen grossen Teil ihrer Ersparnisse für den Kauf einer vorfabrizierten Holzbaracke aufzuwenden, die sie verschiffen liess, damit das arme Grosskind wenigstens ein anständiges Dach über dem Kopf hätte, der Unvernunft seiner Mutter wegen nicht auch noch des elementarsten Schutzes zu entbehren brauchte. Der eigenen Tochter aber verzieh die Gestrenge nie, dass sie sich diesem Dahergelaufenen in die Arme geworfen. Sie gab sich keine Rechenschaft darüber, dass das kleine Würmchen seiner Grossmutter nie zugequietscht hätte, wenn die Tochter nicht ..., und dass die unschuldige Enkelin nie in dem heimatlichen Holz geschlafen, wenn der unerwünschte Vater nicht mit geschickten Händen der Schwiegermutter zugearbeitet und seiner kleinen Familie im Wadi Jamal, südlich von Haifa, aus dem Rotkreuz-Bausatz ein Heim gebaut hätte, in dem Anjuska «einen sehr glücklichen Teil» ihrer Kindheit verlebte. Mit einem Strand als Spielplatz und Fischen, die es bei Sturm ans Land schwemmte, deren elendem Verrecken die kleine Anjuska zuvorzukommen suchte, indem sie, kaum hatte das Wetter sich ausgetobt, aus dem Haus rannte, glitschige Fischleiber mit der Kraft eines entschlossenen Kindes ergriff und ins Meer zurückschleuderte. Mit einem Schlangennest, das sie regelmässig besuchte, bis sie stolz ihr kleines Geheimnis dem Vater verriet, worauf der Erwachsene, zu Tode erschrocken, das Kinderleben um eine Sensation ärmer machte. Mit «Frässpäckli us de Schwyz». Während sich die Kinder über den aus Grossmutters Kondensmilch und Haferflocken zubereiteten Brei und anderes hermachten, hätten die Erwachsenen gewartet, hoffend, dass die Kinder nicht täten, wozu Gleichaltrige in der Schweiz zu dieser Zeit barsch aufgefordert wurden: «Iss uf!»

Als bescheiden, aber glücklich sind die zwei Jahre in Anjuska G.s Gedächtnis eingetragen, ein Kinderleben, in das die Welt immer wieder einbrach. Ohne Ankündigung und ersichtlichen Grund, wie das nun mal die Art von EinbrecherInnen ist, schrie die Nachbarin den Schrecken des Konzentrationslagers in Kinderohren, sodass deren Bub, «de Seppli», und sie weggerannt, manchmal auch zu den arabischen Nachbarn geflohen seien, bei denen hätten sie ein- und ausgehen können wie und wann sie gewollt, obwohl, so Anjuska G. viele Jahre später, die Einwanderer aus Europa sich arabisch-palästinensischen Boden angeeignet hätten, gerade auch im Wadi Jamal, einem heutigen Vorort von Haifa. Die dort Ansässigen hätten offensichtlich gespürt, dass die Neuankömmlinge Eindringlinge aus Verzweiflung waren, ohne dass ihnen der Nachbar habe erzählen müssen, er habe, noch im Lager, entschieden, wenn, würde er eine Frau heiraten, die gesehen, gehört, gerochen, was er gesehen, gehört, gerochen. Diese Frau aber habe «gschpunne», plötzlich herumgeschrien, sah, hörte, roch plötzlich, wo immer sie war, sah, hörte, roch, wer immer in ihrer Nähe war, was sie gesehen, gehört, gerochen.

Öffentliche Kopfwäsche

Emilio M. – Dritter Bericht
Womöglich hat er sich gewehrt, wenn die Mutter vor aller Augen kräftig zupackte – «coram publico», schmunzelt der Lateiner Jahrzehnte später –, mit schamlosen Mutterfingern zugriff, um den Zehnjährigen vor aller Augen einzuseifen, zu schrubben und abzuspritzen von oben bis unten, überm Abwaschtrog, mangels Dusche. Hätten damals in bescheidenen, hätten in fast ärmlichen Verhältnissen, hätten zu dritt in einem Zimmer gelebt, die Küche mit mehreren Italienerfamilien teilend, die damals zu Tausenden in die Schweiz immigriert seien, von den Einheimischen händereibend empfangen.
Seien 1950 nach Zürich gekommen, nachdem sich die Witwe M. in ihrem Gram zum zweiten Mal einen Ring an den Finger hatte stecken lassen – von einem Schweizer Kommunisten, den sie als Kassiererin in einer Genueser Volksküche kennen gelernt, der während der bürgerkriegsähnlichen Zustände nach dem Attentat auf den Generalsekretär der PCI[39] ausgewiesen wurde, dem sie in die Schweiz folgte, wo er, aus gutem Hause stammend, bald einmal eine namhafte Erbschaft machte, die es ihm ermöglichte, trotz eher kärglicher Einnahmen aus seiner journalistischen Tätigkeit eine grosse Wohnung im gutbürgerlichen Kreis 6 zu mieten, der Witwe eines italienischen Marineoffiziers sogar ein Dienstmädchen zur Hand zu geben und so ihre literarische Tätigkeit zu unterstützen. Bargeld sei allerdings knapp, Kleidung und Essen dürftig gewesen.
Habe vieles aus jener Zeit verdrängt, sagt der Spezialist für Traumen und Träume, weiss aber noch, dass ihm der Abschied von Italien, vom nonno und der nonna, nicht leicht, schwer fiel; dass er noch kurz vor der «Übersiedlung», wie er es nennt, krank, kaum in der Schweiz angekommen, dick wurde und das Bett zu nässen begann. Die Mutter habe sich der neuen Situation nie wirklich angepasst, nicht Deutsch gelernt, auf der Strasse gesungen, als wär sie in bella Italia, sodass der Bub sich für seine Mamma geschämt habe, auch wenn sie beim Spielen nie mitmachte – nicht einmal mit den Kindern von Victor S.' Bruder, der mit seiner Familie auf demselben Stock gewohnt habe –, weil sie nichts verstand, nicht einmal das Memory. Sie habe dem toten M. die Treue gehalten, während Emilio M. auf Skiern Zugehörigkeit suchte, hartnäckig, in Knickerbockern den Stemmbogen probte, im Schnee eine «Witzfigur» abgab, statt Schweizer zu werden. Aber mitmachen ist ... – und das sei anerkannt worden.

Der Pakt zwischen dem lieben Gott und der Mutter

Hansjörg B. – Sechster Bericht

Es war, als traute sich auch der liebe Gott nicht, der Mutter diesen Schicksalsschlag zuzumuten. Es fiel ihm offensichtlich leichter, den ewigen Frieden noch etwas hinauszuzögern, auf ein, zwei Jahrhunderte kam es da nicht an bei diesen zeitlichen Dimensionen. Womöglich war er aber tatsächlich schon tot damals, oder er hatte gerade Wichtigeres zu tun, ganz Mensch geworden, hatte eine Sitzung, zum Beispiel ausgerechnet mit jenem Pfarrer, dessen Rat Hansjörg B. hatte beanspruchen wollen, nachdem er bis zum letzten Abend auf ein Wunder gewartet, mit denen der liebe Gott immer ein wenig schofel umgeht, das heisst, sie selbst dann nicht «hergebend, wenn es wirklich angebracht und erforderlich wäre».[40] Natürlich kann er nicht alle Gelähmten heilen, wer glaubte dann noch an Wunder? Aber wenn es einen jungen Menschen zwischen Vision und Mutter fast zerreisst?

Er sei der Mutter zu grossem Dank verpflichtet gewesen, schliesslich habe sie ihm die Ausbildung ermöglicht. «Ich ha sie gärn gha, und si hätt mich gärn gha.» Wie die SchweizerInnen sagen, wenn sie auf dem Unterschied zwischen Liebe und Erotik bestehen, wobei sie auch verliebt selten flüstern: «Ich liäbe dich», weil sie sich dann immer ein wenig wie in einer billigen Hollywood-Schnulze vorkommen, und deshalb sagen sie auch zu ihrem oder ihrer Liebsten: «Ich ha di gärn», als wär's Birnenkompott, das natürlich auch Deutsche «lieben» können.

Habe der Mutter das Gefängnis ersparen wollen. Das hätte sie nicht ertragen, den eigenen Sohn im Gefängnis zu wissen, hinter Glasscheiben und Gittern zu sehen. Sie habe es nicht direkt ausgesprochen, aber es habe zu ihrer Art gehört, unmissverständlich zum Ausdruck zu bringen, welches Verhalten sie von ihm erwartete. «Und da passte das Gefängnis nicht dazu.» Habe den Entscheid hinausgeschoben, zwischen gebrochenen Mutteraugen und beschämendem Blick in den Spiegel. Das erhoffte Mirakel sei ausgeblieben. Zahnbürste, Rasierschaum, Rohnersocken, Unterwäsche, Nussmischung, alles gepackt, militärische Einkleidung für Kampf und Ausgang kurz bevorstehend, habe er den vertrauten Pfarrer nicht erreicht, was er als «Zeichen Gottes» empfunden habe.

Hansjörg B. blieb seiner Mutter treu, ergriff den prallen Rucksack, in den sie vermutlich noch ein paar Tafeln Schokolade gesteckt, verriet Überzeugungen, die ja äusserst duldsam sind, im Gegensatz zu Müttern, ausser es stünden grosse Anhäufungen von Geld dahinter oder eine gut organisierte Partei. Hansjörg B. marschierte, salutierte, parierte der Mutter zuliebe, verlor im Feldgrün sieben Kilo seines Übergewichtes, wofür er die Armee habe haftbar machen wollen, schmunzelt er. Das Sonderangebot allerdings, von seinem «Entscheid der Schwäche» zurückzutreten, nahm er nicht an. Das Ansinnen des untersuchenden Arztes, ihn aus medizinischen Gründen freizustellen, wies er zurück. «Das

wäre feige gewesen. Ich wäre zwar meiner Überzeugung treu geblieben. Aber nur dank einer schwachen Lunge oder eines schwachen Herzens.» Der Pazifist verweigert den Militärdienst nicht aus Angst vor Tod, Verletzung, körperlicher Anstrengung. «Schlimmer als Militärdienst zu leisten, ist es, ihm aus Feigheit fernzubleiben.» Und so wurde Hansjörg B. ein Mann, ein Schweizer Mann.
Dem schon Anfang der fünfziger Jahre – an einem Sonntagmorgen, s'Militärgwand hing noch am Kasten – ein Kollege und Polizist verraten habe, bei ihnen im Spiegelhof[41] habe es ganze Kartons mit Karteikarten. Auf seiner, Hansjörg B.s, Karte stehe nebst der Auflistung seiner politischen Aktivitäten: «Absolut negative Einstellung zum Militär.» Womit Hansjörg B.s Überzeugung doch noch gerettet wurde, wenigstens für die Archive.

Berliner Tage

Victor S. – Fünfter Bericht

Der Berichterstatter erfuhr erst viele Jahre später von ihren grossen Träumen, Hoffnungen, Visionen, als der Verlauf der Geschichte die Gläubigen bereits in Enttäuschte und Verantwortliche gespalten hatte, die Stimmen beim Singen der «Internationale» schon mal versagen wollten. Er erblickte erst 1951 die Schatten der Adventskerzen. Vorstellbar, dass er an jenem 4. August durch den Zürcher Hauptbahnhof geschaukelt wurde, von seiner Mutter, die ihn zwischen Herz und Gedärmen vor sich her trug, ziemlich unwillig. Da hatte sie sich einmal ein bescheidenes Vergnügen gegönnt, und schon war das Unglück passiert. Wahrscheinlich wäre ihr die Gruppe der Reisenden aufgefallen, die immerhin fünf Eisenbahnwaggons in Beschlag nahm und sich kaum von der Zürcher Kantonalsektion auf dem Weg ans Eidgenössische Turnfest unterschied, dem sie ein Leben lang die Treue hielt. Beim zweiten Blick allerdings hätte sie bemerkt, dass keine und keiner den obligaten Turnbändel trug, dass sich kein vertrautes Hinterteil auf dem Perron eingefunden hatte. Selbst wenn sie an jenem Morgen durch die Halle des grössten Schweizer Kopfbahnhofs geeilt wäre, was ziemlich unwahrscheinlich ist, hätte sie Victor S. und Elsi W., die im Jahr darauf eine S. werden sollte, kaum Gelegenheit gegeben, ihr, der widerwillig werdenden Mutter, die im Mai unschicklich spät das Meinsolldeinsein kirchlich und staatlich eingegangen war, gut zuzureden.
Sie stiegen mit vierhundert anderen in den Zug, der sie an die Weltjugendfestspiele in Berlin bringen sollte, Berlin-Ost. Gefilmt von «einem Unbekannten, der sich auf einer elektrischen Lokomotive postiert hatte», wie der schon in Basel zugestiegene «Teilnehmer am III. Welt-Festival der Jugend und Studenten für den Frieden in Berlin 1951, der seinen Namen nicht erwähnt haben möchte», beobachtete und in seinem Bericht an den Spezialdienst des Basler Polizeiinspektorats zuhanden der Bundespolizei festhielt: «Wir vermu-

teten im Operateur eine staatliche Instanz. Der Operateur hatte einen guten Standort und dürfte alle Teilnehmer im Film festgehalten haben.» Elsi W., bald S., und Victor S. bemerkten weder den filmenden noch den schreibenden Spitzel, der erst bei einem Vorbereitungstreffen in Basel bemerkt haben will, «dass ich in eine kommunistische Gesellschaft geraten bin».

Zum ersten Mal fanden in der Deutschen Demokratischen Republik Weltjugendfestspiele statt. «Jugend – einig im Kampf für den Frieden – gegen die Gefahren eines neuen Weltkrieges», hiess die offizielle Losung. Zehntausende von TeilnehmerInnen aus aller Welt, Hunderttausende von BesucherInnen aus der sowjetischen und den westlichen Zonen Deutschlands wurden erwartet, die dann auch kamen. Trotz der Behinderungen durch die westlichen Besatzungsmächte und die bundesdeutsche Polizei beim Übergang von West nach Ost.[42] Die Mauer zwischen den Häusern Berlins gab es zu diesem Zeitpunkt noch nicht.

Auch die Schweizer Delegation traf mit einem Tag Verspätung in Berlin-Ost ein. An der Schweizer Grenze, in Buchs, waren die fünf reservierten Wagen abgekoppelt, alle anderen unverzüglich abgefertigt und zur Weiterfahrt freigegeben, sämtlichen FestivalteilnehmerInnen der Pass abgenommen worden. «Die Bundespolizei hatte in einem Nebenraum des Bahnhofbuffets eine Kopieranlage installiert, wo sie alle Pässe kopierte», kolportiert der damalige Basler Reiseleiter und spätere PdA-Nationalrat Hansjörg Hofer in seinen Erinnerungen[43] und will wissen: «Als wir vom Festival zurückkehrten, mussten wir feststellen, dass alle Unternehmer und Arbeitgeber informiert waren über die Teilnahme und die Reise ihrer Lehrlinge, Arbeiter, Angestellten, die in Berlin am Weltjugendfestival teilgenommen hatten.» Elsi S., damals noch W., widerspricht dieser Darstellung: zumindest in ihrem eigenen Fall – sie war damals im Treuhandbüro W. angestellt – treffe das nicht zu, sie habe bis 1956 unbehelligt bei W. arbeiten können. In S.' umfangreicher Fiche findet das Berliner Festival «merkwürdigerweise» nicht statt.

Sicher ist – die Schweizer Grenzbehörden erklärten den Berlin-Reisenden, sie könnten nicht weiterfahren, ihre Pässe würden von den Amerikanern nicht akzeptiert, auch die französischen Besatzungsbehörden in Österreich hätten mitgeteilt, sie würden keine FestivalteilnehmerInnen passieren lassen, Reisende aus Frankreich und England würden bereits in der französischen Zone, in Innsbruck, festgehalten. Es war die Zeit der grossen Angst im Westen, vor dem Kommunismus, vor seiner Faszination. Die deutschen Grenzen nach Osten waren geschlossen, sodass die Mitglieder der Schweizer Festivaldelegation gezwungen waren, über Österreich und die Tschechoslowakei in die deutsche Ostzone einzureisen, was auch gelang. Nachdem sie in Buchs die Weisungen der Zollorgane missachtet, einen Zug mit gewöhnlichen Reisenden gestürmt hatten und in Feldkirch, bei der französischen Kontrolle, nicht weiter behelligt wurden, weil sie, ohne in den Pass gestempeltes DDR-Visum, von ordentlichen Reisenden nicht zu unterscheiden waren, weil sich die

Amerikaner in Salzburg auf die Angehörigen anderer Nationen konzentrierten. Womöglich hatte der von Hansjörg Hofer bei der Vorbereitungssitzung in Basel gemachte Aufruf Wirkung gezeigt; «gegenüber Amerikanern», hatte der mitfahrende Spitzel folgsam notiert, «sei äusserste Höflichkeit an den Tag zu legen, um Streitereien aus dem Wege zu gehen». Die mit Maschinenpistolen bewaffneten Amerikaner liessen sich offensichtlich von eidgenössischem Benimm bestechen, sodass die vierhundert Frauen und Männer schliesslich doch noch in Linz ankamen, wo sie von den Russen «tatsächlich sehr freundlich empfangen wurden», wie der Kuckuck der Bundespolizei berichtete.

Otto Böni erinnert sich an einen letzten Zwischenfall: «In Linz wurden jene Wagen, die mehrheitlich von Festivalteilnehmern belegt waren, abgekoppelt und auf ein Nebengeleise verschoben. Doch rettete ein tschechoslowakischer Bähnler die Situation, indem er mit einer Rangierlokomotive die fünf Wagen endgültig in den sowjetischen Sektor Österreichs schaffte.» Staunend beobachtete der informelle Staatsschutzmitarbeiter, wie FestivalteilnehmerInnen «den Zug verliessen, um sich mit Russen photographieren zu lassen. Fräulein Margrith H. (Basel) umarmte sogar die russischen Grenzsoldaten und liess sich mit ihnen photographieren.» Als ob es ganz gewöhnliche Menschen gewesen wären. Und «nun verlief die Weiterfahrt denkbar günstig, nachdem die Bahnwagen mit Friedenssprüchen versehen und mit den Bildnissen Lenins und Stalins behängt worden waren.» In der tschechischen Grenzstadt Horni Dvoriste seien sie «festlich empfangen» worden. «Lieder wurden gesungen, Musik gespielt und Tänze vorgeführt. Selbst wir durften mit der Grenzbevölkerung tanzen. Dabei wurden auch Adressen ausgetauscht. Nachdem wir noch mit Most und Schinkenbrot verpflegt worden waren», ging die Fahrt weiter. Richtung Prag. Für den Staatsschutz offensichtlich bedeutungslos war ein Umstand, über den sich Elsi S. vierzig Jahre später noch ärgert: die verwöhnten SchweizerInnen hätten die tschechisch belegten Brote reihenweise aus dem Fenster auf Wiesen geworfen, über die nur wenige Jahre zuvor erst deutsche, dann russische Soldatenstiefel getrampelt waren. Womöglich einer ähnlichen Route folgend wie die Festivalreisenden, die über Budejovice und Prag in Bad Schandau endlich die deutsche Ostzone erreichten, wo sie «festlich empfangen» wurden. Dem eifrigen Beobachter fielen die «grandiose Beflaggung» und die Transparente auf. «Wir grüssen die Weltjugend.» «Für Frieden und Völkerverständigung.» «Gegen die Remilitarisierung Westdeutschlands.» Obwohl die gesamte Schweizer Delegation im gleichen Schulhaus untergebracht war – das den fern der Heimat Weilenden durch rotweisse Beflaggung vertraut gemacht wurde –, haben nicht alle dasselbe Land gesehen. «Wir ausländischen Teilnehmer lebten in Berlin wie die Fürsten», schrieb der Korrespondent der «Neuen Zürcher Zeitung»,[44] «ein Schulhaus, sehr wohnlich eingerichtet, wurde uns zur freundlichen Unterkunft. In den Duschräumen konnten wir uns jederzeit den Berliner Staub abwaschen, und in den guten

Betten liess es sich ausgezeichnet schlafen.» Im «Aargauer Tagblatt» erwarteten «die ausländischen Stalinpilger in Ost-Berlin nicht nur ein ‹Schlangenfrass›, sondern auch total verlauste Schlaflager. Das tägliche Menü war folgendermassen: morgens Zwieback (‹Dachziegel›) mit Dauerwurst (wahrscheinlich Marke ‹Typhus›), mittags Bohnensuppe und abends wieder Dachziegel.» Die nicht gerade für Ostfreundlichkeit bekannte «Neue Zürcher Zeitung» erhielt «jeden Morgen eine Flasche Milch, vier Stück Halbweissbrot, ein hartes Ei, einen Zipfel Wurst, ein Töpfchen Butter und ein Töpfchen Konfitüre. Die anderen Mahlzeiten waren ebenso gut bürgerlich und umfassten immer Suppe, Hauptmahlzeit, Nachtisch und schwarzen Kaffee.» Während sich das «Aargauer Tagblatt» darüber echauffierte, «dass die Jugend beider Geschlechter, womöglich Schweizer, Kosaken, Neger usw. untereinander gemeinsam im Lager campieren werden», erinnern sich sowohl Elsi W., spätere S., und Victor S. daran, dass «Männchen und Weibchen getrennt» schlafen mussten, was auch der Informant der Bundespolizei bestätigte. «Das ist noch ganz prüde gewesen», schmunzelt Victor S., «wie der Koni Farner[45] immer gesagt hat – im Sozialismus gibt es keinen Unterleib, aber mich hat das damals nicht gestört.» Für Victor S. waren diese Berliner Tage ein «Supererlebnis. Ich bin in einer euphorischen Stimmung gewesen.» Die Massenaufmärsche, die roten Fahnen, die Jugend der Welt in Berlin, sechs Jahre nach dem Krieg, die Sowjetunion als grosse Retterin, Hoffnung für eine andere Zukunft, die DDR als Bannerträgerin eines fortschrittlichen Deutschlands. «Das ist bei mir so angekommen, wie es die Propaganda damals dargestellt hat.» Jeden Tag habe er zwei, drei Nationalprogramme gesehen. Von morgens bis abends wirbelten TänzerInnen und SchauspielerInnen aus allen sowjetischen Republiken, aus China, Schweden, Kuba, Polen, Rumänien, Frankreich, Afghanistan, aus aller Welt, über die grossen Bühnen Berlins.

Der unerkannte Staatsschutzberichtler sah sich gezwungen, Überraschendes zu protokollieren: «Während den verschiedenen Vorführungen wurde keine kommunistische Propaganda gemacht, auch wurden keine Lenin- und Stalinbilder gezeigt.» Und: «Unser Aufenthalt in Berlin gestaltete sich sehr frei. Jeder konnte nach seinem Gutdünken schalten und walten, wie er wollte. Man konnte in den Westsektor gehen oder in der Ostzone bleiben.» Fast will es scheinen, als würde er den ostdeutschen Zeitungen Recht geben, die «betonten, dass kein ‹Eiserner Vorhang› bestehe, die Amerikaner seien diejenigen, die die Leute zurückhalten würden». Zum Beispiel tausend britische und französische Jugendliche, die zum Teil erst mit zehntägiger Verspätung in der feiernden Stadt eintrafen. Der anonyme Zeuge aber, der war von Anfang an dabei und schrieb am Ende: «Das Weltjugendfestival in Berlin entsprach nicht meinen Erwartungen.» War der Spitzel nicht als Spitzel gefahren – «Ernstlich glaubte ich, dass es ein Fest für die Völkerverständigung sei» –, sondern erst als Enttäuschter zurückgekommen? Deshalb als informeller Mitarbeiter für die Bundespolizei besonders geeignet? «Das ganze Fest war

eine Propaganda für die Sowjetunion. Russische Riesenbomber flogen über die Stadt, und in der Stadt rollten russische Tanks, um die Wehrhaftigkeit Russlands zu dokumentieren. Dann sah man überall rote Fahnen. Büsten von Lenin und Stalin etc.» Im Gegensatz zu den ausländischen Gästen, die «vorzüglich beherbergt und verpflegt» worden seien, habe die «ostdeutsche Bevölkerung alle Tage mit einer Einheitswurst und einer gewöhnlichen Suppe vorlieb nehmen» müssen. Entgegen der Zuversicht der KommunistInnen auf baldige «Sowjetisierung Ostdeutschlands» hoffe die «nichtkommunistische Bevölkerung immer noch befreit zu werden und sehnt sich nach der Wiedervereinigung mit Westdeutschland. Die Kommunisten hätten ein Terrorregime. Die Kinder würden von den Kommunisten von morgens bis abends beansprucht und beeinflusst.» Für die schweizerische Abwehr schiebt er die beruhigende Information nach: «Der Umsturz in der Schweiz werde zuletzt kommen. Ein Krieg werde nicht ausgelöst werden, sondern der Umsturz werde in den einzelnen Staaten von innen heraus erfolgen. Fest glauben die Kommunisten daran, dass die allgemeine Sowjetisierung nur noch eine Frage der Zeit sei. Wenn aber Amerika den Krieg auslösen sollte, so wäre dieser der Endkampf der Kapitalisten.» Womöglich war der vermutlich junge Mensch erst hinterher von einem Vertrauen erweckenden älteren Herrn aufgefordert worden, niederzuschreiben, was er erlebt und gesehen, wahrscheinlich gegen Vergütung der Reisespesen, vielleicht zusätzlich für ein kleines Honorar. Vermutungen, die nicht bestätigt oder widerlegt werden können. Der Reisende wollte seinen «Namen nicht erwähnt haben». Würden andere Angehörige der Delegation erschrecken, wenn sie erführen, wer ausgeplaudert, dass der «Basler Festivalteilnehmer B. es für nötig hielt, vor vielen Festivalteilnehmern am Mittagstisch abfällig über die Schweizerbehörde zu reden. Er sagte, dass so eine rückständige Regierung wie die Schweizerregierung erschossen gehöre. Dies werde wohl eintreffen, wenn die Schweiz einmal volksdemokratisch werde.» Er verschwieg aber nicht, dass sich «viele ob dem dummen Geschwätz B.s empört» hätten.
Perspektivenwechsel. Und die Hoffenden? Haben sie gesehen, woran sie glauben wollten? «Dem kritiklosen Teilnehmer, dem, der nicht mit der Bevölkerung sprach, musste die kommunistische Welt hier als Paradies auf Erden erscheinen», zitiert Otto Böni den NZZ-Korrespondenten. Und der Nachgeborene – der sich Skepsis, Ungläubigkeit, Hoffnungslosigkeit leisten kann – will es wissen, von Victor S., von Elsi S., wie das damals war, 1951.
«Es ist eine euphorische Stimmung gewesen.»
Eine Propagandaveranstaltung? Wie es der Staatsschutz gesehen hat?
«Ja, das ist es eindeutig gewesen. Die Frage ist nur – wofür.»
Das hat dich damals nicht irritiert?
«Nein. Was mich gestört hat, was mir nicht ganz ‹ghüür› gewesen ist – das war der Personenkult, der betrieben wurde. Der war übertrieben. Überall diese Stalinbilder. Zu Zehntausenden. Wo du hingeschaut hast – Stalin. Oder

Ulbricht. Natürlich etwas kleiner als Stalin. Die Eröffnungs- und die Schlusskundgebung, die haben mir auf den Magen geschlagen. Dieses Skandieren ‹StalinStalinStalin›. Aus Hunderttausenden von Kehlen. Alle Teilnehmer waren da. Und die Bevölkerung aus der ganzen DDR, die mit Bussen und Zügen herbeigefahren worden ist. Alle haben ihr Fähnchen schwingen müssen. Und überall meterhohe Transparente und Plakate. Stalin. Stalin. Stalin. Ulbricht. Ulbricht. Ulbricht. Das hätt nöd so ganz ghaue bi mir. Aber ich habe es beiseitegeschoben.»

Nach der Erfahrung des Faschismus hätte es euch doch bei solchen Inszenierungen «gschmuuch» werden müssen. Wenn da eine Person so übergross gemacht wird und sich alle anderen, die Masse, mit ihr identifizieren ...

«Führer, wir folgen dir ...»

Ja, solche Phänomene hat es doch damals in Berlin offensichtlich gegeben ...

«Das hat es gegeben – ja. Aber die Ziele sind ganz andere, völlig andere ...»

Aber in der formalen Erscheinung, in der Struktur – da gibt es Parallelen, auf die ihr als Antifaschisten hättet empfindlich reagieren müssen ...

«Ich habe bis zum heutigen Tag nie die geringste Parallele ziehen können. Ganz ehrlich. So ein Gedanke ist mir nie gekommen. Das kann man nachträglich konstruieren. Aber damals, und sogar heute – bei allen Vorbehalten, die ich habe, vor allem auch gegen den Personenkult, gegen all die Verbrechen, die begangen worden sind – bringe ich es nicht fertig, irgendwo ein Gleichheitszeichen zu setzen oder auch nur eine entfernte Ähnlichkeit zu sehen. Die Ziele dieser zwei Bewegungen sind einander gänzlich entgegengesetzt. Wir haben einen Humanismus gewollt, keinen Antihumanismus. Wir wollten Rassen zusammen- und nicht auseinanderbringen. Wir kannten keinen Rassendünkel, wir haben nicht gesagt, die Sowjetmenschen sind die besten, die grössten, die schönsten, die einzigartigsten. Das hat man nie gesagt. Man hat nur gesagt – die Sowjetunion ist die stärkste Macht, die uns beschützt, die für den Frieden kämpft und dafür einsteht, dass der Mensch den Menschen nicht zum Wolf macht.»

Also damals vor allem ein Gefühl des Aufbruchs, der Hoffnung – jetzt verbreitet sich unsere Idee weltweit?

«Ja. Sonst wären wir nicht hingegangen. Das Völkerverbindende war ein wichtiges Element. Schliesslich hatte der Kalte Krieg schon begonnen. Der Koreakrieg zum Beispiel. Die Sowjetunion hatte noch keine Atombombe, aber die Amerikaner hatten sie bereits eingesetzt. Deshalb stand auch alles unter dem Motto ‹Frieden und Völkerfreundschaft›. Das hat alle Kundgebungen beherrscht. Weshalb sollte man nicht mit Freuden in einer Masse mitmarschieren, die für den Frieden demonstriert und Fähnchen schwingt – für den Frieden? Auch wenn man nachträglich weiss, das ist ein reiner Propagandafeldzug gewesen, klar, gegen den amerikanischen Imperialismus, natürlich, aber ich hätte es nicht missen wollen. Wie willst du diese Gesellschaft ohne die Massen ändern?»

Nicht Jüdin, nicht Christin, Zwätschge und Saujud

Anjuska W., geborene G. – Vierter Bericht
Wüescht und kalt sei es gewesen, als sie in Dübendorf landeten, im Januar 1952, das Gepäck im Frachtraum einer alten Maschine. Mangels Verdienstmöglichkeiten für den Vater und weil die Mutter als Nichtjüdin und vermeintliche Deutsche in Israel nicht gut gelitten war, hätten die Eltern beschlossen, das «Gelobte Land» zu verlassen. Anjuska musste, fünfjährig, Schlangennest, Seppli und Meer für immer Adieu sagen.
Kalt und feindlich habe sie als Kind die Schweiz empfunden. Nicht nur, weil die Grossmutter den Vater auch weiterhin keines Wortes würdigte, obwohl sie erst in der gleichen Wohnung, dann unter demselben Dach gewohnt, häufig gemeinsam gegessen. Nicht einmal gegrüsst habe sie den Schwiegersohn, während langer Jahre. Das Wohnen in einem Miethaus sei für sie ungewohnt, beengend gewesen, ein kleiner «Gump», und schon hätten die von unten an Türe oder Decke geklopft. Den Beamten der Fremdenpolizei beeindruckte es nicht, dass sie für Grossmutters Schwester die «Heilige Familie» gewesen; für ihn waren die drei Flüchtlinge aus dem «Heiligen Land» ganz gewöhnliche Staatenlose, und wenn er sich in ihrer Wohnung umgesehen, mit dem kleinen Finger diskret den Staubstand auf dem alten Buffet gemessen, habe sie ganz «lieb Kind» sein müssen, sei denn auch ein äusserst braves Kind gewesen, was ihr aber nicht geholfen habe.
Aus einer anderen Welt kommend, nicht Christin, nicht Jüdin, habe sie sich immer fremd, wegen der elterlichen Weltbürgerei nie zugehörig gefühlt. Alles ausserhalb der familiären Dreieinigkeit sei ihr bedrohlich erschienen. Habe schon im Kindergarten «furchtbar brüeled», weil alle andern Kinder nicht recht gewusst hätten, was das Meer war, das sie so sehr vermisste. Sei ausgelacht, geplagt, beschimpft worden. «Zwätschge» hätten ihr die andern Kinder nachgerufen. Und «Saujud». Was für sie als Kind einerlei gewesen. Noch in der Sekundarschule hätten die Eltern ihrer ersten und besten Freundin gefunden, sie, Anjuska W., damals noch G., sei kein guter, sei überhaupt kein Umgang für die eigene Tochter, hätten ihr die Wohnung verboten, sodass die beiden Halbwüchsigen ihre Geheimnisse im Treppenhaus hätten austauschen müssen. Habe als Kind des «schwarzen Mannes» gegolten – schwarze Haare, dunkle Augen, nicht ganz weisse Haut hätten damals genügt, den Vater zum «schwarzen Mann» zu machen, später auch zum «roten Hund». Obwohl er sich hier in der Schweiz grässlich angepasst, nie mehr politisch betätigt, nur die Mutter unterstützt habe bei deren Bestreben, ein offenes Haus in diesem Land zu führen, sodass immer wieder Verjagte aus aller Herren Länder an ihrem Tisch gesessen, an dem Anjuska – die nur ein einziges Mal gegen einen fremden Esser aufzubegehren wagte – der kategorische Imperativ erteilt wurde, wenn es für uns reicht, reicht es für alle – eine Frage der Verteilung.

Das Gesellenstück

Hansjörg B. – Siebter Bericht

Wahrscheinlich war er froh, dass er so fern der Heimat war und ihn keiner seiner Freunde sah, in einem Zeltlager, zu Gast bei der «Freien Jugend Deutschlands» (FDJ), eingeladen von der Jugendorganisation der «Partei der Arbeit», der «Freien Jugend», der er, darauf legt er auch Jahrzehnte später noch Wert, nie angehört habe. «Soll angeblich als Aussenstehender teilgenommen haben», bezweifelten die stillen Beobachter diesen Umstand in ihrem polizeilichen Bericht über die «Reise nach der DDR und Teilnahme am Zeltlager der ‹Freien Deutschen Jugend› in der Zeit vom 1.–17. August 1952 am Scharmützelsee» östlich von Berlin nahe der polnischen Grenze.

Er sei sich ein wenig als Aussenseiter vorgekommen in der Gruppe von, amtlich gezählt, 34 Kindern und Jugendlichen. Am «Schweizer Abend», an dem die JungkommunistInnen womöglich die Internationale freundeidgenössisch gejodelt oder vielleicht sogar «Es Puurebüebli man i nid» intoniert, hätten sie ihm die Schweizer Fahne in die Hand gedrückt und hinterher gespöttelt, sie hätten schon gesehen, wie ihm der vaterländische Stolz durch die Glieder gefahren. Dabei hätten sie mit diesem Buebetrickli nur verhindern wollen, dass er anstelle des unverfänglichen eidgenössischen Holzes das Wort ergriff. Er habe gespürt, «dass das, was ich sagen wollte, nicht gefragt war». Die Kollegen – die ihn vor der Abreise gewarnt, sich gar besorgt gezeigt hätten, er könnte im Osten «gedreht» werden, als Gläubiger zurückkommen – hätten sich vermutlich ein feines Lächeln nicht verkneifen können, wenn sie gesehen hätten, wie er ausgerechnet an einem KommunistInnentreffen dem weissen Kreuz im roten Feld die Reverenz erwiesen, wenn auch ein wenig geniert.

Die FJler wären vermutlich in Sachen Hansjörg B. einer Meinung mit ihren Bespitzlern gewesen: der B. – ein unsicherer Kanton.[46] «Wie ich B. kennen gelernt habe, ist er vom christlichen Glauben durchdrungen, sozial sehr aufgeschlossen und ein konsequenter Vertreter des Rechts. Schon mehrfach ist er innerhalb der ‹Blaukreuz›-Bewegung als Redner gegen den Kommunismus aufgetreten. Gleichzeitig unterhält er aber auch Beziehungen zu Funktionären der ‹FJ›-Basel. Seine Neigung zum Sozialismus und zum Frieden dürfte die FJS-Leitung dazu bewogen haben, Braunschweig zum ‹Internationalen Zeltlager› einzuladen», charakterisierte ein bis heute unidentifizierter Kuckuck den B., der sich zwar von der radikalen Gedankenwelt der KommunistInnen stärker angezogen fühlte als vom lauen Sozialdemokratismus, aber schon Jahre vor der Reise in den Osten irritiert beobachtet hatte, wie ein Kommunist an einer Versammlung im Basler Volkshaus mit grossem Engagement die Schriften des jugoslawischen Kommunisten und Präsidenten Tito verkaufp – «Und Marschall Tito habe ich damals als einen grossen Kriegshelden gesehen. Ähnlich wie Churchill» – und an der nächsten Versammlung, nach dem «Bannstrahl aus Moskau»,[47] mit demselben Eifer Pamphlete gegen Tito angepriesen habe. «Da habe ich genau gespürt: Das kann ich nicht. Das will ich nicht. Man kann nicht heute jemanden in den Himmel loben und morgen zu Tode verdammen.» Habe mit den FJlern – die seine kritische Haltung gegenüber der Schweiz, nicht aber gegenüber ihrer eigenen Ideologie geschätzt hätten – heftige Diskussionen gehabt, habe sie immer und immer wieder gefragt, wieso sie nicht zugestehen könnten, «dass auch in der Sowjetunion Fehler vorkommen, dass auch Stalin Fehler macht», habe nicht verstehen, nicht akzeptieren können, dass sie alles guthiessen, was im Osten geschah. «Aber sie waren gezwungen, diesen Weg zu gehen. Nur so konnten sie innerhalb der PdA bestehen.»

Der Pazifist B. liess sich am ostdeutschen Scharmützelsee – an dem von nichts anderem die Rede gewesen sei als vom Aufbau dieser neuen Gesellschaft –, liess sich von der Vision, die er durchaus teilte, nicht blenden. Stand etwas irritiert, vielleicht sogar kopfschüttelnd daneben, als es zu «Verbrüderungsszenen» zwischen ostdeutschen Soldaten und LagerteilnehmerInnen kam. «Ich konnte ja nicht die Schweizer Armee kritisieren und dann die Volksarmee gut finden.» B. konnte nicht, wozu andere durchaus in der Lage waren. Ärgerte sich über die dauernde «Begleitung» durch einen Vertreter der «Sozialistischen Einheitspartei Deutschlands», SED; kein Wort habe er beispielsweise mit einem evangelischen Pfarrer, den zu treffen er gewünscht habe, allein sprechen können. In einem, so B., «fast wortwörtlich» festgehaltenen Referat nach seiner Rückkehr in die Schweiz berichtete er, die «Führer» seien damit begründet worden, «dass Agenten und Spitzel aus dem Westen die Bevölkerung des Ostens ständig in Unruhe hielten», weshalb ein mit den örtlichen Verhältnissen vertrauter Begleiter unbedingt erforderlich sei. «Man hat mir von allen Seiten erklärt, das geschehe zu meinem Schutz», erinnert sich Hansjörg B., «diese Verdrehung habe ich natürlich in keiner Weise geglaubt. Das Gespräch mit diesem Pfarrer war dann eindrücklich, weil er sehr offen über die Schwierigkeiten der Kirche mit der DDR gesprochen hat. In Gegenwart dieses kommunistischen Beamten.»

In staatstreu geöffnete Ohren träufelte Hansjörg B. im «Restaurant Claramatte» seine Enttäuschung darüber, dass der ostdeutschen Jugend «der Glaube an die Ewigkeit genommen werde, denn von Partei und Staat werde alles nur noch auf das Sichtbare ausgerichtet», und bemängelte den Mangel an «sittlicher Zurückhaltung. Es sei vorgekommen, dass Pärchen der Lagerleitung erklärten, sie hätten die feste Absicht einander zu heiraten, und dann sei ihnen ein Extrazelt überlassen worden, um die ‹Hochzeitsnacht› feiern zu können.» Allzu lustvoll dürfte es dabei nicht zugegangen sein, denn fröhliche Gesichter «habe er nur wenige gesehen und tiefgründige Gespräche habe er nicht führen können. Die Vergötterung Stalins sei ein Kapitel für sich. B. gab also seiner Enttäuschung offen Ausdruck und bestätigte, dass wirklich ein Eiserner Vorhang bestehe.» Was der Staatsschützer mit offensichtlichem Genuss protokollierte.

Lächelnd nimmt Hansjörg B. viele Jahre später die Note «sehr gut» zur Kenntnis. Es sei ihm schon damals berichtet worden, die Basler PdA habe der PdA Schweiz in einem polizeilich erfassten Brief geschrieben, der B. sei ein hoffnungsloser Fall. «Offenbar», lacht B., «bin ich kein gutes Werkzeug geworden für die PdA.» Oder wie es B.s Schatten formulierte: «Es scheint, dass B. innert kurzer Zeit die Gefährlichkeit des Totalitarismus erkannte.» Sein Bericht über die Tage am Scharmützelsee wurden zum antikommunistischen Gesellenstück, für Spitzel und Bespitzelte gleichermassen. «So wurde es gesehen», bestätigt B., dem die, bundespolizeilich gesehen, saubere Weste im Nachhinein fast etwas peinlich ist. «Ich wollte natürlich nie eine Hilfe für die Polizei sein. Ich wollte meiner Überzeugung treu bleiben.» Im Übrigen habe die politische Polizei in ihrem Bericht über seinen Bericht «eine Korrektur anbringen, habe die positiven Teile ausklammern müssen». Mit lauter werdender Stimme, als sei er an einer Versammlung im halbleeren Kronen-Säli, weist er darauf hin, dass er Stipendienwesen und sozialstaatliche Massnahmen durchaus lobend erwähnt und darauf hingewiesen habe, da könnte die Schweiz noch etwas von der DDR lernen. Der Kuckuck hörte es wohl, festgehalten hat er es nicht, als wollte er die Akte des potentiellen Mitarbeiters B. nicht belasten. «Möglicherweise, dass diese Erfahrungen auch eine Wendung seiner bisherigen Ansicht betr. die Pflichten eines Bürgers gegenüber dem Staate herbeiführten.» Allerdings: «Eine positivere Einstellung zur Erhaltung der Demokratie wäre nötig!» Sollte B. auch die letzte Nagelprobe noch bestehen, «könnte B. näher über seine Erlebnisse in der DDR befragt werden, wenn nicht, ist hievon abzuraten. Unterz. wird die Angelegenheit verfolgen.»
B. erfuhr bis Anfang der neunziger Jahre nie etwas vom «Unterz.». Seine Eignung als informeller Mitarbeiter der politischen Polizei wurde offensichtlich nicht erhärtet. Immerhin: «Ich habe eine gewisse Zeit lang keine Einträge mehr bekommen. Man war sozusagen zufrieden mit mir. Ich war keine Staatsgefahr mehr.» Erst am 31. Januar 1958 beschäftigte B. die Fichenschreiber erneut: «Unterstützt die Protestaktion der Schweiz. Vereinigung für internationalen Zivildienst gegen das Todesurteil der Algerierin Djamila Bouhired.»

Folgenschwere Übergabe

Victor S. – Sechster Bericht
Victor S. ahnte nicht, dass der 23. Mai 1952 sein weiteres Leben bestimmen würde. Erfuhr es erst Jahre später. Lebte deshalb weiter, als ob nichts geschehen wär. So wie ein aus der Bahn geworfener Meteorit noch lichtjahrelang durchs All stürzt, ungebremst, bis er die Erdatmosphäre durchschlägt und den Rasen des Londoner Wembleystadions umpflügt, damit eine Flutwelle auslösend, die Venedig unter Wasser setzt und Hunderttausende zur Flucht nach Norden zwingt, wo per Notrecht eine Verschärfung der

Einwanderungsbestimmungen in Kraft gesetzt und die Grenzorgane darauf hingewiesen werden, dass bei Wasserscheu kein Asylverfahren angezeigt sei, auch kein verkürztes.

S. hatte eben sein Ökonomiestudium abgeschlossen, aber trotz Dutzenden von Bewerbungen keine Stelle, schliesslich in einer Buchhandlung eine Arbeit als Packer gefunden, im Stundenlohn. «Ich war damals sehr deprimiert und erbittert und dachte mir, wenn alle Versuche, eine anständige Arbeit zu finden, fehlschlagen, gäbe es vielleicht eine Möglichkeit einer Anstellung bei einer östlichen Gesandtschaft», gab er vier Jahre später im Rahmen einer polizeilichen Einvernahme zu Protokoll.

S. war dankbar, dass sein guter alter Genosse Hans Z. an ihn dachte, sich für seine journalistischen Recherchen interessierte – über die wirtschaftlichen Beziehungen zwischen der Schweiz und Deutschland unter besonderer Berücksichtigung der Remilitarisierung der nicht so genannten Westzone –, ihm eine Publikation in der Zeitschrift «Sozialismus» in Aussicht stellte und einen an diesem Material ebenfalls interessierten Herrn erwähnte. «Möglicherweise sagte Z.: ‹Eine Gesandtschaftsperson.› Für mich war klar, dass es sich nicht um einen Beamten einer westlichen diplomatischen Vertretung handelte.»[48] S. kam dem Wunsch des Genossen Z. an diesem Tag gerne nach, eilte, vermutlich mit Hoffnungen, an die Feldstrasse 46 im «Chreis Cheib», wie die ZürcherInnen ihrem Arbeiterviertel damals sagten, wo ihn Z. in seiner Buchhandlung, dem Literaturvertrieb der PdA Schweiz, erwartete und ihm Emeric Pehr vorstellte. «Dieser Herr wünschte eine journalistische Arbeit über Fragen der Wiederaufrüstung von Deutschland. Über eine Entschädigung wurde kein Wort gesprochen.»

Die Bundespolizei war dabei und konfrontierte Victor S. Jahre später mit einem umfassenden Fragenkatalog, den er von Emeric Pehr, Legationsrat der ungarischen Gesandtschaft in Bern, erhalten haben solle. Zum Beispiel: «Wie wirken sich die alten kapitalistischen Beziehungen und deren Einfluss im Zusammenhang mit der Wiederaufrüstung Deutschlands zwischen der Schweiz und Deutschland aus? Welche Beziehungen bestehen zwischen Schweizer Kapitalisten und der IG-Farben?» Pehr, so die Staatsschützer, habe um einen Bericht mit individuellen Kommentaren gebeten, der «anständig bezahlt» werde. S. notierte an den Rand des schriftlichen Einvernahmeprotokolls: «Woher diese Weisheit?» und wies diese Darstellung der Ereignisse zurück; Pehr habe ihm keinen Auftrag gegeben, sondern Interesse an einem Artikel gezeigt, an dem er bereits gearbeitet habe. Am 28. August 1957 gab es die Bundesanwaltschaft dem Zürcher Bezirksanwalt Dr. Rolf Bertschi schriftlich, der am 23. Mai 1952 durch Pehr an S. erteilte Auftrag sei «selbstverständlich dokumentarisch belegt», aber: «Da die Art der diesbezüglichen polizeilichen Feststellungen den geheimen Fahndungs- und Informationsdienst im Interesse der Wahrung der innern und äussern Sicherheit der Eidgenossenschaft betreffen, sind wir zu weiteren Auskünften nicht ermächtigt.» Was das

Zürcher Bezirksgericht am 11. Februar 1958 zur trotzigen Feststellung provozierte, auf die «bloss formlose Versicherung einer Amtsstelle», es liege ein rechtsgültiges Beweismittel vor, könne «nicht abgestellt» werden. Umgekehrt hatte die Bundesanwaltschaft verständlicherweise kein Interesse daran, sich schon zu diesem Zeitpunkt in die Fichen schauen zu lassen.
Anfang der neunziger Jahre zu diesem Punkt befragt, zögert S., schmunzelt dann: «Natürlich gab es da auch einige Schutzbehauptungen meinerseits.» Aber was «die mit ihren Wanzen» gehört haben wollten – und jetzt klopft er energisch mit dem Finger auf den Tisch –, dass der Pehr konkret verlangt habe, das will ich drin – wieder hämmert der Finger auf Holz –, einen Bericht über mögliche Konflikte zwischen der «Sozialdemokratischen Partei der Schweiz» und den Gewerkschaften bezüglich der Wiederaufrüstung Deutschlands – Finger –, einen Bericht über die Reaktionen der Schweizer Bevölkerung auf das Washingtoner Abkommen – «nein!», pochen Mund und Finger, «so lief das nicht». Natürlich, sie hätten über mögliche Inhalte gesprochen; normale Journalistenarbeit habe es sein Anwalt später genannt.
Die fleissigen Staatsschützler lauschten und schrieben nicht nur, sie handelten auch, informierten am 29. Mai 1952 den Zürcher Nachrichtendienst: «Wir haben S.[49] auf der Liste Zürich-Stadt in die Kategorie *Gefährliche* eingereiht und ersuchen Sie, denselben auch auf Ihrem Verzeichnis nachtragen zu wollen.» Verlangten von der PTT am 7. Juni 1952 Postkontrolle («PK»), verlangten am gleichen Tag Telefonkontrolle («TK»), überwachten Victor S.' Café- und Bibliotheksbesuche in den folgenden Tagen minuziös. «26. 5. 1952: Aufenthalt im Schweiz. Sozialarchiv, Predigerplatz 35, Zürich 1, von 09.40 bis 10.35 Uhr. Aufenthalt im Hause Limmatquai 16, Zürich 1, von 11.25 bis 11.40 Uhr. Es konnte nicht festgestellt werden, zu wem er sich begeben hat. Aufenthalt im Büchersuchdienst Theo Pinkus,[50] Predigergasse 7, Zürich 1, von 13.35 bis 16.20 Uhr. 27. 5. 1952: Aufenthalt im Café ‹Newada›, Stadelhoferstr. 33, Zürich 1, von 09.10 bis 11.10 Uhr, wo er sich ständig Notizen mit Zuhilfenahme eines Buches machte. Aufenthalt im Büchersuchdienst Theo Pinkus von 14.00 bis 16.40 Uhr. Aufenthalt in der Schweiz. Zentralbibliothek, Zähringerplatz 6, Zürich 1, von 16.45 bis 17.50 Uhr. 28. 5. 1952: Aufenthalt im Schweiz. Sozialarchiv von 09.20 bis 09.40 Uhr. Aufenthalt im Café ‹Trojka›, Werdmühleplatz 3, Zürich 1, von 09.45 bis 10.55 Uhr, wo er sich wiederum Notizen machte. Wegen anderweitiger Beanspruchung konnte S. am Nachmittag nicht überwacht werden.» In den nächsten Tagen aber liessen sich die Maulwürfe wieder von S. beanspruchen. Nur «über Pfingsten wurde S. nicht überwacht». Nach der Verklärung durch den Heiligen Geist waren die Äuglein wieder geschärft, sahen, zum Beispiel, dass S. seine Frau traf, «worauf gemeinsam im Restaurant ‹Hiltl› das Mittagessen eingenommen wurde». Was die beiden serviert erhielten, sahen die verbeamteten Denunzianten nicht oder hielten es nicht für erwähnenswert, hatten womöglich nur Augen für den russischen Salat im eigenen Teller, verpassten schliesslich das Rendez-vous

zwischen dem Schweizer Packer beziehungsweise Ökonomen S. und dem ungarischen Diplomaten Pehr, denn «umständehalber konnte die Überwachung am Nachmittag nicht mehr fortgesetzt werden». Die Umstände sind in S.' Akte grossflächig abgedeckt, sodass nicht bekannt ist, durch welches Pärklein die Staatsschützer gerade diskret flanierten, als S. von Pehr, ganz Spion, beim ersten vereinbarten Treffen versetzt wurde, sodass er sich das lange Warten an der Tramhaltestelle «Opernhaus» vermutlich mit dem Lesen des täglichen Aushangs der «Neuen Zürcher Zeitung» zu verkürzen begann und erst nach nochmaliger Kontaktaufnahme durch Pehr auch tatsächlich mit diesem zusammentraf – im Café Stoller, das den meisten ZürcherInnen von irgendeinem Leichenmahl her bekannt ist. Das nach der Abdankung im nahen Krematorium Sihlfeld im engsten Familienkreis eingenommen wird.

Inmitten von Trauernden – die sich bei Kaffee, Kuchen und vielleicht sogar «Frauenträumen»[51] über unerwartete oder erhoffte Abgänge hinwegzutrösten suchten – übergab S. seinem Genossen – den er 1996 einen «ungarischen Lumpen» und «miesen Halunken» nennen wird – das Papier, dessentwegen er selbst, S., 1956 von den eigenen Gewerkschaftskollegen als «Gesinnungslump» abqualifiziert wurde. Dass Pehr den Artikel nicht einmal durchlas, die vierzehn Seiten nur flüchtig überflog und dann nach dem Honorar fragte, schockierte S. «Ich verlangte Fr. 20.– bis Fr. 30.–, welchen Betrag er mir sofort aushändigte.» Minuten später sass S., dreissig Franken reicher, allein im Stoller. «Der Herr hatte es eilig und begab sich rasch in sein Auto.» Sein Auftreten als Vorgesetzter, wie es der Genosse S. empfand, «hat mich ausserordentlich deprimiert, hat in mir ein unangenehmes Gefühl ausgelöst». S. wollte nichts mehr mit dem Gesinnungsgenossen zu tun haben, verwarf auch den Gedanken, «mich einer fremden Gesandtschaft anzubieten, das heisst mich um eine Anstellung zu bewerben».

All das verpassten die verdeckten Organe des Staates, notierten am 7. August 1952 verwundert, dass auch echte und unechte Landesverräter nicht rund um die Uhr im Einsatz sind. «S. begibt sich während dem Monat August in die ‹Villa Vigna› nach Castagnola in die Ferien.» Resigniert hoben sie am 20. September sowohl Post- als auch Telefonkontrolle auf, ohne das Papier gesehen, geschweige denn gelesen zu haben, dessentwegen sie vor Cafés, Bibliotheken und Buchhandlungen ausgeharrt, bis S., wahrscheinlich eine Zigarette im Mund, wieder ins Freie trat und die beim Warten in Trägheit Verfallenen aufschreckte, die trotz Verzicht auf Softeis und Bier nicht in die Hand bekamen, was S. unter dem Titel «Die Entwicklung der wirtschaftspolitischen Beziehungen der Schweiz zu Deutschland» am 4. Juni 1952 gegen die schwarze Walze seiner Schreibmaschine gehämmert und mit «Oeconomicus» gezeichnet hatte.

«Als ich gestern mein Exposé durchgelesen habe, bin ich selbst erschrocken», gab er, nur vier Jahre später, am 20. Dezember 1956 im Rahmen eines Verhörs durch die Bundesanwaltschaft zu Protokoll, «inzwischen habe ich mich von

dieser Ideologie so weit entfernt, dass sie mir heute völlig fremd und unpersönlich erscheint.» Eine Aussage, die wohl eher dem ersten Schreck ob der Verhaftung – über die noch zu berichten sein wird –, dem Zwang zu opportunistischen Abschwüren in der Hoch-Zeit des Kalten Krieges unmittelbar nach den «Ereignissen» in Ungarn zuzuschreiben war als der Läuterung des Kommunisten S., der 1996 darauf beharrt: «Ich könnte zwei Drittel oder drei Viertel dieses Papiers heute noch unterschreiben.»
Zum Beispiel: «Der Reichtum der Schweiz rührt nicht allein von der Mehrwertproduktion des eigenen Industrieproletariats her, sondern in einem ebenso ausgeprägten Grade von der Ausbeutung fremder Völker, angefangen vom südamerikanischen Plantagesklaven bis zum deutschen Arbeiter.» Oder: «Eine Untersuchung der schweizerischen Beteiligungen an deutschen Unternehmungen erbringt den Beweis, in welch ungeheurem Ausmass schweizerische Monopolisten an der deutschen Rüstungskonjunktur der 30er Jahre profitiert haben.» Und: «Seit Stalingrad haben sich die Dinge etwas verschoben. Die Enttäuschung über die Niederlage des Naziregimes, der Untergang des grossen ‹Tausendjährigen deutschen Weltreiches› verursachte dem Schweizer Grosskapital empfindliche Milliardenverluste. Ein wirtschaftlich auf den Hund gekommenes Deutschland bot keine interessanten Profitmöglichkeiten mehr, weshalb sich auch die schweizerische Hochfinanz einer neuen Weltmacht, den Vereinigten Staaten von Amerika, anschloss.» Diese Verbindungen des Schweizer Kapitals, sagt S., kurz bevor «die Schweiz» 1997/98 wegen ihres Verhaltens im Zweiten Weltkrieg international unter Beschuss gerät, «das schläckt kä Geiss wäg». Auch die Kritik an der «faktischen Durchführung der Remilitarisierung Deutschlands» würde S. über vierzig Jahre danach noch aufrecht erhalten. «Im Rahmen der so genannten Europa-Armee, die nichts anderes als die verbrecherische Vorbereitung eines Angriffskrieges gegen die Sowjetunion und die Volksdemokratien im Schilde führt.»
Es gibt auch Sätze – «Der blöde ‹grosse Stalin›» –, die er lieber nie geschrieben. «Wenn sieben Jahre nach Kriegsende wieder von einem deutschen Wehrbeitrag und deutscher Rüstungsproduktion und der Freilassung von Naziverbrechern die Rede ist, dann kann dies nur lehren, dass wie Genosse Stalin sagte, die Völker die Sache des Friedens selbst in die Hand nehmen müssen. Konsequent und unbeirrbar hat die Partei der Arbeit der Schweiz diesen Grundsatz des grossen Stalin in die schweizerische Arbeiterklasse hineingetragen, konsequent und unbeirrbar hat sie, aller Hetze und allen Verfolgungen zum Trotz, die Wahrheit über die Kriegsbrandstifter in den USA wie in der Schweiz verbreitet. Konsequent und einmütig steht die Partei auf der Seite des Friedens, auf der Seite der grossen Sowjetunion, des neuen China, der deutschen demokratischen Republik und der Volksdemokratien.» Getippt am 4. Juni 1952.
Bis 1956, sagt S. 1996, «waren wir alle Stalinisten», auch die, die es heute nicht mehr wahrhaben wollten. «Für uns war er der Retter des Abendlandes.» «Des

Vaterlandes», korrigiert seine Frau Elsi, die ihn schon damals wegen seiner «Heldenverehrung» verspottet und sich über den Satz vom «grossen Stalin» geärgert habe. Aber «wir Slawen», lacht S., «haben nun mal einen Hang zur Verehrung grosser Männer». Darüber habe sie, seine Frau Elsi, mit ihrem schweizerischen, gut bürgerlichen Demokratieverständnis immer «d'Nase grümpft». Und begleitete ihren Mann, S., auch nicht ins Zürcher Volkshaus, als die «Gesellschaft Schweiz – Sowjetunion Zürich» auf den 31. März 1953 zu einer «Feier zum Gedenken an J. W. Stalin» einlud, der am 5. März jenes Jahres gestorben war. Rund sechshundert Personen – ein gutes Dutzend, darunter S., «bekannt» – zählten die Beamten des Staatsschutzes, die in der dicht gedrängten Menge im Theatersaal des Volkshauses nicht auffielen und, ganz Undercoveragenten, diskussionslos den Eintritt von Fr. 1.10 bezahlten. «Die Türkontrolle wurde durch Sekuritaswächter ausgeführt.» Es sei eine bedrückte Stimmung gewesen, erinnert sich S. Einige hätten sogar geweint. Trauer habe auch er empfunden, Beklemmung, Angst um die «vaterlose Sowjetunion». «Wie wird sich das entwickeln? Wer kommt nach Stalin?» Der, so liessen sich die Maulwürfe vom Referenten des Abends, «Pinkus, Theodor», diktieren, nicht Diktator genannt werden dürfe. «Stalin sei lediglich der Vollstrecker des Volkswillens gewesen.» Dass die Bürgerlichen bei jeder Gelegenheit vom «grossen Diktator» sprachen, beschreibt S. die Falle des Kalten Krieges, sei für sie ein schlagender Gegenbeweis gewesen – nach Bebels altem Motto: «Wenn dich jemand von dieser Seite lobt, hast du einen Fehler gemacht. Und umgekehrt.»

Erster Donner, Panzer rollen

Victor S. – Siebter Bericht

Am 17. Juni 1953 kamen die Panzer. Panzer gegen demonstrierende Arbeiter, Panzer gegen westliche Provokateure – eine Frage der Blickrichtung. Begonnen hatte alles am Tag zuvor, mit dem Protest der Berliner Bauarbeiter gegen die Erhöhung der Arbeitsnormen. «Wir Arbeiter sind immer die Ausgebeuteten», lässt Stefan Heym einen Protagonisten seines Romans «5 Tage im Juni»[52] sagen, «das ist seit je so gewesen, überall in der Welt, und das wird wohl auch so bleiben, Kapitalismus oder Kommunismus. Oder glaubt einer, dass er wirklich den Wert wieder rauskriegt, den er produziert?» Ein Gewerkschafter, hin- und hergerissen zwischen der Solidarität mit seinen Kollegen und der Treue zur Partei, die seine Vision verkörpert, wendet sich gegen den Streik. «‹Das ist doch Widersinn!›, sagte Witte erregt, ‹in einem Arbeiterstaat, wo die Produktionsmittel wem gehören – den Arbeitern!›» und erklärt: «Im Kapitalismus gefährdet der Streik ein paar Unternehmerprofite, bei uns gefährdet er den Staat.»
Heyms Gewerkschafter hätte vermutlich auf die Unterstützung Bertolt

Brechts zählen können, der zwischen «Provokateuren» und Arbeitern unterschied, deren Unzufriedenheit er für durchaus berechtigt hielt, aber auch darauf bestand: «Organisierte faschistische Elemente versuchten, diese Unzufriedenheit für ihre blutigen Zwecke zu missbrauchen. Mehrere Stunden lang stand Berlin am Rande eines dritten Weltkrieges. Nur dem schnellen und sicheren Eingreifen sowjetischer Truppen ist es zu verdanken, dass diese Versuche vereitelt wurden.»[53] Der Dichter ist wegen seiner Haltung zu diesem 17. Juni oftmals angegriffen worden und muss dieses Tages selbst mit sehr zwiespältigen Gefühlen gedacht haben. Sarkastisch setzte er über ein Gedicht den Titel «Die Lösung» und schrieb: «Nach dem Aufstand des 17. Juni / Liess der Sekretär des Schriftstellerverbands / In der Stalinallee Flugblätter verteilen / Auf denen zu lesen war, dass das Volk / Das Vertrauen der Regierung verscherzt habe / Und es nur durch verdoppelte Arbeit / Zurückerobern könne. Wäre es da / Nicht doch einfacher, die Regierung / Löste das Volk auf und / Wählte ein anderes?»

Entgeistert seien sie gewesen, erinnert sich Victor S. an den historischen Tag – Panzer gegen Arbeiter! «Diese Bauarbeiter waren sicher keine Konterrevolutionäre.» Stefan Heym lässt seinen Gewerkschafter Witte mitten in diesen kalten Kriegstagen weise Erkenntnis aussprechen: «Wir dürfen nicht jeden, der uns kritisiert, zum Feind ernennen. Aber unter denen, die uns kritisieren, gibt es auch Feinde.» Die Vereinigten Staaten und Westdeutschland hätten damals die DDR destabilisieren, zerstören wollen. Da seien bestimmt «konterrevolutionäre Elemente» beteiligt gewesen, die das «geschürt» hätten, ist Victor S. überzeugt. Und gegen «Wühler», die den Sozialismus in der Sowjetunion, in den Volksdemokratien untergraben wollten, habe das sozialistische Mutterland etwas unternehmen, Härte zeigen müssen, das sei auch seine Meinung gewesen. Zur Verteidigung des sowjetischen, des sozialistischen Staates, zur Verteidigung jedes Kommunisten, jedes Arbeiters. Aber eben, die Panzer hätten sich damals auch gegen Arbeiter gerichtet. «Das war für mich ein erstes Donnerrollen.» Wie das Dröhnen in der Atmosphäre, die Blitze am Horizont – Vorboten eines nahenden Sturmes.

SchwarzundWeiss zum Vierten

Schwarz war, wie alle Träumer, ein Verlierer, nicht weil er ein materielles Interesse an seiner eigenen Niederlage hatte wie diese lauwarmen Protestler, die nur zu gerne im Wohlstand baden, den sie bekämpfen; Schwarz litt in der Menge, die mit ihm marschierte, fühlte sich unwohl unter seinesgleichen, traute den Massen nicht, auch wenn sie seiner Meinung waren; Schwarz war ein Gesinnungstäter, die Niederlage war sein Programm – «Wer nicht hungert, ist ein Verbrecher», schrieb er einmal, der Satz ärgerte mich masslos, jedes Mal, wenn ich mich an ihn erinnerte, schlug ich mit der Faust auf den Tisch, jahrelang zuckte es bei unvorsichtigen Bewegungen durch meinen Handknochen, sodass ich Schwarz, dem ich nach diesem tränenreichen Sonntag auswich, nicht vergessen konnte. Ich beantwortete seine Briefe, folgte seinen Aufgeboten zur oppositionellen Pflicht nicht mehr, wollte nicht ein Leben lang wie ein Idiot durch Strassen und Landschaften stolpern, um mich nach voraussehbaren Niederlagen an Urnen und in Sandkästen schluchzend an irgendwelche Gutmenschen zu klammern, ich ignorierte seine Vorwürfe, die mich in den ersten Jahren meines Erfolgs regelmässig erreichten.

Schwarz war, Schwarz blieb ein Verlierer, er rettete mein Leben und verlor seine grosse Liebe, E. fuhr zwar, an jenem Sonntag, mit ihm zurück, aber nur, weil ich ihr den Platz an meiner Seite für die Heimfahrt nicht anbot, mir den Abend mit K. nicht verderben wollte, aber schon zwei Jahre später liess sie es zu, dass ich ihr bei Lachs, Champagner und Kerzenlicht den Ring, der mich ein paar Tausender gekostet hatte, an den Finger steckte, obwohl sie sich inzwischen längst in Schwarz' Träume und Sätze verliebt hatte, ihm durch Tränengas und Gummigeschosshagel gefolgt war, aber wahrscheinlich ahnte sie, was da bevorstand, dass er den Anschluss verpassen, auf seinen Geschichten hocken bleiben würde, noch immer den Zustand der Welt beklagte, als längst niemand mehr wissen wollte, wie viele Millionen hungerten, welche Tierarten und Landstriche gefährdet waren, wie lange es noch dauerte bis Overkill und BigBang, es gelang ihm immer seltener, Redaktorinnen mit seinen Berichten aus den Gräben von Arm und Reich, Mann und Frau, Schwarz und Weiss zu begeistern, Redaktorinnen, die auf der Suche nach dem Überraschenden waren, denen der ausgelutschte Gutmenschenmüll nur ein leichtes Naserümpfen abrang; E. erkannte, dass Schwarz seine besten Zeiten hinter, schlechte vor sich hatte, den Weg aus dem Labyrinth der Weltverbesserinnen nicht fand, seinen eigenen Sätzen zum Opfer fiel, «Wer nicht hungert, ist ein Verbrecher», fahrlässig, vielleicht sogar vorsätzlich, sie aber war bestechlich durch das angenehme Leben, und so gab sie mir, dem erfolgreichen Anpasser, das Jawort.

Ich wusste, sie träumte von Schwarz, manchmal, wenn ich nicht schlafen konnte, hörte ich sie seinen Namen murmeln, aber ich behielt es für mich, verriet ihr nicht, dass ich wusste, wem ihre heimliche Sehnsucht galt, Hauptsache, ihre gut gebuildeten Schenkel schlangen sich regelmässig um meine Hüften und nicht um die Knochen dieses Verlierers, der sich ins Elend gestürzt, das hatte er nun davon, seine Talente vergammelten, was er schrieb, es mochte noch so brillant sein, keine las es – und natürlich auch keiner, aber die Damen fordern Gerechtigkeit für Jahrtausende –, und ich hatte zufällig die Schreibmaschine des grossen Meisters in meinen Besitz gebracht, aber ich wollte mehr.

Ich zuckte zusammen. Als Weiss. Nur zwei Tage später. Aus meinem Telefonhörer plärrte. Wie einer dieser radiofonen Muntermacher. Oder Macherinnen. Die einem. Wenn programmiert. Morgens um fünf vor sechs. Oder. Wenn mit der Gebrauchsanleitung nicht zu Rande gekommen. Womöglich erst um zwanzig nach sieben. Ihr modisch variiertes «Guetsss Mörrrgeli zzzäme» zubrüllen. Dem mann. Und wahrscheinlich auch frau. Nicht einmal unter der Bettdecke entgeht. Und eigentlich auch nicht wirklich entgehen will. Wollte Wiss das fehlende «e». Auch das grosse. Einklagen?
«Ich habe einen Auftrag für dich, Schwarz!» Flockte er. Ich wäre beinahe ins Stottern geraten. Dann gelang es mir aber gerade noch. Ein kompaktes «Schön» durch die Leitung flutschen zu lassen. Was ihn offensichtlich dazu ermutigte. Seine Frage. «Bist du interessiert?» Für beantwortet zu halten. Bevor ich der Fliege auf der Muschel noch einmal die Zähne zu zeigen vermochte. «Also dann.» Bestimmte er. «Heute Abend um acht, auf der Tribüne, wie in alten Zeiten. Wenn's regnet in der Schiedsrichtergarderobe.» Und als er registrierte. Dass es mir derart die Sprache verschlagen hatte. Dass ich nicht einmal in der Lage gewesen wäre. Zu stammeln. Stichelte er. «Du hast doch nicht etwa Angst, der alte Zuber könnte uns als Gespenst erscheinen, nur weil wir damals seine Dachlatten für unsere Transparente gebraucht haben.» «Neinnein.» Beschwor ich. Ohne zu stottern. Mein Vertrauen in die exakten Wissenschaften. War mir aber nicht sicher. Ob ich aufatmen konnte. Oder ob er mich absichtlich in Sicherheit wiegte. Das alte Fussballstadion. In dem die Schweizer noch Pässe mit internationalem Echo geschossen hatten. War für uns. Obwohl die Tore längst zugewachsen waren. Lange Zeit ein idealer Treffpunkt gewesen.

Es war ein spontaner Reflex, dass ich das alte Stadion vorschlug, wo wir uns in früheren Zeiten immer getroffen hatten. Schwarz konnte nicht wissen, dass ich unseren geheimen Treffpunkt verraten hatte, und seit jenem Sonntagvormittag, als E. mir das erste Mal ihren Bauchnabel gezeigt hatte, war ich nicht mehr da gewesen, war nicht einmal sicher, ob es noch stand; dass Schwarz nicht protestierte, war kein Beweis, um solch banale Angelegenheiten hatte er sich noch nie gekümmert. Das Wetter hielt uns die Stammplätze trocken, und kaum thronten wir auf morschem Holz, setzte Schwarz zu einem seiner politischen Monologe an, als würde es ihn gar nicht interessieren, welcher Art der Auftrag war, den ich ihm am Telefon versprochen, als hätte sich die Erde in all den Jahren, die wir uns nicht gesehen hatten, nicht weiter gedreht. Die Schweiz, begann er, sei eine riesige Loge, aus der ihre Bewohnerinnen mit unterschiedlichem Blick das Weltgeschehen verfolgten; den Verlauf der Geschichte manchmal im Massstab 1:1000 nachstellten; zum Schein, aber verbissen Partei ergriffen; nach ungeschlagener Schlacht entlasse der eidgenössische Simulator die markierten Feinde, die sich die Hand drückten und einander in helvetischer Einmütigkeit beteuerten: alles nur ein Spiel, vergeben und vergessen; die Toten von Korea, Ungarn, Vietnam, Chile, Afghanistan, Zentralamerika und wo immer der Kalte Krieg sonst noch heiss geworden, seien da, klagte er das abwesende Publikum an, etwas nachtragender. Gezwungenermassen! rief er ins leere Stadion hinaus. Meine Zwischenfrage, ob er denn uns Schweizerinnen dafür verantwortlich machen wolle, dass sie andernorts mit scharfer Munition probten, überhörte er, und ich befürchtete schon, er würde sich in den grossen Gesten der Weltverbundenheit verlieren, hatte Angst, es könnte ihm einmal mehr gelingen, mich in Schuld zu wiegen und mir die Gelegenheit zu nehmen, auf den eigentlichen Anlass unseres Zusammentreffens zu sprechen zu kommen; könnte es mir verwehren, den selbstlosen Erfolgsmuffel zum gewöhnlichen Egoisten zu machen und damit auch aus E.s Träumen zu vertreiben. Ich hatte nicht erwartet, dass er meine Hand dankbar ergreifen, die Chance, ohne zu zögern, packen würde, um seine materielle Lage zu verbessern; schliesslich hatte ihn damals weder die Aussicht auf E.s Augen und Hände noch die Chance, bei einem grossen Blatt zu publizieren, kooperativer gemacht. Es war mir klar, dass ich den Gepfändeten nicht mit Geld locken konnte, jedenfalls nicht allzu offensichtlich.

> Ich hätte es mir gar nicht leisten können. Den Auftrag abzulehnen. Weiss hatte. Noch bevor wir. Wie damals. Wenn auch mit schlaffer gewordenem Hintern. Nebeneinander hockten. Geld auf mein Konto überwiesen. Frau Habersaat. Die einen. Regelmässig und mit vollen Lippen. Korrigierte. «Fräulein bitte. Immer noch.» Wobei ihre Augenlider derart ins Zwinkern gerieten. Dass keineundkeiner Sicherheit darüber zu erlangen vermochte. Ob sie auf dreiundfünfzig Jahren Unschuld oder Freiheit beharrte. Fräulein Habersaat. Die mit der Bearbeitung meines Kontos chronisch unterfordert war. Rief mich in erwartungsvoller Aufgeregtheit an. Morgens um acht. Die Summe. Die Weiss mir hatte

auszahlen lassen. Was ich erst später erfuhr. Lag markant über dem gewohnten Zahlungsverkehr. Sodass die Anlageberaterin Habersaat endlich eine echte Herausforderung witterte. Sich aber erst. Das Kondolenzkärtchen vermutlich schon auf dem Pult. Fürsorglich erkundigte. Ob jemand verstorben. «Öpper nöcher.» Bei diesem Betrag. Was ich verneinte. Und ihr damit Gelegenheit zu einem erleichterten Seufzer gab. Dem. Nach geschäftstüchtiger Pause. Der eindringliche Rat folgte. Dieses Geld nicht dem Müssiggang verfallen. Sondern arbeiten zu lassen. Ich vertröstete das hörbar enttäuschte Fräulein Habersaat. Zu dieser Tagesstunde war mir noch nicht nach Arbeiten zumute. Und im Übrigen. Entschuldigte ich mich. Müsste ich erst abklären. Was es mit dieser «namhaften Summe» auf sich habe. Deren Höhe. Und insbesondere deren Herkunft. «Wo denken Sie hin, Herr Schwarz! Die sind ja so raffiniert, heutzutage!» Sie mir am Telefon. Aus Angst vor Staatsschützern und gewöhnlichen Kriminellen. Nicht verraten wollte.

Weiss erwähnte das Geld mit keinem Wort. Und auch ich schwieg mich über den Vorgang aus. Der mir. Für lange Zeit. Materielle Unbeschwertheit bescheren würde. Ich drohte käuflich zu werden. Versuchte. Erfolglos. Mir einzureden. Nur die absehbare Depression Fräulein Habersaats hinderte mich. Die Gemütlichkeit zurückzuweisen. Und die Angst. Er könnte. Vor den Kopf gestossen. Den berechtigten Verdacht schöpfen. Ich suchte. Aus ihm unbekannten Gründen. Jede neue Verbindung zu vermeiden. Oder war er gar nicht so ahnungslos? Wie E. glaubte. Die überwiesene Summe womöglich als Schmiergeld. Als Abschiedsbatzen gedacht? Getarnt als Vorschuss für einen fiktiven Auftrag.

«Andere kaufen sich eine Zweitwohnung auf Manhattan.» Frotzelte Weiss. Ich ärgerte mich. Persönlich betroffen. Mehr als gewöhnlich über seine Marotte. Sich nur noch der femininen Form zu bedienen. «Ich leiste mir eine Privatautorin.» Mein WofürdieseBerichte? hatte er zuvor mit einem knappen Fürmich beantwortet. Und sich jede weitere Frage verbeten. «Das ist Teil unserer Abmachung. Du schreibst. Ich zahle. Und deine Geschichten gehören mir. Exklusiv!» Beschied er. Und fuhr fort. «Lies die Berichte des Staatsschutzes. Lass sie dir ihre Geschichte erzählen. Bevor sie ausgestorben sind oder nicht mehr wissen, woran sie einmal geglaubt haben. Und dann schreib. Aber lass dich nicht bestechen.» Mein Blick verlangte ihm einen Nachsatz ab. «Nein, nicht von mir. Mit Geld ist deinesgleichen ja nicht zu kaufen, oder?» Er lachte. Dräckig. Wie es in der Schweizer Mundart hiesse. «Die Bestechlichkeit durch die Gutmenschen – das ist deine Schwäche. Glaub ihrem gerechten Blick und den sanften Stimmen nicht alles. Auch sie haben sich eine Wahrheit über sich selbst zurechtgelegt. Wer weiss, wozu sie fähig gewesen wären, wenn sie Gelegenheit dazu erhalten hätten.» Was wollte er eigentlich von mir? Hatte ihn E. zu dieser grosszügigen Unterstützung eines Lebensuntüchtigen überredet? «Ich schenke dir Zeit. Soviel Zeit wie du brauchst.» Lockte er mich. Der ich längst aus dem ZeitistGeld-Zug gestiegen. Oder. Womöglich. Schon eher geschleudert worden war.

Diese Dossiers lägen seit Monaten. Jahren bald schon. Bei ihm herum. An eine professionelle Auswertung sei längst nicht mehr zu denken. Mein Magen reagierte. «Keine interessiert sich für die Skandale von gestern. Seit dem Fall der Mauer lacht doch der kälteste Krieger über den verstaubten Fichenberg.» Er aber sammle Erinnerungen. Ein Hobby. Wie das Ablecken fremder Kaffeerahmdeckeli. «Schnapp sie dir.» Seine Sprache. Diese Sprache. Irritierte mich immer wieder. Schnapp dir. Kein Sandwich. Ein paar Lebensgeschichten. «Du bist vermutlich der einzige, der sich dafür interessiert und diese Gutgläubigen vor dem gänzlichen Vergessenwerden bewahren kann. Lächerliche Figuren, Ritterinnen von der traurigen Gestalt sind sie schon lange.» Grinste er. «Wenn du es nicht um des Geldes willen tust, dann mach es ihnen zuliebe. Falls die Hoffenden doch noch einmal gebraucht werden.» Damit überzeugte er mich. «Und wenn es nur als Tauschobjekt gegen eine nummerierte Kopie der Liegenden ist.» Ich überhörte die Boshaftigkeit. Sass in der Falle. Den Auftrag abzulehnen hiesse. Ein Soldat der schnellen Zeit zu werden. Ihn anzunehmen bedeutete. Bestechlich zu erscheinen. Ich hatte keine Wahl. Ich musste. Wenn ich mich nicht dem Verdacht aussetzen wollte. An einem inneren Schreibstau zu leiden. War froh. Dass wenigstens das Wetter mitspielte. Und uns die Flucht in die trockene Schiedsrichtergarderobe ersparte. E. war nicht bekannt. Dass wir nicht die einzigen waren. Die um den bequemen Unterschlupf wussten. Und hatte. Durch meine schüchternen Warnungen angestachelt. Unser Refugium mit verräterischen Erinnerungen dekoriert.

Der Sturm

Jochi W. – Zweiter Bericht

«Schlimmer als beim Hitler.» Dieses Wort hat Jochi W. nie vergessen, nie «verdrängt», wie die sagen würden, die das psychoanalytische Seelenmodell mit der Realität verwechseln und zu glauben begonnen haben, es gebe ein Unbewusstes nicht nur als hilfreiche Vorstellung, sondern als greifbares Etwas tatsächlich, was selbst dem Berichterstatter nicht immer ganz abwegig erscheint, so heftig macht sich dieses erfundene Nichts am täglichen Leben zu schaffen. «Schlimmer als beim Hitler.» Mehr als einmal habe er diesen Satz gehört, bevor er, 1956, mit vierzehn, vom ehelichen Streit seiner Eltern befreit und mit ihrer Scheidung beladen wurde. Hörte ihn von seiner Mutter, die als Jüdin aus Deutschland geflohen, wo Schwestern von ihr das Leben liessen, worüber die Mutter nicht sprach, sich womöglich schuldig fühlte, dass sie ihre Schwestern nicht beschützt, nicht mit ihnen gegangen, sich in die gemütliche Schweiz abgesetzt, dort einem Juden das Jawort gegeben, als im grossdeutschen Reich Millionen der Stimme und anderes beraubt wurden, einen Schweizer heiratete, der sie jeweils den Erhalt des Haushaltgeldes quittieren liess und den kleinen Jochi zum Coiffeur zurückschickte, zum Nachschnitt, wenn der ein paar Millimeter zu viel hatte stehen lassen, in der Hoffnung, seinen kleinen Kunden bald wieder unter die Schere zu bekommen.

Fühlte der Vater sich seinerseits schuldig? Obwohl seit seiner Geburt, 1902, in der Schweiz lebend? Weil er sich um ganz gewöhnliche Geschäfte kümmerte, während anderen nicht einmal die Goldzähne blieben, kümmern musste, um der jungen Familie Dach und Tisch zu decken. «Bei meinem Vater eine gewagte These», lässt Jochi W. den Berichterstatter wissen, der für einmal an der Fiktion festhält, sich an die vom Schweizer Filmer Alain Tanner in «La salamandre» aufgeworfene, aber unbeantwortete Frage erinnernd, wer der Wirklichkeit näher komme, der vor Ort recherchierende Journalist oder der im stillen Kämmerchen beziehungsweise am lärmigen Beizentisch fantasierende Dichter. Hatten Mutter, Vater, hatten beide das Gefühl, ihre jüdischen BrüderundSchwestern im Stich gelassen zu haben? Begannen sie dies einander übelzunehmen? Sich, gerettet und sicher, zu vergraben? In einem Land, einem kleinen, einem Haus, einem kleinen, der Familie, der kleinen. Sich einzuschliessen, um sich zu schützen vor der Welt, der grossen, der anklagenden, der bedrohlichen, die aber schon über die Schwelle geschlüpft war, bevor sich der Schlüssel im Schloss drehte. Oder war es nur das ganz gewöhnliche Elend der Liebe, das jene, die erst nicht voneinander lassen können, auseinander treibt und das traute Heim der W.s in einen bedrückenden Ort verwandelte, wo Jochi W. die Angst des Kindes vor dem Vater erlernte und gegen die Ansprüche der Mutter aufbegehrte, die sich von ihren Kindern erhoffte, was ihr fehlte, sie «Freudezerstörer» schimpfte, wenn sie ihr das Leben, statt mit Inhalt und Frohsinn zu erfüllen, durch «Risches» (jiddisch:

Lämpe) zusätzlich schwer machten. Worauf sie sich, vor den Augen des Kindes Jochi W., der Gesellschaft ihrer Liebsten in regelmässigen Abständen durch das zu entziehen begann, was psychologisch Belehrte «eine Depression» nennen.

«Schlimmer als beim Hitler», habe sie das W.'sche Familienleben ein paarmal genannt. Damals habe man wenigstens frische Luft gehabt, bei den Soldaten, im Krieg, habe sie wahrscheinlich gemeint. Und brachte endlich doch noch die Kraft auf, an der schon mehrfach eingereichten und wieder zurückgezogenen Scheidung festzuhalten, trotz Vaters Flehen und Jochi W.s kaum bemerkten Anstrengungen, das Auseinanderbrechen zu verhindern; obwohl ihr das Gericht das Sorgerecht für die Kinder verweigerte, es 1956 dem Vater zusprach, der Jochi W. und seinen Bruder im Einverständnis mit der Mutter in das Israelitische Kinderheim Wartheim brachte, nach Heiden, am Rand appenzellischer Hügel, mit Blick auf das schwäbische Meer, das die SchweizerInnen hartnäckig Bodensee nennen. Wo der Bub losschlug «wie eine Wildsau», man habe ihn zurückreissen müssen, so sehr habe er sich in den anderen verkrallt, weil der ihn «Saujud» geheissen – ungewiss, was er mit ihm gemacht hätte, wozu er in geeigneten Umständen in der Lage wäre.

In späteren Jahren habe die Mutter in «Zuständen», die von jenen, die das Unheimliche mit seiner Benennung gefügig zu machen glauben, als «manisch» definiert werden, noch einmal ihre Schwestern aus dem Massengrab gezerrt und an das erinnert, worunter andere so gerne einen Strich machen würden, auf dass die europäische Zivilisation das Recht zurückgewänne, den Mantel der Menschlichkeit als erste zu tragen.

Victor S. – Achter Bericht

«Genossen. Es ist unzulässig und dem Geist des Marxismus-Leninismus zuwider, eine Person herauszuheben und sie zu einem Übermenschen zu machen, der gottähnliche, übernatürliche Eigenschaften besitzt, zu einem Menschen, der angeblich alles weiss, alles sieht, für alle denkt, alles kann und in seinem ganzen Verhalten unfehlbar ist. Ein solcher Glaube an einen Menschen, und zwar an Stalin, ist bei uns viele Jahre kultiviert worden»,[54] rief der damalige Generalsekretär Nikita Chruschtschow am 25. Februar 1956 den Delegierten des zwanzigsten Kongresses der «Kommunistischen Partei der Sowjetunion» zu. Und bald danach wusste alle Welt, was nur für GenossInnen gedacht war. «Wir dürfen dem Feind keine Munition liefern, wir dürfen unsere schmutzige Wäsche nicht vor seinen Augen waschen», hatte Stalins Nachfolger seine GenossInnen in der «geschlossenen Sitzung» ermahnt. Das amerikanische Aussenministerium fühlte sich verständlicherweise sowjetischer Geheimhaltung nicht verpflichtet und machte weltöffentlich, was der französische Historiker François Furet[55] für den bedeutendsten Text der kommunistischen Geschichtsschreibung des zwanzigsten Jahrhunderts hält und Victor S. im Sommer 1956 wie viele seiner Schweizer GenossInnen mit erschreckenden

Augen in der «Roten Revue» las. Denn da wurde «die Stimme gegen Stalins Verbrechen», so Furet, «nicht mehr im Westen, sondern in Moskau – noch dazu im Allerheiligsten Moskaus, im Kreml – erhoben».

Wahrscheinlich nahm Victor S. in diesem Sommer, wenn nicht schon früher, das Bild von «Väterchen Stalin» von der Wand, das der «grossen Sowjetunion» bekam Risse. «Mit der Idee hatte das nichts zu tun», hält S. vierzig Jahre danach fest. Er, sie hätten einfach nicht glauben können, dass «gute Kommunisten» zu Tausenden, Zehntausenden, wie man heute wisse – zu Millionen vernichtet, in den Gulag getrieben wurden, «Menschen, die das Gleiche geglaubt haben wie wir, nur weil da ein Verrückter oben an der Spitze war». Wer jubelte dem Verrückten zu? Wer vollzog seine Verrücktheiten? Zum Beispiel: «Wurde festgestellt, dass von den auf dem 17. Parteitag gewählten 139 Mitgliedern und Kandidaten des Zentralkomitees der Partei 98 Personen, das sind 70 Prozent, in den Jahren 1937 und 1938 verhaftet und liquidiert wurden. (Entrüstung im Saale.) Von 1966 stimmberechtigten oder beratenden Delegierten wurden 1108 Personen, also über die Hälfte aller Delegierten, unter der Beschuldigung gegenrevolutionärer Verbrechen verhaftet», rechnete Chruschtschow vor, der sich Jahre später mit einem Schuh in der Hand, den einen Fuss nur noch in der Socke steckend, am Rednerpult der UNO-Vollversammlung in die Schlagzeilen der Weltpresse tobte. «Viele Tausende ehrlicher und unschuldiger Kommunisten», hielt er im Winter 1956 fest, «kamen infolge dieser ungeheuerlichen Rechtsbeugungen ums Leben, weil jedes noch so verleumderische ‹Geständnis› akzeptiert wurde und weil man Selbstbeschuldigungen und Beschuldigungen anderer Personen durch Gewaltanwendung erpresste.» Als einen von vielen nannte Chruschtschow den «ehemaligen Politbürokraten, den hervorragenden Funktionär der Partei und der Sowjetregierung, den Genossen Eiche, der seit 1905 der Partei angehörte», im April 1938 verhaftet und «durch Folterungen gezwungen wurde, von vornherein ein Geständnisprotokoll zu unterzeichnen, das die Untersuchungsrichter ausgearbeitet hatten und in dem er antisowjetischer Tätigkeit beschuldigt wurde». Eiche bestritt jede Schuld, verlangte eine Überprüfung seines Falles, schrieb an Stalin, der den Terminus des «Volksfeindes», so Chruschtschow, erst eingeführt habe, was die «Anwendung grausamster Unterdrückung, die Verletzung aller Normen der revolutionären Gesetzlichkeit» ermöglicht habe. Der «Volksfeind» Eiche schrieb dem Genossen Generalsekretär: «Es gibt kein grösseres Elend, als im Gefängnis des Staates zu sitzen, für den ich immer gekämpft habe.» Schrieb es im Namen vieler und wurde, wie viele, erschossen. Er am 4. Februar 1940.

«Davon haben wir nichts gewusst.» Der Satz fällt bei Victor S., fällt bei vielen, die geglaubt, und erinnert an deutsche Worte nach Sobibor. «Das ist nicht dasselbe!» Entrüstet weisen sie jeden Vergleich zurück. Der Nachgeborene konnte noch nicht lesen, liess sich noch Geschichten erzählen, vom Vater, der das Märchen vom Fischer un syner Fru direkt vom Plattdeutschen in

Schweizer Mundart übersetzte, als Chruschtschows Rede die Hoffenden zu Blauäugigen machte, die sich den antifaschistisch geschärften Blick im Kalten Krieg, der beidseitig unzimperlich geführt wurde, hatten trüben lassen. Natürlich, geben viele zu, hätten sie auch früher schon von Säuberungen, Schauprozessen, Lagern gehört, hätten es aber nicht für möglich gehalten, dass solches im Namen des Sozialismus geschah, hätten es in diesem Kampf der beiden grossen Systeme für Propaganda gehalten. Die KommunistInnen in aller Welt taten die von bürgerlichen Zeitungen angeprangerten Schauprozesse als Gräuelmärchen ab, sodass es den Genossen Eiche weder als Staatsfeind noch als Erschossenen gab, bis ihn postum, Jahre nach dem «Grossen Vaterländischen Krieg», der Generalsekretär der KPdSU persönlich der Weltöffentlichkeit als Beispiel präsentierte. Der «Überwinder des Faschismus», Stalin, war jetzt plötzlich, so Genosse Chruschtschow, «ein sehr argwöhnischer, krankhaft misstrauischer Mensch», der nach dem Krieg noch launischer, reizbarer und brutaler geworden, «sein Verfolgungswahn erreichte unglaubliche Ausmasse. Er sah es förmlich vor Augen, wie seine Mitarbeiter zu seinen Feinden wurden.»

Eine «tiefe Erschütterung» muss es gewesen sein, dass die kapitalistischen Lügen sich als kommunistische Wahrheiten entpuppten, dass der «erste Staatsmann» der Sowjetunion, Chruschtschow, Feindpropaganda bestätigte, bestätigen musste. Andrerseits habe er aber auch aufgeatmet, habe, so Victor S., Morgenluft gewittert, als Stalin vom Sockel geschmissen wurde. «Jetzt kann man wieder Vertrauen zu dieser Partei und zu diesem Staat haben», zu Chruschtschow, der nur wenige Monate später für die «grausame Niederschlagung des ungarischen Aufstandes»[56] verantwortlich zeichnen sollte.

Hansjörg B. – Achter Bericht

Manchmal, wenn Hansjörg B. am Morgen ins Büro kam, sass die Vorgängerin schon auf seinem Stuhl, sprang noch von ihrem Sessel hoch, den sie – wie er erst nachträglich erfuhr – nicht freiwillig, sondern aufgrund eines Vorstandsbeschlusses räumte. Er nahm ihr den zögerlichen Abschied von lieb gewordenen Gewohnheiten nicht übel, bedeutete ihr in den ersten Tagen seiner Tätigkeit als Sekretär des «Internationalen Zivildienstes» mehr als einmal, sie solle ruhig sitzen bleiben, er werde noch genügend Gelegenheit haben. Liess sich von ihr die Bewerbung einer Sylvia H. aus Basel über den Tisch schieben. «S'Sylvia» habe grad beim ersten Mal nach Griechenland fahren wollen, schmunzelt er vierzig Jahre später und besteht darauf, dass die Anwendung des Neutrums auf eine Angehörige des weiblichen Geschlechts nicht etwa dem Wunsch nach Verkindlichung oder Triebberuhigung entspringe, sondern eine durchaus zärtlich gemeinte Eigenheit des Baseldeutschen sei. «S'Sylvia» sitzt jetzt als Sylvia B. neben ihm. Er habe ihr damals trotz Protektion durch die Präsidentin des Zivildienstes mitteilen müssen, so schnell gehe es dann nicht ins Ausland. Die so genannte «home rule» habe verlangt:

der erste Dienst wird im Heimatland geleistet. Vermutlich um allzu Reisefreudige fernzuhalten. Er habe «dem Sylvia H.» Österreich angeboten, das sei generell mit der Schweiz gleichgesetzt worden, obwohl Österreich – nach zehnjähriger Besatzung durch die Siegermächte – eben gerade wieder die staatliche Souveränität erlangt hatte.[57] «Es geht ja niemand in den Zivildienst, nur damit er nach Österreich kommt», rechtfertigt er das Entgegenkommen, «das war kein Spezialarrangement.»

Es sei keine Liebe auf den ersten Blick gewesen, meint Hansjörg B., und Sylvia B. lacht: «Nänäi! Bei beiden nicht!» Sie hatte klare Vorstellungen, denen Hansjörg B. nie entsprach – gross, dünn, schwarz. «Mein erster Freund war so, aber der ist dann leider sehr früh verstorben.» Ihr Wunsch sei immer gewesen: «Ich will wieder so einen.» Gross, dünn, schwarz. Aber wahrscheinlich sei es besser, dass sie keinen gefunden, «das hätte immer Vergleiche gegeben». Der Hansjörg «maant mich sicher nicht an den andern». Nur der Anzug sei schwarz gewesen, als sie ihn das erste Mal gesehen. Sie schüttelt den Kopf, «komisch» habe sie das gefunden – «Er war ganz schwarz angezogen» –, bis sie erfuhr, dass er grad von der Beerdigung seines Vaters kam.

Im Gegensatz zu ihr – «Ich war einundzwanzig» – war der sechs Jahre ältere Hansjörg B. zu diesem Zeitpunkt bereits auf Brautschau.

Er lächelt, als sie, fast aufgebracht, ausplaudert, später habe er, beim Spazieren, immer mal wieder auf diese oder jene gedeutet – die sei auch einmal in der engeren Auswahl gewesen.

«Ich dachte mir, äs cha doch eigentlich stolz sein, wen es alles aus dem Feld geschlagen hat», lacht er. Die Geschlagenen erfuhren nie von ihrer Niederlage. Hansjörg B. erklärt das klammheimliche Mustern mit protestantischer Ethik: «Das Schlimmste, was damals ein junger Bursche tun konnte, war, einem Mädchen Hoffnungen zu machen und es dann nicht zu heiraten. Und ein Mädchen, das habe ich von meiner Mutter gelernt, erwartete spätestens nach dem ersten Kuss ...»

«... die Heirat!», prustet Sylvia B. los. Sie habe ihn in der ersten Zeit gar nicht beachtet. «Und dann kam das Sommercasino-Fest», fällt es ihr ein, organisiert vom «Internationalen Zivildienst», «da hämmer chrampfed wie di Verruckte.» Und der fleissige Freier Hansjörg B. liess sich etwas einfallen. «Ich dachte mir, ich muss noch eine Funktion für s'Sylvia haben.»

«Dann hat er einfach ans Büro geschrieben: Sylvia und Hansjörg, auf einen Zettel, dass wir da zusammen die Organisation machen würden.»

«Ich konnte ja nicht grad so öffentlich eine Verlobungskarte aufhängen, deshalb habe ich geschrieben – Sylvia: Transporte.»

«Das weiss ich nicht mehr.»

«Momoll, ich habe dich zur Transportministerin ernannt.»

«Den Zettel habe ich abgerissen, verchruglet und dihai in Mischtchübel grüert.»

«Ich habe gedacht – blöd, jetzt hat jemand diesen Zettel weggerissen.»

«Du hast nicht gedacht, dass ich das war? …»
«… nein, daran habe ich damals …»
«… jaja, das hat er nicht gedacht. Ich habe den Zettel abgerissen! Habe gedacht – was meint der eigentlich. Das war ja fast ein Heiratsantrag!» Aber so schnell gab sie ihren Namen nicht auf – den sie viele Jahre später nicht zurückfordern sollte, als den Schweizer Frauen die Beibehaltung der namentlichen Identität staatlich zuerkannt wurde, weil sie zu jenem Zeitpunkt schon mehr als die Hälfte ihres Lebens mit dem fremden B. verbracht und ihr das eigene H. weniger vertraut schien –, folgte ihm nicht so schnell zum Traualtar, fuhr mit einem Jahr Verspätung doch noch in das anfänglich verwehrte Griechenland. Wo ihr der rührige Sekretär zum Beweis seiner allgegenwärtigen Liebe diskret ein Becherchen in eine Ecke stellte, in dem eine junge Schildkröte ihr Hälschen an Wänden ohne Ende rieb, ohne zu wissen, dass dies der Beginn einer langen Tradition im Hause B. werden sollte.
Trotzdem kehrte Hansjörg B. auch aus Griechenland ohne Jawort zurück.
«Und dann hast du begonnen, Briefe zu schreiben.»
«Möglich.»
«Du hast immer weiter geworben, und dann habe ich dir einmal geschrieben – aber nur wie Bruder und Schwester …»
«… ja, in Dienscht …»
«… das weiss ich nicht mehr …»
«… unsere Beziehung sei nur eine Beziehung zwischen Bruder und Schwester …»
«… mehr nicht!»
«… dein Bruder war dann der erste, der dich durchschaut hat. Der hat gesagt – du liebst ja diesen …»
«… und d'Mamma hat gesagt – so geht man nicht mit einem Mann um, der um einen wirbt. Sie hat mir ins Gewissen geredet. Ich glaube, die hat gefunden – jetzt mues die under d'Huube, obwohl ich erst zweiundzwanzig war, mein Vater hat mir einmal gesagt, mit meinen roten Haaren bekäme ich sowieso keinen Mann. Aber der Hansjörg hat nicht aufgegeben, er war ganz sicher, dass er mich am Ende doch noch bekommt …
«… nenai, sicher bin ich überhaupt nicht gewesen, ganz unsicher sogar, drum habe ich immer noch den einen oder anderen Ersatz gehabt …»
Sylvia B. lacht laut auf. «Jaja, mis Susi hat er auch gern gehabt, meine Freundin! Und dann sind wir beide von seiner Mutter eingeladen und getestet worden – mit Salatsauce!»
Der Mann Hansjörg B. lacht.
«Seine Mutter hat zum Susi gesagt – es wäre nett, wenn sie noch die Salatsauce machen würde, aber s'Susi hat gesagt – losedsi, Frau Scheuchzer, das ist etwas Persönliches, das müssen Sie, glaube ich, selber machen. Aber ich habe natürlich gesagt – jaja, ich mache Ihnen schnell die Salatsauce, und dann bin ich deswegen schier ufghänkt worde …»

«… als die beiden wieder weg waren, am andern Tag, habe ich meine Mutter gefragt – so, was findest du? …»
«… welche soll ich nehmen, hä …»
«… welche soll ich heiraten …»
Jetzt lacht die Frau, Sylvia B., damals H., laut heraus.
«… also, ich habe ja gewusst, ich möchte zuallerst s'Sylvia. Es war nicht so, dass ich auf die Meinung meiner Mutter angewiesen war, aber es hat mich einfach interessiert, wie sie es sieht, und dann hat sie es wegen dieser Salatsaucen-Geschichte anders beurteilt …»
«… s'Susi sei die Bescheidenere, die hätte sich nicht angemasst, eine Salatsauce zu machen, ich galt deswegen in seiner Familie als frecher Eindringling …»
«… ich bin in beide verliebt gewesen – ins s'Sylvia stärker, weil es wärmer gewesen ist.»
Trotz der Wärme kam das Jawort nicht.
«Das ist mir alles zu früh gekommen, ich habe noch Pläne gehabt – ich wollte nach Amerika, um Musik zu studieren, ich wollte gar nicht so früh heiraten, und dann bist du eines Tages zu mir nach Hause gekommen. Er hat richtig um mich geworben …»
«… das kommt ja in jedem mittelmässigen Liebesroman vor, dass es zuerst eine Absage gibt, und dann ist es die Aufgabe des Mannes, dass er weitermacht …»
«… und gleichzeitig hat er mich getestet, ob ich zu ihm passe, welche Schulbildung ich habe, was ich von zu Hause mitbringe undsoweiter, du hast mich grauenhaft getestet …»
«… ja, ich habe doch einmal etwas über dich wissen müssen …»
«… es ist ein wenig wie eine Vernunftehe gewesen, wie wir zusammengekommen sind. Er hat mich regelrecht weich geklopft, bis morgens um zwei hat er sich erklärt, gäll …»
«… ja, das ist bei mir ganz ernsthaft gewesen. Für mich ist es ums Heiraten gegangen …»
«… grad am andern Tag wollte er heiraten, dann habe ich halt mit der Zeit Ja gesagt. Hinterher hat er gesagt, wenn ich jetzt nicht Ja gesagt hätte, wäre er nicht mehr gekommen.»

Anjuska W., geborene G. – Fünfter Bericht
Der Stadtpräsident – den die ZürcherInnen auch noch liebevoll «öise Schtapi» nannten, als er längst nicht mehr im Amt war, damals, 1956, war er's noch – rief sie nach vorne, Anjuska W., damals noch G., zehnjährig, weil sie die Jüngste der Eingebürgerten war an der Feier im Stadthaus. Der Stadtvater habe sie ermahnt, dankbar zu sein, dass sie, Tochter eines Staatenlosen und selber ohne gültigen Pass, jetzt eine Heimat erhalte. Dank der Grosszügigkeit des Landes, das ihr schon bisher Gastrecht gewährt und regelmässig einen Beamten vorbeigeschickt, um zu prüfen, ob sie sich der humanitären Schweiz würdig erwiesen. Wenn der von der Fremdenpolizei gekommen sei, habe die absolute

Weisung gegolten: «Brav sein, nicht viel fragen, einfach nur lieb Kind sein – das und nichts anderes war angesagt.» Sie habe sich bis zu diesem Zeitpunkt als minderwertig empfunden. Weil alle eine Heimat hatten, «nur ich nicht». Und habe deshalb die Aufforderung zur Dankbarkeit sehr ernst genommen, habe sich immer wieder Gedanken gemacht, wie sie ihre Dankbarkeit zeigen könne, habe sich in der Schule zum Beispiel freiwillig zum Reinigen der Wandtafel gemeldet. Dem Botschafter Z., der sich für ihre Familie verwendet, hätten die Eltern zum ersten August immer einen rotweissroten Blumenstrauss geschickt. Geblieben sei ihr das Gefühl, dass ihr vieles nicht zustehe – modische Kleider, ein neuer Wintermantel zum Beispiel; dass man «rundherum brav und dankbar sein muss, weil man überhaupt existieren darf».

Leni A. – Dritter Bericht

Am 4. November 1956 sah Leni A. erstmals sowjetische Panzer über einen eidgenössisch zugelassenen Bildschirm flimmern. Ihre Cousine gehörte zu den 1171 FernsehpionierInnen im Raum Bern, die zu jenem Zeitpunkt bereits eines dieser Geräte in der Stube stehen hatten, die die Welt zu einem Kaff zu machen versprachen. Bald sollten sie dank dieser magischen Kisten in Feuerland und Spitzbergen, Wladiwostok und auf den Galapagosinseln erfahren, was die Königin von England von ihrem ungetreuen Gatten zum Muttertag erhalten und der Schah von Persien unter seinem weissen Rock trug. In der Schweiz hatte der Sender Uetliberg am 20. Juli 1953 erstmals «Das Neuste aus» in ein paar Zürcher Stubenecken gerieselt. Anderthalb Jahre später hatten sich gerade mal viertausend SchweizerInnen zur Zeichnung einer Konzession entschliessen können, bloss ein Fünfzigstel der benötigten zweihunderttausend AbonnentInnen. Als hätte der grösste Teil der Schweizer Bevölkerung keinen Wert auf den Anschluss an die grosse weite Welt gelegt, als hätten die meisten geahnt, wie das für den «Sonderfall Schweiz» enden würde. Im Dezember 1956 baten immerhin schon 19 971 eidgenössische KonzessionärInnen die Ansagerinnen der ersten Stunde in die gute Stube.

Wer Leni A. in den neunziger Jahren besucht und gwundrig genug ist, steigt im Treppenhaus durch eine kleine Ahnengalerie des Kalten Krieges. Die nachbarschaftlichen Türschilder werden zum Teil und ohne Absicht zum Spickzettel für die nächste Klausur. Da stehen, ganz zufällig, Namen, die Geschichte machten – Nagy und Kennedy. Der eine, Imre Nagy, für kurze Zeit Ministerpräsident Ungarns, hatte an diesem 4. November 1956 morgens um 4.20 Uhr über Radio Kossuth in Budapest erklärt, sowjetische Truppen hätten «unsere Hauptstadt angegriffen. Mit dem offensichtlichen Zweck, die gesetzmässige, demokratische Regierung des ungarischen Volkes zu stürzen.»[58] Er konnte nicht wissen, dass er schon Stunden später bei der jugoslawischen Botschaft um Asyl bitten würde, musste, weil nur vierzig Minuten nach ihm János Kádár, Ministerpräsident einer Gegenregierung sowjetischer Gnaden, das Oberkommando der russischen Truppen bat, «unserem Volk zu helfen, die finsteren Kräfte der Reaktion und der Konterrevolution zu zerschlagen».[59]

Auch Staatsminister István Bibó konnte die Panzer nicht mehr stoppen. «Ungarn hat nicht die Absicht, eine antisowjetische Politik zu verfolgen», erklärte er, «ich weise vor der ganzen Welt die verleumderischen Behauptungen zurück, dass die glorreiche ungarische Revolution durch faschistische oder antisemitische Exzesse besudelt wurde. Das ungarische Volk wandte sich nur gegen die fremde Armee der Eroberer und gegen die eigenen Henkereinheiten.» Es half nichts, dass er das ungarische Volk aufforderte, «weder die Besatzungsstreitkräfte noch die Marionettenregierung, die von ihnen eingesetzt werden mag, als gesetzliche Autorität anzusehen», dass er, «im Interesse meines Landes und der Freiheit aller osteuropäischen Nationen», die Regierung der USA, Frankreichs und Grossbritanniens um eine «kluge und mutige Entscheidung», um eine «Intervention für die Sache Ungarns» bat. Für solche Reden wurde er vielmehr zu einer siebenjährigen Haftstrafe verurteilt, der Namensvetter von Leni A.s Nachbar, Nagy, im Juni 1958 exekutiert. Die offizielle sowjetische Sprachregelung für die damaligen Ereignisse lautete: «Im Herbst 1956 fand in Ungarn eine vom kapitalistischen Ausland durch imperialistische Kräfte auf langem Weg vorbereitete Konterrevolution statt, die bedauerlicherweise zeitweilig auch Teile der Bevölkerung gegen ihre eigenen echten Klasseninteressen zu mobilisieren vermochte.» Erst 1989 hielt eine Historikerkommission der Ungarischen Sozialistischen Arbeiterpartei fest, im Herbst 1956 habe in Ungarn ein «Volksaufstand» und keine «Konterrevolution» stattgefunden. Am 16. Juni 1989 wurden Imre Nagy und vier seiner engsten Mitarbeiter postum in einer offiziellen Trauerfeier bestattet und drei Wochen später auch juristisch rehabilitiert.

Es habe sie damals, sagt Leni A. vierzig Jahre später, «wahnsinnig enttäuscht, dass die so etwas gemacht haben». Sie sei «natürlich», betont sie, gesinnungsmässig immer «auf der sozialen Seite» gewesen, «man kann ruhig sagen, auf der linken, ich habe mit allem sympathisiert, was links gewesen ist», auch wegen des Bruders, des heimlichen Kommunisten mit der lockeren Hand. Zeit, sich «irgendwo anzuschliessen», habe sie allerdings nicht gehabt, habe tagsüber gearbeitet und sich abends in einer Privatschule auf die Matur vorbereitet. Da sei «eigentlich nicht politisiert» worden, «das sind nur Streber gewesen, Leute, die ums Verrode Akademiker haben werden wollen und es fast nicht geschafft haben». Die hätten nur gegrinst, als der Geschichtslehrer über Hitler und die Konzentrationslager gesprochen, hätten Führertreue, Judenhatz und industrialisiertes Menschenschlachten «skurril und lustig gefunden». Sie sei entsetzt gewesen, habe nie näher mit «dene vercheert», hätte im Übrigen, selbst für unverfängliche Kontakte, keine Zeit gehabt, habe, im Gegensatz zu den Kindern aus reichem Hause, Geld verdienen müssen – bei der «Schweizerischen Rückversicherung», die bald einmal ein paar Ungarnflüchtlinge eingestellt habe, und die habe sie «überhaupt nöd möge», sie lacht, «es war wie später mit den Tschechen – es sind nicht die allerbesten gewesen, die gekommen sind».

Hansjörg B. – Neunter Bericht

Der 8. November 1956 war für den Zeitungsleser Hansjörg B. ein besonderer Tag, an den er sich aus ganz persönlichen Gründen erinnert: nach bestandenem Examen, hiess es in der «Basler AZ», habe ihn, Hansjörg B., die juristische Fakultät zum Doktor beider Rechte promoviert. Die kleine Notiz wird den meisten LeserInnen nicht aufgefallen sein. Ihnen stach vermutlich vielmehr ein vom damals dreissigjährigen VPOD-Sekretär Helmut H.[60] gezeichneter Artikel in die Augen. B.s späterer Nationalratskollege und Präsident der «Sozialdemokratischen Partei der Schweiz» gab darin jenem einfachen Arbeiter Recht, der im Tram, offensichtlich in Anwesenheit von Helmut H., kundgetan haben soll, die führend tätigen Moskauanhänger der Basler PdA sollte man «öffentlich auf dem Marktplatz hinter Drahtgehegen ausstellen». Sie würden es verdienen, so Helmut H., «dass man sie öffentlich brandmarken, blossstellen und dem Spott und Hohn preisgeben würde. Das beste, was mit diesem politischen Lumpenpack geschehen könnte, wäre eine direkte Verfrachtung nach Moskau. Sie sind es nicht würdig, einen Schweizer Pass und den Schweizer Heimatschein auf sich zu tragen.» Helmut H. wird viele Jahre später sagen: «Ich bin hell empört gewesen und habe natürlich überzogen.» 1956 schrieb er neben Hansjörg B.s universitärem Ritterschlag: «Wer jetzt noch Mitglied der PdA bleibt, bekennt sich als Anhänger der russischen Mordgesellen am ungarischen Volk. Er billigt mit seiner Mitgliedschaft alles, was Moskau getan hat und tun wird.»

Es ist unsicher, ob Hansjörg B. diesen Wutanfall gelesen oder an den Zeilen über seinen akademischen Erfolg hängen geblieben ist, der ihn bis zu diesem Tag in der kleinen universitären Welt festgehalten und damit vor heiklen Entscheidungen bewahrt hatte. Wahrscheinlich, vermutet er vierzig Jahre später, «hätte ich mich bei diesen Aktionen, die damals hoch im Kurs waren, auch nicht betätigt, wenn ich Zeit gehabt hätte». Er habe zwar die Intervention der Sowjetunion auch abgelehnt, sei aber nicht so sicher gewesen, ob die Kräfte, die in Ungarn aktiv geworden, wirklich freiheitliche oder möglicherweise doch reaktionäre gewesen, habe das Problem auch in einem geschichtlichen Zusammenhang gesehen, deshalb die Sowjetunion, die Angst vor neuerlicher Bedrohung ihres Imperiums verstanden. «Aber das ist keine Rechtfertigung für Panzer. Panzer haben meiner pazifistischen Auffassung immer widersprochen. Panzer sind ein imperialistisches, sind ein Grossmachtinstrument. Befreiungsbewegungen kämpfen, wenn mit Gewalt, mit Handwaffen.»

Lieber Hansjörg, schrieb zur gleichen Zeit der Bruder, hier unten sieht die Welt ganz anders aus, schrieb es aus Beirut, wo er für Jahre lebte und sah, was die EuropäerInnen, mit sturem Blick nach Osten gewandt, nicht sehen wollten – dass da unten im Süden israelische Bodentruppen, französische und britische

Bomber bis zum Suezkanal vorstiessen. Der noch in der Kolonialzeit erbaute Kanal war von Ägypten nach dem Abzug der britischen Soldaten umgehend verstaatlicht worden, was sich die Hauptaktionäre der Suezkanalgesellschaft Frankreich und Grossbritannien nicht gefallen lassen wollten, deshalb Suez und Port Said bombardierten, Menschen zwangen, in Schutt und Asche nach Essbesteck und Angehörigen zu suchen. «Ungarn war für ihn weit weg, sein Problem hiess Suez, deshalb wurde es auch für mich zu einem wichtigen Thema. Während in der Schweiz alle Leute nur von Ungarn sprachen, habe ich immer auch an Suez gedacht. Das war für mich ein ebenbürtiger Konflikt, gleiches Unrecht. Wenn ich an Ungarn denke, denke ich immer auch an Suez», betont Hansjörg B., wenn er über das Jahr 1956 spricht, das sich ihm aber aus anderen, persönlicheren Gründen einprägte. Er konnte endlich zu arbeiten beginnen, war nicht länger von zu Hause abhängig, auch wenn er beim Internationalen Zivildienst nicht viel verdiente – sechshundert Franken im Monat; normal wäre damals ein Anfangslohn von tausend Franken gewesen –, aber er habe sich nicht weiter umgesehen, habe etwas tun wollen, das seiner Überzeugung entsprochen habe.

Jochi W. – Dritter Bericht

Es ist, als wär's ihm peinlich, dass er damals – «Ich war noch in der Sekundarschule» – fraglos aufstand wie alle andern, in antikommunistischem Gleichstand, als die Glocken läuteten, in Heiden, in der ganzen Schweiz; dass er das Klischee von den bösen Russen übernahm, keine Fragen stellte – «voll im mainstream» –, Wolldecken und Schokolade – «und so Züüg und Sache» – sammelte, mitsammelte, für die Flüchtlinge, später, Jahre später sogar mitmarschierte, vor das Haus «vom Velo-Elsener z'Höngg», und «Kommunist!» gegen verputzte Fassaden brüllte. Dass die Russen damals, 1956, in Ungarn einmarschierten, das hält er heute noch für «en huere Seich».

Emilio M. – Vierter Bericht

Als das Öl heiss war, trat Emilio M., fünfzehnjährig, der «Freien Jugend» bei, der Jugendorganisation der «Partei der Arbeit». «Ich bin ein 56er», lacht er. Die russischen Panzer, nein, die schweizerische Reaktion auf das Rasseln der Tanks in Budapest habe ihn vom jugendlichen Hin- und Hergerissensein – Anpassung an, Widerstand gegen elterliche Weltsichten – befreit. Als in Zürich und schweizweit KommunistInnen bedroht, verprügelt, rote Schaufenster eingeschlagen wurden, näherte sich der junge M. seinen «Alten» wieder, denen er's eben noch gegönnt, dass der Chruschtschow sie mit seiner Rede in eine schwere Krise gestürzt. «Diese ganze Atmosphäre, diese faschistoide, ja offen gewalttätig faschistische Reaktion von Teilen des schweizerischen Bürgertums hat mir gezeigt, dass das, was meine Eltern da gedacht und diskutiert haben, in seinen Grundwerten stimmte.»

Er habe zwar in der Schule – «Der Druck war gewaltig» – von seinem spärlichen Taschengeld ein paar Franken gespendet, für die Hilfe an die Opfer des Ungarnaufstandes – «Vergesst Ungarn nie!» –, habe es aber zugleich richtig gefunden, «dass die Russen da interveniert haben». Nachdem die «echte Revolution entartet», von westlichen Untergrundorganisationen und Spionageringen zu einer Konterrevolution umgebogen worden sei, habe die Sowjetunion, bei aller Kritik, als «Bollwerk des Sozialismus» militärisch eingreifen müssen, gegen den Weltimperialismus. «Heute», sagt Emilio M., sagt es zögernd, «bin ich da sehr unsicher. Ich denke, die kommunistischen Parteien hätten gleich nach dem Zweiten Weltkrieg eine andere Politik betreiben müssen.»

Aber 56 habe er ein Zeichen setzen wollen, in jenen Tagen, in denen der Stiefvater, Marcel Br., womöglich für Momente die wehmütige Erinnerung der Mutter an den nie gänzlich verblichenen Mann und Marineoffizier zu vertreiben vermochte, als er sich nach konkreten Drohungen einen Revolver beschaffte und «in Polizeikreisen fallen liess, wenn die Faschos zum Br. kämen, gäbe es Tote». Schwingt da Stolz mit, wenn Emilio M. kolportiert, «wir wurden denn auch prompt verschont.» Was sie vielleicht aber auch dem süditalienischen Dienstmädchen verdankten, welches das Öl bis zum Siedepunkt erhitzte, täglich, und es im vierten Stock für allfällige «Angriffe der Faschos» bereithielt, Emilio M. schmunzelt auch vierzig Jahre danach noch beim Gedanken daran, «sie hätte denen das siedende Öl über den Kopf geleert».

Anjuska W., geborene G. – Sechster Bericht
Wahrscheinlich sei es auch Teil der Anstrengungen gewesen, der stadtpräsidialen Forderung nach Dankbarkeit nachzukommen, dass sie vor Weihnachten 1956 – als an allen Schulen Schweizer Schokolade als süsser Trost gegen russische Panzer für ungarische Kinder gesammelt wurde – zu den Eifrigsten gehört, bei all diesen Päckliaktionen mitgemacht und immer «vill Schoggi» mitgebracht habe. Sie hätten damals auch zwei Flüchtlinge bei sich aufgenommen, hätten immer ein offenes Haus gehabt – ein Versuch, das eigene Ausgeschlossensein vergessen zu machen, in dem Land, dessen BürgerInnen sie nach und nach wurden, sich – vor allem der Vater – auch bemühten, gute SchweizerInnen, definitiv keine Fremden mehr zu sein, so eifrig bemühten, dass es für ihn, der lange auf den roten Pass warten musste, ein besonderer Schock gewesen sein müsse, als ihm ein guter Nachbar erklärte, er sei und bleibe «en Papierlischwyzer». Daran vermochten auch die Päckli mit echter Schweizer Schokolade nichts zu ändern.

Victor S. – Neunter Bericht
Womöglich war Elsi S. gwundrig, wie das Fräulein R. aussah. Denkt sich der MannundSchreiber vierzig Jahre danach, denkt es sich aus, muss sich zügeln; er kann «seine Figuren» nicht nach Belieben in Gefühle und Gedanken stürzen,

kann sie nicht, gottgleich, in irgendwelche Geschehnisse verwickeln. Denn sie schauen ihm auf die Finger. «So war das nicht!», korrigieren sie, «so bin ich nicht!» Und müssen es besser wissen. Als Elsi S. am 19. Dezember 1956 im Zürcher Bahnhofbuffet Erster Klasse, dem heutigen «Da Capo», nach ihrem Mann Victor Ausschau hielt, hatte der Berichterstatter noch nicht einmal die ersten Schreibversuche mit Setzkasten hinter sich. Weihnachtsgeschenke unter dem Arm, blieb sie etwas ratlos zwischen weissgedeckten Tischen und herumwuselnden Kellnern stehen. Ihr Mann war nirgends zu sehen und kein Gesicht, das zur 1996 von Elsi S. als jugendlich und sympathisch charakterisierten Stimme des Fräulein Rüegg passte. Wobei das mit dem GesichtzurStimme so eine Sache ist, wie der regelmässig erlöschende Blick der Hörerin, die ein Nachtessen mit der geliebten Radiostimme gewonnen hat, verrät.
«Frau S. ans Telefon, bitte!» Polizei. Die geborene W. erschrak. Aber was die Polizeistation Meilen zuhanden des Nachrichtendienstes der Kantonspolizei Zürich bei ihrem Wohnortswechsel von der Goldküste[61] in die Stadt[62] am 8. Oktober 1951 festgehalten hatte, erfuhr sie erst viele Jahre später. «Anlässlich ihres Wegzuges soll sie eine Anzahl gleichartiger kleiner Kisten weggeführt haben. Was die Kisten enthielten, weiss man nicht anzugeben, auf jeden Fall schien dies auffallend.» Es waren übrigens nur Bücher. Als Elsi S. 1956 zum Hörer griff, befürchtete sie einen Unfall.
Vielleicht dachte Victor S. – unterwegs nach Genf zu einer der Tausenden von Gewerkschaftssitzungen oder -besprechungen, an denen er bis zu seiner Pensionierung teilnahm – an diesem Mittwoch des Jahres 1956 zufrieden an die Generalversammlung der Sektion Luftverkehr des «Verbands des Personals öffentlicher Dienste» (VPOD) vom 14. Dezember zurück. Achthundert KollegenmitFrau hatten im Saal gesessen, als der Kabarettist und spätere Nationalrat Alfred Rasser – der seit seiner Chinareise zwei Jahre zuvor durch einen Auftrittsboykott gebeutelt wurde – die Bühne betrat. Dass er dabei die Uniform seiner schwejkähnlichen Figur «HD Läppli» trug, scheint fraglich, hatte doch der Zentralvorstand der «Schweizerischen Offiziersgesellschaft» seinen Sektionen empfohlen, «bei ihren kantonalen Militärdirektionen dahin zu wirken, dass A. Rasser das Tragen der Uniform für diese Zwecke verboten wird».
Die gut gelaunten Kollegen wählten Victor S. einstimmig zum vollamtlichen Sekretär der Sektion Luftverkehr, obwohl der Staatsschutz am 21. November «diverse Presseartikel über das Auftauchen des ehemaligen notorischen Kommunisten S. als Sekretär der Sektion Luftfahrt (Swissair-Personal)» registriert hatte und vermutete, «dass es sich hierbei um einen jener famosen Infiltrationsversuche der moskauhörigen PdA handelt, um damit lebenswichtige Posten in der schweiz. Wirtschaft unter Kontrolle zu bekommen».
Victor S. schaute verwundert auf, als die beiden Männer – die erst später einen Namen bekamen – hinter ihn traten und ihm zuraunten: «Folgen Sie uns unauffällig! Wir sind von der Polizei!» Sein Widerstand gegen Beamte war

gering. «Mein Zug fährt in einer Viertelstunde», protestierte er, wollte wissen, worum es eigentlich ginge und: «Ist es so wichtig?» Die Vertreter der Staatsgewalt werden bedeutungsvoll genickt und nichts weiter verraten haben. «Sie werden alles noch erfahren. Jetzt müssen Sie mitkommen.» S. folgte am 19. Dezember 1956 wie befohlen, auch wenn er, wie er 1996 berichtet, «keinen blassen Dunst hatte, was das Ganze sollte. Ich war mir sicher, nichts Ungesetzliches getan zu haben», aber «gegen die Polizei kann man ja keinen Widerstand leisten».

Elsi S. war beinahe erleichtert, als ihr eröffnet wurde, ihr Mann werde zwecks einiger Abklärungen in der Polizeikaserne festgehalten, wohin sie sich doch bitte ebenfalls bemühen möge. Froh eilte sie dem unversehrten Victor S. entgegen, nachdem sie vorsorglich die marxistischen Buchgeschenke in einem Schliessfach zurückgelassen hatte.

Statt zum Zmittag im Bahnhofbuffet traf sich das Ehepaar S. an diesem 19. Dezember des Jahres 1956 hungrig in der Polizeikaserne, woran sich Victor S. nicht mehr zu erinnern vermag. Er wähnte seine Frau die ganze Zeit über zu Hause, aber die beiden sind sich einig: «Er hat das schlechtere … Sie hat das bessere … Gedächtnis.» Elsi S. konnte ihrem Mann nur knapp ein «Hauptsache, du bist heil und ganz» zuflüstern, bevor die gegenseitig Voreingenommenen von H. Fatzer, Inspektor der schweizerischen Bundesanwaltschaft, Inspektor Maurer und vom Gefreiten Irminger, beide beim Zürcher Nachrichtendienst, wieder getrennt wurden. Das Fräulein R., das am Morgen noch so dringend hatte wissen wollen, wo sie den Herrn Doktor S. – es ging um eine Sekretariatsstelle – treffen könne, entpuppte sich als Kryptopolizistin.

In zwei Autos wurde das Ehepaar S. zwecks Hausdurchsuchung zuerst ins VPOD-Sekretariat Glattbrugg, dann in die Wohnung an der Marchwartstrasse 55 in Zürich-Wollishofen gefahren. Der Strassenzustandsbericht von ACS und TCS, den es vermutlich noch nicht gab, hätte an diesem Tag winterliche Verhältnisse mit lokaler Eisglätte melden müssen. Elsi S. erinnert sich, der Gefreite Irminger, von dem sie in einem VW nach Hause chauffiert wurde, habe etwas von Glatteis gebrummt, worauf sie entgegnet habe, bei einem guten Fahrer brauche frau ja keine Angst zu haben. In der Wohnung angelangt, verschwanden zwei der Polizisten mit Victor S. in dessen Büro, während der dritte – es war der Inspektor Maurer – die nächsten Stunden mit der Frau Doktor verbrachte. «Höfliches Geplauder», notiert sie 1996 auf entsprechende Fragen.

Fatzer und Irminger beantworteten S.' Fragen nicht, wollten ohne landesverräterische Unterstützung finden, was sie suchten. Ahnungslos schaute er zu, wie sie Schubladen durchwühlten und degoutiert in den Gesamtausgaben von MarxEngelsLenin blätterten. Schliesslich kapitulierten sie vor den rund zweitausend Büchern, die zwischen Hunderttausenden von Seiten das gesuchte Corpus Delicti zu verbergen vermocht, den beiden Polizisten tagelange Sucharbeiten abgerungen hätten. «Hochanständig, aber bestimmt und mit leicht aggressivem Unterton», so Victor S., verlangten sie, er solle ihnen den Spionagebericht, den er für «den Ungarn» verfasst habe, endlich herausrücken. Erst die Stichworte «Pehr» und «deutsche Wiederaufrüstung» erinnerten den Entgeisterten – «Spionagebericht, da sind Sie an der falschen Adresse!» – an den mit «Oeconomicus» gezeichneten Artikel aus dem Jahre 1952. «Dann habe ich diesen Kasten geöffnet», demonstriert er in seinem Tessiner Dachzimmer – seit seiner Pensionierung 1989 wohnt das Ehepaar S. im Malcantone –, während der Berichterstatter an ebenjenem Schreibtisch sitzt, dessen Hängeregister das Duo IrmingerundFatzer 1956 erfolglos inspiziert hatte, «han echli gnoderet und zwei Kopien von diesem Bericht herausgezogen». Auf hauchdünnem Durchschlagpapier – das einem vor der Entwicklung neuster Kopiertechniken dazu gedient hatte, mit kräftigem Anschlag sechs oder vielleicht sogar acht zunehmend undeutlicher erkennbare Exemplare eines Artikels in die Schreibmaschine zu hämmern –, auf vierzig Jahre altem, fast schon brüchigem Papier liest der Berichterstatter: «Oeconomicus – Die Entwicklung der wirtschaftspolitischen Beziehungen der Schweiz zu Deutschland». Das ist der Text, den S. 1952 – auch aus Protest gegen die deutsche Wiederaufrüstung, die nur wenig mehr als zehn Jahre nach dem grossen Morden mit der Einführung der Wehrpflicht besiegelt wurde – geschrieben hatte. «Das ist es», nickten IrmingerundFatzer, dann erklärten sie seiner Frau – ohne dass das Ehepaar sich verständigen konnte –, sie müssten «Victor mitnehmen – wegen Kollusionsgefahr», die allerdings schon drei Tage später bei der Haftentlassung gebannt schien.

Sie sei ratlos gewesen, «aber ohne jegliche Angst», habe nur gedacht: «Diese Situation kennst du doch aus Büchern!», habe nach möglichen Gründen für die Verhaftung von Vic, wie sie ihren Mann nennt, gesucht. «Eingefallen ist mir nur der Algerier.» Sie habe dieser Geschichte nie ganz getraut. Sie seien 1953 von Genossen angefragt worden, ob sie einen algerischen Flüchtling bei sich aufnehmen könnten. Hilfeleistung an politisch Verfolgte sei damals in ihren Kreisen eine Selbstverständlichkeit gewesen. Deshalb hätten sie sich einverstanden erklärt. Worauf der Stiefvater von Emilio M., Marcel Br., diesen Mann, «der uns recht sympathisch schien», zu ihnen gebracht habe. Der Algerier, an den sich auch Emilio M. erinnert als «eine väterliche Gestalt, die mich sehr beeindruckt hat», habe sich dann während drei bis vier Wochen bei ihnen aufgehalten, konspirativ, tagsüber allein in der Wohnung. «Manchmal war sein Verhalten etwas seltsam, was wir aber dem Eingeschlossensein zuschrieben.» Eines Tages habe Marcel Br. den Algerier wieder abgeholt, um ihn über die österreichische Grenze zu bringen, «wohin unser Ali aber gar nicht wollte». Br. sei mit ihm nach Zürich zurückgekommen, habe ihn bei einer älteren Genossin untergebracht, wo er noch einige Zeit geblieben sei, um dann eines Tages spurlos zu verschwinden. «Seltsam», wundert sich Elsi S., «dass in keiner Fiche diese Episode auftaucht.» Sie habe sich im Dezember 1956 bei ihrer Schwägerin – die Tür an Tür mit Emilio M., seiner Mutter und dem Stiefvater Marcel Br. wohnte – erkundigt, ob die Polizei auch den Marcel geholt habe. Aber der sei frisch und fröhlich zu Hause gesessen. «Dieser Grund fiel also weg», schloss Elsi S., die dann beim Lesen der Zeitung zufällig auf den Namen Pehr stiess, worauf es bei ihr Klick gemacht habe. «Während längerer Zeit durchgeführte polizeiliche Ermittlungen ergaben», so teilte das Eidgenössische Justiz- und Polizeidepartement am Tag der Verhaftung ihres Mannes mit, «dass ein Funktionär der Ungarischen Gesandtschaft in Bern einen Nachrichtendienst organisierte. Der Nachrichtendienst war politischer, militärischer und wirtschaftlicher Natur. Trotz den angewandten raffinierten Methoden ist für die Schweiz kein Schaden entstanden.»

1956 – einer der Höhepunkte des Kalten Krieges: der zwanzigste Parteitag der KPdSU, der den Hoffenden weltweit die letzte Zuflucht nahm, die Verbrechen der Stalinära seien bloss bürgerliche Gräuelpropaganda; der Ungarnaufstand mit all seinen Zwiespältigkeiten; alliierte Bomber über Ägypten; russische Panzer in Budapest. «Davon haben wir nichts gewusst», verteidigten sich KommunistInnen gegen stalinistische Tatsachen. Damit ebneten sie in der Schweiz womöglich den Boden für den Versuch, aufsteigende Schuldgefühle ob der kriegsgewinnlerischen Verstrickung durch Banken und Waffenlieferanten, ob der menschenverachtenden Flüchtlings- und Anpassungspolitik mit einer Ersatzhandlung zu beschwichtigen. Empörung gegen Moskau als verspäteter Widerstand gegen Nazideutschland. Faschismus, Kommunismus, totalitäres Einerlei. Die Steine gegen die Fenster helvetischer Moskowiter – verwandelten sie sich zu Brandsätzen gegen sowjetisches Panzereisen? PdA-Mitglieder mutierten zum Hauptfeind. Die VPOD-Sektion Zürich setzte alle der PdA angehörenden Funktionäre ab und erwog den Ausschluss sämtlicher PdA-Mitglieder.

Der Bannstrahl traf auch Victor S., obwohl er – «mit dem Herzen immer Kommunist» – in jenen Tagen noch Mitglied der «Sozialdemokratischen Partei» war. «Ich war ja in diesem kapitalistischen Land mit dieser antikommunistischen Bevölkerung, in dieser für mich fast gefährlichen Umwelt zu einem klandestinen Verhalten gezwungen», charakterisiert er 1996 das Klima jener Jahre. So hatte er schon 1953 vergeblich versucht, eine Stelle bei den Zürcher Verkehrsbetrieben zu retten, den zutreffenden Verdacht, er sei Kommunist, mit einer schriftlichen Erklärung zu entkräften. «Die Behauptung, ich sei heute ein Mitläufer der Partei der Arbeit, ist unwahr. Ich bin Mitglied der Sozialdemokratischen Partei der Schweiz und bekenne mich zu ihrem Programm. Richtig ist, dass ich 1945 als 20-jähriger Maturand der damals neugegründeten Partei der Arbeit beitrat. Nach anderthalb Jahren, als ich erkannte, dass es sich um eine kommunistische Organisation handelte, trat ich wieder aus. Ich distanziere mich heute in aller Form von dieser Partei.» Der bekennende Kommunist – ein Staatsfeind, der um seine materielle Existenz bangen musste; der heimliche Kommunist – ein feiger Lügner, das war und ist die Falle in einem Land, dem die Oppositionellen in selbstmörderischer

Offenheit Freiheit und Demokratie bescheinigen sollen. Wer nichts zu verbergen hat, vermummt sich nicht. Vorsichtige, das heisst ganz Durchtriebene, werden von angestellten und freiwilligen Staatsschützern geoutet. Mit seinem russischen Namen und dem Imitsch des kommunistischen Wolfs im sozialdemokratischen Schafspelz bot sich Victor S. 1956 als Blitzableiter für ohnmächtige Wut geradezu an. Er, der in dem mit «Oeconomicus» gezeichneten Bericht – kurzsichtig vor Dankbarkeit gegenüber dem Befreier und Hoffnungsträger Sowjetunion – noch 1952 den «grossen Stalin» beschworen hatte, in jenem Bericht, den die Bundespolizei jetzt, viereinhalb Jahre später, kurz nach Chruschtschows Abrechnung mit dem «roten Zaren», unmittelbar nach dem Einmarsch der Sowjettruppen in Budapest im No-vember 56, aus der Schublade und in schweizerische Schlagzeilen zerrte. Die Bundesanwaltschaft überliess der Presse die heikelsten Passagen des insgesamt eher trockenen Papiers über schweizerische Aussen- und Wirtschaftspolitik, in dem S. unter anderem namhafte Arbeiterführer des «vollendeten Verrats» bezichtigte, womit das «Kuckucksei im Neste des VPOD» («Basler AZ») Sozialdemokraten und Gewerkschafter zur Weissglut trieb. Stolz zeigt der Patriot Victor S. eine von General Guisan unterzeichnete Urkunde. Unter der Überschrift «Kriegsmobilmachung 1939–1945» ein Soldat, gezeichnet vor trutzigem Fels, das Gewehr im Anschlag, hinter helvetischem Grenzstein, darunter der Dank an Füsilier Victor S. Füs. KP I/65: «Die Armee hat ihre Aufgabe erfüllt. Durch ihre Wachsamkeit bewahrte sie unser Land vor den Leiden des Krieges. Soldat, getreu dem Fahneneide standest du auf deinem Posten. Du hast den Dank der Heimat verdient.» Elf Jahre danach wurde der Patriot zum Landesverräter. «Ein kommunistischer Speichellecker und Denunziant», titelte das «Badener Tagblatt». «Die Bundesanwaltschaft», so wusste die «Basler AZ» am 31. Dezember zu berichten, «wird dem Bundesrat die Ermächtigung zur Strafverfolgung des S., jedenfalls wegen verbotenen politischen Nachrichtendienstes beantragen. Nach bundesgerichtlicher Rechtsprechung liegt politischer Nachrichtendienst im Sinne von Art. 272[63] Strafgesetzbuch auch dann vor, wenn die übermittelten Nachrichten für die betreffenden Personen keinen Nachteil zur Folge hatten. Ob und wieweit noch andere Straftatbestände vorliegen, wird zurzeit noch geprüft.» Zuerst aber kamen Gerichtsferien, Weihnachten, Silvester, Neujahr, Feiertage. «Zum bevorstehenden Weihnachtsfest», schrieb deshalb der Präsident der VPOD-Sektion Luftverkehr – deren Sekretär S. von der Verbandsleitung «bis zur definitiven Abklärung in seinen Funktionen eingestellt» worden war –, seine «besten Wünsche» entbot der Gewerkschaftsfunktionär der «lieben Familie S., hoffend und wünschend, dass Ihnen recht inhaltsreiche und besinnliche Weihnachtsstunden beschieden sein mögen. Es ist aber auch am Platze, wenn ich Euch beiden für all das danke, was Ihr im verflossenen Jahr zum Segen anderer vollbracht habt. Ich denke an die vielen Stunden der Entbehrung, die Sie, liebe Frau S. auf sich genommen haben, weilte Ihr Gatte doch recht oft und lang in die Nacht hinein bei uns in Glattbrugg. Ich möchte aber auch danken für die prächtige Arbeit, die Victor in diesem Jahr vollbracht hat. Schmutzige und hässige Presseangriffe haben Sie nicht davon abhalten können, unbeirrbar den vorgezeichneten Weg zu gehen. An der Schwelle des Jahreswechsels danke ich Euch beiden für all das und ich hoffe sehr, dass das kommende Jahr Erleichterung bringen möge. Mit herzlichen Grüssen und frohen Wünschen. Ihr Richard N.»

Kein Kollege mehr

Victor S. – Zehnter Bericht

VPOD Schweiz, Verbandssekretariat, Zürich-Sonnenberg, 19. Januar 1957: Helmut H. und Victor S. – die der Berichterstatter vierzig Jahre danach an gleicher Stelle zum Rendez-vous bittet – trafen sich, vielleicht sogar zum ersten Mal, im Rahmen einer Verbandsvorstandssitzung des VPOD. Traktandum 1: Ausschluss von Victor S. Traktandum 2: Absetzung des geschäftsleitenden Sekretärs Max A., den der «Trumpf Buur»[64] für das «Kuckucksei im Swissair-Nest» verantwortlich machte. Der als Sozialdemokrat stur das antikommunistische Bekenntnis verweigerte. Weil er's im Gegensatz zu den Genossen mit kommunistischer Vergangenheit nicht nötig habe, solchen Verdacht von sich zu weisen, erklärte der Nationalrat mehr als einmal. Was den «Trumpf Buur» nicht daran hinderte, ihn als einen Mann zu diffamieren, «der in seinem blinden Hass gegen alles Nichtsozialistische keinen guten Faden an unseren schweizerischen Einrichtungen lässt» und sich auch jetzt noch alle Mühe gebe, «das Früchtchen S., den Mitläufer der Ungarnmörder, als verirrtes Schaf hinzustellen».

Aber nicht nur bürgerliche Kreise versuchten, aus dem Fall S. einen Fall A. zu machen, wie die Traktandenliste der historischen Verbandsvorstandssitzung im Januar 1957 beweist, die nicht nur stenografisch protokolliert, sondern auch auf Band aufgenommen worden ist – hochoffiziell, entgegen Victor S.' Erinnerung, der sich im Besitz eines heimlich aufgezeichneten Tondokumentes glaubte –, sodass nachzulesen und nachzuhören ist, wie an der aufgeregten Zusammenkunft – einzelne Anwesende fürchteten offensichtlich eine empfindliche Schwächung des Gesamtverbandes, wiesen darauf hin, es seien bereits Austritte zu verzeichnen – Kollege Dr. Fritz P. dem als «Uristier» charakterisierten Luzerner A. – der sich nach eigenen Worten nicht wie «ein stummer Hund abschlachten» lassen wollte – zu Hilfe kam. «Seht, die bürgerliche Presse lässt Leute aus unseren Kreisen so gewissermassen kommen wie ein Schulbube und sagt: ‹Sag jetzt schön dis Versli, gäll, die Kommunisten sind wüeschti.› Und dann muss er dieses Verslein aufsagen und macht es auch. Wir dürfen aber nicht vergessen – unsere Hauptfront ist das Bürgertum. In der Schweiz spielen die Kommunisten ja eine nebensächliche Rolle. Es ist sogar im Kampf der Arbeiterbewegung, in der Schweiz wohlverstanden, in andern

Ländern ist es anders, es ist fast ein wenig ein Flohnerposten, wenn man gegen die Kommunisten kämpft. Dort kann einem nichts passieren. Was einem aber passieren kann, wenn man in vorderster Front gegen das Bürgertum, gegen den Kapitalismus kämpft, das beweist das Beispiel von Max A. Er ist gewissermassen ein politischer Puritaner. Ich glaube, es ekelt ihn an, da die Rolle des Flohnerpostens zu spielen.»
Da, wo heute die EDV-Anlage gnadenlos den Rückgang der Mitgliederzahlen registriert, sass Victor S., isoliert, bis auf zwei, drei, die noch zu ihm hielten, so Dr. Fritz P., der auf die «kolossale» Beliebtheit S.' bei seinen Kollegen hinwies und betonte: «Das kann man nicht mit Geflunker, das kann man nur mit Taten.» Sonst aber sass S. «unter lauter Feinden». Es sei «schlimmer gekommen, als ich gehofft, sogar befürchtet hatte. Ich habe eine Welle des Hasses gespürt. Man kann es nicht anders ausdrücken, es war ein Ausdruck des Hasses.» Helmut H., sagt er, war einer der schlimmsten. Kein Händedruck? Damals sicher nicht, lacht Victor S. vierzig Jahre später, zwei Stockwerke höher. «Ich habe es gar nicht versucht, damals bin ich eine Unperson gewesen.» Der wegen Nachrichtendienst und staatsfeindlicher Aktivitäten angeklagte S. war inzwischen von der «Sozialdemokratischen Partei» ausgeschlossen worden und als Sekretär des VPOD zurückgetreten. «Damit möchte ich Euch vor drohenden verbandsinternen Schwierigkeiten und Gewissenskonflikten behüten. Die Tätigkeit in Eurer Sektion und für Euch ist mir lieb geworden. Gerade deshalb trete ich hiermit ausdrücklich vom Amte zurück. Das geschieht aber auch aus Vernunftgründen und zur Wahrung der höheren Gewerkschaftsinteressen.» Diese Erklärung – die Verbandspräsident Ferdi B. «als psychologisch ausserordentlich geschickt abgefasst» bezeichnete – erfolge, so S., «freiwillig. Einem Druck hätte ich mich nicht gebeugt, weil ich keine verbandsschädigenden Handlungen begangen habe.» Was bestandene Gewerkschafter im Raum ganz anders beurteilten. Sie werden genickt haben, als Ferdi B. den Ausschlussantrag begründete: «Ich glaube, im Namen sämtlicher Arbeiter der Vergangenheit und der Gegenwart zu reden, wenn ich sage, dass solch eine Haltung unentschuldbar und mit wirtschaftlicher Not nicht begründet, noch entschuldigt werden kann.» Carl C. von der Sektion Zürich-Städtische schleuderte entrüstet über den Tisch, an dem auch S. sass: «Was haben dann unsere Gewerkschaftspioniere durchmachen müssen?» Und griff weit in seine Kindheit zurück – «ich bin ein Proletarierkind vom Zürcheroberland»: zwei Arbeiter mit Familie, die in einem Textilbetrieb auf die schwarze Liste kamen, «sind wochenlang bei uns daheim gewesen, und wir haben unser karges Brot mit ihnen teilen müssen. Wir haben das dazumal als Buben nicht verstanden. Erst als ich in der Welt draussen war und gelernt habe, was eine Arbeiterbewegung, eine Gewerkschaftsbewegung ist, musste ich sagen: Ich habe Eltern gehabt, auf die ich stolz sein kann.» Wahrscheinlich ohne S. anzuschauen, erklärte er zu dessen Handel mit dem ehemaligen ungarischen Legationsrat: «Aber wegen 30 windigen Franken, wenn das so ist,

verkauft einer seine Überzeugung nicht. Das ist meine persönliche Meinung, sonst schaue ich das als eine fertige Lumperei an, eine Charakterlumperei an und für sich.»

Das Augenwasser muss dem lebenslänglichen Gewerkschafter den Blick auf die Mitglieder des Verbandsvorstandes versalzen haben. Die Kollegen – Zwischenruf Dr. Sch.: «Nicht mehr Kollege!» – hatten das Urteil über Dr. Victor S., der, so mussten sie es sehen, mit seiner zum Schleuderpreis nach Ungarn verhökerten Kritik an führenden Figuren der schweizerischen Arbeiterbewegung die Hand biss, die ihn nährte, schon gemacht. Ein Urteil, das sie nicht als politisches, sondern als «charakterologisches» (Ferdi B.) gesehen haben wollten. «Eine Verteidigung», schätzte er seine Lage realistisch ein, als ihm das Wort erteilt wurde, «scheint mir sinnlos zu sein. Denn ich komme nicht als Angeklagter, sondern als bereits Verurteilter.» S.' Beteuerungen wurden im Protokoll zwar minuziös festgehalten – «Ich bin kein Landesverräter, kein Spion, kein Kommunistenagent, kein Kominformagent und was man mir alles, vor allem in der sozialdemokratischen Presse, an den Kopf wirft, Sowjetbürger usw. Ich lehne solche Titulierungen wirklich ab» –, in der Sache waren sie damals bedeutungslos. Die Männer am sauberen Tisch waren sich bald einig, und die stummen Frauen im Raum stenographierten es mit: neunzehn Stimmen für, zwei Stimmen gegen den Ausschluss, zwei Enthaltungen. S. selbst wurde noch vor der Abstimmung vom Tisch gewiesen. Hätte das Fernsehen bereits die heutige Bedeutung und Technik gehabt, eine TV-Equipe hätte ihm am Sonnenberg aufgelauert und das Mikrofon auf die Brust gesetzt. «Wie fühlen Sie sich jetzt?» 1957 aber blieb Victor S. auf seinem Heimweg unbeachtet. Wahrscheinlich war er schon in der Nähe des Würstlistandes beim Zürcher Bellevue, als der Berner Gewerkschafter Doktor Sch. fürs Protokoll festhielt: «Von jetzt an fällt bei S. das Wort ‹Kollege› weg!»

«Das hat mir am meisten weh getan – der Ausschluss aus dem VPOD», murmelt Victor S. 1996 und klopft auf den Tisch. «Das habe ich als ungerecht empfunden. Schliesslich gab es erst eine Anklage, noch keine Verurteilung.» Warum haben die Gewerkschafter, warum hat Helmut H. der Anklage blind vertraut? Weil der damalige Bundesanwalt ein Genosse war? Der dementierte allerdings gegenüber Zentralsekretär Max A. Gerüchte, wie sie der Postgewerkschafter und spätere Nationalrat Richard M. verbreitete – «Nach meinen Informationen hat S. bis zu seiner Verhaftung Nachrichten geliefert» –; wer behaupte, die Untersuchung habe mehr ergeben als das beschlagnahmte Dokument, machte der oberste Maulwurf klar, der sage die Unwahrheit.

«Ich bin fast ein Opfer des Kalten Krieges gewesen, ich bin da einfach mitgeschwommen», erklärt Helmut H., der als Scharfmacher jener Tage herhalten muss, der 1996 dem Kommunisten S. ganz selbstverständlich die Hand hinstreckt. «Wenn der oberste Gerichtspräsident des Kantons Basel», der zugleich Sektionspräsident des VPOD war, «diese Anklage ‹usbeinlet› und für ausschlusswürdig befunden hat, dann habe ich das geglaubt, und

dann hat es kein Pardon gegeben. Was verlangst du anderes von einem kleinen Gewerkschaftssekretär?» Jetzt kommt das andere Opfer des Kalten Krieges dem einen zu Hilfe, gegen den 1956 eben gerade fünf Jahre alten Bueben, der vierzig Jahre später ob so viel Autoritätsgläubigkeit gegenüber einem Gerichtspräsidenten die Stirn runzelt. «Da habe ich», vermittelt S., «für den Helmut mehr Verständnis als du. Damals hat man vor gewissen Leuten einfach eine Hochachtung gehabt.» Hat ihnen vertraut. Ist ihnen gefolgt.
S. schlagen, hiess das – sich gegen russische Panzer stellen? Eine derart komplexe Motivlage weist Helmut H. 1996 von sich. «Da würdest du mich überschätzen – so komplizierte Kombinationen habe ich nicht angestellt, und im Übrigen war der Victor dann doch nicht so eine zentrale Person. Er war in diesem VPOD, von dem eine gewisse politische Zuverlässigkeit verlangt wurde, einfach eine Reizfigur», an der sich der Hass gegen alles, was unter kommunistischer Flagge segelte, entlud. Der Hass, der sich auch in H.s Sprache verriet. «Man muss sie öffentlich brandmarken, blossstellen, dem Spott und Hohn preisgeben, das Beste, das mit diesem politischen Lumpenpack geschehen könnte, wäre eine direkte Verfrachtung nach Moskau», hält der Berichterstatter dem Verfasser die vierzig Jahre alten Sätze vor.
«Du musst mir das nicht vorlesen», unterbricht H., der später festhalten wird, er könne vergessen – und vergeben. Jetzt sagt er: «Ich kenne den Text. Wahrscheinlich kann man sich diese Stimmung in deiner Generation gar nicht mehr vorstellen.»
Immerhin wissen auch Leute im Alter des Berichterstatters, dass damals selbst in Gewerkschaftskreisen Säuberungen gefordert und KommunistInnen handgreiflich bedroht wurden. Aufgehetzt durch Artikel wie den H.'schen?
«Das habe ich sicher so nicht gewollt! Ich bin nie ein gewalttätiger Mensch gewesen! Diese Frage weise ich entschieden, ganz entschieden zurück.»
Aber dein Text enthält doch ganz eindeutige Gewaltphantasien – du schreibst zum Beispiel: «Da wir in einer Demokratie leben, wird auch dieses Gesindel, die PdA-Mitglieder, von unserer Polizei geschützt. Diesem Umstand haben sie es zu verdanken, dass ihnen ob der Volkswut die Augen nicht blau werden. Verachtung wie sie Mördern und Verbrechern gegenüber herrschen muss, wird sie trotzdem strafen. Dass keiner mehr mit ihnen rede, dass keiner mehr ihnen die Hand gebe, dass jeder sie hasse und ihnen seine Empörung augenfällig zeige, bleibt unser Wunsch. Unsere Abrechnung muss auf diese zugegebenermassen viel zu humane Weise geschehen.» *Keine Gewaltphantasie?*
«So ist es nie gemeint gewesen. Ich bin kein Politiker, der zur Gewalt aufruft, auch nicht indirekt, aber ich habe da verbal sicher überzogen. In der Wut sollte man nie schreiben.»
Ich unterstelle dir keinen Aufruf zur Gewalt, aber ich frage mich, ob solche Sprache – Max. A. nannte sie 1956 «eine faschistische Schreibweise oder ganz

einfach eine Pogromhetze» – das damalige Klima des Hasses nicht mitgeschaffen hat.

Jetzt, auch vierzig Jahre danach, ist die Erregung zu spüren, als er entgegnet: «Entschuldigung, daran ist nicht der H. schuld, sondern die damals führenden Leute der PdA, die diesen Einmarsch nicht zurückgewiesen haben!»
Zwischenruf S., der darauf besteht, die PdA Basel-Stadt habe, im Gegensatz zur schweizerischen und zürcherischen Partei, ganz klar Stellung genommen – gegen die Panzer in Budapest. Aber, jetzt fuchtelt er mit einem leicht vergilbten Papier aus dem Jahre 1956 durch die Luft der neunziger Jahre, aber alle hätten sich auf das differenzierende Aber gestürzt. «Für jeden Sozialisten und vor allem für jedes Mitglied der Partei der Arbeit war es erschütternd, dass als Folge der vorangegangenen unverzeihlichen Fehler von Partei und Regierung die Sowjettruppen in Ungarn eingreifen mussten. Dieses Eingreifen erfolgte, um weit Schlimmeres, Faschismus und Krieg, im Herzen Europas abzuwehren», ist da beispielsweise zu lesen. Und im Übrigen, ereifert er sich, «ist es ja witzig, Schweizer Kommunisten für das verantwortlich zu machen, was die Russen drüben in Ungarn machen», aber abschwören, «das hat doch kein Kommunist machen können». Viele verliessen damals die «Partei der Arbeit». Hier zu Lande habe es eine eigentliche Pogromstimmung gegeben. Sein Neffe, «der null und nichts damit zu tun hatte – nur weil er den gleichen Namen gehabt hat, ist er mit verschlagenem Grind aus der Schule nach Hause gekommen. Er hat ein paar Tage zu Hause bleiben müssen. Das ist unheimlich. Aber von den Opfern, die es in der Schweiz gegeben hat, spricht man nach vierzig Jahren nicht mehr. Die Kommunisten ausmerzen, Moskau einfach – hat es damals geheissen.»
Helmut H. ist in diesem Punkt auch vierzig Jahre danach nicht versöhnlerisch. «Das ist mir hundewurst», hält er deutsch und deutlich fest und wird die Klage der Schweizer KommunistInnen über ihre Verfolgung, angesichts der «Ereignisse» in Ungarn, für etwas weinerlich halten. «Wer diese Politik unterstützt oder nicht bekämpft hat, hat das ertragen müssen.»
Und das, kommt der Berichterstatter auf seine Frage zurück, ohne Helmut H. nochmals aus seinem Artikel zu zitieren, *rechtfertigt solche Sprache?*
«Du bist ein Sprachästhet! Ich bin Politiker! Und ich habe schon manches gesagt, das man anständigerweise nicht sagen würde. Politik ist kein Metier, in dem Gediegenheit gepflegt wird.»
Was, wenn ihr die Macht gehabt hättet, nicht nur zu schreiben, sondern zu handeln, mit den KommunistInnen zu machen, was da als Wunsch durchschimmert?
«Du musst doch nicht sprachästhetisch, wie ein religiöser Fundi, Wort für Wort glauben. Du musst endlich zur Kenntnis nehmen – ich han e Wuet im Ranze gha, weil ich empört gewesen bin, aber ich habe in meinem Leben bewiesen, dort, wo ich Einfluss gehabt habe – ich bin nicht so, so bin ich nicht!»
Da sind Differenzierungen gefragt, mit denen PdA-Mitglieder – die zwar gegen Panzer in Budapest waren, aber zugleich Verständnis für die militärische

Intervention in Ungarn zeigten – 1956 nicht rechnen durften. «Sie sollen behandelt werden wie die Pest und Cholera, als Seuche in unserem Lande, die vertrieben werden muss.» Dem Basler PdA-Grossrat Robert K., der 1956 wegen solcher Sätze vor H. auf den Boden spuckte – «der hätte mich lynchen können» –, gratuliert der SP-Nationalrat Jahrzehnte später freundschaftlich und persönlich zum Achtzigsten. Und seit den siebziger Jahren haben sich auch Victor S., PdA, und Helmut H., SP, immer wieder getroffen, als Gewerkschaftskollegen, oft und gerne, manchmal auch länger, als es der Gang der Geschäfte verlangte. Nie aber spricht einer von ihnen den 19. Januar 1957 an. «Ich habe keine Veranlassung gehabt», gibt sich S. versöhnlich, «der Helmut hat meine Wahl im 71gi unterstützt, damit war für mich die Sache vergessen.» Auch Helmut H. schweigt. «Sicher wegen meines schlechten Gewissens. Das ist keine gute Phase gewesen damals.» Der Satz, so Victor S. nach der 1996 aus literarischen Gründen organisierten Begegnung, «ist für mich der zentrale gewesen, eine Art Pauschal-Entschuldigung».
Szenen aus einem Land, das Weltgeschichte seit langem nur noch nachstellt. Geschichten aus einem Land, in dem die Gegner nach ungeschlagener Schlacht aus dem Scheinwerferlicht treten, sich die Hand reichen und in helvetischer Einmütigkeit beteuern: vergeben und vergessen, alles nur ein Spiel. Will der Berichterstatter schreiben. «Nein», protestiert S., «ein Spiel war das alles nie, jedenfalls für mich nicht, auch die Aussöhnung mit Helmut H. nicht.» «Für dich hat es natürlich materielle Folgen gehabt, daran haben wir gar nicht gedacht», bedauert der Hardliner von damals den Kollegen von heute, «aber die PdA ist ja kein schuldloses Lamm gewesen, und du bist zu dieser PdA gezählt worden».
Das waren andere Zeiten, der «Charakterlump» von damals attestiert dem heutigen Nationalrat, er habe sich geändert. «Sonst hätte ich mich geweigert, mit dir an einen Tisch zu sitzen.» Glücklich das Land, in dem sich die Kämpfer wider das Unrecht am Ende die Hand zur Versöhnung reichen – können.

«Wenn Sie sich scheiden lassen – gerne»

Victor S. – Elfter Bericht
Ein Riese sei er gewesen, blauäugig, blond, wie sie sich's erträumt, in deutschestdeutschen Jahren, «eine männliche Walküre», beschreibt ihn S., der ihn in den erwerbslosen Tagen des Jahres 1957 zum ersten Mal wieder getroffen. Den Robert F., der während des Krieges neben ihm gesessen, in der Juventus,[65] «Jude verrecke» und «Russen raus» an die Wandtafel gekrakelt, ihn, S., aber trotzdem zu sich nach Hause, ins elterliche Hotel Sankt Peter, geladen habe. Das Zimmer sei mit Hitlerfähnchen und Hakenkreuzen tapeziert, an der Wand auf einer riesigen Karte die deutschen Frontlinien nachgesteckt gewesen.

Während eigene Leute die Strassenseite wechselten, wenn sie den Verjagten, S., erkannten, habe der ehemals «zweihundertprozentige Nazi» ihn begrüsst, wie alte Schulkameraden das tun, womöglich mit einem kräftigen Schlag aufs Schulterblatt. «Du bist wahrscheinlich», habe F. ihn auf seine Situation angesprochen, «in Schwulitäten» – vermeint S. sich an den dozmaligen Wortlaut zu erinnern – und habe ihm eine Stelle auf der Redaktion des «Brückenbauers»[66] angeboten. «Der muss so etwas wie ein schlechtes Gewissen gehabt haben», der jugendliche Nazi und spätere Zürcher Obergerichtspräsident, der auf dem Weg nach oben inzwischen schon ganz schön in die Mitte gerutscht war und auch künftig nie mit seiner eigenen Vergangenheit oder seinen Altvorderen in Verbindung gebracht wurde, deren prominentester, Wilhelm F., selbst vom früheren SVP-Nationalrat und Historiker Walther H. als «ehemaliger Gestapo-Vertrauter» bezeichnet wurde.[67]
«Lieb von dir, Robert, aber das liegt nicht auf meiner Linie», habe er diesmal F.s Fürsorglichkeit widerstanden. In den Jahren des grossen Schlachtens hatte er sich in der Schule noch helfen lassen. «Ich muss das nicht weiter ausführen», brummt S., dem es sichtlich peinlich ist, dass er beim Hitlerschwärmer F. abschrieb. «Ich hätte ihm doch eigentlich sagen sollen – du bist ein Dreckskerl, mit dir will ich nichts zu tun haben. Aber er war so freundlich, so liebenswürdig zu mir.» Freundlichkeit macht bestechlich, S. im Besonderen, der sich Jahrzehnte danach fragt: «War ich ein Mistkerl?», der schweigt und sich klein macht, «wenn der grosse Antisemit neben ihm sitzt oder mit ihm spricht». 1957 schlug der heimliche Kommunist das Angebot des Landesringlers F. aus und blieb ohne Erwerb.
Auch Elsi S. – von 1950 bis Mitte der achtziger Jahre, im Gegensatz zu ihrem Mann ohne klandestinen Unterbruch, Mitglied der PdA – war seit März 1956 stellenlos. Er habe das Arbeitsverhältnis mit Frau S. auf den 29. Februar aufgelöst, diktierte Ernst W., Inhaber des gleichnamigen Treuhandbüros, am 24. Januar einem Beamten der Bundesanwaltschaft. Nachdem er «erst vor Weihnachten 1955» von einem prominenten Kunden – der mit der «Neuen Zürcher Zeitung» vor seinen erschrockenen Augen herumgefuchtelt haben muss – erfahren habe, dass sich die Eheleute S. «raffiniert getarnt kommunistisch betätigten». Ende der neunziger Jahre schreibt Elsi S. dem Berichterstatter allerdings, sie habe die Stelle bei W. anfangs 1956 gekündigt, um S. bei verschiedenen Auftragsarbeiten zu helfen. Sie vermutet, der Schreck über die Angriffe in der ehrwürdigen «Neuen Zürcher Zeitung» auf den «PdA-Mann S.» sei W., der sie neuen Kunden immer stolz als «meine Mitarbeiterin, Frau Dr. S.», vorgestellt habe, gehörig durch die Hirnrinde gefahren. Nur so sei ihr die «ungeheuerliche Aussage bei der Polizei» erklärlich. «Ihr Mann kaufe viele Zeitungen verschiedener politischer Richtungen», hielt der eifrige Polizeibeamte fest, was W. im Gespräch mit Elsi S. erfahren haben wollte, und der Staatsschützer fügte dem Dossier S. bei: «Die ihn interessierenden Artikel

schneide er dann heraus, lege sie zu Vergleichszwecken zusammen und könne dann so seine Schlüsse daraus ziehen. Sie habe sich gewundert, dass ihr Mann deswegen noch nie verhaftet worden sei», gab W. an. Möglich, so Elsi S., dass sie ihm einmal erzählt habe, sie läsen verschiedenste Zeitungen. «Das ist unumgänglich, wenn man sich ein Bild seiner Zeit machen will. Aber den Rest hat der arme Mann erfunden.» W. habe wahrscheinlich ganz einfach «Schiss» bekommen, notiert Elsi S. 1996, «und das nach einem fast zehnjährigen Arbeitsverhältnis!», einem guten.

Im Januar 1957 sei ihr sofort klar gewesen, dass S.' gewerkschaftliche Karriere für längere Zeit «im Eimer» war. «Jetzt musste also ich an die Säcke.» Das habe ihr keine Angst gemacht, sie sei jung, gesund und kräftig gewesen, mit guter Ausbildung und entsprechenden Zeugnissen. Aber erst drei Monate später, am 1. April 1957, fand sie eine gut bezahlte Stelle bei einem Kunden von W., einem Bijouteriefabrikanten, der ihr, im Gegensatz zu anderen Arbeitgebern, das «Wenn Sie sich von Ihrem Mann scheiden lassen – gerne» ersparte und sich auch von W.s aufgeregten Warnungen nicht beeindrucken liess, sich offensichtlich schon mehr als ein Jahrzehnt vor der Einführung des Frauenstimmrechtes eine Frau als Wesen mit eigener Gesinnung vorzustellen vermochte. Im Übrigen sei ihrem neuen Chef ihr Können wichtiger gewesen «als meine oder meines Mannes politische Einstellung».

Die drei vorausgehenden Monate aber vermochten sich die S. nur knapp über Wasser zu halten – mit gelegentlichen Hilfsarbeiten bei Leuten, die die Courage hatten, S. zu beschäftigen, den «russischen Spion», wie er in einem Tessiner Grotto noch Jahrzehnte später von einer Schulfreundin seiner Frau tituliert wird. Auch ihre Familie – «Vater selbstverständlich ausgenommen» – habe sich verständnisvoll und hilfsbereit gezeigt. «Eine ehemalige Haushälterin unseres Elternhauses schickte mir sogar ein Nötli, obwohl sie selber nicht auf Rosen gebettet war!» Am wichtigsten, materiell und moralisch, sei aber die finanzielle Hilfe von Vics Kollegen gewesen.

Während sich ein gut befreundetes Paar «offiziell» von ihnen distanzierte, andere Bekannte einfach nichts mehr von sich hören liessen, hätten schon in den ersten Januartagen des Jahres 1957 einfache Gewerkschafter vor ihrer Tür gestanden. «Ich sass ja dann immer zu Hause und habe Zeitungen gelesen», lacht S. und strahlt, als er sich an diese Sympathiekundgebungen erinnert. «Das war fantastisch, umwerfend schön.» Er holt einen Zettel, auf dem er damals mit Schreibmaschine und Tabulator unter dem Titel «Solidaritäts-Aktionen» verbucht hatte, was ihm persönlich in die Hand gedrückt wurde. Als hätte er geahnt, dass sich Jahrzehnte später kaum mehr jemand solch handfesten Beistand vorstellen kann.

«24. 1. 57   Fr. 490.–   Geschäftsleitung Sektion Luftverkehr VPOD
  26. 1. 57   Fr. 115.–   Sammlung VBZ Grp. Irchel
   4. 2. 57   Fr. 620.–   Sammlung Dep. IV Sekt. Luftverkehr VPOD
   8. 2. 57   Fr. 35.–   Sammlung Grp. Bordbuffet Sekt. Luftverkehr VPOD

10. 2. 57	Fr.	56.50	Sammlung Grp. I Flugbetrieb Sekt. Luftverkehr VPOD
14. 2. 57	Fr.	181.50	Sammlung Grp. Start Sekt. Luftverkehr VPOD
14. 2. 57	Fr.	142.–	Sammlung Techn. Dienst Cointrin Genf, Sekt. Luftverkehr VPOD
24. 2. 57	Fr.	500.–	Geschäftsleitung der Sekt. Luftverkehr VPOD
1. 3. 57	Fr.	76.–	Sammlung Werft Sekt. Luftv. VPOD
2. 3. 57	Fr.	460.–	Sammlung Grp. Autobus Oerlikon VBZ/VPOD
4. 3. 57	Fr.	88.–	Sammlung Grp. Mot. werkst. Sekt. Luftverkehr VPOD»

Dank dieser Gelder mussten S. und seine Frau «in keiner Art und Weise leiden». Schliesslich habe er auch vorher nur sechshundert Franken im Monat verdient. Die Kollegen hätten ihm mit ihren rund dreitausend Franken die Existenz für ein halbes Jahr geschenkt. Ganz wichtig war S., dass da nicht einer allein bezahlt hatte. Die hätten Sammlungen durchgeführt, «und jeder hat unterschrieben, zwei oder drei Franken bezahlt». Diese Solidarität habe ihn damals getragen. «Das waren Tausende, nicht Hunderte. Ich habe Briefe bekommen von Leuten, von denen ich es nicht erwartet habe. Die haben mir geschrieben und Mut gemacht. Wir stehen zu dir. Und dann diese materielle Hilfe, nicht gezielt von irgendeinem Kommunisten, sondern von Leuten von der Basis – das kam ganz spontan.»
Genau das konnten sich die pensionsgetriebenen Maulwürfe nicht vorstellen. Am 25. Februar rapportierte Detektiv Peterhans, dessen Name erstaunlicherweise in den Akten nicht abgedeckt ist, «es wurde uns gemeldet, in den Zürcher Tramdepots werde für den gewesenen Sekretär des Flugplatz-Personals, für S., Viktor, eine Geldsammlung durchgeführt. Die PdA-ler hätten dies ganz geheim und so hintenherum tun wollen, man habe es dann aber doch bemerkt. Der Personalverband distanziere sich von dieser Hilfsaktion, und ausser den PdA-lern wüssten die übrigen Strassenbahner überhaupt nichts davon.»
Sie konnten, wollten sich nicht vorstellen, dass in diesen Zeiten auch Leute für einen Kommunisten ins dünne Portemonnaie griffen, die seine Gesinnung nicht teilten – linke und rechte Sozialdemokraten, biedere Gewerkschafter, Büezer, die, so S., «ebensogut im Landesring oder irgendwo sein konnten». Einfach weil sie erlebt hatten, dass S., der Sekretär, für sie eingestanden. Die Solidarität der einfachen Gewerkschaftsmitglieder habe ihm den Glauben erhalten, sonst, wenn sich dieser «abgrundtiefe Hass» der Gewerkschaftsführung «nach unten fortgepflanzt hätte», vermutet er, «wäre ich in ein ganz tiefes Loch gefallen».
Diesen Gewerkschaftsspitzenhass bekam er noch einmal zu spüren. Im Herbst 1957, nachdem er während eines Monats in der stadtzürcherischen Adressierzentrale beschäftigt gewesen war. «Das Schlimmste, was ich in meinem ganzen Leben erlebt habe», ereifert sich S. – in einer psychiatrischen Klinik

aufgewachsen, «ich weiss, was Irre sind» – noch Jahrzehnte später darüber, dass er mit «Kriminellen und total Verblödeten» in einer grossen Halle, Schreibmaschine an Schreibmaschine, acht Stunden im Tag für ein paar Franken Adressen habe abtippen müssen, zum Beispiel alle Apotheken der Stadt Zürich. Sie müssen S. als gesichtslose Masse erschienen sein, die Leute, «die man so knapp aus dem Burghölzli[68] auf die Welt loslassen konnte, die verrückt, aber nicht ganz verrückt waren. Die konnten schon an einer Maschine so machen» – S. klopftundklopfundklopft stumpfsinnig mit dem Finger auf den Tisch. «Und dann dieser Gestank, dieser Lärm, dieses Geseufze – das war unheimlich. Plötzlich hat einer einen epileptischen Anfall neben dir, und ein anderer beginnt sich zu kratzen.» S. schneidet Fratzen, so wie wir Schwerstnormalen uns vorstellen, dass Spinner es tun. «Ich habe gelitten wie ein Hund.» Zum Glück fand er vier Wochen später – «Länger hätte ich das nicht durchgehalten» – eine Stelle als Hilfsmaler bei einer Genossenschaft. Aber kaum hatte er die anfängliche Angst – auf schwankenden Leitern, den Farbkübel in der zittrigen Hand, sechs Stockwerke über schrumpfenden Zürcher Beinchen und zusammenschnurrenden TouristInnenköpfchen – einigermassen überwunden, zog ihn der Geschäftsführer, ein Gewerkschafter, eines Abends diskret beiseite. Eine unangenehme Nachricht, leider, er müsse ihm kündigen, der «Schweizerische Metall- und Uhrenarbeiter-Verband» (SMUV) habe ihnen gedroht, «wenn ihr den S. weiter beschäftigt, entziehen wir euch sämtliche Aufträge». S. wurde abgefunden, mit dem ausstehenden Handlangerlohn. Die bereits eingezahlten Gewerkschaftsbeiträge wurden ihm auf Franken und Rappen in die Hand gezählt. Ein Strich werde gemacht, wurde ihm beschieden – «Damit bist du nie Mitglied bei uns gewesen» –, es dürfe nicht bekannt werden, dass er, kaum aus dem VPOD ausgeschlossen, von einer anderen Gewerkschaft aufgenommen worden sei. Das Mitgliedbüchlein, Spurentilgung, «erwarte ich von dir zurück», habe der Kollege an seine Solidarität appelliert. Aber er habe es heute noch. «Ich wollte ein Beweisstück für die Geschichte, die ich dir da erzähle», grinst S.
Der von den eigenen Kollegen weiter nach links getrieben wurde, endlich bei einem stadtbekannten Buchhändler und Kommunisten ein Auskommen fand und drei Jahre später als Redaktor beim «Vorwärts» zu zeichnen begann. Schliesslich konnte er bei seinen erfolglosen Stellenbewerbungen den rechtschaffenen Gewerkschaftspräsidenten und sozialdemokratischen Nationalrat nicht als Referenz verraten, dem er von 1957 an für lange Jahre die Reden schrieb. Der habe ihm jeweils telefoniert oder kleine Billette zukommen lassen – «Lieber Victor, kannst du mir helfen, ich erwarte dich in meinem Büro» –, «der hat mich ins Herz geschlossen. Ganz sentimental.» Obwohl er die Kommunisten im Allgemeinen für «Gangster» gehalten, habe der Gewerkschaftspräsident und Nationalrat ihn, S., gern gehabt und sich vom Kommunisten im Besonderen die Reden schreiben lassen. Wie die Kalten Krieger immer behauptet und es selbst nicht geglaubt hatten. «Jetzt darf ich es sagen. Jetzt ist

er tot.» Die Doppel der kommunistisch verfassten und sozialdemokratisch gehaltenen Reden liegen noch, fein säuberlich geordnet, in S.' Hängeregistern. «Grad letzthin habe ich eine Quittung gefunden. Über dreihundert Franken. Das war damals die Hälfte eines Monatslohns. Für seine Hauptrede an einem Kongress. 25 Seiten habe ich geschrieben, und er hat sie brav abgelesen, Wort für Wort, ohne eine Korrektur. Die Kommentare waren begeistert.» Da habe er schon ein wenig schmunzeln müssen, lacht S. stolz. «Der wusste gar nicht, was er erzählte. Ich war vorsichtig, aber manchmal hat er schon Dinge gesagt, die ein braver Sozialdemokrat und Gewerkschafter nicht sagen würde.» Er habe das nie jemandem erzählt, solange er noch lebte, er habe ihn nicht blamieren, ihm nicht schaden wollen – «das wäre für die bürgerliche Presse ein schönes Fressen gewesen».

Atomare Gedankenspiele

Hansjörg B. – Zehnter Bericht

Die Atombombe oder zumindest das Gedankenspiel mit ihr verhinderte Hansjörg B.s Militärdienstverweigerung definitiv. Ihretwegen gehorchte, marschierte er weiter, in und nur in Kasernenhöfen, im Gleichschritt – marsch. Um nicht als das zu erscheinen, was er eigentlich war und ihm die andern mit Absichten unterstellten – Pazifist. Das hätte, so Hansjörg B., der «Bewegung gegen atomare Aufrüstung», zu deren Exponenten er zählte, geschadet und sie – was ihr, so und so, vorgehalten wurde – zu einer Bewegung gegen Rüstung schlechthin, einer antimilitaristischen Bewegung gemacht. Um als Privatmann dem Repräsentanten der Bewegung nicht ins Handwerk zu pfuschen, trug der Pazifist B. Mütze, Helm und Waffenrock, tat es vorschriftsgemäss, stand vor Offizieren und Unteroffizieren und stand stramm, grüsste militärisch korrekt und grüsste die Dreisterngenerale, die, Primat der Politik in Friedenszeiten, auf Beförderung durch Krieg hoffen mussten. «Dann bin ich der Höchste im Flughafen Kloten», verriet Anfang der siebziger Jahre ein kleiner Kommandant dem Berichterstatter, verriet militärisches Geheimnis und geheimen Wunsch.

1957 verlangte die «Schweizerische Offiziersgesellschaft» Atombomben für das Land, das, eidgenössisches Armeeleitbild, keine Armee habe, sondern eine Armee sei. 1958, so das «Historische Lexikon der Schweiz», «bejahte der Bundesrat unter dem Eindruck der sowjetischen Bedrohung die atomare Bewaffnung der Schweiz und beauftragte das EMD mit weiteren Abklärungen. Sofort formierte sich in der Öffentlichkeit Widerstand.» Am 18. Mai 1958 – die Bundesanwaltschaft war dabei – wurde in Bern die «Schweizerische Bewegung gegen die atomare Aufrüstung» gegründet. «Die Folgen waren mannigfaltig», hielten die ungeladenen, aber erwarteten Zaungäste nachträglich fest, «Nationalrat Giovanoli», der die Versammlung geleitet habe, «erlitt noch am gleichen Abend einen Herzinfarkt, von dem er sich auch heute noch nicht ganz erholt hat». Die InitiantInnen der Bewegung, unter ihnen B., «waren zuerst bestürzt, trösteten sich aber rasch damit, dass ihnen vorläufig immer noch der Name Giovanolis», eines Sozialdemokraten, «zur Verfügung stehe».

Auch vier Tage später, am 22. Mai 1958, verfolgten, ungeoutet, Maulwürfe im Friedenslook – oder wie Beamte sich damals, und offensichtlich zu Recht, AnhängerInnen der Antiatomwaffenbewegung vorstellten – Rede und Gebärde Hansjörg B.s, der im Basler Blaukreuzhaus die konstituierende Sitzung des Lokalkomitees leitete. «Es nahmen auch einige Vertreter der PdA Basel-Stadt teil, die dann allerdings von Dr. Hansjörg B. heftig angegriffen wurden, was zur Folge hatte, dass alle das Lokal vorzeitig verliessen.» Nein, widerspricht Hansjörg B. vierzig Jahre später. Aggressiv sei er nicht gewesen, heftig auch nicht. Er habe, erinnert er sich, die Anwesenden, alle Anwesenden, begrüsst, herzlich, habe dann eingeschränkt, bei einigen halte sich die Freude in Grenzen, und dann, genau wisse er das nicht mehr, habe er darauf hingewiesen, es gehe um den Aufbau einer Bewegung gegen Atomwaffen, sämtliche Atomwaffen, natürlich, nachdem entsprechende Pläne bekannt geworden, vor allem gegen schweizerische Atomwaffen, aber selbstverständlich auch gegen Atomwaffen in allen anderen Ländern der Welt. Es gebe aber, habe er sich dem kritischen Punkt genähert, Leute in diesem Saal – damit seien natürlich die KommunistInnen gemeint gewesen –, die zwischen Atomen verschiedener Nationalität, zwischen Kriegsbomben und Bomben für den Frieden, Westbomben und Ostbomben unterschieden. Er habe die PdAlerInnen weniger aus Angst vor Unterwanderung als wegen ihrer «zwiespältigen Haltung» gegenüber sowjetischen Atombomben aufgefordert, den Saal zu verlassen. Was die nach einer kurzen Erklärung anstandslos getan hätten. Wahrscheinlich, vermutet B., hätten sie die Versammlung nicht sprengen, die gemeinsame Sache – weil's ihnen womöglich mit dem Frieden trotz ihrer «Supertreue zur Sowjetunion» ernst gewesen – nicht durch ihre Anwesenheit in Misskredit bringen wollen. Natürlich sei ihm dieser Ausgang der Dinge, der ihn zwar etwas erstaunt habe, angenehm gewesen. Sie hätten ja die paar KommunistInnen nicht handgreiflich aus dem Saal bugsieren können und wollen. Wenn die das Feld nicht freiwillig geräumt, «hätte ich die Versammlung wahrscheinlich geschlossen, und es hätte eine neue Einladung gegeben. Aber das wäre natürlich ein miserabler Anfang gewesen, den die Presse sicher hochgespielt hätte.»

Aufklärung

Anjuska W., geborene G. – Siebter Bericht

Sie habe das Wort nicht verstanden und die Mutter habe jeweils nur den Kopf geschüttelt, wenn sie wieder einmal heulend nach Hause gerannt gekommen. Nein, «Saujuden» seien sie nicht. Sie, Anjuska, habe es gemein gefunden, dass die andern ihr «so Züüg» nachgerufen, grad so gemein, wie wenn sie den armen Bub, der keine Schuhe besass, ausgelacht hätten. «Aber damit war das Thema für mich erledigt.» Erst als sie etwa zwölf gewesen, habe sie der Vater mit ernstem Gesicht zu einem Spaziergang aufgefordert, dem See entlang, und es sei ein langer Spaziergang geworden. Fast wie ein Geständnis habe es geklungen, als er ihr die Erklärung abgegeben, die er ihr anscheinend schon lange schuldig zu sein geglaubt habe. Ihr Name, G., sei ein jüdischer, und er, der Vater, stamme aus einer jüdischen Familie. Sie habe das, zur Verblüffung ihres Vaters, erinnert sich Anjuska W., damals noch G., einfach zur Kenntnis genommen. Habe ihren Eltern allerdings Vorwürfe gemacht, bittere Vorwürfe, weil die zwei Heimatlosen ein Kind in die Welt und zwischen alle Stühle gesetzt. Dass die beiden geheiratet hätten, so habe sie es damals gesehen, sei eine Sache, aber – so habe sie die zwei, die ihr zugegebenermassen und trotz allem erstaunlich viel Geborgenheit verschafft hätten, auf die Köpfe zu gefragt –, ob sie sich eigentlich jemals überlegt hätten, was das für ein Kind, für sie, bedeute, zu keiner Gemeinschaft zu gehören, weder wirklich jüdisch noch christlich zu sein. Habe schliesslich verlangt, getauft zu werden, sei getauft, schliesslich konfirmiert worden, habe sich aber auch bei den ChristInnen fremd gefühlt, sei mit siebzehn wieder aus der Kirche ausgetreten, habe das Gefühl gehabt: «Du bisch en Baschter.» Oder, wie es die Eltern schon damals gesehen, sie selbst erst Jahre später zu empfinden begonnen habe, «eine Weltbürgerin».

Prozessakten

Victor S. – Zwölfter Bericht

Er ass längst das Griess des verurteilten Landesverräters, als am 26. November 1957 erstmals Anklage erhoben wurde. Vorgängig, am 26. März, hatte die schweizerische Landesregierung dem Antrag des damaligen Vorstehers des Eidgenössischen Justiz- und Polizeidepartementes, Feldmann, stattgegeben, die «Ermächtigung zur Strafverfolgung» erteilt und Untersuchung sowie Beurteilung der Akte S. – der offensichtlich nationale Bedeutung beigemessen wurde – den Strafverfolgungsbehörden des Kantons Zürich übertragen. Und zwar «betreffend Hervorrufung oder Unterstützung gegen die Sicherheit der Schweiz gerichteter ausländischer Unternehmungen oder Bestrebungen (Art. 266bis StGB), politischen Nachrichtendienst (Art. 272 StGB) und allenfalls wirtschaftlichen Nachrichtendienst (Art. 273 StGB)».

Obwohl sich der zuständige Zürcher Bezirksanwalt Bertschi – der 1968 als Polizeikommandant der Stadt Zürich auf dem Balkon des bahnhofsnahen Hotels «Du Nord», krawallierende Jugendliche und prügelnde Polizisten zu seinen Füssen, den für schweizerische Verhältnisse legendär gewordenen Ausspruch tat: «Jezt vertätschtsi mi dänn!» –, obwohl sich Bertschi 1958 auf die Gefährdung der schweizerischen Sicherheit durch ausländische Unternehmungen und politischen Nachrichtendienst beschränkte, den wirtschaftlichen Nachrichtendienst als Anklagepunkt von vornherein fallen liess – schliesslich hatte sich S. die Informationen über die Schweizer Wirtschaft nicht durch Werkspionage, sondern durch kommunes Zeitungslesen angeeignet –, setzte das Bezirksgericht Zürich am 11. Februar 1958 den Entscheid über die Anklage gegen S. aus und gab dem womöglich einigermassen verdatterten Bezirksanwalt die Akten zurück, zwecks Ergänzung der Untersuchung und Abänderung der Anklage, die er gehorsam umformulierte, aber nicht substanziell veränderte.

So kam es erst am 9. September 1958, beinahe zwei Jahre nach seiner Verhaftung, zum Prozess gegen S., der sich nachmittags um 15.00 Uhr im Sitzungszimmer 140, Bezirksgebäude Zürich, Badenerstrasse 90, 1. Stock, einzufinden hatte. Nach eigener Aussage vierzig Jahre später hatte er damals keine Angst vor einem harten Urteil. Eigentlich sei das Ganze für ihn schon «ausgestanden» gewesen. Er hoffte sogar – weil die ursprüngliche Anklage weitgehend in sich zusammengefallen – auf einen Freispruch, habe sich aber von FreundInnen sagen lassen müssen, das sei politisch undenkbar, nach der ganzen Aufregung. Der Bezirksanwalt beantragte sechs Monate Gefängnis. Die dreissig, vierzig Leute hinter ihm im Saal – «Freunde von mir, auch PdA-Leute, und Fremde, die ich nicht kannte» – hätten alle herzlich gelacht, als sich sein Anwalt – der seinen Mandanten S. als politischen Wirrkopf einstufte – über die, so S., «hirnverrückte, stupide Argumentation der Anklage» mokierte, er, S., habe mit der «Anschwärzung der schweizerischen Grossbourgeoisie und der rechtsgerichteten Sozialdemokratie bei den Ungarn das Gefühl erzeugen wollen, sie müssten die Waffen gegen die Schweiz erheben».

Die Bezirksanwaltschaft hatte die von den Bundesbehörden vorbereitete Argumentation integral übernommen – das so genannte Oeconomicus-Papier, das die Grundlage aller Vorwürfe gegen S. bildete, könne «von einem mit den schweizerischen Verhältnissen nicht näher vertrauten Leser bestimmt nur so aufgefasst werden, dass auch die schweizerische Regierung aus den von S. genannten Motiven bewusst Handlangerdienste für amerikanische Weltherrschaftspläne leiste». Wer, wie S., die obersten Landesbehörden «der Unterstützung aller Bestrebungen des Westens zur Organisierung eines Kreuzzuges gegen den Kommunismus, gegen die Völker der Sowjetunion und der Volksdemokratien ... beschuldigt, der gibt dem Adressaten unmissverständlich zu verstehen, dass er Abhilfe der gerügten Zustände erwartet». Im Klartext:

militärische Intervention. Als Beweis zitierten die Ankläger aus S.' Papier. «Die feindselige und aggressiv-provozierende Politik in Bezug auf die Sowjetunion und die Volksdemokratien, das Verbot der kommunistischen Partei im eigenen Lande und die Zurückweisung aufrechter Antifaschisten in den sichern Tod während des letzten Weltkrieges sind der Ausfluss jener engen Trust-Verbindungen zwischen den beiden Ländern[69] ... Weil daher die Vorbereitung eines Krieges und die damit zusammenhängende wirtschaftliche Strukturänderung durch eine bis zum Siedepunkt gesteigerte Kriegshysterie in den breiten Volksmassen bedingt ist, deshalb betreiben die interessierten Kreise der Hochfinanz die gewaltige Hetze gegen die Sowjetunion und die Volksdemokratien ...»

Sein Anwalt, berichtet S. schmunzelnd, habe die ganze Anklageschrift lächerlich gemacht, «verrupft», dem Bezirksanwalt – der auf ein mündliches Plädoyer verzichtet, sich ganz auf seine schriftlichen Ausführungen verlassen und nur für ergänzende Fragen des Gerichtes zur Verfügung gehalten habe – auf den Kopf zu gesagt, er habe wohl «nicht mehr alle Tassen im Schrank», und dem Gericht habe er am Schluss seiner «sehr guten Rede» zugerufen, wenn die Argumentation des Anklägers zutreffe, «sind wir am Ende alle Landesverräter». S. grinst – «und das von einem freisinnigen Anwalt von der Bahnhofstrasse». S., der in seinem Schlusswort erklärte, sich keiner Schuld bewusst zu sein, erhielt das Urteil, wie alle Beteiligten, schriftlich zugestellt und musste lesen: «Gefunden und erkannt: 1. Der Angeklagte ist schuldig im Sinne des Art. 266bis StGB des Inverbindungtretens mit einem fremden Staate mit dem Zwecke, ausländische gegen die Sicherheit der Schweiz gerichtete Bestrebungen hervorzurufen. Eines weiteren Vergehens ist er nicht schuldig. 2. Er wird verurteilt zu einem Monat Gefängnis, wovon zwei Tage als durch Untersuchungs- und Sicherheitshaft erstanden gelten. 3. Der Vollzug der Freiheitsstrafe wird aufgeschoben und die Probezeit auf drei Jahre festgesetzt.»

Ende der fünfziger Jahre nahm auch in Gewerkschaftskreisen kaum jemand Kenntnis von diesem Urteil, davon, dass die Anklage gegen den 1956 als Spion, Landesverräter und Denunziant durch die Schweizer Gazetten gezerrten S. in wesentlichen Punkten abgewiesen wurde. «Schuldspruch und Strafmass sind als nicht mehr denn als Sühne für eine moralische Schuld aufzufassen, nachdem es nicht gelungen ist, den Angeschuldigten eines Verbrechens gegen den Staat oder die Landesverteidigung zu überführen», kommentierte die «Tat». Aber keiner von S.' ehemaligen Kollegen, die ihn vor Beginn des Gerichtsverfahrens abgeurteilt hatten, entschuldigte sich. Alle schwiegen, schüttelten dem später zum VPOD Zurückkehrenden bei entsprechender Gelegenheit die Hand – als ob nichts gewesen wär. Erst auf dem Sterbebett, viele Jahre später, womöglich durch S.' Blumenstrauss beschämt, überkam es Kollege Richard M. – der noch am 5. Januar 1957 behauptet hatte, S. sei bis zu seiner Verhaftung in Spionageaktivitäten verwickelt gewesen, was Bundesanwalt Dubois nur zwei Tage später persönlich und eindeutig als «Unwahrheit» qualifizierte –, der ehemalige SP-Nationalrat und Chef der PTT-Union murmelte, in S.' Erinnerung: «Ich habe damals vielleicht schon ein wenig danebengehauen, aber, gäll, du nimmst es mir nicht übel?» Wer verweigert schon einem Sterbenden die Hand? Der versöhnliche S., der am Ende doch noch seinen grossen Traum, Kommunist und Gewerkschaftssekretär in einem zu sein, hatte verwirklichen können, sicher nicht.

Als er 1958 an der Gerichtskasse seine Schulden begleichen wollte – «Die Gerichtsgebühr», hatten die Richter verfügt, «wird festgesetzt auf Fr. 150.–; die übrigen Kosten betragen: 3.– Vorladungsgebühren, 27.– Schreibgebühren, 5.20 Porti und Zustellungen, 1.80 Untersuchungskosten» – und das Portemonnaie gezückt, habe der zuständige Beamte ihm zugeraunt: «Geben Sie mir fünf Franken für das Porto, dann ist die Sache erledigt.» Da er, S., nicht grad verstanden, wahrscheinlich ziemlich baff ins Zürcher Bezirksgebäude hinausgeglotzt, habe der subalterne Staatsdiener erklärt: «Wir hier finden das nicht in Ordnung, wiemers ine gmacht hätt.»

Schweizer Fernschreiben

Hansjörg B. – Elfter Bericht

Sie sind höchstens noch in alten Filmen oder in Redaktionsstuben armer Länder, die den Reichen als Entsorgungslager für ihren Schrott dienen, zu sehen – die Geräte, die vor Fax und Internet schneller als Postkutschen und Brieftauben, Expresszustellung und Vespakuriere Nachrichten von Genf nach Glarus zu übermitteln vermochten. Deshalb bediente sich auch die schweizerische Bundesanwaltschaft am 30. Mai 1960 eines dieser ratternden Telexgeräte, um der Solothurner Kantonspolizei mit dem Vermerk «vertraulich/eilt» das Fernschreiben «fs. 4714» zukommen zu lassen. Aus «abhoerungsberichten», hiess es da ohne Umlaut und Grossschreibung, hätten sie erfahren, «dass die bewegung gegen atomare aufruestung am 11. 6. 60 im hotel emmental in olten um 14.00 eine sitzung abhalten wird. dazu sollen die prominenten kommunisten und andere personen die dieser bewegung angehoeren eingeladen werden. es sollen dort ca. 25–30 personen erscheinen. der saal sei bestellt worden durch einen hansjörg b.» Es sei eine ganz gewöhnliche Sitzung gewesen, bestätigt dieser. Er habe einen Saal oder ein Zimmer reserviert. «da dieser zusammenkunft alle beachtung geschenkt werden sollte», klapperte es um 15.20 h in der Amtsstube der Solothurner Kantonspolizei weiter, «bitten wir sie um sofortige ueberpruefung, ob im hotel emmental in olten moeglichkeiten vorhanden waeren, dass diese sitzung ungestoert abgehoert werden koennte.» Die eidgenössischen Maulwürfe erbaten baldmöglichen Bescheid und boten den Solothurnern als Unterstützung ihre Apparaturen an.

Natürlich erfuhr Hansjörg B. auch von diesem Schreiben erst über dreissig Jahre später. Im Gegensatz zu seinem Kollegen, dem ehemaligen Trotzkisten und Mitinitiator der Antiatomwaffenbewegung Heinrich Bu., sei er, Hansjörg B., den Gerüchten über polizeiliche Überwachung und Bespitzelung eher skeptisch gegenübergestanden. Habe immer gefunden, die Konspirativen nähmen sich etwas zu wichtig, auch der Bu., der ihn einmal telefonisch um ein Gespräch gebeten, aber am Apparat nichts über den Inhalt habe verraten wollen. Als sie sich dann in einem Zürcher Café getroffen, hätte er auf zwei ihm, B., unbekannte Männer gedeutet und geflüstert: «Da drüben, der Alte und der Junge, die sind von der politischen Polizei, die sind wegen uns da, die haben unser Telefon abgehört und sich ebenfalls hier getroffen, um uns zu beobachten und zu belauschen, der Junge will mich, der Alte dich kennen lernen.» Er, B., habe damals nur gedacht: «Heinrich, hast du eine blühende Fantasie!» Inzwischen habe er diese Szene wörtlich in seinen Staatsschutzakten gefunden. Der Bu., empört sich B., «hat nicht nur Recht gehabt, er hat noch untertrieben. Das war ja nur eine Sache, er hätte zehn, zwanzig solcher Geschichten erzählen können.» Das hätte er nie für möglich gehalten, diese Zahl, diese Systematik, mit der die Überwachung, auch seine über vierzig Jahre anhaltende Überwachung betrieben worden sei, die es der schweizerischen Bundesanwaltschaft ermöglichte, eine Anfrage der Direktion der Eidgenössischen Militärverwaltung vom 26. September 1959 am 13. November desselben Jahres mit einem ausführlichen Rapport zu beantworten.

«Von zuverlässiger Seite wurde uns berichtet», ist da nachzulesen, und B. gibt sich wenig erstaunt, dass ganz offensichtlich GenossInnen der Polizei zutrugen, «dass Dr. B. in dieser Partei», der sozialdemokratischen, «politisch extreme Anschauungen vertrete und zu den Exponenten des linken Flügels der SP zähle». Er habe nie ein sonderlich idealistisches Bild der Partei, seiner Partei, gehabt, schmunzelt er. Im Übrigen sei, direkter Draht, die Basler Polizei lange Zeit in SP-Händen gewesen, und man dürfe, müsse ja, spendet er sich Trost, nicht davon ausgehen, dass die eigenen GenossInnen Spitzelberichte geschrieben. Sie seien wahrscheinlich von Polizisten, vermutlich am Telefon, in scheinbar unverfängliche Gespräche verwickelt, zu diskreditierenden Äusserungen provoziert worden. «Man kann die Sache ja ein bisschen geschickt machen», stellt er sich Jahrzehnte später vor.

«Du, ist der zuverlässig, oder hat er irgendetwas mit den Nazis zu tun?», könnte, spielt B. die Szene durch, der eine fragen, sodass der andere sich gezwungen fühlte, ihn, B., zu verteidigen, «nein, wo denkst du hin! Um Himmels willen! Wenn du jetzt gefragt hättest – Kommunist; dann hätte ich mir das überlegen müssen. Aber Nazi – nein!» Worauf der eine, ganz unschuldig, hätte weiter forscheln können, ob der B. denn Verbindungen zu KommunistInnen hätte. «Kontakte möglicherweise, aber dabei ist er sicher nicht.» Undsoweiter. «Eine konkrete Beurteilung des Dr. B. sei äusserst schwer», tippten die Ficheure als Resultat der verdeckten Recherchen in die Maschine. «Leider leiste er dem Kommunismus für die von diesem angestrebten Ziele gewisse Hilfs- oder Schrittmacherdienste. Es handle sich bei ihm um

einen Intellektuellen, der in irgendeiner Form vom Kommunismus anfällig werde.»[70] Die Arbeiter, entschuldigt der neben dem späteren Bundesrat T. einzige Studierte in der Sektion die GenossInnen, hätten wegen der gemeinsamen Ablehnung der Schweizer Armee nicht zwischen PazifistInnen und KommunistInnen unterschieden. «Man müsse sagen», folgerte der Basler Maulwurf aus dem vertraulichen Gespräch mit einem guten Genossen B.s, und die Beamten in Bern hielten es fest, «dass Dr. B. es mit seinen politischen Bestrebungen einerseits gut meine, sich anderseits der Konsequenzen seiner stark linksextremen Einstellung nicht bewusst werde. Aus den letzteren Erwägungen sehe er es offenbar auch nicht ein, dass die von ihm immer wieder dozierten Auffassungen bei der SP keinen fruchtbaren Boden finden. Diese Uneinsichtigkeit trage auch dazu bei, dass viele Mitglieder und Anhänger der SP zum Schluss kämen, sich von Dr. B. distanzieren zu müssen.»
Ohne sichtbare Erregung hört sich der langjährige SP-Politiker 1997 die ihm seit Anfang der neunziger Jahre bekannten Formulierungen an. «Gegen Ende wird es ein bisschen tendenziös», murmelt er und unterstellt dem schreibenden Maulwurf «Wunschdenken». Worauf der, mehr als dreissig Jahre von B.s Kommentaren getrennt, noch einen draufgibt, auf andere, ebenfalls berufene Quellen zurückgreifend, die «Rubrikat vor ca. einem Jahr als ‹politischer Psychopath› bezeichnet» hätten. «Bei Diskussionen seien seine Argumentationen so schwach begründet, dass sie mit Leichtigkeit widerlegt werden könnten.» Das sei nun wesentlich bösartiger, vermag der Berichterstatter dem Schmunzelmund einen gewissen Ärger zu entlocken. «Natürlich», räumt B. ein, «kann auch jemand, der ein Studium abgeschlossen hat, ein Psychopath sein», aber so, wie es da stehe, klinge es ja, als hätte man damals kein vernünftiges Wort mit ihm reden können. Dabei habe er schon in jenen Zeiten überall Referate gehalten, auch in Gewerkschaftssektionen, hält er dem Bericht zu spät entgegen, der unbeirrt fortfährt, «seine politischen Anschauungen seien weitgehend auf sein ausgesprochenes Geltungsbedürfnis zurückzuführen». Diesen Vorwurf habe es immer wieder gegeben, vielleicht, überlegt B., weil er damals einer der ganz wenigen Jungen gewesen sei, die politisiert hätten. Dann sei, wenn er irgendwo gesprochen habe, manchmal etwas in der Zeitung gestanden, und da sei man natürlich schnell mit dem Pauschalvorwurf «geltungssüchtig» bei der Hand. Natürlich, gibt er zu, habe er es genossen, wenn er zu einem Referat eingeladen worden, im Voraus ein Inserat in der Zeitung erschienen und hinterher darüber berichtet worden sei. «In diesem Sinne war ich geltungssüchtig. Aber ich wollte nie allein wegen meiner Person in der Zeitung stehen, sondern immer nur in Verbindung mit einer Sache, für die ich mich eingesetzt habe.»
Den Beamten der Bundespolizei wäre die nackte Eitelkeit womöglich weniger verdächtig gewesen als der missionarische Ehrgeiz, mit dem B. seine Sache betrieb, der auch in einem Schreiben des Kommandanten des Füs. Bat. 99 Spuren hinterliess. Die ausführlich monierten politischen Aktivitäten B.s

waren kaum Folge des diagnostizierten Geltungsdranges, fanden sie doch unter Ausschluss der breiten Öffentlichkeit statt. San. Sdt. B. Hansjörg habe sich, zitieren die Maulwürfe dessen militärischen Vorgesetzten, «während des Dienstes planmässig subversiv betätigt. Er hat in diesem W. K. den gesamten San. Zug des Bat. ausserdienstlich ungünstig und in gefährlicher Art und Weise, und leider nicht ohne Erfolg, beeinflusst. Auch benützte er jede Gelegenheit bei Aussprachen mit dem Bat. Az. und Fpr., um die Wehrpolitik der Schweiz anzugreifen und den Referenten in Verlegenheit zu bringen.» Die schweizerische Bundesanwaltschaft schloss ihren sechsseitigen Bericht mit der Hoffnung, «zur Prüfung der Frage beigetragen zu haben, ob Dr. B. weiterhin als Verteidiger in Militärstrafsachen zugelassen werden kann oder nicht».

Der pensionierte Amtsvormund und ehemalige Nationalrat nimmt solchen Bericht – der, in falsche, das heisst zuständige Hände geraten, existenzielle Folgen hätte haben können, in anderen Fällen auch gehabt hat – erstaunlich gelassen zur Kenntnis. Natürlich sei er, vielleicht solcher Unterlagen wegen, kaum je für ein Amt angefragt worden, aber er habe das auch nicht gesucht. «Ich war beruflich eigentlich immer zufrieden.»

Und als er 1960 nachträglich eine Absage der Wirtin des Oltener Hotels «Emmental» erhielt – hinter der Bu. natürlich sofort polizeiliche Intervention witterte –, habe er sich an die ihm bekannten Tatsachen gehalten, habe vermutet, dass diese Wirtin – die die abgesprochene Reservation mit dem billigen Vorwand, «es ist etwas dazwischen gekommen», rückgängig gemacht habe – wahrscheinlich von irgendwoher unter Druck gesetzt worden sei. «Aber das kann ja auch der Bruder gewesen sein, der plötzlich gesagt hat: ‹Um Gottes Willen, wem hast du unseren Saal vermietet!›» Was das Polizei-kommando Solothurn der schweizerischen Bundesanwaltschaft am 2. Juni 1960 um 9.00 Uhr mitteilte, kann er, allerdings erst nach Verjährung, in seinen Akten nachlesen. «die moeglichkeit einer abhoerung der verhandlungen haette im hotel emmental ohne weiteres bestanden und die wirtin, frl. alice st., haette dafuer jegliche unterstuetzung gewaehrt. nachdem sie aber erfahren hatte, fuer was das betreffende lokal benuetzt werden sollte, das von einem ihr nicht bekannten dr. b. bei der sekretaerin bestellt worden war, erklaerte sie, dass sie das lokal fuer diesen zweck nicht zur verfuegung stelle.» Bevor der zuständige Beamte in Bern dem Stempel auf dem Fernschreiben nr. 210 – «Nach Einsichtnahme an REGISTRATUR zum Fichieren!» – Folge leistete, gab er seiner Enttäuschung handschriftlichen Ausdruck. «Schade!», notierte er am Seitenrand.

Die Initiative gegen atomare Aufrüstung der Schweiz wurde am 1. April 1962, die gemässigtere Variante der «Sozialdemokratischen Partei» am 26. Mai 1963 abgelehnt. Bald danach unterzeichnete die Schweiz das partielle Atomteststoppabkommen, 1969 den Atomsperrvertrag. Definitiv begraben wurden die schweizerischen Atomwaffenpläne aber erst Anfang der achtziger Jahre, als der Bundesrat die vorhandenen Uranreserven der zivilen Nutzung zur Verfügung stellte.[71]

Die Mauer. Der Schutzwall

Leni A. – Vierter Bericht

Sie wäre, grinst die Alt-Pfarrerin, «gärn e tolli Schabe[72] gsi» und erinnert sich an eine Szene in jungen Jahren, am Familientisch einer Kollegin, an dem sie sich über ihr eigenes Äusseres beklagt und, befragt, gestanden habe, wie sie gerne ausgesehen. Womit sie in diesem trauten Kreis lautstarke Heiterkeit geerntet. «Es war wahrscheinlich das pure Gegenteil dessen, wie ich wirklich war.» Sie wäre, gibt sie zu, ohne zu zögern, gern ein Filmstar geworden. Oder Mutter, mit sechs Buben. Das sei damals so eine romantische Idee gewesen und Vorstellung geblieben. Einmal hätte sie sich zwar verlobt, eine Art Torschlussreaktion. Kein Mann, «der in Frage gekommen wäre». Unglücklich sei sie eigentlich nie gewesen, darüber, dass ihr Hochzeitsglocken und Familienferien nicht vergönnt, nicht KinderKücheKacke; enttäuscht wegen einzelner Beziehungen, die «abverheit», das schon. So richtig gegen Familie habe sie sich eigentlich nie entschieden, sei für diesen Weg offen geblieben, solange sie Laborantin gewesen. Dann, so um die dreissig, habe es eine Art Entschluss gegeben fürs Öffentliche oder fast schon eine gewisse Resignation, weil das Private nicht «grate» sei. «Da habe ich gedacht – jetzt heirate ich nicht mehr, aber dann will ich etwas machen, das mich mehr ausfüllt als dieser Laborantinnenberuf.» Sie widerspricht nicht, als der Berichterstatter in Kenntnis des weiteren Verlaufs der Dinge der klassischen Interpretation – keinen Mann gefunden, ins Berufsleben gestürzt – die Möglichkeit entgegensetzt, sie hätte in jenen Zeiten das private Versagen gebraucht, als Freibrief sozusagen für die berufliche Karriere, die sie definitiv nicht zur Frau habe werden lassen. Aber, schürt sie selbst noch einmal das Klischee, sie habe ganz dringend Anerkennung gebraucht, die ihr privat versagt geblieben, «und die habe ich so bekommen». Erst mit zunehmendem Alter sei sie bei Männern, meist deutlich jüngeren, besser angekommen, schmunzelt sie. 1958 habe sie die Matura gemacht und sich dann entschieden, Theologie zu studieren.

Was ihr der Bruder, der bekannte, übel genommen. Sie hätten sich dort, wo der Zürichsee ins Sankt Gallische schwappt, in Rapperswil, in einem Café getroffen. «Da ist er über mich hergefallen.» Wütend, wahnsinnig wütend sei er gewesen. Sie habe das erst gar nicht ernst genommen. Erst hinterher sei ihr klar geworden, «das war für ihn ein Verrat an der Sache», in der er sie hinter sich glaubte. Die Theologie – für den Oberst im Generalstab ein Verrat am Kommunismus, dem er heimlich die Treue gehalten. Gleich jenem erfolgreichen Unternehmer, der sich in den Jahren ohne Grau mit dem Kommunisten S. – der dessen Namen noch Jahrzehnte danach nicht verrät – nur versteckt im Wald getroffen. Ein «Edelkommunist» sei er gewesen, ihr Bruder, lacht Leni A., die ihn lange bewundert. Den OberstenundKommunisten, der an diesem inneren Zwiespalt – «Das hält ja kein Herz aus» – schliesslich zerbrochen, die damals «völlig aus der Luft gegriffenen» Ängste des Vaters doch noch bestätigt und mit fünfundvierzig an einem Herzinfarkt gestorben sei. Dies nur zwei, drei Jahre nach ihrem theologischen Sündenfall, ein paar Monate nachdem der Stacheldraht am 13. August 1961 zwischen Grossmüttern in Berlin-Ost und Enkeln in Berlin-West hochgezogen worden war. Die alten Kämpfer im Politbüro – die die Tausendjährige Heizperiode überlebt und sich dann vorgenommen hatten, «ein neues, ein friedliebendes Deutschland»[73] aufzubauen – erklärten, was im Westen als Eiserner Vorhang empfunden wurde – «Die Chinesische Mauer in Berlin», stand in der «Neuen Zürcher Zeitung» über einem Artikel von Salvador de Madariago –, erklärten Betonplatten, Stacheldraht und Minenfeld zum antifaschistischen Schutzwall. «Die besorgten Länder des Warschauer Vertrages», so der «Vorwärts»,[74] hätten aus Angst vor einer «Intervention von westdeutschen Truppen zur ‹Befreiung der unterdrückten Zone›» der DDR und ihren Regierungsorganen vorgeschlagen, «Massnahmen zu treffen, durch die der Wühltätigkeit gegen die Länder des sozialistischen Lagers zuverlässig der Weg verlegt und ringsum das ganze Gebiet von Westberlin einschliesslich seiner Grenze mit dem demokratischen Berlin eine verlässliche Bewachung und eine wirksame Kontrolle gewährleistet wird». Das ehemalige Politbüromitglied Kurt Hager warf 1996, sieben Jahre nach dem Sturm der freigegebenen Mauer, dem bundesdeutschen Gericht in Berlin vor, es gehe bei der Anklage gegen ihn und sechs Mitangeklagte, in insgesamt 66 Fällen «gemeinschaftlich handelnd Menschen getötet zu haben, ohne Mörder zu sein beziehungsweise eine solche Tat versucht zu haben»,[75] darüber hinweg, dass die DDR von 1949 bis 1961 durch Währungsmanipulationen, Ausnutzung der tiefen Preise für Grundnahrungsmittel, der niedrigen Tarife und Mieten durch Zehntausende von Grenzgängern, Abwerbung von Fachkräften und Akademikern schwer geschädigt worden sei – die Schadenssumme werde auf 120 Milliarden Mark geschätzt. «Das Ausbluten der DDR war schliesslich so schwerwiegend, dass die Existenz der DDR gefährdet war.» Die Schliessung der Grenze – Notwehr. «Wäre die Westgrenze der DDR nicht entsprechend gesichert worden, hätte dies jederzeit zu gross angelegten bewaffneten Provokationen führen können, mit der Gefahr des Ausbruchs des 3. Weltkrieges», rechtfertigte sich im gleichen Prozess der Angeklagte Horst Dohlus persönlich. Der Bau der Mauer, gab Egon Krenz, kurzzeitig Generalsekretär der SED, zu Protokoll, sei kein Alleingang der DDR gewesen, sondern «Ausdruck des Willens der Siegermächte, die Ergebnisse des zweiten Weltkrieges abzusichern. Die Westmächte haben den Mauerbau respektiert.» Die Schliessung der Grenze – eine Notwendigkeit, eine deutsche, letztlich ein Entscheid der Sowjetunion. «Jede der beiden Supermächte benutzte ‹ihren› deutschen Teilstaat als Vorposten und Aufmarschgebiet für einen drohenden dritten, möglicherweise sogar atomaren Weltkrieg ... Alles, was die Grenzsicherung betraf, war von Moskau vorgegeben worden. Die DDR und ihre politische Führung hatte dabei kaum Spielraum», verteidigte sich Erich Mückenberger.

Kremlchef Chruschtschow soll dem Bonner Botschafter in Moskau Monate nach dem Bau der Mauer erklärt haben: «Ich möchte Ihnen auch nicht verhehlen, dass ich es gewesen bin, der letzten Endes den Befehl dazu gegeben hat. Ulbricht hat mich zwar seit längerer Zeit und in den letzten Monaten immer heftiger gedrängt, aber ich möchte mich nicht hinter seinem Rücken verstecken. Er ist zu schmal für mich.»[76] Er machte damit klar, wo Gott hockte. «Einen SED-Generalsekretär, der vor 1989 auf die Idee gekommen wäre, das historisch gewachsene Grenzregime abzuschaffen, hätte das gleiche Schicksal getroffen wie Alexander Dubcek. Die DDR wäre in eine ähnliche Situation gekommen wie Ungarn 1956 oder die Tschechoslowakei 1968», wollte Egon Krenz in den neunziger Jahren fürs Geschichtsbuch festgehalten haben, in dem der noch am 15. Juni 1961 vor internationaler Presse ins Mikrofon gekrächzte Satz Walter Ulbrichts zu finden ist: «Niemand hat die Absicht, eine Mauer zu errichten.»

Leni A., die nur Wochen vor dem Bau des umstrittensten Mauerwerks Europas Berliner Luft schnupperte, roch nicht den noch nicht angerührten Mörtel, sah nicht die bereitstehenden Betonplatten, verletzte sich beim Überschreiten der Zonengrenze nicht an den schon ausgelieferten, aber noch nicht ausgerollten Stacheldrähten. Sie ärgerte sich nur über die Art und Weise der sozialistischen Propaganda. «Die haben uns ideologisch beschnorrt» und hätten dabei übereifrig die marxistischen Vokabeln in einem Tempo durcheinander gewirbelt, dass die Schweizerin sich nur noch mit dem Einwurf habe zu wehren wissen: «Äxgüsi, aber so gut Deutsch verstehe ich denn auch wieder nicht. Könnte der Genosse nicht etwas langsamer reden?» Worauf der nicht nur die Sprechmotorik gedrosselt habe, sondern ein eigentliches Gespräch entstanden sei.

Die wachsenden Schikanen an der Grenze habe sie bei ihren späteren Besuchen «sportlich genommen», habe auch Verständnis gehabt. Die soziale Ordnung, der die sich verschrieben, «bringt keine Regierung ohne Druck zustande». Drum habe sie denen, die ans Paradies hienieden geglaubt, ohne dass sie bei der Pfarrerin Leni A. um Absolution gebeten, «einiges verziehen». Den OstlerInnen und ihren FreundInnen im Westen – die die mangelnde Freiheit im Osten beklagten und beteuerten, es gehe ihnen nicht um materielle Annehmlichkeiten – habe sie nie so ganz getraut und nach 89 habe sich ja auch gezeigt, «dass es durchaus nicht nur um die Freiheit gegangen ist beziehungsweise vor allem auch um die Freiheit, so viel Geld zu verdienen, wie man will». Sie habe damals ihren FreundInnen im Osten geglaubt, die auf Gerechtigkeit gesetzt, gehofft und immer beteuert hätten: «Es fehlt uns nichts, was wir wirklich brauchen. Es ist für uns gesorgt.» Heute, 1997, müsse sie – einige werden es gerne hören – zugeben, auf dem linken Auge blind gewesen zu sein. Sie habe die Welt und die Menschen besser kennen gelernt und einsehen müssen, dass Menschen nicht immer der Idee entsprächen. «Man kann die Leute, denen es gut geht, nicht zur Gerechtigkeit zwingen.» Das ende immer in Gewalt. «Das System, dessen politischer Klasse und Führung ich seit 1981 als Kandidat und seit 1984 als Mitglied des Politbüros der SED angehört habe, hat vor dem Leben, vor der Wirklichkeit versagt», rechnete Günter Schabowski 1996 mit sich und seinen Mitangeklagten ab. «Die Toten an der Mauer sind ein Teil der Erblast unseres missratenen Versuchs, die Menschheit von ihren Plagen zu befreien. Die innere Logik einer Gesellschaftsidee, die die Rolle des Individuums niedriger veranschlagt als das Gemeinwohl eines abstrakten Menschheitsbegriffes, treibt zu Inhumanität.»

Aber, fährt Leni A. nachdenklich fort, «wir haben heute» – der Kalender zeigt 1997 an, das achte Jahr nach dem Endsieg des Kapitalismus mondial – «sehr wenig Grund, uns über diese Ansichten dort zu erheben», und denkt dabei womöglich an Punkte, die sich der letzte SED-Ministerpräsident Hans Modrow in einem Interview mit Dietmar Jochum[77] gutzuschreiben sucht: «Gewiss wurden individuelle Menschenrechte in der DDR missachtet, das will ich weder verdrängen noch bagatellisieren. Aber wo gibt es den Staat, in dem keine Menschenrechte verletzt werden? Die Bundesrepublik ist es ganz sicher nicht. Sie ist ein Land, in dem es über sechs Millionen Arbeitslose gibt – zwei Millionen verdeckt, vier Millionen in der Registratur. Das heisst, hier wird in schwerster Art und Weise gegen solche Menschenrechte wie das Recht auf Arbeit und gegen die Verfassung verstossen. Denn darin wird zugesichert, dass die Würde des Menschen unantastbar ist. Aber wie schwer wird ein Mensch in seiner Würde getroffen, wenn er arbeitslos ist und praktisch als nutzlos für die Gesellschaft beiseite geschoben wird? Und das geschieht in diesem Land Bundesrepublik millionenfach.»

Emilio M. – Fünfter Bericht

«Häsch wider en Cheib voll Soujude gmacht!», habe der Meister ihn jeweils angefahren, wenn er bei seiner ersten bezahlten Arbeit als Malergehilfe für vier Franken zwanzig die Stunde die Wand mit dem Roller nicht richtig, Quadratzentimeter für Quadratmillimeter, eingefärbt, sondern Leerstellen – «Juden» eben – hinterlassen. Er habe, «immer als Werkstudent», Ende der fünfziger Jahre zu studieren begonnen – Medizin, den Rat seines Stiefvaters befolgend, der vermutlich kurz nach dieser letzten erzieherischen Gebärde die Schweiz verliess und sich in die DDR absetzte. Womöglich las Emilio M. in jenen ostwestpolitisch bedeutenden Tagen, was der Berliner Korrespondent des «Vorwärts», dessen richtigen Namen, Br., er nie trug, aus Berlin-Ost als Jean Villain berichtete. Las am 18. August, vielleicht mit Stolz, aber womöglich bereits mit politischen Vorbehalten, dass «der Friede in Europa seit dem 13. August erheblich gefestigt»[78] sei.

Er, Jean Villain, war «ausgerechnet am Abend zuvor ... ahnungslos in den Urlaub gefahren. Und zwar in die tiefste Uckermärkische Provinz», sodass die Drahtzäune schon standen, als er, alarmiert, rechtzeitig zum Sonntagsbraten wieder in Berlin eintraf und dort eine andere Stadt vorfand als die

KorrespondentInnen der Westpresse. Tausende hatte die von der «Neuen Zürcher Zeitung» zitierte «United Press International» in den frühen Abendstunden jenes 13. Augusts beiderseits der Sektorengrenze ausgemacht, Tausende, die empört «pfiffen und johlten, wenn die Volkspolizei gegen einzelne Personen vorging». In ganz Ostberlin seien «ungezählte SED-Agitatoren eingesetzt, die mit der aufgebrachten Bevölkerung diskutieren und sie zu beruhigen suchten. Augenzeugen berichten, dass die kommunistischen Funktionäre von der Bevölkerung offen ausgelacht oder beschimpft wurden.» «Auf den stadtauswärts führenden Fahrbahnen», schrieb M.s Stiefvater, «rollten die Kolonnen der motorisierten Picknickausflügler und vor den Wurstbuden und Glacéständen drängte sich die übliche Menge von Kauflustigen. Normaler hätte also das sich bietende Bild vorerst gar nicht sein können.» Standortänderung, Szenenwechsel – da, wo am Vortag noch ein Grenzübergang West mit Ost verbunden, stiess auch er auf eine «dichte Kette von bewaffneten Angehörigen der proletarischen Betriebskampfgruppen in graubraunen Leinenkombinationen und Schirmmützen», die den Zugang zur Grenze mit ihren Körpern verbauten – Hunderte von Menschen rundherum. Aber, stellte der beunruhigte Berliner Korrespondent des Parteiblattes der PdA Schweiz erleichtert fest: «Die Menschenknäuel waren lediglich in Diskussion verwickelt.» Zwei Männer in seiner Nähe, «zwei noch sehr junge Burschen», vermerkte er, «deren fast abenteuerlich spitze Wildlederschuhe und rote Lederjacken à la James Dean eindeutig von jenseits des Brandenburger-Tores stammten», hätten sich lautstark über die «neuen Massnahmen» ausgelassen. «Doch siehe da, sie fanden wenig Gegenliebe bei der Menge.» Zwei ältere Frauen hätten «mit fast rührender Geduld» versucht, ihnen «Sinn und Zweck der neuen Vorkehrungen vom Hausfrauenstandpunkt zu erklären». Ein älterer Herr habe politisch argumentiert: «Vergebene Liebesmüh!» Die beiden «Jüngelchen» hätten nur die «Lautstärke ihrer Quengelei» gesteigert. «Doch je lauter sie wurden, desto peinlicher begann ihre Argumentation nach Provokation zu riechen, bis dem einen in unfreiwilliger Selbstentlarvung sogar entfuhr, was ihn anbeträfe, so glaube er keineswegs, dass die Nazis wirklich so schlecht gewesen seien oder gar Judenmorde begangen hätten. Diese schloddrig hingeworfene Ungeheuerlichkeit war dann freilich das letzte, was man von den jungen Herren vernahm», schrieb Jean Villain. Schrieb: «Anständige Menschen wurden von den Grenzschutzmassnahmen der Regierung der Deutschen Demokratischen Republik nicht betroffen.» Und sah sogar «Zeichen und Wunder» geschehen, «so kann man neuerdings, da den Schiebern von drüben die U-Bahn nicht mehr zur Verfügung steht, in den hiesigen Lebensmittelläden zum Beispiel plötzlich wieder Pfifferlinge oder chinesischen Orangensaft in Büchsen bekommen. In den Metzgereien wiederum bleiben nunmehr selbst abends, kurz vor Geschäftsschluss, reichliche Mengen von Rumpsteaks und Kalbsbraten zu kaufen, und in den Photoläden, um nur noch ein Exempel unter vielen anzuführen, werden jetzt auch jene Rollfilmsorten, die bis anhin in der Regel nur schwer zu finden waren, von neuem angeboten.»

Bei späteren Reisen in die DDR habe er, Emilio M., trotz der Bemühungen seines Stiefvaters, der als «Werbeträger des DDR-Regimes» auftrat, «die Tristesse erlebt», habe sich, zum Beispiel als er mit einer Frau ins Hotel habe gehen wollen, furchtbar über die puritanische Arroganz geärgert, mit der seine Freundin von der Frau an der Réception «zusammengeschissen worden ist». Und dann die Verbrüderung der DDR-BürgerInnen beim Bier – mit ihm, dem Westler. «Grässlich! Als Linker!» Aber dass sie damals die Mauer gebaut, «das finde ich heute noch richtig», gibt er dem Stiefvater, als die letzten Steinbrocken längst verhökert, Recht. Die europäische Spaltung verhalf Marcel Br. – dessen erklärte Absicht, sein Teil zum Aufbau des Sozialismus beizutragen, durchaus glaubhaft gewesen – zu seinem ganz privaten Frieden. Die ideologisch einwandfreie Emigration ermöglichte ihm die private Trennung von der Widerstandskämpferin und Kommunistin Giovanna M., jetzt Br., die er bestimmt nicht bat, ihn mit dem Stiefsohn Emilio M. und der gemeinsamen Tochter ins bessere Deutschland zu begleiten, sondern sie, die ihm aus Italien in die Schweiz gefolgt, mit ihrem Sohn, der deutschen Sprache kaum kundig, gern und allein im geografischen Zentrum des westeuropäischen Blocks zurückliess. Marcel Br., vermutet sein Stiefsohn und Psychoanalytiker, sei – weil er's nicht geschafft hätte, sich, in Zürich bleibend, von der in Zürich ausharrenden Witwe eines italienischen Marineoffiziers scheiden zu lassen – dem Ruf der Utopie sicher dankbar gefolgt. Offener Schluss einer Familiengeschichte, dessen juristische Beglaubigung – nach Scheidungsverhandlungen zwischen West und Ost, die, so Emilio M., «ewig gedauert haben» – erst Jahre später einen Zustand bestätigte, der längst Gewohnheit geworden. Er habe schon damals «beide Seiten gesehen» und dem abtrünnigen Stiefvater die Treue gehalten. Obwohl der sich seiner materiellen Verpflichtungen, noch einmal die Unterstützung der grossen Welt beanspruchend, zum Teil entzog, sich darauf berief, er könne keine Devisen von Ost nach West verschieben. Habe ihm höchstens übel genommen, dass er ihn mit der verzweifelten Mutter und ihren Begehrlichkeiten allein gelassen, sodass sie seiner, M.s, Hilfe bedurft. Die er «zähneknirschend» geleistet habe, auch dann noch, als er, auch dieser «belastenden Trennungsgeschichte» wegen, das verlassene Haus verliess, früh mit seiner Jugendliebe, die der Gymnasiast M. im Tanzkurs kennen gelernt, zusammenzog – «weil ich den Wunsch hatte, mich selbstständig zu machen» –, ebenso früh die Ehe mit ihr einging, obwohl er und sie nie hätten heiraten wollen. «Ich war ja theoretisch immer für die freie Liebe und habe das praktisch auch immer versucht», schmunzelt er. Das Jawort habe er, der Heiratsverächter, sich schliesslich doch abgerungen. Nicht einmal wegen des Aufruhrs, den die wilde Ehe in der Familie der Braut ausgelöst. «Der Aufruhr hätte mich nicht gerührt», aber dass der zum Verschwiegern wild entschlossene Brautvater «irgendwie willens war, einen Herzinfarkt zu bekommen, wenn wir das durchgezogen hätten», das habe, entschuldigt sich Emilio M., seinen Sündenphall provoziert, sein Mitleid geweckt und ihn ins Standesamt gelockt, wo er sich erfolgreich Mut zusprach: «Für mich ist es ja wurst, ob ich heirate oder nicht.»

Victor S. – Dreizehnter Bericht

Der Staatsschutz hat, wird nie erfahren, wen Victor S. damals unter unverwanzten Tannen und abhörsicheren Buchen auf ein verabredetes Zeichen zwei-, dreimal im Jahr zwischen verschwiegenen Borkenkäfern traf. «Du findest in meinem Nachlass keine einzige Notiz mit seinem Namen, nichts, das ist alles in meinem Kopf.» Der Kommunist und Patriot – «Ich habe immer gefunden, der Kommunist, das ist der beste Schweizer» –, im Mai 1952 in die «Gefährlichen-Liste» der Stadt Zürich eingetragen, überwachungssensibilisiert, versuchte, andere hakenschlagend zu schützen vor den vermuteten Schatten in seinem Rücken und staatlichem Auftrag. Lockte diese in Cafés und Lesesäle, die er durch Hinterausgänge verliess, sodass die Maulwürfe seine Spur verloren, noch bevor er die traf, die den Auflistlern noch nicht «bekannt». Es gibt folglich keine geheimen Berichte an die Bundesanwaltschaft, von denkbaren Gesprächen in einem Schweizer Wald über die deutsche Mauer. S., seit 1960 Redaktor des «Vorwärts», erinnert sich nicht, wie es zum Kontakt mit ihm gekommen. Er habe gewusst, genau gewusst, was der – nicht für S. – Namenlose getan und welche Position er innegehabt. Wie ein heimlicher Liebhaber musste er, S., warten, bis er sich meldete, «der Wirtschaftsmagnat», der ein Leben zwischen zwei Welten geführt – Kapitalismus auf höchster Stufe, Imperialismus, wie Lenin es beschrieben, und Marxismus. «Feuer und Wasser», lacht S., der dem Mann – den er für einen Unglücklichen hielt und hält, «der hat sich die Seele aus dem Leib gekotzt» – stundenlang zuhörte, dadurch Einblick in wirtschaftliche Zusammenhänge und Interna gewann. Manchmal habe er ihm danach einen grösseren Betrag für den «Vorwärts» zugesteckt, in Abwesenheit staatlicher Beobachter, die diese Transaktion bestimmt korrekt verbucht und Jahre später versucht hätten, eines der Bücher in bundespolizeilichen Besitz zu bringen, das der «Privatgelehrte» geschrieben, in zehn Exemplaren hatte drucken lassen und S. zwei davon übergab, mit der Bitte, die politische Analyse der Sowjetunion – «ein genialer Wurf», schwärmt S. noch heute – den Machthabern in Moskau, dannzumal Gorbatschow, zukommen zu lassen. Er habe, so S., das Nötige veranlasst, aber nie erfahren, ob das Buch in die richtigen Hände gekommen, die an den Hebeln der Macht. Den bekannten Verlauf der Geschichte hat der unbekannte Schweizer, der «so viel vorweggenommen», nicht aufzuhalten vermocht.

S. war 1960 für die Arbeit beim «Vorwärts» ins Welschland, war wie seine Frau gerne in die französische Schweiz umgezogen. «Der Klimawechsel hat mir gut getan.» In Genf musste der in der Deutschschweiz Geächtete kein Doppelleben mehr führen, bezog als Kommunist einen Lohn, wenn auch einen kleinen – «etwa sechshundert Franken im Monat» –, bei der Wochenzeitung der «Partei der Arbeit», wurde als Kommunist Gemeinderat von Meyrin,[79] endlich sogar Grossrat des Kantons Genf. Es gibt von Redaktor S. keine heiklen Sätze – die nachgeborene Richterlinge mit gefurchter Stirn tadeln könnten –, es gibt von S. keine veröffentlichten Sätze über die Mauer, die nicht in sein Ressort – Innen-, Sozial- und Wirtschaftspolitik – gepflastert wurde. Und darüber war, ist er womöglich ganz froh. Es habe natürlich in Redaktion und Partei Diskussionen gegeben, über das «graue Ding» mitten durch Berlin. «Das hat keinem gefallen.» Trotz der ersten Reaktion – «Die sind ja wahnsinnig!» – hätten sie, soweit er sich erinnere, ganz auf Seiten der DDR gestanden, die etwas gegen «das Abwerben der ganzen Intelligenz» habe tun müssen. «Da sind die Ärzte in Scharen davongelaufen, die Apotheker, die Akademiker; die Künstler sind noch am wenigstens abgesprungen, aber die Ingenieure, auch die hochqualifizierten DDR-Arbeiter, die konnten ja in Westdeutschland das Zehnfache verdienen», ereifert sich S. «Das war ein Schlag, den kein Staat auf die Länge erträgt. Irgendetwas musste die DDR gegen diese Abwanderung unternehmen.»

Das klingt, unterbricht der Jüngere den Älteren, *ganz nach Zwang zum Glück.* «Nein, die politisch Mächtigen in der DDR wollten die Leute nicht einmal zum Glück zwingen, sie hatten einfach Angst davor, dass ihnen das Volk davonläuft.»

Das muss man sich mal vorstellen – das Volk läuft der Regierung davon? «Du hast Recht. Das ist so, wie Brecht gesagt hat – dann müsst ihr euch halt ein anderes Volk zulegen.⁸⁰ Das war ja auch problematisch. Wir haben diese Mauer als Schrecken betrachtet. Trotzdem haben wir in der Zeitung verständlich zu machen versucht, dass die DDR das nicht getan hat, um die Leute in ein Zuchthaus zu sperren, sondern aus nackter Not heraus.»

Der den Glauben nicht verlieren wollte und will, verteidigt seine DDR-GenossInnen von damals. «Diese Diskussion kann man im Nachhinein am Schreibtisch wunderbar führen, aber wenn es darum geht, soll die DDR kaputtgehen oder nicht, stellt sich die Frage ganz anders.» Der von sich sagt, er sei fünfzig Jahre lang Enttäuschung um Enttäuschung ärmer geworden, ist immer noch «von der Idee selber überzeugt, hundertprozentig überzeugt». Man müsse doch, auch wenn er selbst «langsam am Ende» sei – am Ende seines Lebens, meint er, 1997 –, eine Perspektive haben, «irgendwann muss diese Menschheit doch zur Vernunft kommen, oder sie geht unter».

Wo Gott hockt oder nicht

Jochi W. – Vierter Bericht
Manchmal wird der Berichterstatter – weil ihn ein Bild begeistert, eine Szene besticht – zum Komplizen und notiert willig, woran eine oder einer sich zu erinnern wünscht. Dass zum Beispiel Jochi W. – in dessen mit Anjuska W. geteilter Wohnung der Fernseher 1997 den für ihre Kaufkraftklasse üblichen

Platz einnimmt – damals lauthals gegen die Glotze im Lehrlingsheim aufbegehrt habe. Womöglich ohne jeden Kulturpessimismus, aus blossem Protest gegen den Umstand, dass er nach der Rückkehr aus dem Kinderheim – im Gegensatz zu seinem Bruder, der als der «ringere»[81] gegolten – nicht zur Mutter, sondern ins Lehrlingsheim gekommen. Während andere in jenen Jahren – «Das kann ich genau sagen, das war 1959 bis 1962» – noch eifersüchtig und hinter Vorhängen versteckt beobachteten, wie bei NachbarInnen das tägliche Flimmern zaghaft Einzug hielt, habe er «schon gemotzt, dass er einen Fernseher hat», schmunzelt Anjuska W., damals noch G., im Verlauf langer Ehejahre mit den jugendlichen Heldentaten ihres Gatten so vertraut gemacht, als wären's ihre eigenen.

Immer wieder von glucksendem Lachen gestoppt, erzählt er weiter, sichtlich heiterer als bei den bedrückten Erinnerungen an die Kindheit, erzählt, wie der Eisenbetonzeichnerlehrling Jochi W. den Mitarbeitern des Heims – Mitarbeiterinnen gab es zu jenem Zeitpunkt vermutlich noch keine – vorhielt, sie setzten sie, die Lehrlinge, am Abend vor den Fernseher – ganz nach dem Motto Brot und Spiele. «Was ich ja heute geniesse.» Aber dazumal hätten er und sein Freund diskutieren wollen, hätten sich – nachdem der Heimleiter beleidigt, die Technologie der Zukunft unter dem Arm, abgezottelt sei – Redeschlachten geliefert. Über Sein oder Nichtsein von Gott zum Beispiel. «Ich hatte schon erste Berührungen mit marxistischen und materialistischen Weltanschauungen und war der festen Überzeugung, es gebe keinen Gott», er schnappt kichernd nach Luft, «er hat für, ich gegen Gott gefochten.» Die anderen Lehrlinge hätten zueglosed und gaffed, hätten sich predigen lassen, sie würden ausgebeutet, vom Lehrmeister, und wenn sie am Abend bloss in die Röhre glotzten, ändere sich daran gar nichts. Ein Glück für Jochi W. und seinen Freund, dass die TV-PionierInnen noch nicht entdeckt, dass Fernsehen mehr ist als Radio mit Bildern; so war der Blick in die kleine Arena des Lehrlingsheims offensichtlich noch attraktiver als das schwarzweisse Rauschen der grossen weiten Welt.

Auf die Ausbeutung, das heisst auf die Benennung eines erlebten Zustandes, war Jochi W. in der zionistisch-sozialistischen Jugendorganisation «Haschomer Hazair» gekommen, wo der geborene Peter W. – wegen des Gruppenleiters Jochanan, den er bewundert und gern bekommen – als Jochi W. gross wurde. Er habe sich unter «diesen Kommunisten», wie der Vater jedes Mal gebrummt, wohl gefühlt. Obwohl die Gymnasiasten in der Gruppe auf ihn als einen der wenigen Lehrlinge, die sie als «zweit- oder drittrangig» betrachteten, herabgeschaut hätten. Er habe sich betrogen gefühlt, dem Lehrmeister ins Gesicht geschleudert: «Sie verdienen doch an mir!» Was der nicht bestritten, im Gegenteil: «Peter», habe der attestiert, weil er vom Jochi nichts gewusst, «du hast Recht, aber wir sitzen am längeren Hebel.» Grad so habe er es gesagt. Bschisse sei er sich vorgekommen, vom Lehrbetrieb, weil er im ersten Lehrjahr nur siebzig Franken im Monat verdiente. Bschisse von den Eltern, weil er den grössten Teil des Lohns im Lehrlingsheim abgeben musste, sodass ihm am Ende grad noch fünfzehn Franken Sackgeld geblieben. Bschisse von diesem ungerechten Leben, das ihn in eine Lehre, in die Gewerbeschule zwang, während die anderen ins Gymnasium durften. Er habe aufbegehrt, habe sich gesagt: «Du musst mehr lernen, wenn du nicht immer unten durch willst.» Und habe schliesslich, weil die ja genug am Lehrling Jochi W. verdient, begonnen, jeden Tag eine Stunde zu lesen, «i de Bude», sodass er beinahe aus der Lehre geflogen. Aber weil er mit seiner Leistung einigermassen zufrieden gewesen, habe der Lehrmeister ein gewisses Verständnis gezeigt, ihn nur hie und da an die Hebelverhältnisse erinnert, sodass Jochi W. immer weiter büffelte, schliesslich Lehrer mit heilpädagogischer Zusatzausbildung, dann Assistent in der «Arbeitsgruppe für Strafreform an der Hochschule St. Gallen» wurde. Aber, seufzt der Fünfundfünfzigjährige, «du kannst so viele Schulen besuchen, so viele Abschlüsse machen, wie du willst, die anderen sitzen immer am längeren Hebel».

Novembercafard

Leni A. – Fünfter Bericht

Der Berichterstatter erinnert sich genau an jenen Tag – es war der 22. November 1963 –, das erste, was er, noch schwarzweiss, im ersten Fernseher seiner Eltern sah, war der Mann, der im Fond einer offenen und aussergewöhnlich langen Limousine zusammensackte und die Frau, die auf allen vieren über den Rücksitz aufs Heck kroch, aber sofort von einem herbeistürzenden Sicherheitsbeamten ins Polster zurückgestossen wurde, damit sie nicht vom davonrasenden Fahrzeug rutschte. Dass ihr Kleid – das sie noch Stunden später trug, als sie hinter einem Sarg aus der «Air Force One» stieg – blutbefleckt war, sah er erst Jahre später in farbigen Rückblicken auf die sechziger Jahre; als der Mann schon nicht mehr die Identifikationsfigur war, die er auch für Leni A. gewesen. Noch im Juni jenes Jahres hatten ihm Tausende von BerlinerInnen, WestberlinerInnen, zugejubelt, als er ihnen über Mikrofone, aber doch nur schlecht verständlich zurief: «Ich bin ein Berliner», obwohl er, wenn's der Wahrheit entsprochen, nie geworden wäre, was er war – Präsident der Vereinigten Staaten von Amerika. Sie habe sowieso schon «de Cafard gha», so einen richtigen Novembercafard – wie die SchweizerInnen, wenn sie's mit den Welschen haben, sagen, wenn sie die allgemeine Unlust oder der gemeine Überdruss befällt. «Und dann ist noch dieser Kennedy gekommen», erzählt Leni A. Unterwegs habe sie die Nachricht erhalten, dass da «wieder ein guter Politiker um dr Egge pracht» worden sei. Der Berichterstatter hat noch seinen Onkel vor Augen, der ihn und seine Eltern, das Transistorradio am Ohr, zum Bahnhof begleitete. Sie sei heulend nach Hause gerannt, habe sich unterwegs «en Krimi poschted», das einzige, hätte sie sich gedacht, «was mich jetzt noch retten kann». Erst später, der Mörder war längst gefasst, seien ihr im Zusammenhang mit der amerikanischen Politik in Lateinamerika, und natürlich in Vietnam, Zweifel am westweltweiten Hoffnungsträger, Zweifel an John F. Kennedy gekommen.

BrotundMilch

Hansjörg B. – Zwölfter Bericht
Weihnachten in der Schweiz – darauf bestanden die B.s, das forderte Sylvia von Hansjörg B., der diesen Aufschub seinem neuen Arbeitgeber, dem «Roten Kreuz», abverlangen musste, auch wenn es nicht gern gesehen war, dass die B.s Weihnachten noch in Europa verbringen wollten, mit echten Basler Brunsli und selbst bestrichenen Mailänderli, unter einem Tannenbaum, der Nadeln verlor, mit Mitternachtsmesse und Odufröhliche. Die Zeit drängte. «Es war ein katastrophaler Winter für Algerien», entsinnt sich Hansjörg B., dieser erste unabhängige Winter, nachdem im Juli 1962 das Abkommen von Evian[82] unterzeichnet worden, die Franzosen abgereist und die kolonialen Organisationsstrukturen zusammengebrochen waren. «Die Algerier waren natürlich nicht darauf vorbereitet, sofort die ganze Verantwortung zu übernehmen.» Deshalb sei Hilfe aus dem Norden gefragt gewesen, wenigstens bis zur nächsten Ernte. Da er ohne Stelle gewesen, habe er den Auftrag – Algerien –, vorerst drei bis fünf Monate, gerne angenommen. Dass er die Familie habe mitnehmen wollen, habe den Zuständigen gar nicht gefallen. «Das Rote Kreuz ist wie die katholische Kirche. Die haben ihre Hirten lieber ohne Anhang. Dann kann man sie besser führen.» Aber dafür hätte er «vom Sylvia» nie die «Zustimmung bekommen». Die Frau gab dem Mann klar zu verstehen: «Mit zwei Kindern lässt du mich nicht allein.» Er sei dann zwar, so hätten sie's abgemacht, als erster in den Süden geflogen, und sie, erzählt Sylvia B., habe mit den Kindern vorübergehend bei ihren Eltern gewohnt. Da habe sie einiges zu hören bekommen – «Man geht doch nicht in ein Kriegsland, mit Kindern!» Natürlich sei es ein gewisses Risiko gewesen, räumt B. ein, um dann auf alltägliche Bedrohungen hinzuweisen. Auch hier zu Lande könne jederzeit etwas passieren, ein Autounfall oder so. «An Ort und Stelle», im Ausland, meint er, sei es ja meistens halb so wild, wie es zu Hause in der warmen Stube aussehe. Es ist, als versuchte er nachträglich noch, die Schwiegereltern zu beruhigen. Im Auslandteil der Zeitungen erscheine es immer so, als gäbe es in jenen fernen Ländern dauernd und überall irgendwelche Terrorakte. «Ich», ruft sich Sylvia B. 1997 in Erinnerung, «ich habe gesagt», ihren Eltern habe sie klar gemacht, «ich gehe, das ist mein Mann, und ich gehe mit den Kindern, die brauchen ihren Vater.» Und fährt dann beschwörend fort, «ich habe mich durchgesetzt!» Woran der Berichterstatter keinen Moment gezweifelt hätte. «Aber ich habe viel hören müssen», wiederholt sie. Erst später hätten sie, ihr

Vater und endlich auch die Mutter, ihn, den Hansjörg, «wahnsinnig gern» bekommen und seien, als er 1978 in den Nationalrat nachrückte, furchtbar stolz auf ihn gewesen.

Nachdem der Versuch, sich selbst an den Volant zu setzen, mit einem Blechschaden geendet, liess er sich – verbindliche Anweisung von oben – einmal pro Woche zu jeder der rund fünfzig Milchstationen chauffieren, wo er als Verantwortlicher die Abgabe von Milch und Brot an Kinder zu überwachen hatte. «Aus schweizerischer Sicht war die Milch, in den Augen der Algerier das Brot das Wichtigste.» Die hätten am liebsten nur das Brot genommen, wofür der Schreibende – dem schon der Gedanke an aufgekochte Milch Ekel in die Kehle stösst – grosses Verständnis hat. «Und dann ist es halt noch Pulvermilch gewesen», die, flüssig gemacht, innert vierundzwanzig Stunden habe getrunken werden müssen, danach sei sie ungeniessbar, «ich glaube, sogar gesundheitsgefährdend» geworden. «Deshalb musste man verlangen, dass die Kinder die Milch grad auf dem Platz tranken.» Immer wieder hätten Erwachsene, für die die Milch gar nicht gedacht, versucht, «imene Chesseli» etwas Milch nach Hause zu nehmen. Das habe man schon aus Gesundheitsgründen, aber auch um der Gerechtigkeit willen unterbinden müssen, was ihm, besonders bei den Frauen, unangenehm gewesen – die hätten das Chesseli unter ihren Schleiern versteckt, «die haben so schleierartige Kleider getragen, im Gesicht waren sie unverschleiert». Da habe er Hemmungen gehabt. «Ich wollte, um Himmels willen, auch nicht der Chef sein.» Was er natürlich war; aber unter den übrigen Mitarbeitern des Roten Kreuzes – «so Junggesellentypen» – auch ein Aussenseiter, weil er keinen Alkohol trank, mit der Familie da war. «Am Abend sind die meistens zämeghockt», hätten Whisky getrunken, Informationen ausgetauscht, die ihm dann zum Teil gefehlt, und natürlich über Frauen geredet. Bei allem Verständnis – «die algerischen Frauen sind ja sehr anziehende Frauen» –, diese Männerwelt – «in der man vor allem über Frauen redet» – sei nie seine Welt gewesen. In Algerien habe es ihm nach ein paar Monaten trotzdem ganz gut gefallen. Aber dann sei der Befehl gekommen – nach Hause. Sie seien von den Algeriern regelrecht «usedrängt» worden, mit einem Dankeschön für die Hilfe, die, bis jetzt, dringend nötig, und der Begründung – «die natürlich absolut richtig gewesen ist»: «Wenn ihr», hätten die Algerier zu ihnen gesagt, «noch länger bleibt, jetzt, wo die Ernte bevorsteht, dann schafft ihr eine ‹mentalité des mendiants›.» Die Vertreter der neuen Regierung hätten grosse Angst gehabt, die internationale Hilfe könnte ihre Landsleute derart verwöhnen, dass ihnen, Bettlermentalität eben, jede eigene Arbeit zu viel würde.

Geometrie der Wahrheit

Anjuska W., geborene G. – Achter Bericht
Auch diesen Aufsatz, Diplomaufsatz, gibt es nicht mehr. Die Rektorate bewahren die mit zittriger Hand beschriebenen Blätter nach Ablauf der ordentlichen Rekursfrist vermutlich nur noch kurze Zeit auf. Kein Platz für kilometerlange Archive, in denen pubertäre Erlebnisberichte oder jugendliche Dialektik aufbewahrt werden. Nur weil irgendwann irgendeine der vielen tausend SchülerInnen eine erfolgreiche Schriftstellerin werden könnte, oder Bundesrätin. Worauf sich bestimmt irgendein People-Magazin für die frühreifen Überlegungen der zur Quotenlieferantin gewordenen Schülerin interessieren würde. Und die Diplomierten selbst sind froh, den Ort des zur Pflicht verkommenen Rechts, nachdem sie das «Bestanden» von rektoraler Pfote ins schweissnasse Händchen gedrückt erhalten haben, ohne Verzug hinter sich lassen zu können, so schnell ihre Beine den Rest des Körpers in die Zukunft zu tragen vermögen, und kehren nie zurück, um sich die offensichtlich für gut befundenen Arbeiten aushändigen zu lassen. Deshalb ist auch Anjuska W., damals G., nicht im Besitz des Originals dieses Werks, das sie zum Abschluss der Zürcher Töchterschule, als Reifebeweis gewissermassen, verfasst. Die aus der Erinnerung rekonstruierte Nachschrift entlockt ihrem Mann, Jochi W., noch dreissig Jahre später Bewunderungsrufe. «Stell dir vor» – schon der Gedanke begeistert ihn für seine Frau –, «du hast mit achtzehn Jahren das Thema», das ihn jetzt – «im hohen Alter», kokettiert er –, beschäftige, «abgehandelt. Das ist phänomenal.» Die junge Frau notierte, der volksmündlichen Weisheit «Es händ beid rächt» widersprechend: «Die Wahrheit liegt nicht in der Mitte.» Entlarvte den logisch wahren Satz «Es regnet oder es regnet nicht» als reichlich abstrakte Aussage über die Wirklichkeit. Schliesslich spürt es ja jeder und jede hautnah – es regnet oder es regnet nicht, basta. «Die Wahrheit liegt nicht in der Mitte.» Punkt. Schrieb sie. Und das, wie sie selber festhielt, ausgerechnet als «diejenige, die oft als der Diplomat der Familie bezeichnet wird». Der Schweiz aber warf sie vor, sie lebe «weitgehend» vom Kompromiss, «und zwar gar nicht schlecht». Und fuhr fort: «Die Wahrheit ist kein mildes, sanftes Licht, in dessen Wärme wir uns sonnen können, wie etwa in der Frühlingssonne. Sie gleicht eher einem Blitz, der das Düstere auf scharfe Weise aufleuchten lässt und damit offenbart. Die Wahrheit lässt uns keine Zeit zum Trödeln. Sie fordert, dass wir handeln und Stellung beziehen», schrieb sie. Dann ging's auf die Diplomreise – in den Süden Deutschlands. Während in diesem Jahr die meisten SchweizerInnen in den Westen fuhren, an die Expo nach Lausanne. «Ab Schweizer Grenze bis Schweizer Grenze war ich krank.» Kotzübel sei ihr gewesen, in dem Reisebus, den sie nur verlassen, «wenn's absolut unvermeidlich war». Sie interpretiert die heftigen Bewegungen ihres Magens 1997 als physische Reaktion auf den Umstand, «in Deutschland zu sein». Schon damals sei – vor allem, nachdem das Ganze «schlagartig vorbei

war», als sie wieder über eidgenössischen Asphalt rollten – klar geworden: «Ich hatte keine Grippe. Ich hatte nichts.» Eine gesunde Reaktion, findet Jochi W. «Das Schreckliche, das man uns angetan», habe für Jüdinnen und Juden natürlich bedeutet: «Nach Deutschland geht man nicht!» Nein, Angst habe sie nicht gehabt, fährt Anjuska W. fort, Angst, dass unmittelbar etwas passiere; aber es habe eine «diffuse Angst vor Deutschland» gegeben, und ihr Vater habe immer gespöttelt: «Ich habe Deutschland so gern, dass ich froh bin, dass es zwei davon gibt.»

Fettfleck und kaltes Buffet

Anjuska W., geborene G. – Neunter Bericht; Jochi W. – Fünfter Bericht
Im Herbst 1964 erhielt Anjuska, geborene G., seltsame Post. «En Frässzäddel», grinst sie. An den Verfasser, Jochi W., erinnerte sie sich nur dunkel. Sie hatte ihn etwas mehr als eine Woche zuvor erstmals und zufällig in einem Kino getroffen, aber kaum Kenntnis von ihm, ihn einfach als einen der beiden Begleiter ihrer Schulkollegin N. wahrgenommen. «Eine Freundin meines Bruders», stellt Jochi W. die Besetzung des Trios klar, das sich denselben Film über Toulouse-Lautrec anschaute wie Anjuska G., die sofort einen festen Platz in Jochi W.s Hirn eroberte. «Ich war Feuer und Flamme», schwärmt er, «auf alle Fälle sehr beeindruckt», zügelt er sich. Besonders die blonden Haare hätten es ihm angetan – und der weisse Pullover, von dem allerdings nicht gesichert ist, dass Anjuska G. ihn an diesem Abend getragen. «Aber irgendetwas ganz Liebes», da ist sich Jochi W. sicher. Der weisse Pullover ist womöglich nur Wunsch, weil er das Bild vom Engel, an das Jochi W. sich erinnern will, vollkommen machte. «Ich bin schon recht begeistert gewesen von dir», gesteht er, der damals vergessen oder nicht gewagt, nach dem Wohnort der Frau – die sich umgekehrt kaum beeindruckt von ihm zeigte – zu fragen, sodass ihm nichts anderes geblieben, als auf dem Heimweg ihre Kollegin um die Adresse der Fremden zu bitten. Die diese aber erst verriet, als er ihr – «Ich wusste, dass sie gerne etwas mit mir gehabt hätte» – versprach: «Dafür gehe ich einmal mit dir aus.» Was Anjuska, jetzt W., 1997 den Kommentar «so fies» entlockt. Die Schulkollegin N. aber, schmunzelt Jochi W., erlag dem Buebetrickli, rückte die Anschrift heraus und wurde von einem Moralisten schamlos betrogen. Jochi W. nickt – es ist ja längst verjährt –, als Anjuska W. ihn verdächtigt: «Du hast es dann deinem Bruder angehängt, damit er das regelt.» Einen Moment dachte er – «aufgrund meines Pflichtbewusstseins» – noch daran, sich mit der Kollegin von Anjuska G. zu verabreden. Aber dann fasste sich der Eisenbetonzeichner – der sich im Seminar Kreuzlingen zum Lehrer umschulen liess – ein paar Tage später ein Herz, erstand sich am Bahnhofkiosk einen Bogen Papier und ein Couvert, schrieb der Angebeteten ein paar Zeilen, riss unzufrieden die Hälfte des Blattes

weg, versuchte noch einmal, Fettflecken aufs Papier schmierend – vielleicht vom CervelatmitBrot –, seine Gefühle, Sehnsüchte, Wünsche in Sätze zu pressen. «Es ist belanglos gewesen», befindet dreissig Jahre später der ehemalige Dorfschullehrer streng, «aber irgendwie ist zum Ausdruck gekommen, dass ich dich sehen wollte», erzählt Jochi Anjuska W. die ihr bestens bekannte Geschichte für den Berichterstatter, verrät noch einmal, wie er damals den Impuls unterdrückt, ein neues, ein sauberes, ein ganzes Briefbögli zu kaufen.

Und so hielt der Engel ein paar Tage später einigermassen ratlos den Fetzen Papier in der Hand, dachte, trotzig auf dem gerade «zaghaft» aufgebauten Selbstwertgefühl beharrend, «wenn der etwas von mir will, soll er wenigstens einen anständigen Brief schreiben», liess sich dann aber von Mutter und Freundin erweichen, tat, was die ihr rieten – «melde dich mal». Sodass Jochi W.s Sparprogramm keine ernsten Folgen zeitigte, er trotz Fettfleck zu seinem ersten Rendez-vous mit Anjuska G. kam und am 31. Dezember 1964 bereits mit ihr zum Jahreswechsel anstossen durfte. «Er hat mich zur Silvesterparty ins Baur au Lac eingeladen», zu den besseren, zu den reicheren Leuten. «Er hat einfach etwas ganz Besonderes machen wollen», lächelt sie verschmitzt und denkt wahrscheinlich an den jungen Mann zurück, der sie – mit sauber gewaschenen Händen, frisch polierten Schuhen und perfekt verknoteter Krawatte – abholte. I de Schale, wie die SchweizerInnen es nennen, gsunntiged liess er sich ihrer Familie vorstellen und war beeindruckt. Von ihrer Erscheinung – «Du hast ein Samtkleid angehabt, ein blaues, du hast wirklich ausgesehen wie eine Prinzessin», sprudelt es noch nach Ehejahrzehnten aus ihm heraus. Vom herzlichen, vom offenen Empfang, der ihm bereitet wurde, was im Hause G. nichts Besonderes war – «Das war nicht so exklusiv, man hat einfach kommen können», nimmt Anjuska W. 1997 dem Ereignis den Glanz –, aber für den aus der Enge Kommenden war es 1964 «das Grösste», eine ganz neue Erfahrung. So wie Anjuska G. damals zum ersten Mal zu erleben glaubte, dass jemand, Jochi W. eben, «meine Herkunft nicht bemängelt hat», sie akzeptierte, wie sie war. «Ich habe keinen Stand, keine Religion gesucht», bestätigt er, «das tönt jetzt vielleicht etwas geschwollen», fährt er vorsichtig fort, «ich habe dich um deiner selbst willen geliebt.»

Aber die Umworbene war noch eine Wartende, wartete auf R., den Sohn eines Kantors, der mit ihr gefreundschaftet. Aber der Vorsänger in der Synagoge und seine Frau beschieden dem Filius – der die G. nach Hause gebracht und seinen frommen, streng jüdischen Eltern vorgestellt – in nächtlichem Gespräch: eine undenkbare Liaison, die G. – zu wenig jüdisch. Anjuska G. hoffte auf anhaltenden Ausbruch aus familiärem Komment, setzte auf Ungehorsam, wollte auf R., liess Jochi W. warten. Der um den Umstand wusste, dass seine Chance nur in der Unterwürfigkeit eines anderen und eigener Zurückhaltung bestand. «Ich bin sehr brav gewesen.» Ganz Minnesänger – «Eine Frau, um die man nicht werben muss, die einfach auf einen

zukommt, das würde mir irrsinnig Angst machen» –, habe er sich keine Berührung des Engels erlaubt, der lacht, als der inzwischen Erhörte von Zeiten leidvoller Sehnsucht berichtet, in denen er sich an die «zwiespältigen Signale» der Angebeteten geklammert, darauf gehofft, dass der andere nicht zurückkäme, und, weil er's «im Grind» hatte, alles versucht habe, um seine kleine Chance zu nutzen, auch vor Bestechung nicht zurückschreckte, die Prinzessin, Anjuska G., dahin führte, wo Könige dinieren. Was er, Jochi W., durchaus mit seinem ausgeprägten Gerechtigkeitssinn – «Wenn schon, sollen es alle schön haben» – zu vereinbaren vermochte. «Wenn andere König spielen, darf ich es auch.» Ihre Majestät W. genoss den Geruch des Reichtums, und auch Anjuska G. fand vorerst Gefallen am distinguierten Gehabe der feinen Leute bei Musik und Tanz. «Aber für mich hätte es nicht das Baur au Lac sein müssen.»
Als von Casablanca bis Warschau, von den Kapverdischen Inseln bis Dublin die Zeiger gegen zwölf rückten, und von Süd bis Nord Millionen von Menschen in derselben Zeitzone dem Moment entgegenfieberten – in dem sie, berauscht, darauf anstossen durften, dass alles blieb, wie es war –, brausten in einem von Zürichs Nobeletablissements Molekülklumpen durch Jochi W.s Hirn wie Formel-1-Boliden über den Rundkurs von Silverstone. «Ich habe mir überlegt – was machst du jetzt? Habe gedacht, eigentlich möchte ich dir einen Kuss geben, und zwar einen richtigen. Aber dann dachte ich wieder an R.» Jochi W. dachte und tanzte damals; Anjuska W. lacht 1997; die Glocken begannen damals zu läuten, «und irgendwie hat es sich ergeben, dass wir uns geküsst haben», strahlt Jochi W. noch über dreissig Jahre später. «Ja», bestätigt Anjuska W., «tatsächlich, so war das.» «Ein richtiger Kuss», jauchzt er. «Jawohl, das war so», bezeugt sie. «Dann bin ich ausgeflippt, wie unter Drogen, da konnte mich nichts mehr halten. Ich habe dich so unendlich geliebt, ich bin vom Boden abgehoben, als du mir diesen Kuss erwidert hast», jubelt er, «das ist so schön gewesen, Jesses Gott!» Und nichts war mehr in Jochi W.s Welt, wie es einmal war. «Du hast nicht einmal mehr wahrgenommen, wie blöd die andern teilweise getan haben», erinnert ihn Anjuska W. an den Rest der Welt. «Nein», gibt er zu. Nachdem sie ihm noch anvertraut, mit dem Jahr habe auch das Warten auf R. ein Ende, habe er definitiv nur noch Augen für sie gehabt, nicht gesehen, wie die anderen, die feineren Gäste ihre Noblesse aufgaben und das Prositneujahr in ein Saufgelage, das kalte Buffet in ein Schlachtfeld verwandelten, die Prinzessin – «wäh!», ekelt es sie noch im Rückblick – aus dem Schlaraffenland vertrieben, der Stundenkönig, Jochi W., immer hinter der Frau her, in deren Augen er zu erkennen glaubte – das ist eine fürs Leben.
Nachdem er den Vater und die Mutter ganz offiziell um die Hand und anderes der Tochter angehalten – die, weil noch nicht achtzehnjährig, auf das elterliche Einverständnis angewiesen –, gab Anjuska G. ihm am 4. August 1965 das Jawort und wurde fortan Anjuska W. geheissen, mit dem Segen des Staates, nicht aber der Kirche. «Wir hätten eigentlich gern jüdisch geheiratet», erzählt

Jochi W. Hätten sich deshalb auch um den Übertritt von Anjuska, damals noch G., zum Judentum bemüht. Aber der zuständige Rabbiner sei derart abweisend gewesen, dass die inzwischen wieder religionslose Anjuska G. lebenslänglich auf kirchlichen Beistand verzichtete. Beiden war nicht bekannt, dass das Judentum – «weil es», so der inzwischen aufgeklärte Jochi W., «keine Missionsreligion ist» – jede und jeden drei Mal abweise, bevor er aufgenommen werde, oder sie. Und so blieb am Ende paradoxerweise jene Hälfte des Ehepaars W. im Kreise der Gläubigen zurück, die die andere, Anjuska G., zu diesem Zeitpunkt noch glaubend, in jenen jungen Jahren von der Nichtexistenz Gottes zu überzeugen suchte. Jahrzehnte später sind die Rollen der beiden gründlich vertauscht. «Wenn ich nicht an Gott glaubte, ich weiss nicht, ob es mich noch gäbe», murmelt der manchmal an der Welt schier verzweifelnde Jochi W. 1997, während Anjuska, inzwischen W., im Verlauf des weiteren Lebens ihre Arglosigkeit eingebüsst und den Glauben an einen gütigen Gott verloren hat. Womit sie dem kühlen Rabbiner nachträglich die Entlastung verschafft, er habe sie damals mit gutem Grund abgewiesen. Auch wenn sie es heute noch für denkbar hält, «dass ich nicht Recht habe», und es der liebe Gott persönlich, weil es ihn doch gibt, zuliess, dass die Rektorin des Kindergartenseminars der Frischvermählten drohte, eine schwangere Praktikantin wäre den Kindern denn keinesfalls zumutbar. Da habe sie das erste Mal das Gefühl gehabt, «jetzt musst du widersprechen», und die oberste Kindergärtnerin an die Mütter erinnert, die, mit einem Schwesterchen oder Brüderchen im Bauch, ihre Kleinen zu Bett brächten. Das, habe die Empörte beschieden, sei nicht dasselbe, das spiele sich innerhalb der Familie ab.

Mündelmund

Hansjörg B. – Dreizehnter Bericht

Hansjörg B. wäre vermutlich lieber ein althochdeutscher Vormund gewesen, ein «Foramundo ‹Beschützer, Fürsprecher›».[83] Hätte sein Amt gerne ausgeübt, bevor der «Vormund» seine verhängnisvolle Reise in die Neuzeit antrat, dabei seine ursprüngliche Bedeutung – «(schützend über jemanden gehaltene) Hand» – verlor und sich der «Schutz» in «Macht» verwandelte, bis das Bevormunden schliesslich seine heutige Bedeutung erlangte: «jemanden an der freien Willensentscheidung hindern».
Am 23. April 1966, notierten die eidgenössischen Fichenwürmer, sei ihnen bekannt geworden, «dass B. zum Amtsvormund der Stadt Zürich gewählt wurde», worauf sie, noch minuziöser als bisher, B.s Teilnahme an politischen Veranstaltungen auflisteten. Zum Beispiel: «3.–5. 6. 1966. Freitag bis Sonntag: Delegiertenversammlung des Schweizerischen Friedensrates in Zürich. B. war Vorsitzender. Es wurde festgestellt, dass er am Samstag eine Ansprache hielt.» Zum Beispiel: «20. 2. 1967. Montag, 0800: B. leitete die Pressekonferenz im

Hotel ‹Limmathaus› in Zürich, welche von der ‹Schweiz. Vereinigung für internationalen Zivildienst› Ortsgruppe Zürich und der ‹Internationale der Kriegsdienstgegner› Gruppe Zürich veranstaltet wurde. Es handelte sich um eine Solidaritätsaktion im Zusammenhang mit dem Strafantritt des Militärdienstverweigerers J. T., 46, welcher anschliessend an die Pressekonferenz von seinen Anhängern zum Bezirksgefängnis begleitet wurde.» Zum Beispiel: «23. 9. 1967. Samstag, 17.10 bis 17.45: Demonstration der ‹Internationale der Kriegsdienstgegner› Gruppe Zürich, vor dem Bezirksgefängnis Hinwil, wo sich der Dienstverweigerer T. R., 45, in Haft befand. B. verlas eine Resolution, die eine Revision der Strafprozessordnung und des Strafvollzuges forderte.»
Er sei noch nicht einmal ein Jahr im Amt gewesen, entsinnt sich B., «da mussten wir einer Mutter das Kind wegnehmen». Die zuständige Fürsorgerin habe ihm vorgeschlagen, die Erst- oder Zweitklässlerin in der Schule, Zürich-Schwamendingen, abzufangen, dann direkt ins Heim im Luzernischen zu fahren und die Mutter, fait accompli, erst hinterher zu informieren. «Ich habe das akzeptiert, weil ich keine andere Möglichkeit gesehen habe.» Die Fürsorgerin habe das Mädchen unabhängig von ihm betreut. «Natürlich war ich der Vormund und musste die Verantwortung tragen», aber sie habe jahrzehntelange Erfahrung gehabt, er keine, «ich war ihr völlig ausgeliefert». Die Mutter, rechtfertigt er diese «Entführungsaktion» vor sich selbst, hätte sich wahrscheinlich gewehrt, womöglich handgreiflich. «Das hat man dem Kind ersparen wollen.»
Eigentlich habe er «keine Respektsperson», habe Anwalt der «Schwächsten» sein, dafür sorgen wollen, dass jene, «die am meisten Mühe haben, sich in dieser Gesellschaft zurechtzufinden», zu ihrem Recht kämen. So wie alle Angeklagten Anspruch auf einen Verteidiger hätten, habe er sich von Amtes wegen als Beistand der ihm Zugeteilten, Anfangsbuchstabe K bis O beispielsweise, gesehen. «Es gibt Menschen, die brauchen Hilfe, und der Staat ist ihnen diese Hilfe im Rahmen seiner Fürsorgepflicht schuldig, so wie er ihnen Geld geben muss, damit sie nicht verhungern», hält B. fest, ganz Mündelmund, dem beispielsweise die Lohnverwaltung zuwider war. Als Demütigung empfand er es, «dass einer einen Monat lang hart arbeitet, und wenn alle anderen den Lohn bekommen, wird er zur Amtsvormundschaft geschickt». Oder die Abgabe von Essgutscheinen, wie sie das Fürsorgeamt der Stadt Zürich vor allem bei AlkoholikerInnen und anderen Drogenabhängigen häufig praktiziert. «Damit konnten sie nur grad ein Mittagessen oder eine andere Mahlzeit in der Volksküche beziehen.» Auch das habe er – «Das ist eine unerträgliche Freiheitsbeschränkung» – abgelehnt. Wenn nötig, habe er die Mündel täglich vorbeikommen lassen, um ihnen den vollen Tagesbeitrag – «zu meiner Zeit 29 Franken» – in die Hand zu drücken. «Dann konnten sie damit machen, was sie wollten, schlimmstenfalls auch Alkohol trinken.» Er habe den ihm Anvertrauten helfen wollen, «besser mit dieser Gesellschaft und dieser Regierung zurechtzukommen». Nicht Anpassung sei sein Ziel, habe er in Vorträgen

immer wieder dargelegt, aber deswegen habe er natürlich den einzelnen nicht in seinem Alkoholismus oder seiner Arbeitsscheu bestärkt. «Auch wenn einer in einem kapitalistischen System arbeitet, muss er einen Weg finden, wie er zurechtkommt; so wie ich ihn auch gefunden habe», forderte und fordert der pensionierte Amtsvormund, der sich bei seinen politischen Tätigkeiten – als Kantonsrat, Präsident der «Sozialdemokratischen Partei des Kantons Zürich» und Nationalrat – von seinen Mündeln erholte, wenn sie ihn wütend oder müde gemacht.

Die Mutter, deren Kind er in ein Heim hatte verbringen lassen, legte sich bald darauf mit ihrem in der Zwischenzeit in die Welt gepressten zweiten Kind unter den Gashahn und schützte sich so vor der denkbaren erneuten Kindswegnahme. Erst nach zwei Tagen seien die Leichen in der Schwamendinger Mietskaserne gefunden worden, als das Gas den Knoblauch- und Sauerkrautgeruch im Treppenhaus bodigte. Da habe er sich – und später immer wieder – schon die Frage gestellt, ob das damals richtig gewesen. «Ich glaube, das war die erste und letzte Kindswegnahme. Ich habe es als den schrecklichsten Eingriff in Erinnerung.» Das Mädchen im Luzernischen – es war inzwischen acht, neun Jahre alt – sei dann «recht schwierig» geworden. B. nahm sich der Kleinen ganz besonders an – «Für mich war das schon ein Stachel, dass wir das damals gemacht haben mit diesem Kind» –, die «sehr schön» geworden sei und sich als «junge Frau» an ihrem zwanzigsten Geburtstag, weil die zuständige Mitarbeiterin abwesend war, vom Amtsvormund persönlich zum Abschluss der Vormundschaft zum Zmittag einladen liess.

Die Arbeit sei ihm so lieb gewesen, dass er, vor allem in den ersten, den unerfahrenen Jahren, alleweil für seine Mündel bereitgestanden sei und ihnen sogar seine private Telefonnummer gegeben habe, sodass Sylvia B., seine Frau, allpott aufspringen musste, um das penetrante Klingeln, Sirren oder Singsangeln zu stoppen, um kurz darauf, meist mit lauter Stimme, nach dem wider jede Erfahrung gelassen hocken bleibenden «Hansjörg» zu rufen, der dann geduldig «objektiv überflüssige Anrufe» entgegennahm. «Die Erfahrung war, dass diejenigen, die es am nötigsten gehabt hätten, Hemmungen hatten und kaum Gebrauch davon machten.» Einmal habe er eine ganze Nacht im Niederdorf[84] verbracht: Eines seiner Mündel, ein Mann, sei in der Beiz gehockt und seine Frau in einer anderen, «die sprachen nicht mehr miteinander», und so lief der übergewichtige foramundo stundenlang zwischen den beiden bockigen Ehehälften hin und her, bis er sie – «morgens um zwei Uhr» – so weit hatte, «dass sie wenigstens miteinander nach Hause gingen». Ein eindrücklicher Abend sei es für ihn gewesen. «Da habe ich gespürt, was das Niederdorf für diese Leute bedeutet», seien ihm «Dinge aufgegangen», die er im Büro so nie erfahren hätte, und auch bei Hausbesuchen nicht, was er sowieso selten gemacht. Er habe sich nicht in die Privatsphäre seiner Mündel drängen wollen, sei nur zu ihnen gegangen, wenn es absolut nötig gewesen, «oder wenn sie

mich einluden. Aber so von mir aus, Kontrollbesuche, das habe ich nicht gemacht.»
Das kleine Mädchen klopfte als zweiunddreissigjährige Frau noch einmal an die Tür von Hansjörg B. «und fragte mich, ob sie die Akten über sich ansehen könne. Sie sei in einer Therapie und versuche, ihre Jugendzeit zu verarbeiten.» Vier Abende lang sei er mit ihr zusammengesessen. «Lustigerweise habe ich zu dieser Frau immer noch Kontakt», erzählt Hansjörg B. 1997 und fügt dann nachdenklich an, letztes Mal habe sie ihm zugetragen, sein Sohn – den sie zufällig kennen gelernt – habe sich bei ihr beklagt, für ihn, den Sohn, habe der Vater nie so viel Zeit gehabt wie der Amtsvormund für sie, so vier ganze Abende lang.

Der liebe Gott und andere Helden

Anjuska W. – Zehnter Bericht; Jochi W. – Sechster Bericht
Anjuska W. hätte der Ermahnung der Rektorin nicht bedurft – sie wurde nicht schwanger, nicht einmal gewollt, gewünscht hätten sie es sich beide. Mann habe sie «schier usenandgschruubet», bis mann auf die Idee gekommen, dass mann beim Mann, Jochi W., eine viel einfachere Untersuchung durchführen könnte, die sich dann auch als positiv erwiesen, was in medizinischen Zusammenhängen immer ein schlechtes Zeichen ist. «Ja, ich bin nicht zeugungsfähig», murmelt Jochi W. Es klingt wie ein Geständnis, und es ist ihm, dreissig Jahre danach, noch anzusehen, dass er sich damals als Versager empfunden, schuldig fühlte, «dass du» – er schaut seine Frau an –, «die du so gerne Kinder, auch eigene, gehabt hättest, keine bekommen hast, weil ich nicht konnte». Als Belastung für ihre Beziehung habe er es empfunden, sie nicht, und als Fluch Gottes, «weil ich dir», wieder der Blick zu Anjuska W., «den lieben Gott austreiben wollte».
Noch einmal, 1967, in einem israelischen Kibbuz, habe sich für Anjuska W. die Gelegenheit ergeben, mit ihrer damals noch vorhandenen Gottesfurcht Mitglied der jüdischen Gemeinde zu werden. Ein Pariser Rabbinersohn – der im gleichen Kibbuz wie sie gearbeitet und gewohnt – habe ihr angeboten, in Paris könne dieser Beitritt ganz unbürokratisch getätigt werden. Als er aber habe durchblicken lassen, «das koste dann etwas», sei für sie die Angelegenheit – auch wenn der fragliche Betrag nicht absolut unerschwinglich – «erledigt gewesen». Kaufen wollte sie sich Zugehörigkeit nicht, die sie sich mit dem freiwilligen Arbeitseinsatz in Israel – für den sie den Abschluss des Kindergartenseminars um ein Jahr verschoben – längst verdient hätte. Sie war mit ihrem Mann nach dem Sechstage-, dem Blitzkrieg – der israelische Truppen bis an den Suezkanal hatte vorstossen lassen – mit einem der ersten Flieger in das Land gereist, das den Überlebenden nationalsozialistischer Vernichtung als Zuflucht überlassen worden war und dessen Existenz auf

einem Mythos beruhte. Ein Land ohne Volk für ein Volk ohne Land. Aber, so Anjuska W., «es hat in diesem Land eine palästinensisch-arabische Bevölkerung gegeben, die vertrieben worden ist». Für sie war es eine grosse Erleichterung, zu sehen, dass in der Holzbaracke im Wadi Jamal – in der sie mit ihren Eltern die ersten Lebensjahre verbracht – 1967 eine palästinensische Familie hauste und nicht mehr die Leute, die ihren Vater – als sie damals Israel verlassen – so «gruusig bschiisse» hätten. Da sei ihre Welt wenigstens in diesem Punkt «wieder in Ordnung» gewesen, auch wenn nun definitiv keine Aussicht mehr bestand, das noch ausstehende Geld zu erhalten.

Sie war ihrem Mann, Jochi W., mit grosser Selbstverständlichkeit – «Das musste nicht erst noch lang und breit diskutiert werden. Wir haben uns nur ums Ticket gekümmert» – in das Land gefolgt, dessen neue Stärke ihm zu ganz privatem Trost verhalf. «Ich war nie jemand, der sich in Kämpfen besonders gut wehren konnte. Deshalb hat es wahnsinnig viel für mich bedeutet, mich mit diesem starken Israel identifizieren und so die eigenen Ohnmachtsgefühle kompensieren zu können,» analysiert er dreissig Jahre später den Jochi W. von 1967. Für Anjuska W. bekam die jüdische Welt – beim Aprikosen- und Pfirsichpflücken zmittst in dieser, so Jochi W. 1997, «jubilierenden Einigkeit» – definitiv Risse. Die Diskussionen des Ehepaars wurden heftiger. Jochi W. wehrte sich, «genervt» durch die nachdrücklichen, die nachhaltigen Fragen seiner Frau, verteidigte – im Schneidersitz auf dem Bett hockend, kolportieren beide – sein Israel. Und wieder rebellierte ihr Körper gegen menschliche Verhältnisse. Drei Wochen lang sei sie krank gewesen, habe hohes Fieber gehabt. «Eine Schockreaktion», kommentiert sie und erinnert sich an die «Helden- und Räubergeschichten» derer, die lebend aus dem Krieg zurückgekommen, um zu berichten, wen sie wo abgeknallt; dass sie «diese Übung», will heissen, den Krieg, aus purer Gutmütigkeit abgebrochen und darauf verzichtet hätten, durchzumarschieren bis Damaskus, was ein Katzensprung gewesen, wenn sie nur gewollt hätten. «Das habe ich alles überhaupt nicht lustig gefunden.» So wenig wie die «aus den USA eingeflogenen Mamis», die, Heldentourismus, in die besetzten Gebiete auf den Golanhöhen chauffiert wurden, wo sie, wahrscheinlich in karierten Shorts, auf den Panzern herumkletterten. «Ich sehe die Bilder jetzt noch vor mir. Ich habe das einfach nur grässlich gefunden.» Mit Schaudern erinnert sie sich an die Reaktion auf einen jungen Deutschen, der vorgeschlagen, die überreifen Pfirsiche und Aprikosen – die grösstenteils auf den Kompost geworfen wurden – den arabischen Kindern zu schenken. Ob er den Feind mit süssen Früchten füttern wolle, wurde ihm entgegengeschleudert. Und zuweilen fiel auch der Satz, der nicht anders im Schweizer Soldatenbuch stand: für uns zehn andere, für jeden toten Israeli zehn tote Araber. «Es ist billig zu sagen, die sind ja soviel mehr als wir. Dahinter steckt eine totale Verachtung gegenüber den Arabern», empört sich Anjuska W., für die Araber immer Menschen, nicht Feinde gewesen, «und zwar nicht einfach nur abstrakt Menschen, sondern Menschen, mit denen ich ganz konkrete und gute Erfahrungen gemacht habe». Keine Frage, dass sie ihrem Mann – der sich immer noch mit dieser Idee getragen – «klar und tough» kundtat: «In diesem Land lebe ich nicht.»

Zurück in der Schweiz, erwies sich die Adoption eines einheimischen Kindes, verbunden mit Auflagen, Alterslimiten, langem Warten, als schwierig. «Da hat es uns ausgehängt», erzählt Jochi W., für den es vorerst naheliegender gewesen, dass sie sich um ein Schweizer Kind bewarben, der sich dann aber mehr und mehr der internationalistischen Haltung Anjuska W.s anschloss, für die die Nationalität eines Kindes immer schon bedeutungslos gewesen, und als sich dann noch herausstellte, «da ist gar kein Bedarf an Adoptiveltern, da ist das Thema für mich erledigt gewesen.» Eine Selbstverständlichkeit, sich «Terre des hommes» anzuschliessen, auch als aktive Mitglieder, dem internationalen Kinderhilfswerk – zu den GründerInnen der Arbeitsgruppe Zürich gehörte die Mutter von Anjuska W. –, das Kindern aus Nordafrika und später Vietnam zu Eltern in reichen Ländern verhalf. Zwei von ihnen fanden bei Anjuska und Jochi W. bald einmal eine Heimat. Der Spezialdienst der Kantonspolizei Sankt Gallen hielt ein paar Jahre später, am 10. Juli 1973, auch zuhanden der Schweizerischen Bundesanwaltschaft in Bern fest, dass die beiden W.s – Jochi W. war jahrelang Präsident von «Terre des hommes Ostschweiz» – von einer Mitarbeiterin der Kinderhilfsorganisation als Referenz angegeben worden waren, nachdem sich offensichtlich ein Paar, das sich um die Adoption eines Kindes aus fernen Landen bemühte, über die «inquisitorisch gestellten Fragen» der betreffenden Mitarbeiterin geärgert und die «an sie gerichteten Fragen als politische ‹Schnüffelei› mit unverkennbarem ‹linkem Trend›» bezeichnet hatten. Vom Berichterstatter über zwanzig Jahre später ihrerseits befragt, geben Anjuska und Jochi W. an, dass der ihnen erst aus den Akten bekannt gewordene Fall einerseits vermutlich mit dem Auftreten der vom Staatsschutz namentlich genannten Mitarbeiterin zu tun gehabt; andrerseits, räumen sie ein, hätten sie Paare, die ein Kind vorübergehend in Pflege nehmen wollten, tatsächlich einer Befragung unterzogen, um allfällige rassistische Vorurteile gegenüber der Herkunft eines Kindes frühzeitig ausfindig zu machen. «Wir haben sehr viel Wert auf die Frage gelegt, wie weit potentielle Adoptiveltern die Kultur, aus der diese Kinder kamen, auch respektierten», erläutert Anjuska W. Schliesslich hätten sie damals Briefe erhalten, in denen es tatsächlich geheissen habe: «Liebe Terre des hommes, wir wünschen uns ein Negerli unter den Christbaum.»

SchwarzundWeiss zum Fünften

Ich beobachtete nicht die leiseste Regung des Triumphs an mir, als ich E. von meinem Erfolg berichtete, als wäre ich enttäuscht, dass Schwarz keinen Widerstand leistete, den Auftrag annahm, ohne Wozu, Wofür, Fürwen, dass er mein Menschenbild nicht widerlegte, käuflicher war als erhofft – jede hat ihren Preis, Amen. War es das Geld, das er dringend benötigte, nachdem er sogar seine Schreibmaschine hatte verhökern lassen müssen, oder nur die Illusion, dass er es verdiente, im Gegensatz zu den Ess- und Kleidergutscheinen der Fürsorge, oder war es der eitle Wunsch nach dem Gefühl, doch noch gebraucht zu werden? Was würden Menschen, angesichts ihrer wachsenden Zahl, für die Bestätigung, dass es ihrer bedurfte, künftig zu tun bereit sein, wozu würden die freigesetzten Menschen der kommenden Jahre sich hinreissen lassen, um sich von der Notwendigkeit ihrer eigenen Existenz zu überzeugen? Ein Fünftel der Köpfe, Hände und Beine genüge, um das tägliche Brot zu backen, die angeschlossenen Computer zu programmieren, das angehäufte Kapital professionell zu verwalten, all die traumatisierten Kindheiten aufzuarbeiten und sämtliche gebrochenen Herzen zu heilen, prophezeiten die Fachleute, deren es bald nicht mehr bedürfen würde oder höchstens noch eines Fünftels von ihnen.

Ich war deprimiert, obwohl sich Schwarz unwissentlich dem Spiel ergab, das ich mit ihm zu spielen gedachte, sich mir als gut bezahltes Studienobjekt zur Verfügung stellte; als hätte ich ihn mir als anständigen Menschen, als Restchen Unbestechlichkeit erhalten wollen. Nachdem E. das Zimmer wortlos verlassen hatte – fürchtete sie um ihre Träume? –, stellte ich den ungeöffneten Champagner wieder kalt.

> Weiss ignorierte meinen Wunsch. Mir meine Schreibmaschine zur Verfügung zu stellen. «Meine». Verbesserte er. «Wenigstens für deinen Auftrag.» Versuchte ich zu verhandeln. Erfolglos. Er liess mir eines der neusten PC-Modelle vorbeibringen. Textsystem. Tabellenkalkulation. Volltextrecherche. Graphikprogramm. Internetanschluss. Gigafestplatte. Alles schon installiert. Der Ehrgeiz verbat mir. Zuzugeben. Dass ich keine Ahnung hatte. Wie die Innereien dieser. Modernstes Design. Black Box. Zum Tanzen zu bringen waren. Tagelang sass ich vor der Kiste. Und kassierte einen Dummschlag nach dem andern. Gleich den SchülerInnen. Denen die elementare Logik des Einmaleins verschlossen bleibt. Die. Wenn sie endlich doch ein Zipfelchen dieses geheimen Formelsystems erhascht zu haben glauben. Das Fetzchen stolz dem Lehrer. Oder der Lehrerin. Entgegenstrecken. Um sogleich vom Gelächter der KollegInnen auf ihren Platz zurückgespült zu werden. Wo sie. Mal um Mal resignierter. Verständnislos das Gemurmel der Eingeweihten verfolgen.

Weiss war auch sonst um meine Bequemlichkeit besorgt. «Du sollst unter den besten Bedingungen schreiben können.» Stichelte er. Und sein Lächeln erschien mir hinterhältig. Er litt unter der Überheblichkeit aller Neureichen. Die glauben. Bestimmen zu können. Wen sie kaufen. Und die sie gekauft. In der Hand zu haben. Dem durch Devisen und Derivate getrübten Blick entgeht die naturwissenschaftliche Selbstverständlichkeit. Dass nicht nur der Fischer den Hecht. Sondern auch der Hecht den Fischer an der Angel hat. Wie alle Materialisten. Du bist. Was du hast. Verkannte Weiss. Der ehemalige Marxist. Die Kraft der Idee. Zu spät würde er erkennen. Dass fremde Gedanken von ihm Besitz ergriffen. Sein Auftrag war ein Geschenk. War Rettung. War Zuflucht für mich. Was längst aus der Realität verschwunden war. In den Akten des Staatsschutzes würde ich es finden. Spuren des Utopischen. Ich zog aus. Das Hoffen zu lernen. Und Weiss das Fürchten zu lehren. Ihm graute vor denen. Die noch zu träumen in der Lage waren. Sie gehorchten seinen Berechnungen nicht.

Die Gedanken von damals, wenn sie denn Gedanken genannt werden dürfen, sie erschienen mir längst fremd und abstrus, als entstammten sie einem früheren Leben, zu dem ich keinerlei Zugang hatte – Mittelalter, Romantik, Kitsch. Ich hatte keine Zeit für Sentimentalitäten, tränenreiche Abschiede von rebellischen Allmachtsfantasien und jugendlichen Schwärmereien, für Trauerarbeit, wie die Psychologinnen es neuerdings und geschäftstüchtig nannten, in Anlehnung an ein bemerkenswertes Buch, «Die Unfähigkeit zu trauern»; wer hatte schon Zeit für den langen Abschied von verflossenen Träumen, das Leben ging weiter, die Welt drehte sich, drehte sich immer schneller, änderte sich, änderte sich mit digitaler Geschwindigkeit, Anpassung war gefragt, auch wenn die Welt nicht besser wurde, und die Menschen, wir Menschen, die alten blieben. Die störrischen Gutmenschen wie Schwarz irritierten und beschämten mich – wider jede Vernunft und Erfahrung hielten sie an grossen Visionen, umfassenden Utopien fest, obwohl doch gerade das 20. Jahrhundert mit äusserster Bitterkeit gezeigt hatte, wohin es führt, wenn Weltverbesserer keine Grenzen kennen, schlimmstenfalls Menschen, lebende, den Vorstellungen einer neuen, abstrakten Welt opfern, weil sie ihre Niederlage, die anhaltende, nicht ertragen, wobei ich für die Sehnsucht nach Sieg durchaus Verständnis habe, ich hatte mich, um zu reüssieren, an den Ort des Erfolgs begeben, sie aber hielten trotzig an einem Weltbild fest, das wir uns in jungen Jahren zurechtgelegt, es liege nicht an der Idee, beschworen sie immer und immer wieder, wenn die Menschen dem Besseren endlichendlich eine Chance geben würden, werde frau schon sehen; waren die Unerschütterlichen einfach edlere Menschen als ich, oder waren sie stur, beschränkt, gar menschenverachtend; ich hatte keine Zeit, in alten Geschichten zu kramen, dafür hatte ich nun Schwarz, der Gerechte sollte mir Vergangenheiten aufarbeiten, wie die Historikerinnen, die jetzt allerorten, Putzequipen gleich, über Aktenberge gehetzt wurden. «Völlig frei?», hatte Schwarz gefragt und mich ungläubig angestarrt, es passte nicht in sein verstaubtes Bild von meinesgleichen, «völlig frei», bekräftigte ich lächelnd und war mir sicher, er würde sie verraten, nicht weil ich es von ihm verlangte, sondern weil er, wie alle, die Freiheit nicht ertrug.

1968: Ein paar Würfe lang

Emilio M. – Sechster Bericht
«Wer immer die Weltrevolte der Studenten verschuldete – in Zürich war Meier 19 schuld daran»,[85] brachte es das deutsche Nachrichtenmagazin «Der Spiegel» im Juni 1968, als «die Jugend der Welt» auf Barrikaden und Blumenwiesen ging, auf die Person und machte aus einem Schweizer Polizisten – der zeit seines Lebens nie an einer Demonstration teilgenommen hat – einen Revoluzzer. Noch vor den Pariser StudentInnen, bereits im August 1967, versuchten die Mitglieder der «Fortschrittlichen Studentenschaft Zürich» – zu deren InitiantInnen der passionierte Politgruppengründer Emilio M. zählte – «den Kampf aus den Mauern der Universität hinaus in die Stadt zu tragen». Der Prozess gegen Meier 19, gegen den kleinen Polizisten und «Gerechtigkeitsfanatiker», der schweizweit bekannt wurde, wegen seines wiederholt geäusserten Verdachts, der Chef der Kriminalpolizei der Stadt Zürich persönlich habe 1963 den damals noch in genau 71 Papiertäschchen abgepackten Zahltag des Stadtzürcher Polizeikorps gestohlen. Das Gerichtsurteil gegen Meier 19 – der sich auch gegen allerhand andere Unkorrektheiten bei der Polizei zur Wehr zu setzen versuchte, zu diesem Zweck geheime Akten an die Öffentlichkeit schmuggelte, wegen Amtsgeheimnisverletzung zu einer Busse von vierhundert Franken verurteilt und aus dem Polizeidienst entlassen wurde – war, so der Zürcher Journalist Paul Bösch in seinem Buch «Meier 19», «der Anlass, auf den die Rebellen gewartet hatten». Sofort riefen sie zu einer Demonstration auf. «Alle solche Beispiele beweisen», fügten sie in ihrem Flugblatt den konkreten Fall zur allgemeinen Theorie, «dass die Reichen und ihre Handlanger in Behörden und Regierung von Gesetz und Richtern geschont werden, die normalen Arbeiter und Angestellten jedoch unterdrückt und gestraft werden. Wir haben eine Klassenjustiz: ‹Die Kleinen hängt man, die Grossen lässt man laufen!› …»
Meier 19 erfuhr erst im Nachhinein, dass aus der kleinen Demonstration, so Emilio M. 1997, ein «Saubannerzug» wurde, der, im Niederdorf formiert, die Zürcher Vergnügungsmeile verliess, Ernst machte und «gegen die Polizei marschierte». Worauf sie nicht vorbereitet gewesen. «Wir haben die paar hundert Leute zwar angestachelt», aber dann hätten sie die Kontrolle verloren. «Man hat versucht, Autos in die Limmat zu werfen», erinnert sich Emilio M., «wir mussten aufpassen, dass nichts Schlimmes passierte. Das wäre politisch kontraproduktiv gewesen. Also haben wir wieder abwiegeln müssen.» Die StudentInnen, berichtet Bösch, hätten nie mit dem Auslöser ihres Protests Kontakt aufgenommen. «Mit mir sprach niemand; die Demonstranten suchten mich nicht, und ich suchte sie nicht», zitiert er den, Originalton Flugblatt, «aufrichtigen Detektivwachtmeister K. M.», den Emilio M. und seine MitstreiterInnen zum «revolutionären Idol»[86] erkoren hatten. «Ich habe ihn nicht gekannt und habe mich auch nie darum bemüht, ihn kennen zu lernen»,[87]

gibt der damalige Medizinstudent an, dem die Politik wichtiger war als die Anatomie und der sich trotz entsprechender Neigung nicht zum Bohemien entwickelte. Als «echte Revolutionäre» hätten sie sich, ganz Zwinglis Abkömmlinge, nur in Zürichs Beizen herumgetrieben, «wenn es etwas zu erledigen gab».

In den folgenden Monaten bezog der Rebell M. «ein halbes Jahr Urlaub von der Revolution», um fürs Staatsexamen zu büffeln, das er Anfang 1968 abschloss, um nach halbjähriger «Abstinenz» (M. über M.) gerade noch rechtzeitig vor dem grossen, weltweiten Aufbruch wieder in die Szene einzutauchen. Natürlich musste er als Ausländer aufpassen, tat es im Allgemeinen auch – «Ich habe nach Möglichkeit keine nach aussen verantwortlichen Ämter übernommen» –, aber in jenen Wochen – in denen «man das Gefühl bekommen hat, es ist wirklich möglich, mit dem Staat zu kämpfen und ihn vielleicht sogar in die Knie zu zwingen» –, in jenen Tagen des revolutionären Hochs – «Ich hatte das Gefühl, dass die Welt kippt» – wollte Emilio M. auf jeden Fall dabei sein und die Revolution nicht verpassen. Am 15. Juni 1968 gab er seine vorsichtige Zurückhaltung gänzlich auf und stellte sich für alle sicht- und hörbar ans Mikrofon. Als «eigentlicher Festredner», wie die Spitzel der Stadtpolizei fürs Archiv, den Staatsschutz und die Fremdenpolizei festhielten. «Emilio M. als zweiter Redner befasste sich mit dem Sündenregister der Polizei und richtete eine gehässige Hetztirade gegen diese. Insbesondere griff er Stadtrat Sieber, Polizeiinspektor Dr. Bertschi und die Adjunkten Dr. Hubatka und Dr. Schlegel heftig an und forderte ihren Rücktritt. Sein Votum schloss er mit der Aufforderung an die Zürcher Jugend, diesen Augiusstall auszumisten.»[88] Er sei davon ausgegangen, «dass der ganzen Demonstration gesetzlich nichts im Wege stehe. Darin wurde ich durch das Verhalten der Stadtpolizei, welche den Verkehr regelte und keinen Versuch machte, einzuschreiten, bestärkt.» Wohl abgewogen definiert die Stadtpolizei Zürich in ihrem Bericht den juristischen Status dieser Demonstration: «Es war dies an jenem Samstag abend, an welchem der Zürcher Stadtrat dem Komitee für ein autonomes Jugendhaus den Globus freigegeben hatte. Eine Bewilligung für die Demonstration lag aber nicht vor und es ist auch nicht um eine solche nachgesucht worden.» Weshalb sich auch der immerhin polizeilich registrierte, aber von Theaterdirektoren weitgehend unbeachtet gebliebene und wahrscheinlich ziemlich einmalige Auftritt des Schauspielers Emilio M. in dem «gegen die Stadtpolizei gerichteten Polit-Theater» vor der städtischen Hauptwache in einer juristischen Grauzone bewegte.

Victor S. – Vierzehnter Bericht

Am 1. Mai 1968 änderte sich die Welt: Victor S. hielt die offizielle 1.-Mai-Rede bei der «Partei der Arbeit» in Zürich und die wie gewohnt mitschreibenden Spitzel hatten gerade mal fünf Zeilen für die Ausführungen des «gefährlichen Subjekts» übrig, dem sie noch vor wenigen Jahren in jedes Café, jede

Bibliothek und an jedes Örtchen gefolgt, dessen Telefongespräche sie minuziös protokolliert und über den sie beispielsweise am 21. 9. 1960 festgehalten hatten: «S. lässt die NZZ auf die Adresse seiner Mutter, Arosastr. 5, Zürich, umändern, da er von Zürich wegziehe.» Am Tag der Arbeit 1968 machten die Staatsschützer Vietcongfahnen und vierhundert Personen im Weissen Saal des Volkshauses aus, der ZürcherInnen mit oppositionellen Neigungen und Verpflichtungen ebenso vertraut ist wie Bayernfans die berittene Polizei vor dem Münchner Olympiastadion. Der erste Redner des Abends, S. eben, habe sich mit scharfen Worten «gegen den Imperialismus, die kapitalistische Hierarchie und die Amerikaner in Vietnam» gewandt, notierten sie und vermerkten noch knapp: «Gebührende Beachtung fand in Dr. S.' Rede auch die Schweizer Finanzwelt und die unfähigen Behörden.» Anscheinend aber hatten sie im Laufe der Jahre die Überzeugung verloren, in S. eine veritable Bedrohung der schweizerischen Sicherheit gefunden zu haben, hielten es für das eidgenössische Verteidigungsdispositiv für bedeutungslos, dass er seine ZuhörerInnen gegen die Führungsmacht der freien Welt aufhetzte: «Was ist das für ein Gesellschaftssystem, das angeblich im Namen der Freiheit, ein kleines Land, Vietnam, zehntausend Kilometer ausserhalb der eigenen Landesgrenzen, mit barbarischsten Waffen, mit Krieg und Vernichtung überzieht? ... Welch erbärmliches und erschütterndes Zeugnis stellt sich das reichste Land der Erde, die USA, selbst aus, wenn in einem soeben veröffentlichten Untersuchungsbericht festgestellt wird, dass mindestens 10 Millionen Bewohner der Vereinigten Staaten hungern?»,[89] dass er seine GenossInnen ermutigte: «Noch selten in der Geschichte des Kapitalismus sind seine Fundamente so stark erschüttert worden wie heute ... Trotz vieler Schwierigkeiten und aufgetretener Fehler beim Aufbau der neuen Gesellschaftsordnung sind es die sozialistischen Staaten, die eine wirkliche wahrhafte Alternative zu bieten haben»,[90] dass er sie zum Umsturz aufrief: «Mehr denn je gilt heute das prophetische Wort von Karl Marx, dessen 150. Geburtstag wir in diesem Jahre feiern, dass es nicht darauf ankomme die Welt zu interpretieren, sondern sie zu verändern.»[91] Glaubten sie ihm nicht, was er sagte? «Wir wollen die Welt verändern, auf dass Friede herrsche in Vietnam, auf dass die Rassenschranken fallen, auf dass der Mensch ein Mensch sein kann»,[92] Sätze, die sie früher mit Lust und roten Ohren aufs Papier gekritzelt, waren ihnen jetzt keine Zeile mehr wert.
Ihre Aufmerksamkeit galt dem Sohn jenes Buchhändlers, der S. ein Jahrzehnt zuvor Arbeit als Packer gegeben hatte; dieser Filius und Präsident der «Jungen Sektion» der «Partei der Arbeit», Marco P., hatte schon Tage vor dem 1. Mai «im engsten Freundeskreis» (Staatsschutzbericht) angekündigt, «dass er dann eine scharfe Rede halten werde». Und sich damit verbeamtetes Publikum gesichert, das mithörte, als er die «internationale Revolte der intellektuellen Jugend» beschwor und kritisierte, die Mehrheit der Arbeiterschaft stelle ihre persönlichen Interessen und individuellen Besitz über «die Interessen ihrer

Sache. Das Klassenbewusstsein ist bei dieser Klasse komplett verloren gegangen.» Die polizeilichen Finger müssen in meisterlichem Zusammenspiel mit dem amtlichen Gehirn jene von der Elektronik verdrängte und NeunzigerInnen kaum mehr bekannte Kürzelsprache, die Stenografie, perfekt beherrscht und es auf eine hohe Silbenzahl gebracht haben, oder dann hat ihnen Marco P., modernes Medienmanagement vorwegnehmend, eine wahrscheinlich mittels Kohlepapier verfertigte Kopie seiner Rede zugesteckt; jedenfalls finden sich seine Ausführungen – zum Beispiel der Aufruf: «Die autoritäre Parteistruktur muss abgeschafft werden, um das potentielle Denkvermögen unserer Mitglieder freizulegen» – wortwörtlich in den Staatsschutzakten von Victor S., in denen auch der «laute Applaus der jungen Genossen», unter ihnen möglicherweise Emilio M., und die Pfui-Rufe aus «den Reihen der alten Genossen» vermerkt werden. Letztere nahmen es dem jungen P. übel, dass er die «noch immer nicht überwundene geistige Abhängigkeit von der KPdSU, die uns hindert, wahre revolutionäre Politik zu machen», beklagte und der Partei vorwarf, mit ihrer politischen Linie «zu einer neuen sozialdemokratischen Partei» zu verkommen. «Eine solche Partei», rief er in den Weissen Saal, «stellt für den kapitalistischen Staat keine Bedrohung dar, sondern sie wird als willkommenes demokratisches Feigenblatt in das System integriert.» Den Satz Marco P.s, der Victor S. – «Er hat ein paar saftige Worte gebraucht» – vermutlich am meisten schmerzte, haben die feinfühligen Beamten nicht in ihr Protokoll aufgenommen: «Denkt einmal, wie kläglich sich die Diskussion im Vorwärts widerspiegelt, wenn es sich um die Ansichten einer Partei handelt, die sich von der sowjetischen offiziellen Meinung unterscheidet.»[93]
Der damalige Vorwärts-Redaktor, erzählt Victor S. 1997, sei mit seiner Frau Elsi «überenand cho», für sie seien die Jungen eine Hoffnung gewesen, er aber habe, bei aller Sympathie, diese massive Kritik – «Ich has eifach en Zacke übertribe gfunde» – nicht mittragen können. «Da hätte ich mich ja als Vorwärts-Redaktor selbst ins Out gestellt.» Als offizieller Mairedner – «Er hat zwar meinen Namen nicht genannt» – habe er sich von P. persönlich angegriffen gefühlt, aber, will er Jahrzehnte später klargestellt haben, er habe nicht zu den «alten Traditionalisten» gehört, «vor allem nicht zu den Moskowitern». Marco P. habe er deswegen nicht als Feind betrachtet. «Wollen wir es mal so sagen – es ist eine zerstrittene Freundschaft gewesen, ein Hauskrach.» Ganz anders Genossin Lydia W., die nach der Maifeier wiederum in einem bespitzelten oder verwanzten «engsten Freundeskreis» (Staatsschutzbericht) unbedacht zu Protokoll gab, Marco P. «sei der traurigste Siech, den sie kenne», sie und ihr Mann[94] würden das «auf keinen Fall unbeantwortet lassen». Aber, notierten die Maulwürfe hämisch, «vorderhand sind nun die Eheleute W. am 4. 5. 1968 nach Palma di Mallorca in die Ferien geflogen».

Leni A. – Sechster Bericht

Es muss der späteren Pfarrerin von Adliswil – wo auch der Berichterstatter seine christlichen Weihen abbekam – wie ein Beweis der Existenz des lieben Gottes erschienen sein – die *er* mit zwanzig definitiv und schnöde zurückwies, indem er die Kirchgemeinde, bevor *sie* zum ersten Mal von der schlichten Kanzel des Zürcher Vororts predigte, um Erledigung der nötigen Austrittsformalitäten bat, ihr keine Gelegenheit mehr gab, ihn mit ihrer Auslegung des Evangeliums zurückzuhalten –, ein «Reich-Gottes-Erlebnis» sei es gewesen, schwärmt Leni A., dieser 1. Mai 1968 in Prag. «Die ganze Stadt war auf den Beinen, mit Begeisterung, wehenden Fahnen und Musik; und keine Polizei, kein Militär – nichts!» Auf dem Wenzelsplatz, dem berühmten, der auch denen bekannt ist, die noch nie in dem Land waren, das damals den «dritten Weg», KommunismusundFreiheit, probte, auf diesem europaweit bekannten Platz hätten die Symbolfiguren des Prager Frühlings gesessen – Dubcek. Svoboda. Smirkovsky. Und hätten stundenlang Hände hoffender PragerInnen geschüttelt, die einander vorwärtsgeschubst, um auch noch den erlösenden Griff zu tun. Sie, Leni A., habe mit ihnen gehofft, dass es gelänge, die Diktatur abzuschaffen und auf sozialer Gerechtigkeit zu bestehen. Ein ungeheures Erlebnis sei es gewesen, die ChristInnen aus der vorsichtigen Schweiz hätten sich kaum getraut, ihre Skepsis erkennen zu lassen. Auf die misstrauische Frage, was denn die Russen …, hätten sie nur ein «Die Russen sind unsere Freunde» zur Antwort erhalten. Sie habe «trotz aller Bedenken» diese Euphorie geteilt, damals, habe eine Zeit lang an diese Möglichkeit geglaubt. «Ich bin übrigens», schmunzelt sie 1997 aus einem ihrer Polstersessel, «nicht ganz sicher, ob ich nicht immer noch daran glaube, auch wenn es jetzt ganz im Bereich des Utopischen oder sogar des Illusionären ist.» Kaum seien sie wieder in der Schweiz gewesen, «sind die ersten scharfen Signale aus Moskau gekommen».

Emilio M. – Siebter Bericht

An die Augenfarbe vermag er sich nicht mehr zu erinnern. Aber er will die Angst in ihnen gesehen haben, damals, am 29. Juni 1968. Der junge Polizist habe eine ganz normale Uniform getragen, mit Bügelfalten und Krawatte, entsinnt sich Emilio M. In späteren Jahren rüsteten die Polizeidirektionen von Stadt und Kanton Zürich, auch aufgrund der Erfahrungen jener Tage, der so genannten Globuskrawalle, ihre Truppe mit den heute üblichen Vollmonturen auf. Wattierter Overall, Schutzschild, Helm, Schlagstock, bei Bedarf Tränengaspatronen oder Gummischrotflinten. «Ich habe furchtbare Angst vor ihm gehabt», gibt Emilio M. lachend zu. Gummiknüppel, Hartgummiknüppel, hatten die Polizisten schliesslich auch schon 1968 und machten Gebrauch von ihnen.

Sie hätten sich am Abend vor dem so genannten Globusprovisorium[95] getroffen, das sie der Stadt als Autonomes Jugendzentrum abringen wollten. In

dem zu jenem Zeitpunkt leer stehenden Gebäude auf der Zürcher Bahnhofbrücke werden heute noch Nelken, Präservative und Mortadella verkauft. Die Polizei habe den etwas trotzigen Beschluss einer Vollversammlung, das pavillonartige Haus «reinzunehmen», ernst genommen und sich hinter den verschlossenen Ladentüren verschanzt. «Dabei wollten wir gar nicht wirklich besetzen, wir waren ja keine Idioten.» Sie hätten gewusst, dass die Blauen zwischen den ausgeräumten Gestellen lauerten. Nur eine kleine Gruppe, «Anarchos», habe sich trotz polizeilichem Ultimatum pedantisch an den Beschluss halten und die ungenutzte Verkaufsfläche stürmen wollen. Ihm und anderen Mitgliedern des «Komitees Autonomes Jugendzentrum» sei es schliesslich gelungen, «die Leute zu überzeugen, dass sie keine Chance hätten, das Gebäude gegen die Polizei zu erobern». Die strategischen Diskussionen der Rebellen dauerten dem obersten Zürcher Polizisten, der zehn Jahre zuvor als Bezirksanwalt die Anklage gegen Victor S. vertreten hatte, zu lange. Nach seinem auf Zelluloid festgehaltenen «Jezt vertätschts mi dänn!»[96] gab er seinen Mannen offensichtlich den Angriffsbefehl. Die DemonstrantInnen, Emilio M. zuhinterst, setzten sich eben Richtung Limmatquai in Bewegung, «nicht vorher, nicht nachher, sondern gerade als wir abgezogen sind», liessen die Uniformierten das Hydrantenwasser aus den Schläuchen schiessen. «Sie haben uns in den Rücken gespritzt.»
Und dann, gab er Mitte August im Rahmen einer Einvernahme bei der Fremdenpolizei zu Protokoll,[97] «kam es zu einem grossen Durcheinander. Ob ich da von einem fliegenden Gegenstand oder von einem Polizeiknüppel getroffen wurde, vermag ich nicht zu sagen. Die Polizei hat ja Ausfälle gemacht. Ich verliess jedenfalls sofort den Platz – noch vor 19.30 Uhr –, begab mich in Begleitung eines mir unbekannten Militärrekruten zu meinem Wagen, der auf dem Parkplatz vor der Hauptwache parkiert war, und fuhr ins Kantonsspital. Dort wurde ich auf der Notfallstation behandelt und mit einem Plastic-Verband entlassen.»[98] 1997 gibt er dem Berichterstatter, weil verjährt, die Erlaubnis, die Variante der Geschichte zu verwerten, die er ihm dreissig Jahre später erzählt. Die Situation sei nach den ersten Wasserwürfen explosiv geworden. Auch er, der Ausländer, habe nicht mehr überlegt, reflexartig reagiert, alle hätten sich mit klatschnassem Rücken umgedreht, er lacht, «und dann sind wir auf die Polizei los». Er habe eine der Abschrankungen, welche die Beamten kurz zuvor montiert hatten, wegreissen wollen. Da sei plötzlich dieser junge Polizist gestanden, mit seiner Angst, und habe ihm, Emilio M., Angst gemacht. «Aber ich wollte die Abschrankung trotzdem weghaben. Es war auch eine Art Spiel. Und als ich ihm irgendwie zu nahe gekommen bin, hat er mir einfach eins über die Rübe gehauen. Das hat natürlich die Stimmung angeheizt, und das Gerücht ging um, sie hätten einen der unseren umgebracht.» Der Tote aber fuhr, mit einer Platzwunde am Kopf, wie bei der Fremdenpolizei wahrheitsgetreu berichtet, begleitet von einem Sanitätssoldaten, in seinem Fiat 600 ins Spital. Derweil auf Zürichs Strassen internationale

Schlagzeilen produziert wurden, Knüppel und Steine dutzendweise Hautkontakt aufnahmen.

Emilio M., der zwar, verarztet, am späteren Abend noch einmal an den Ort des Geschehens zurückkehrte, hatte ein spitalärztlich registriertes Alibi für die so genannte Zürcher Krawallnacht. «Das hat mich gerettet. Man konnte mir nichts nachweisen.» Obwohl belastendes Material über ihn gesucht wurde. «Wer von der Polizeimannschaft über M. Angaben machen kann, die sein Verhalten in den Krawallnächten näher beleuchten, wird ersucht ... zu rapportieren», rief der Chef des Kriminalkommissariats III seine Leute auf und ermahnte sie: «Diese Umfrage darf auf den Wachen keinesfalls vom Publikum eingesehen werden.» Ein paar Wochen später musste er enttäuscht eingestehen: «Diese Umfrage ist ergebnislos verlaufen.» Hatte der junge Polizist M. nicht erkannt? Oder schwieg er aus eigennützigen Gründen? M. begab sich, wahrscheinlich um seinen Kopf zu schonen, nicht mehr an vorderste Front. Konnte deshalb an der späteren Einvernahme der Fremdenpolizei auf die Frage «Haben Sie auch Steine geworfen?» mit einem entrüsteten «Natürlich nicht» antworten. Im März 1969 hielt die Staatsanwaltschaft fest: «Bei dieser Sachlage kann dem Angeschuldigten nicht vorgeworfen werden, an einer Zusammenrottung im Sinne von Art. 285 Ziff. 2 StGB teilgenommen zu haben oder selbst Gewalthandlungen gegen die Polizei begangen zu haben.»

M. wurde am nächsten Tag, einem Sonntag, als Notarzt nochmals mit den Ereignissen der vergangenen Nacht konfrontiert. Silvio B. – über den es damals, so ein Rapport der Stadtpolizei Zürich, weder bei der Kantons- noch bei der Stadtpolizei «Vorakten» gab –, liess sich von Emilio M. untersuchen. Der kurzsichtige B. war «irgendwie am Rand in die Demonstration verwickelt worden, konnte nicht wegrennen und ist von Polizisten in den Globuskeller gebracht worden. Dort wurde er, wie andere auch, zusammengeschlagen.» Der Arzt Emilio M. zählte am ganzen Rücken etwa dreissig striemenförmige, blaue Flecken. «Er war richtig zusammengeschlagen und mit Fusstritten traktiert worden», berichtet er 1997, berichtete es auch im Juni 1968 im Rahmen einer Pressekonferenz des «Komitees Autonomes Jugendzentrum», an der er seine Schramme fotogen in die Kamera streckte, sodass am anderen Tag in der «Tat», der Tageszeitung der Partei des Zürcher Stadtpräsidenten, auch sein Konterfei über dem Satz «Das ist der Generalstab des Krawalls» zu sehen war. «Ich bin sofort zu einem Anwalt gegangen, um eine Gegendarstellung zu verlangen. Damals gab's das Gegendarstellungsrecht ja noch nicht. Ich konnte geltend machen, dass ich nur in meiner Eigenschaft als Arzt und Zeuge an dieser Pressekonferenz teilgenommen hatte. Ich war zwar de facto Mitglied des ‹Komitees Autonomes Jugendzentrum›, aber ich musste als Ausländer aufpassen.»

Mit seinen öffentlichen Aussagen über zwei von ihm behandelte Opfer polizeilicher Übergriffe verhalf er diesen zu einer Akte. «Es hat uns in der Folge interessiert», notierten die Beamten der Stadtpolizei Zürich, «weshalb der uns harmlos erscheinende Silvio B. ausgerechnet mit seinen erheblichen Schlag- und Sturzverletzungen zu Emilio M. gelangt ist. Es erregte vor allem unseren Verdacht, dass B. oder Frl. E. mit der Ideologie des M. sympathisieren könnten. Dies scheint nun weder auf B. noch auf Frl. E. zuzutreffen.» Aufgrund der ihnen zugänglichen Tatsachen hielten sie korrekt fest, sei es «dem reinen Zufall zuzuschreiben, dass B. und Frl. E. in die Hände von M. gelangten». Dass B. «dem behandelnden Arzt seine Verletzungen offen erläuterte», liege, so die feinfühligen Maulwürfe, «im Rahmen des Vertrauens zwischen Arzt und Patient. Wir glauben sogar an die Wahrscheinlichkeit, dass M. ohne Wissen des B. ... an die Öffentlichkeit gelangte.»

Hansjörg B. – Vierzehnter Bericht

Grusslos habe sich sein Platznachbar und Fraktionskollege, der Stadtzürcher Polizist und spätere Polizeipsychologe Werner Bo., am Montag danach an ihm vorbei auf seinen Sitz im Kantonsratssaal gedrückt, drei «Kwäckis», womöglich in Zeitungspapier gewickelt, aus der Mappe gegraben und aufs ratsherrliche Pult geknallt. «Diese Pflastersteine», habe er – weil sie im Zürcher Kantonsrat nicht Baseldeutsch sprechen – in den getäferten Saal gerufen, seien auf ihn geworfen worden. Und die werde er behalten. Damit seine Enkelkinder einmal sähen, wie's damals, 1968, in dieser Stadt zugegangen sei. Hansjörg B. lächelt 1997 mild. Später sei der Bo. dann wieder «ganz vernünftig» geworden. Aber damals habe er, hätten auch andere ihn, B., irgendwie für die Krawalle mitverantwortlich gemacht – obwohl er am Samstagabend gemütlich zu Hause und am Sonntagabend friedlich im Theater gesessen –, nur weil er im Vorfeld da und dort Sympathien mit den Ideen der so genannten 68er bekundet. Die antiautoritäre Erziehung, die habe er «voll und ganz» übernommen. Leider sei erst der jüngste Sohn in den Genuss des neuen pädagogischen, des repressionsfreien Ansatzes gekommen. Die Tochter hätten sie noch, wie damals gang und gäbe, in der Nacht «brüele la». Von Maulwürfen beobachtet, beteiligte sich B. auch am öffentlichen Protest gegen den heissen Krieg in Vietnam. «7. 3. 68, Donnerstag, 20.00 h: Vietnam-Kundgebung im Volkshaus Zürich, veranstaltet vom Aktionskomitee gegen den Krieg in Vietnam (linksextreme Organisationen). B. war Versammlungsleiter ... 22. 6. 68, Samstagnachmittag: Schweizerischer Vietnamtag. Demonstration mit Umzug sowie Kundgebung auf dem Münsterhof in Zürich. Veranstalter: Aktionskomitee gegen den Vietnamkrieg. B. war Verantwortlicher.»
B., der sich schon von Berufs wegen als «Brückenbauer» zwischen den Menschen am Rande und dem Establishment sah, zu dem er selbst, für Emilio M. jedenfalls, damals bereits gehörte, liess sich durch kollegiale Anfeindungen nicht schrecken. Tat, was wahrscheinlich der Staatsschutz von ihm erwartete; solidarisierte sich, ohne die Steinwürfe gutzuheissen, mit denen, die Steine warfen. Und verfasste in einer der nächsten Nächte mit dem Maler Gottfried H. und dem Rechtsanwalt Franz S. das so genannte Zürcher Manifest, das

Max Frisch mit der Klammerbemerkung «unterzeichnet» in sein «Tagebuch 1966–1971» aufnahm.[99] «Das ist eine meiner eindrücklichsten Nächte gewesen», meint Hansjörg B. im Rückblick, «eine Art Verschwörung.»
Als ihn ein junger Genosse fragte, ob er an einer Kundgebung gegen das vom Stadtrat erlassene Demonstrationsverbot ein paar Worte sagen würde, «habe ich sofort zugesagt». Er habe dieses Demonstrationsverbot «selbstverständlich» skandalös gefunden, «das war absolut rechtsstaatswidrig». Der junge Genosse sei kein Draufgänger gewesen, einer, «dem man blind zusagen konnte». Erst am Freitagnachmittag, ein paar Stunden vor der Kundgebung, habe ihn, in seinem städtischen Büro sitzend, ein unangenehmes Gefühl in der Magengegend befallen. «Jesses!», sei es ihm plötzlich durchs Hirn geblitzt, «was passiert ächt do?» Und er habe sich ausgemalt, dass bei dieser zwar kleinen, aber «eindeutig illegalen» Aktion alle verhaftet werden, dass mann es besonders auf ihn, den Amtsvormund, absehen könnte. Aber für Hansjörg B. war ein Wort ein Wort. «Ich hielt die Kundgebungsrede, und das hat selbstverständlich auch geheissen, dass ich mitmarschierte.» Vermutlich war er fast erleichtert, dass sich dann gegen fünf Uhr nur etwa fünfzig Leute bei der Badeanstalt Mythenquai versammelten, die meisten, die schon Feierabend hatten – damals gab's noch keine gleitenden Arbeitszeiten –, den Sprung in den nahen See der Abkühlung durch Polizistenhand vorzogen, zu der es allerdings nicht kam. Von der Polizei unbehelligt, seien sie über die Quaibrücke vors Stadthaus gezogen. Kripochef H. habe ihn unauffällig zu sich gewinkt und gefragt, «was wir planten». Er habe ihn beruhigt, nur eine kleine Kundgebung vor dem Stadthaus, und H. habe gebrummt, dann werde die Polizei nicht eingreifen. «Das war ja immer die Taktik der Polizei – wenn sie vorher, wie beim Globus, dreingeschlagen hatten, dann haben sie sich nachher von der versöhnlichen Seite gezeigt.»
Das Ganze habe für ihn dann doch noch ein Nachspiel gehabt. Er sei von seinem Vorgesetzten «abgekanzelt» worden – weil er als städtischer Beamter gegen einen Beschluss des Stadtrates verstossen – und habe sich rechtfertigen müssen, weil die Presse verbreitete, was später auch in B.s Fiche nachzulesen war: «B. leitete die nichtbewilligte Demonstration der ‹Aktion Bürgerrechte› beim Stadthaus Zürich v. 5. 7. 68. Protestaktion gegen das stadträtliche Demonstrationsverbot. Ohne Beteiligung der bekannten Linksextremisten und ohne Zwischenfall.» Er habe nichts bestritten – «Es stand ja in der Zeitung» –, habe aber glaubhaft machen können, dass er nicht der Initiant der ganzen Sache gewesen, und deshalb habe der Chef das Verfahren eingestellt. Der hatte damals keinen Einblick in B.s Fiche, sonst hätte ihm womöglich der Eintrag zu denken gegeben, dass Amtsvormund B. nur wenige Tage nach dieser verbotenen Kundgebung an einer VauVau[100] als Mitglied des «Aktionskomitees für ein Autonomes Jugendzentrum» vorgeschlagen wurde. Schadenfreudig hielten die Maulwürfe fest: «Doch wurde darauf nicht eingetreten.» Verschwiegen aber nicht, dass die «Verdienste des B.s gebührend gewürdigt»

wurden. «Ich bin damals bei den jungen Leuten schaurig hoch im Kurs gewesen», schmunzelt B. noch dreissig Jahre später stolz und kann im Nachhinein gelassen zur Kenntnis nehmen, dass der Zürcher Polizeivorstand ein Jahr nach den 68er Ereignissen bei der Bundespolizei einen «vertraulichen Amtsbericht über B., Hansjörg» verlangte. Er erhielt diesen – wegen «Krankheit, Abwesenheit und Arbeitsüberlastung» verspätet – im Januar 1970 und sicherte sich mit Schreiben an den Chef der Bundespolizei ab – «Sofern Sie nichts Gegenteiliges berichten, nehme ich an, dass Sie mit meinem Vorgehen einverstanden sind» –, bevor er dem Zürcher Stadtrat die «Aufstellung der seit Mitte 1966 bekanntgewordenen Vorfälle», B. betreffend, zustellen liess. Das Sündenregister B.s, das dessen Engagement bei der «Internationale der Kriegsdienstgegner» und dem «Schweizerischen Friedensrat» ebenso minuziös auflistet wie die Auftritte im Rahmen des «Zürcher Manifestes», wird, vermutlich vom Chef der Bundespolizei, Dr. A. Amstein, persönlich, mit einem Kommentar abgeschlossen. «Eine politische Beurteilung und Einordnung B.s ist schwierig. Die religiös-pazifistischen Voten und Aktionen des Genannten wirken sich zweifellos in einer Schwächung der Wehrkraft und Landesverteidigung aus.» Hätten ihn aber auch revolutionsuntauglich gemacht, denn, so Emilio M. bei einem Treffen dreissig Jahre nach jenen bewegten Zeiten, die er nie für revolutionäre gehalten habe: «Für mich war die Gewalt, in der Theorie jedenfalls, immer eine klare Notwendigkeit. Ganz nach Mao – die Macht kommt aus den Gewehrläufen. Davon bin ich übrigens immer noch felsenfest überzeugt.» Am Anfang, hält er B. entgegen, stehe schliesslich die «stumme Gewalt der Verhältnisse», die Menschen krank und depressiv mache, sie sogar in den Selbstmord treibe. «Das Töten beginnt längst, bevor man bewusst zu töten beginnt.» Naiv erscheint ihm B.s Einwurf – «In diesem Töten liegt ein Fluch, der dann immer weiter geht» –, und der, B., hätte womöglich den Test vor einem schweizerischen Militärgericht auch nicht bestanden. «Wenn da einer stünde, bewaffnet, und wollte auf eines meiner Kinder oder auf meine Frau los, dann würde ich mit grösster Wahrscheinlichkeit eher Gewalt anwenden als gar nicht handeln.» Ausser, überlegt er laut, er wäre vor Schreck gelähmt und könnte gar nichts mehr machen.

Anjuska W. – Elfter Bericht; Jochi W. – Siebter Bericht

Er, Jochi W., legt Wert darauf, als einer beschrieben zu werden, der sich nicht vertreiben liess. Damals. Von der Bahnhofbrücke. «Die, won abgsekklet sind», waren für ihn «fiigi Sieche». «Frächi Sieche» waren die, die sich ganz nach vorne drängten, in den Keller des Globus hinuntergezerrt und verprügelt wurden. So weit habe er sich aus Angst vor Schlägen nicht vorgewagt. Er zählt sich zu den «Helden zweiten Grades». Die Bevölkerung von Gerlikon – einem Kaff im schweizerischen Osten, wo er sich als Dorfschullehrer einen festen Platz in der bürgerlichen Gesellschaft einzurichten suchte – wusste nicht, was der heute noch bekennende 68er W. in seiner Freizeit auf Zürichs Strassen trieb. Der damals praktizierende 68er erinnert sich, begeistert noch immer, an die Szene. Das triefende Hemd vom Leib gerissen, mit blutter Brust sei er, Geranien in der Hand – «Irgendwoher hatte der plötzlich eine Geranie», lacht Anjuska W., «irgendjemand hat die aus einem Blumenkübel gerupft, und Jochi hat sie aufgefangen» –, mit dem verbreitetsten Balkonschmuck zwischen den Fingern sei er zmittst über der Limmat stehen geblieben. Es habe für ihn etwas Revolutionäres gehabt, es «däne huere verdammte Sieche, won immer alles beschtimmed», es denen am längeren Hebel einmal zu zeigen. «So geil!» Ohne zu zögern, jauchzt er 1997 das Wortwort in die gute Stube hinaus, das er 1968 vermutlich nur mit glühenden Backen ins Mündchen genommen. Das Wasser, das aus den Hydranten geschossen, klagt der Held, «hätt huere weh ta». Anjuska W. lächelt mild, «die Wasserwerfer» – in späteren Jahren von der besser bestückten Zürcher Polizei bei ähnlichen Gelegenheiten gerne eingesetzt – «sind viel schlimmer», trotzdem habe sie «nie zu denen gehört, die als erste davongerannt sind». Stolz berichtet Jochi W., andere, sogar «richtigi Fätze», hätten sich hinter seiner Frau versteckt. «Hinter ihr!», die sich – «ich bin wasserfest» – ziemlich gelassen abspritzen liess. «Ich habe in meinem ganzen Leben nie einen Stein geworfen», macht sie allfällige Strassenkämpferinnenfantasien zunichte, «aber ich bin einfach häufig zuvorderst gelandet.» Damals auf der Brücke zwischen dem Bahnhof und dem Central habe sie, die Tochter eines «Balkanjuden», sich, obwohl keine «typische 68erin», für einmal richtig zugehörig gefühlt. Auch wenn ihr die antiautoritäre Gebärde nicht so leicht von der Hand gegangen wie anderen, auch wenn es vielleicht nicht einmal wirklich gestimmt, die Situation habe für sie etwas Egalitäres gehabt – «wir sind alle gleich abgespritzt worden».

Richtiggehend mit dem Fleisch verschmolzen sei der Bombengel. Anjuska W. spürt noch die Plastikklumpen unter der Haut ihres Halbbruders Son, der – in einem amerikanischen Luftangriff, der seine Mutter tötete – ArmeundHände vors Gesicht presste, damit die Augen rettete, aber nicht verhindern konnte, dass sich das Napalm tief in GesichtHalsNaseArmeHände schmolz. Als er Wochen später, vermutlich im Sommer 1968, mit einer Gruppe von Terre-deshommes-Kindern in Zürich-Kloten eintraf, sei er dem Vater, ihrem Vater, sofort aufgefallen. «Er war der einzige, der durch Verbrennungen entstellt war.» Sechzehn Operationen habe es gebraucht, bis er Arme, Hände und Finger wieder richtig habe bewegen können und die Verbrennungen dem Gesicht Platz machten. Der Vater habe, der Unterstützung seiner Familie gewiss, ohne zu zögern, wissend, dass die härzige Chind immer leichter «weggingen», entschieden: Der Bub kommt zu uns, der soll nicht warten müssen, bis auch für ihn, mühsam, ein Plätzchen gefunden wird.

Als die beiden die Bilder – Schnappschüsse aus dem Familienalbum, Terre-deshommes-Fotos – vor ihm ausbreiten, sodass sich im Wasserglas der Krieg spiegelt, verspürt der Berichterstatter den Impuls, wegzuschauen, weiterzublättern – zu den Seiten, auf denen zwischen klebenden Ecken die fotografische

Ausbeute kommuner Feier- und Ferientage zu sehen ist –, den Wunsch, die Alben zuzuklappen, sich mit dem bekannten Braun, Beige, Grün, Blau, Bordeaux zu beruhigen. «Es gibt viele, die so reagieren», murmelt Anjuska W. verständnisvoll. Um dann gnadenlos deutlich zu machen: Wegschauen gilt nicht. «Das habe ich nie als eine mögliche Variante sehen können, nur als Ungeheuerlichkeit. Wegschauen bei einem solchen Krieg, das kann ich gar nicht.» Schon als Kind, erzählt sie, sei sie – konfrontiert mit etwas Schlimmem – immer nur ganz schnell weggerannt, um dann sofort wiederzukommen. «Bis ich's ausgehalten habe.» Vor dem Krieg in Vietnam konnte sie nicht einmal nachts die Augen verschliessen. Immer wieder sei sie aufgewacht, habe ihren Mann geweckt und genervt mit ihrem «Jetzt bombardieren sie wieder», habe zu diesem Land und den Menschen dort eine fast metaphysische Vertrautheit entwickelt, sodass es ihr, als sie viele Jahre später zum ersten Mal nach Vietnam flog, wie eine Heimkehr erschien. «Das war für mich nicht mehr nachvollziehbar», gibt Jochi W. zu, «dass Vietnam für dich so nahe war, dass du sogar von den Landschaften geträumt hast – da habe ich manchmal gedacht, du würdest ein wenig flunkern.» «Mmmh», brummt Anjuska W. Meint sie ihn, wenn sie kritisiert, für viele, die damals, womöglich in Armyjacken, gegen den Krieg um den Dominostein[101] Vietnam auf die Strasse gegangen, hätten die VietnamesInnen keine Gesichter gehabt, seien nur Teil einer Menschenmasse gewesen? *Untermenschen,* entfährt es dem Berichterstatter. «Ich unterstelle niemandem, dass es ihm nicht auch um die Menschen gegangen ist, aber ein Stück weit ist es abstrakt gewesen.» Wie eine Freundin von ihr es formulierte: «Die haben noch nie einen Vietnamesen von vorne gesehen.» Vielen sei vermutlich die amerikanische Antikriegsbewegung, Vietnamveteranen inbegriffen, näher gewesen als das vietnamesische Volk. «Solidarität hilft siegen.» Ein verräterischer Slogan. «Es war eine Solidarität mit Leuten, die am Siegen waren.» Vietnam – ein Fanal, auch für andere Befreiungsbewegungen, ein Fanal für eine Idee. Für sie, Anjuska W., hatte Vietnam ein Gesicht. Sons. Und viele andere.
«Wenn ich diese Bilder sehe», so Jochi W., «macht mich das heute noch wütend.» Da sei ihm bewusst geworden, «dass da Menschen andere Menschen kaputtmachen». Wut, «dass man überhaupt so etwas machen kann». Dass, so Anjuska W., die Befreier des Weltkrieges «hingehen und auf dieses Land mehr Bomben abwerfen, als im ganzen Zweiten Weltkrieg abgeworfen worden sind». Wut über diesen Aggressionskrieg «der Amerikaner». Und Ohnmacht, dem etwas entgegenzusetzen. Da sei beim Ehepaar W. der definitive Sprung vom Humanitären ins Politische fällig gewesen.

Emilio M. – Achter Bericht

Mit grüner Karte sei er vorgeladen worden, schreibt Emilio M. in dem Erinnerungsprotokoll, das er – womöglich bei einem Glas Wein und einem Schälchen Oliven – nach einer fünfeinhalbstündigen Einvernahme bei der Fremdenpolizei am 15. August 1968 verfasste. Eine «Einvernahmekopie» sei M.

wie üblich nicht ausgehändigt worden, rechtfertigte sich der Befrager – «Detektivwachtmeister G.», verrät Emilio M. die Identität des in den Staatsschutzakten Eingeschwärzten – gegenüber seinem Vorgesetzten, der sich anscheinend über das von M. selbst verfertigte, offensichtlich verdächtig präzise und unter seinen Bekannten in Umlauf gesetzte Protokoll der Anhörung gewundert hatte. M. habe sich, so G., «hin und wieder auf eine Zigarettenschachtel Notizen gemacht, was mir keinen Anlass gab diese zu verhindern».

Ein beklemmendes Gefühl, aber Angst, nein, Angst eigentlich nicht – «Ich bin jemand», grinst der Psychoanalytiker M., «der die Angst abspaltet» –, aber ein mulmiges Gefühl habe er schon gehabt, als er am 15. August um 14.15 Uhr im Detektivbüro des Amtshauses III eingetroffen sei. «Gleich zu Beginn forderte ich eine Erklärung über das Motiv der Vorladung. Doch Det. G. war nicht bereit, eine solche abzugeben. Statt dessen las er mir den ersten Abschnitt eines mehrere Seiten dicken Aktenpaketes vor. Der lautete sinngemäss, das ‹ungebührliche Verhalten des Ausländers E. M.› habe zu Klagen Anlass gegeben, welche die Fremdenpolizei abzuklären wünsche.»[102]

Der gut vorbereitete Beamte legte gleich los, wie ein Spieler, der, sein Gegenüber genau beobachtend, Karte um Karte ausbreitet, schob G. Vorhalt um Vorhalt über den Tisch.

Erster Vorhalt: Sie waren seit Ihrem sechzehnten Lebensjahr Mitglied der kommunistisch orientierten «Freien Jugend».

Ich sehe nicht ein, was das mit «ungebührlichem Benehmen» zu tun hat. Ich werde die Frage erst beantworten, wenn das klar ist.

Sie können die Frage ruhig beantworten; es ist ja auch für einen Ausländer nicht verboten, Mitglied einer kommunistischen Organisation zu sein. Uns geht es nur darum, Ihr späteres Verhalten besser zu verstehen.

Ich protestiere gegen die leicht durchschaubaren Konstruktionen, die die Fremdenpolizei anstellt, möchte aber die Frage beantworten. Ich war nie Mitglied der «Freien Jugend», auch wenn ich oft an Veranstaltungen dieser Organisation teilgenommen habe.

Dritter Vorhalt: Sie sollen Mitglied der «Partei der Arbeit» sein.

Ich war nie Mitglied der PdA.

Vierter Vorhalt: Sie gehören zu den Gründern der «Fortschrittlichen Studentenschaft Zürich».

Es ist richtig, dass ich mich 1963 um die Gründung einer fortschrittlichen Studentenorganisation bemühte. Aber ich wurde erst später Mitglied. Wann, weiss ich im Moment nicht mehr. Das lässt sich aber anhand der beim Rektorat der Universität hinterlegten Mitgliederlisten leicht rekonstruieren.

Fünfter Vorhalt: Sie haben im August 1967 im Zusammenhang mit dem Prozess gegen Meier 19 an der ersten unbewilligten Demonstration gegen die Zürcher Polizei teilgenommen.

Das stimmt, aber ich höre zum ersten Mal, dass diese Demonstration verboten war.

Die Demonstration war nicht verboten, aber auch nicht bewilligt.
Das konnte ich nicht wissen.
Neunter Vorhalt: Am 5. Juni haben Sie sich an einer nichtbewilligten Demonstration an der Riviera[103] *mit Voten gegen die Polizei hervorgetan.*
Das ist von A bis Z frei erfunden.
Wir haben genaue Informationen.
Ihre Zeugen möchte ich gerne sehen! Ich protestiere ganz entschieden gegen ein offensichtliches Komplott der Fremdenpolizei gegen mich, das mit falschen Zeugenaussagen arbeitet.
Zehnter Vorhalt: Am 15. Juni 1968 haben Sie die Polizei der Stadt Zürich im Rahmen einer nichtbewilligten Demonstration mit einem Augiasstall verglichen und den Polizeivorstand zum Rücktritt aufgefordert.
Ich hatte von der «Fortschrittlichen Studentenschaft» den Auftrag, eine Rede über das Sündenregister der Zürcher Polizei zu halten. Soviel ich weiss, war es mein gutes Recht als Niedergelassener, eine öffentliche Rede zu halten. Ich habe mich darauf beschränkt, Vorkommnisse, die ich der Presse entnommen hatte, vorzutragen. Insbesondere stammt das Wort vom Augiasstall aus einem Artikel des Journalisten L. A. Minelli in der «Nationalzeitung». Ob ich ausdrücklich den Rücktritt des Polizeivorstandes gefordert habe, bezweifle ich. Ich schloss meine Rede vielmehr mit der Bemerkung, man müsse der Solidarität der Regierenden die Solidarität der Verwalteten gegenüberstellen.
Dreizehnter Vorhalt: Sie sind an der Demonstration vom 29. Juni, als es zu den bekannten Krawallen kam, gesehen worden. Sie sollen sich um ca. 19 Uhr zu einer Art Lagebesprechung mit Thomas H. und den Gebrüdern P. getroffen haben. Was hatten Sie mit der Organisation zu tun?
Gar nichts. Ich war die Tage zuvor in Basel und traf erst am späteren Samstagnachmittag in Zürich ein. Ich hatte die Absicht, an einer friedlichen Kundgebung für ein autonomes Jugendzentrum teilzunehmen. Ich begab mich deshalb um 19 Uhr vor das Globus-Provisorium, wo ich auf der Traminsel stehen blieb. Nachdem die Polizei ein Ultimatum gestellt hatte, war mir klar, dass es zu einem Krawall kommen könnte. Deshalb habe ich den Ordnungsdienst des Komitees bei der Diskussion mit einer Gruppe von Unentwegten, die den Platz nicht räumen wollten, unterstützt.
Siebzehnter Vorhalt: Was hatten Sie mit der Verteilung der Komitee-Flugblätter zu tun?
Vor den Krawallen nichts. Anfangs Juli stellte ich dem Komitee meine Wohnung als Verteilzentrale zur Verfügung. Die Flugblätter wurden zu mir gebracht und da abgeholt. Persönlich habe ich mich nicht an der Verteilung beteiligt.
Und nun wird es ganz ernst, zitiert Emilio M. Detektivwachtmeister G. in seinem aus dem Gedächtnis niedergeschriebenen, «sinngemäss richtigen» Protokoll, *ich muss Sie offiziell darauf aufmerksam machen, dass die Zürcher Kantonale Fremdenpolizei die Landesverweisung gegen Sie prüft.*

Warum haben Sie mir das nicht von Anfang an mitgeteilt? Ich finde Ihr Vorgehen sehr seltsam.
Ich handelte in Auftrag. Haben Sie noch irgendetwas zu Protokoll zu geben?
Ja. Ich gebe meiner höchsten Verwunderung und meinem Befremden darüber Ausdruck, dass offenbar die Mitgliedschaft bei der FSZ[104] und die politische Betätigung im Rahmen des Gesetzes genügen, um die Fremdenpolizei zu einem Verfahren wegen Landesverweisung gegen einen seit 18 Jahren in der Schweiz ansässigen niedergelassenen Ausländer zu bewegen. Ich erachte dies als einen Akt politischer Willkür und erkläre schon jetzt, gegen diese Willkür mit allen mir zu Gebote stehenden gesetzlichen Möglichkeiten vorzugehen.
Sie können gehen.
Stress, nennt M. das Gefühl, das ihn nach dieser Eröffnung befallen und danach eine ganze Weile angehalten. «Ich wusste nicht, was da genau läuft.» Schliesslich habe ihm der Kantonsarzt noch mitgeteilt, er könne ihm die beantragte Praxisbewilligung nicht erteilen, «solange nicht klar ist, ob Sie ausgewiesen werden».
Eine Woche nach M.s Einvernahme fand der Dübendorfer Kantonsrat Hansjörg B. zwischen Zeitungen, Telefonrechnungen und Parteipost den Offenen Brief von Emilio M. an seine Freunde und Bekannten. «Hin und wieder», las er da und fühlte sich geschmeichelt, wie er 1997 bei einem Treffen mit dem damaligen Briefschreiber schmunzelnd erzählt, «hörten Sie von mir, als es darum ging, spanischen Demokraten zu helfen oder für Vietnam einzustehen. Nun muss ich selber Ihre Solidarität in Anspruch nehmen. Bei der kantonalen Fremdenpolizei läuft zur Zeit ein Verfahren zur Landesverweisung gegen mich. Die Hermandad des Freisinnigen Mossdorf will das politisch ‹ungebührliche Benehmen› des lästigen Ausländers endgültig abstellen.» Er habe damals den Eindruck gehabt, erinnert sich B. dreissig Jahre später noch gut, M. befinde sich in grosser Not. «Wie können Sie mir helfen? Solange das Verfahren nicht abgeschlossen ist, sollte man die Presse aus dem Spiel lassen. Es hat keinen Sinn, schon jetzt aus meinem ‹Fall› eine politische Prestigefrage zu machen. Ich könnte mir aber vorstellen, dass Briefe oder telephonische Anrufe von bürgerlicher Seite bei der Direktion der Fremdenpolizei ihre Wirkung nicht verfehlen würden.» M. habe sehr eindringlich geschrieben, und er, B., dem es schon schwer gefallen, von Basel nach Dübendorf zu ziehen, habe grosses Verständnis für den ihm politisch Bekannten und seine Angst vor der Ausweisung gehabt. «Was Sie über mich noch wissen sollten: Geb. 1941 in Neapel, seit 1950 ununterbrochen in Zürich ansässig, verheiratet mit Schweizer Geschichts-Studentin, Abschluss des Medizinstudiums im Frühling dieses Jahres, Vater einer zwanzig Monate alten Tochter. *Marxist.*» Aber M.s Brief sei ihm – «wenn wir ganz offen reden» – auch «etwas weinerlich» erschienen; ungewohnt, dass sich da einer so sehr für sich selbst einsetzte. Der Brief habe ihn nicht kalt gelassen, «man hatte den Eindruck, man müsste jetzt handeln», was er aber nicht getan. «Hin und wieder war meine Kapazität ein Problem.

Ich habe nicht überall reagiert, wo ich reagieren wollte.» Er habe, vermutet er im Rückblick, wahrscheinlich mit Mossdorf, dem zuständigen Zürcher Regierungsrat, kurz gesprochen.

Die Solidarität sei gross gewesen, erinnert sich M. Auch von Leuten, denen er's gar nicht zugetraut. KollegInnen aus seiner Gymnasialklasse hätten sich für ihn eingesetzt. Und «reaktionäre Gewerkschaftsfunktionäre». Ende September habe er dann die Praxisbewilligung doch erhalten. «Da wusste ich – der Kelch ist an mir vorbeigegangen.» Und begann, seine Praxis, eine kleine Praxis – die er von einem Arzt in Ruhestand übernommen – einzurichten. Nahm doch noch die Analyse bei einem international bekannten Zürcher Psychoanalytiker auf. Am 3. Oktober 1968 verfügte die Direktion der Polizei des Kantons Zürich: «Emilio M. wird verwarnt und es wird ihm die Landesverweisung angedroht für den Fall, dass er sich in politischer Hinsicht nicht die notwendige Zurückhaltung auferlegen, sich weiterhin in unzulässiger Weise in die inneren Verhältnisse und Einrichtungen unseres Landes einmischen, durch seine Tätigkeit die guten Beziehungen der Schweiz zu ausländischen Staaten beeinträchtigen oder dass sein Verhalten in anderer Hinsicht zu schweren Klagen Anlass geben sollte.» Nur seine langjährige Anwesenheit in der Schweiz und der Umstand, dass er mit einer Schweizerin verheiratet, dass er Vater sei, rechtfertige es, «wenn auch mit erheblichen Bedenken – vom sofortigen Erlass einer Ausweisungsverfügung noch einmal Umgang zu nehmen». Seine politische Tätigkeit aber, hielt die kantonale Polizeidirektion fest, «nahm in jüngster Zeit ein Ausmass an, das mit dem Status eines Ausländers, der das Gastrecht unseres Landes in Anspruch zu nehmen wünscht, unvereinbar ist». M.s Anwalt reichte umgehend einen Rekurs ein und hielt den Herren – damals waren nur Herren wählbar – im Kaspar-Escher-Haus entgegen, der Artikel 10 des Ausländergesetzes, der die Ausweisung eines Ausländers möglich mache – «wenn sein Verhalten im allgemeinen und seine Handlungen darauf schliessen lassen, dass er nicht gewillt oder nicht fähig ist, sich in die im Gaststaat geltende Ordnung einzufügen» – dürfe nicht so ausgelegt werden, «dass unter der ‹im Gastland geltenden Ordnung› auch die politische oder gesellschaftliche Ordnung verstanden wird. Unter ‹Ordnung› darf vielmehr nur die Rechtsordnung und allenfalls noch die Sittenordnung verstanden werden». Nur wer gegen letztere verstosse, dürfe ausgewiesen werden. Nicht aber, wer ohne Verletzung von schweizerischen Gesetzen seine politische Auffassung kundtue. Genau darüber sollte sich der Rekurrent M. mit allen weiteren Instanzen bis vor Bundesgericht streiten.

Zuvor aber traf sich der Revoluzzer M. dank der Vermittlung eines Gewerkschafters mit dem obersten Polizisten des Kantons Zürich. Zu einem Gespräch unter vier Augen. Regierungsrat Mossdorf hatte durchblicken lassen, er würde es sehr begrüssen, wenn M. seinen Rekurs zurückzöge. M. zeigte sich an einem Handel interessiert. Gross, hoch, regierungsrätlich halt, sei der Raum gewesen, in dem ihn der hohe Herr empfangen, Waffen an der

Wand. Er habe – «Ich kann ja ein bisschen schauspielern» – seine bürgerliche Seite hervorgekehrt, und, ganz Sohn eines Marineoffiziers, mit einem «Schön. Ich habe auch so ein Gewehr» das Eis gebrochen. «Er wollte mich dazu bewegen, diesen Rekurs zurückzuziehen, und ich wollte ihn dazu bringen, mir einen schriftlichen Persilschein auszustellen. Wir wurden nicht handelseinig.» Nach einer knappen Stunde sei das Gespräch – für das M. Worte wie «höflich», «nett», «gefasst erregt» findet – beendet gewesen. Auch ein Brief an die Rekursabteilung der kantonalen Fremdenpolizei, der jedes Schweizer Herz hätte rühren müssen, hatte keinen Erfolg. Dr. Steinbrüchel zeigte sich offensichtlich immun gegen die Klagen des «aufs engste mit der schweizerischen Lebensart» vertrauten M., die Aufrechterhaltung der «Androhung der Ausweisung zwänge mich, in einem Land in der inneren Emigration zu leben, in welchem ich mich seit meiner Kindheit zu Hause fühle», er sei sich bis zu jener Einvernahme durch die Fremdenpolizei «des Verbrechens, Ausländer zu sein – eben fremd – nicht bewusst» gewesen. Ungerecht sei es, beschwor M. den obersten Fremdenpolizisten, «dass an mir Rache genommen werden soll für Ereignisse, die zwar seinerzeit grosse Bestürzung hervorriefen, deren Ursachen aber zweifellos über die Verantwortlichkeit von Einzelnen hinausgehen und für die insbesondere mich kein Verschulden trifft.» Aber der liess sich nicht einmal durch jeder 1.-August-Rede gut anstehende Sätze erweichen. «Während meines bald zwanzigjährigen Aufenthaltes in Zürich habe ich die grossen demokratischen und freiheitlichen Traditionen des Landes kennen und schätzen gelernt, denen gegenüber ich mich loyal verpflichtet weiss. Wilhelm Tell, Heinrich Pestalozzi, Gottfried Keller und andere sind für mich keine verstaubten Requisiten für feierliche Stunden, sondern lebendige Vorbilder einer Geisteshaltung, die keine Mühe scheut im Dienste am Staatswesen und die keinen persönlichen Nachteil fürchtet, wenn es um das Bessere für die Allgemeinheit geht; Vorbilder, denen ich im Kleinen nachzuleben versuche», schrieb Emilio M. und beschloss das Schreiben mit der Beteuerung, «tatsächlich fühle ich mich keinem Land oder Staat enger verbunden als der Schweiz, mit vorzüglicher Hochachtung».
Ungerührt bestätigte der Regierungsrat des Kantons Zürich am 16. Oktober 1969 den Beschluss der Vorinstanz, und am 5. Juni 1970 wies auch das Bundesgericht M.s Beschwerde ab. Die Ausweisungsandrohung wurde definitiv aufrecht erhalten. «Seit einigen Jahren», hielt der Regierungsrat in seiner Begründung fest, «wird die bestehende Ordnung in vielen Ländern, in steigendem Masse auch in der Schweiz, auch im Kanton Zürich, nicht nur theoretisch diskutiert, sondern gestört. Solche Rechtswidrigkeit darf das Gemeinwesen im Interesse einer möglichst ungestörten Existenz nicht dulden. In der Gegenwart stammen solche Störungen in der Schweiz wesentlich von politisch links stehenden Kreisen», denen auch der Rekurrent, Emilio M., angehöre. Wenn das Verhalten von Menschen dem Anstand und der geltenden Ordnung widerspreche, sei es natürlich, «dass sich die Öffentlichkeit, die sich

diese Ordnung gegeben hat, gegen Angriffe mit den geeigneten Mitteln wehrt. Bei Ausländern ist es möglich, diesen Selbstschutz durch ihre Entfernung zu bewirken.»
Unter der im Gaststaat geltenden Ordnung, argumentierten sowohl der Zürcher Regierungsrat als auch das Schweizer Bundesgericht, sei nicht nur «dessen Rechtsordnung, sondern auch die im Lande allgemein anerkannte Sittenordnung zu verstehen». Gegen einen Ausländer könne nicht nur eine fremdenpolizeiliche Massnahme verfügt werden, wenn er ein strafrechtliches Verbot verletze, «es wird von ihm mehr verlangt, als sich bloss an das Strafgesetz zu halten». Es sei zwar niedergelassenen Ausländern nicht verboten, «mit linksextremen Kreisen zu sympathisieren, bzw. ihnen anzugehören, ja sogar politische Reden zu halten», aber wenn «der Ausländer an Veranstaltungen von Organisationen aktiv teilnimmt, deren Zielsetzung darin besteht, die im Gastland geltende demokratische Ordnung anzugreifen und zu beseitigen, so läuft eine derartige Betätigung der Auffassung des überwiegenden Teils der schweizerischen Bevölkerung zuwider und ist durchaus unerwünscht ... Die Mitwirkung an der politischen Willensbildung ist in der Schweiz grundsätzlich Sache des Schweizerbürgers und nicht solche eines Ausländers. Dies muss insbesondere dann Geltung haben, wenn es sich um eine gegen die schweizerische Demokratie gerichtete politische Betätigung handelt.» M. habe im Laufe der letzten Jahre ein Verhalten an den Tag gelegt, «das Zweifel an seinem Willen bzw. seiner Fähigkeit aufkommen lässt, sich gegenüber den Institutionen des Gastlandes loyal zu verhalten. Er scheint wesensmässig dazu zu neigen, Unruhe zu stiften und die bestehende Ordnung, das in diesen Kreisen sogenannte ‹establishment› zu stören.» Auch wenn er sich bei den eigentlichen Demonstrationen im Hintergrund gehalten habe, «war er doch einer der allen Teilnehmern bekannten Drahtzieher und Hauptakteure, der mit seinen Reden und», so steht es zur Freude Freuds im Bericht des Regierungsrats des Kantons Zürich an das schweizerische Bundesgericht vom 29. Januar 1970 wörtlich, «Diskussionsverboten gegen unsere demokratische Ordnung hetzte».
Das Bild des Hauptakteurs, das die Behörden von Emilio M. zeichnen, entspricht durchaus seiner eigenen Vorstellung, sieht er sich doch als Initiant und Führungsfigur damals wichtiger politischer Organisationen – zum Beispiel der «Fortschrittlichen Studentenschaft der Universität Zürich» (FSZ), der «Fortschrittlichen Arbeiter, Schüler und Studenten» (FASS) – und als denjenigen, der den öffentlichen Führer der Zürcher Studentenbewegung, Thomas H., «aufgebaut» habe. «Ich muss in aller Bescheidenheit sagen – den H., den habe ich aufgebaut und dann wieder abgebaut. Die ‹Fortschrittliche Studentenschaft›, die ja an der Hochschule die Gruppe war, die diese 68er Ereignisse vorbereitet und geprägt hat, die habe ich gegründet.»
Das klingt, als ob es deiner Meinung nach die 68er Globuskrawalle ohne dich gar nicht gegeben hätte?

«So nicht. Sie wären anders verlaufen.»
Also bist du tatsächlich, wie es dir die Behörden damals vorwarfen, ein Staatsfeind?
«Sicher. Das hängt mit der Vorstellung zusammen, die ich von diesem Staat habe. Das heisst aber nicht, dass ich mich nicht als guten Schweizer betrachte. Ich betrachte mich als sehr guten Schweizer», er lacht laut heraus, «und als Internationalisten. Aber wenn ich von Staat und von Staatsfeind rede, habe ich die leninsche Definition im Kopf; der Staat als Organisation der Herrschenden, die dazu dient, die Herrschaft zu sichern, der Staat ist ein Klassenstaat, und wenn du ein Gegner des Klassensystems bist, dann bist du per Definition ein Staatsfeind. Da kannst du dich drehen und wenden, wie du willst», sagt Emilio M. 1997, dem die kantonalen und Bundesbehörden damals auch noch das letzte Argument für seinen Rekurs nahmen. Sie hätten ihn, liess er seinen Anwalt monieren, da sie sein politisches Verhalten doch schon während Jahren beobachtet, vorwarnen müssen, nicht so unvermittelt mit einer Ausweisungsandrohung konfrontieren dürfen. «Die Behörden», gaben sie ihm zurück, «können nicht jeden der im Inland sich aufhaltenden Ausländer ständig im Auge behalten und ihnen ein Halt zurufen, wenn sich ihr Verhalten der Grenze des Tolerierbaren nähert; eine derartige Bevormundung würde in der Öffentlichkeit, namentlich auch durch die betroffenen Ausländer selbst, mit Recht abgelehnt.» Basta.

Victor S. – Fünfzehnter Bericht

Es war, als wären ihm die russischen Panzer zmittst in die gute Stube gerasselt. In jener Nacht, es war der 21. August 1968, und der hat europäische Geschichte gemacht, kam Victor S. nicht zum Schlafen. Er schrieb – er konnte niemanden von der Partei, niemanden vom Zentralkomitee, niemanden vom Politbüro erreichen –, schrieb Entwurf um Entwurf, feilte an Sätzen, verwarf sie, suchte, als Redaktor des «Vorwärts» – «Es war für mich auch eine Parteifrage» – einen Weg zwischen persönlicher Entrüstung und offizieller Stellungnahme. «Die Einheit der sozialistischen Gemeinschaften», steht in einem seiner noch vorhandenen Entwürfe, «erlitt durch diesen Vertrauensbruch einen schwerlich wieder gut zu machenden Schlag.» Zu wenig scharf, befand seine Frau Elsi, waren seine Sätze. «Niemand wird dem Zentralorgan der KPdSU das legitime Recht bestreiten, auf bösartige, die sowjetische Aussenpolitik betreffende und die Freundschaftsbande mit dem Warschauvertragspartner beeinträchtigende Artikel der Prager Boulevardpresse entsprechend zu antworten.» Vermutlich hätte sie sich an diesem «grössten Leidenspunkt» ihres kommunistischen Lebens – «Ich habe eine Nacht lang geheult» – gewünscht, ihr Mann hätte im offiziellen Organ der schweizerischen kommunistischen Partei deutliche Worte gebraucht. So unmissverständliche wie die «Junge Sektion». «Selbst wenn es zutreffen sollte, dass im Zuge der Demokratisierung der tschechoslowakischen Gesellschaft revisionistische oder antisozialistische Tendenzen zu Worte kamen, bleibt der militärische Eingriff der fünf Warschauerpakt-Staaten ein Verbrechen», schrieben die jungen GenossInnen und kündigten an: «Die heutige Sowjetunion ist genau jene Sowjetunion, die sich unser Bürgertum wünscht. Wir, die revolutionären Sozialisten und Kommunisten, können die herrschenden Kreise der sowjetischen KP nicht mehr als Genossen betrachten. Wir werden im Gegenteil jede antiautoritäre, kulturrevolutionäre Bewegung in der UdSSR, die das Ziel hat, diese herrschenden Kreise in der Partei zu stürzen, unterstützen.» Sätze, die für einen Redaktor des «Vorwärts» selbst in jenem August undenkbar waren. «Ich habe an die Verantwortung denken müssen», verteidigt sich Victor S. dreissig Jahre später. In den frühen Morgenstunden sei er dann «i d'Bude gfaare». Da sei der Kollege – Robert T., Redaktor der «Voix ouvrière» – schon am Tisch gesessen, die Hände aufgestützt, «er hat fast geheult» und habe auch nicht gewusst, was er schreiben solle. Die Stimmung sei «grauenvoll» gewesen. Die Worte in S.' Entwurf – «konsterniert» oder «die Bestürzung über diese unglaubliche Handlungsweise» – schienen ihnen letztlich zu schwach und waren, offensichtlich, doch schon zu stark. Am 22. August findet sich unter der Überschrift «Unser Standpunkt» kein Satz von Victor S., sondern nur die ins Deutsche übersetzten Zeilen aus der «Voix ouvrière», der welschen Schwesterzeitung des «Vorwärts», und da heisst es: «Das Unglaubliche ist geschehen. Die Truppen von fünf sozialistischen Ländern sind in die Tschechoslowakei eingedrungen. Diese Nachricht ist bestürzend ... Es wird schwierig, wenn nicht unmöglich sein, weiterhin vom Recht jeder Partei zu sprechen, ihren eigenen Weg zum Sozialismus frei zu wählen.» Ein Brief von Roland R., Mitglied der «Jungen Sektion», an die Parteileitung wurde – «trotz unseres Verlangens», hielten «die Jungen» fest – nicht im «Vorwärts» veröffentlicht. «Es gilt», hätte der Genosse den GenossInnen Schwarz auf Weiss zurufen wollen, «die Mitschuld der westeuropäischen kommunistischen Bewegung, aufgrund ihrer mehrheitlichen Kritiklosigkeit gegenüber der informellen sowjetischen Autorität, zu erkennen und zu bekennen.» Eine Woche später kam Victor S. dann doch noch auf der Frontseite des «Vorwärts» zu Wort und kritisierte in der «Stunde der Bewährung», dass die Sowjetunion aufgrund einer «unglaublichen Fehleinschätzung» über den Kopf einer «im Volk verankerten und wachsendes Ansehen geniessenden Kommunistischen Partei das äusserste Mittel der Gewalt» angewandt habe. Statt damit die «unbestreitbar vorhandenen antisozialistischen und antisowjetischen Kräfte» an einer «angeblichen Machtergreifung» zu hindern, hätten die «zu ihrer Niederschlagung ins Land geeilten und sich damit ins Unrecht setzenden Interventionstruppen der fünf Warschaupaktländer» genau diesen «Elementen Aufwind» verschafft. Ein Austritt aus der Partei, bestätigen Victor und Elsi S. einstimmig, wäre für sie in jenem Zeitpunkt nicht in Frage, wäre in einem Moment, in dem alle auf der roten Fahne herumtrampelten, einem schäbigen Verrat gleichgekommen. Die

Hoffnung auf einen «Kommunismus mit menschlichem Antlitz» war allerdings auch für sie definitiv zerbrochen, und sie rieten einer befreundeten tschechischen Familie, jetzt auf keinen Fall in ihre Heimat zurückzukehren. «Wir haben alle gesagt: ‹Bleibt da, das kommt nicht gut heraus›; aber die sind zurück, und es ist nicht gut herausgekommen.» Der Vater, ein Universitätsprofessor, so viel hätten sie noch gehört, habe klar Stellung genommen «für Dubcek», eine der Symbolfiguren des «Prager Frühlings», und habe sich geweigert, «ein Manifest, eine Art Treuebekenntnis zur Regierung», der neuen, der von Moskaus Gnaden, zu unterschreiben. «Seine beiden Kinder durften dann nicht studieren, die wären begabt gewesen, das ist dann die Repression gewesen.»

Emilio M. – Neunter Bericht

Doch, hält Emilio M. fest, sie hätten auch dagegen eine Demonstration organisiert. «Aber es war nichts, das mich emotional gepackt hat.» Der Berichterstatter erinnert sich, es war seine erste politische, seine erste öffentliche Aktion. Er verteilte auf dem Bürkliplatz mit einem Freund ein selbst geschriebenes Flugblatt gegen die russischen Panzer in Prag. Es habe, räumt Emilio M. Jahrzehnte später ein, nicht in seinem, nicht in ihrem Interesse gelegen, hinzuschauen. «Unsere Gegner waren nicht die Russen, sondern die Amerikaner in Vietnam.» Sie hätten sich als Linke «viel zu wenig mit dem beschäftigt, was in den Ländern des real existierenden Sozialismus vor sich ging», hätten sich wie Kirchentreue verhalten, hätten übersehen, dass die Freiheitsbewegungen in jenen Ländern antikommunistisch hätten sein müssen, hätten sich über «die Reaktionäre» entrüstet, die mit «den Amerikanern», mit «den Imperialisten», gemeinsame Sache machten. «Wir haben nicht gesehen, dass das die einzige Möglichkeit war, die diese Leute in jenen Ländern hatten.»

Hansjörg B. – Fünfzehnter Bericht

Er habe auf Einladung einer Schulklasse in jenen Tagen auf dem Bürkliplatz eine Rede gehalten, die der Leiter der Veranstaltung «ziemlich nüchtern» verdankt. «Zu wenig antikommunistisch», habe der offiziell befunden. Er habe sich, nimmt B. im Rückblick an, auf die Gewaltfrage konzentriert. Grundsätzlich gegen Gewalt. Und nachdem sie gegen die Amerikaner in Vietnam demonstriert, sei es eine Frage der Glaubwürdigkeit gewesen, auch gegen die Russen in Prag auf die Strasse zu gehen. Aber er habe nicht missbraucht werden, nicht in den gemeinen Chor einstimmen wollen, der das bekannte Lied gesungen. «Jetzt hat die Sowjetunion wieder einmal ihr wahres Gesicht gezeigt. Wir haben es ja immer gesagt.» Unter den ZuhörerInnen, die keine Freude an ihm gehabt, habe er auch zwei Arbeitskollegen entdeckt, die bestimmt – anders habe er sich das nicht erklären können – wegen ihm gekommen. «Die wollten mich überwachen, prüfen, ob ich genügend antikommunistisch rede oder nicht.» Der Test dürfte negativ ausgefallen sein.

Anjuska W. – Zwölfter Bericht; Jochi W. – Achter Bericht

Sozialismus – ja, aber mit menschlichem Antlitz. Dubcek, Svoboda, berichtet Jochi W., seien für ihn wichtig gewesen. Er habe an einer Aktion seiner LehrerkollegInnen im Osten der Schweiz teilgenommen, habe zum Ausdruck bringen wollen, «dass man diesen Einmarsch der Sowjetunion in die Tschechoslowakei verurteilen muss», den selbstverständlich auch Anjuska W. nicht gerechtfertigt, nicht gut gefunden. Aber sie habe sich nicht aufgerufen gefühlt, «mich da zu definieren. Das war etwas, womit ich nichts zu tun hatte.» Europa sei ihr nicht zwangsläufig emotional näher gelegen als der grosse Rest der Welt. Und im Vergleich zu den amerikanischen Bomben auf Vietnam, verschiebt sie den gewohnten Blickwinkel, seien die russischen Panzer in Prag für sie «einfach nicht so wichtig gewesen» und hätten, das spricht sie vorsichtig aus, auch viel weniger Tote hinterlassen. «Einfach nicht so wichtig gewesen», wiederholt sie. «Schlichtweg.» Punkt.

Leni A. – Siebter Bericht

Damals bereits Pfarrerin in einem Zürcher Vorort, habe sie zwei Tage nicht arbeiten können, als das Prager «Reich Gottes», wie erwartet, zusammengebrochen. Sei «total gschlisse» gewesen. Und habe am darauf folgenden Sonntag doch «prediget». Auch der Breschnew, habe sie von der Kanzel verkündet, sei dem Gewissen gefolgt, dem des Generalsekretärs der «Kommunistischen Partei der Sowjetunion». Ein in jenen Jahren bekannter Rechtsprofessor habe dem, zu ihrem fast schockierten Erstaunen, heftigst widersprochen. Der oberste Kommunist, habe der Schweizer Professor ausgesprochen vehement festgehalten haben wollen, habe mitnichten ein Gewissen, dem er, wie die Pfarrerin behauptete, gehorcht habe, als er seine Soldaten, die Soldaten der Roten Armee, drohend über tschechoslowakisches Pflaster habe trampeln lassen. Sie habe dann einen tschechischen Studenten bei sich aufgenommen und verköstigt, aber «der hat mich auf eine miserable Art ausgenommen», bis sie ihn schliesslich aus der Wohnung geworfen. In einer Zeit, in der noch niemand von «kriminellen Asylanten» sprach und das Wort «ausschaffen» noch ein Fremdwort war.

Victor S. – Sechzehnter Bericht

Die Welt nahm es vermutlich nicht einmal zur Kenntnis. Es gab keine nationalen Demonstrationen und keine internationalen Proteste, als das Zentralkomitee der «Partei der Arbeit» etwa ein Jahr nach den Prager Ereignissen die «Junge Sektion» – der schon am 1. Mai 1968 eine Antwort angedroht worden war – aus einer der kleinsten Schweizer Parteien ausschloss und den «Versuch einiger Weniger, der Partei ihre politische Linie aufzuzwingen», beendete. Eine «politische Kampfpartei», machte eines der führenden Mitglieder in der Parteizeitung «Vorwärts» klar, «kann nicht zulassen, dass die Partei zweierlei politische Linien verfolgt». Und spottete, die so genannten

68erInnen im Visier, im Übrigen wolle sich die «Partei der Arbeit» nicht auf den Weg «pseudorevolutionärer Phrasendrescherei begeben. Indem man viel von Revolution spricht, macht man noch keine Revolution.» Victor S., damals nicht nur Redaktor des «Vorwärts», sondern auch Mitglied des ZK, sah durchaus Parallelen zwischen grossen und kleinen Welten. «Mit solchen Methoden, im Grunde stalinistischen Methoden sind wir nicht einverstanden gewesen», will er festgehalten haben, «weder s'Elsi noch ich.» Und die doppelt nach: «Absolut nicht!», nickt, als der Berichterstatter den Ausschluss der «Jungen Sektion» mit der Niederschlagung des tschechoslowakischen Aufbruchs vergleicht, «ich habe damals die Jungen verteidigt.» Der Victor habe – «Du mit deinem Harmoniebedürfnis!» – irgendwann einfach gemurmelt: «Da sind wir halt verschiedener Meinung.» Sie sei empört, sehr empört gewesen, bestätigt Victor S. «Ich habe das als Faktum hingenommen, aber ohne tatkräftig mitzuwirken.» Er wartet die absehbaren, wartet die Fragen des Berichterstatters nach seinem Verhalten im ZK nicht ab – «Ich kann mich nicht erinnern, ob wir darüber abgestimmt haben» –, bezeugt: «Ich weiss auch nicht mehr, ob ich mich der Stimme enthalten habe.» Ist sich aber sicher: «Zugestimmt habe ich auf alle Fälle nicht.» Der Ausschluss der GenossInnen war kein Grund, der Partei den Rücken zu kehren. «Eine Ideologie hat mit den Menschen, die sie anwenden, nicht sehr viel zu tun. Man muss nur das Christentum nehmen – was auf dem Boden der christlichen Lehre alles gemacht worden ist, das ist ja ‹zum Brüele›.» Er lacht und provoziert den Berichterstatter zur Replik.

Das Problem sind nicht nur die Menschen, das Problem ist auch das Christentum selbst.

«Oho!», entfährt es Victor S., dem die Bergpredigt als kommunistisches Manifest erscheint: «Das ist Kommunismus in der reinsten und besten Form.» Er unterstützte damals die «Junge Sektion» nicht, beteiligte sich nicht an ihren Aktionen, nahm ihre «Lippenbekenntnisse zu einem revolutionären Aufbruch» nicht ernst. «Weil ich gesehen habe – das interessiert die Büezer schlicht und einfach nicht.» Er habe es noch im Ohr, wie die proletet hätten: «Diese langhaarigen Affen sollen zuerst einmal zeigen, dass sie arbeiten können.» Eine elitäre Angelegenheit, ohne Massenbasis, sei's gewesen.

Der General und die unbenutzte Zeitmaschine

Hansjörg B. – Sechzehnter Bericht

Hätte Sylvia B., um die vollgekrakelten Agenden der Geladenen wissend, schon in jenen Septembertagen ein Überraschungsfest zu Hansjörg B.s Vierzigstem am 8. Januar 1970 zu organisieren begonnen und sich in dieser Angelegenheit heimlich verstrippen lassen; hätte Hansjörg B. seine Frau zu Weihnachten mit einer Reise nach Portugal überraschen wollen und das

Viersternhotel per Draht gebucht; hätten die Söhne dem Lehrer oder der Lehrerin – um sich für ungerechte, das heisst schlechte Noten zu rächen – zehn Ster Buchenholz vor das gasbeheizte Myhomeismycastle karren lassen, B.s Maulwurf hätte es minuziös, hätte es diskret mitgeschrieben, sich bestimmt seine Sache gedacht, ohne die Opfer der Machenschaften zu warnen, hätte sicherlich nicht einmal die Steuerbehörden darüber informiert, dass der Mündelmund die Unterschlagung einer grösseren Erbschaft eines ihm Anvertrauten schweigend deckte. Mitgefühle oder staatsbürgerliches Pflichtbewusstsein hätten ihn, den Maulwurf, den es in den offiziellen Stellungnahmen des Bundesrates ja gar nicht gab, verraten. Der Mann, dessen Identität – als seine Existenz nicht länger geleugnet werden konnte – eingeschwärzt wurde, war vermutlich froh, als die am 5. September 1969 angeordnete Telefonkontrolle schon am 22. September wieder aufgehoben wurde und er nicht mit anhören musste, wie Hansjörg B. möglicherweise von einem aus dem Gefängnis entflohenen Totschläger angerufen wurde, der dem Vormund vertrauensselig seinen Unterschlupf verriet.

«Was meine Frau und mich auch heute noch zornig macht», schrieb Hansjörg B. in einem 1990 mit dem Titel «Freiheit kleingeschrieben» erschienenen Büchlein, «diese Einmischung betraf nicht nur mein Privatleben, sondern auch dasjenige meiner Frau, unserer Kinder und Gäste. Wer immer mein privates Telephon benutzte, mir telephonierte oder schrieb, war mit betroffen.» Die Bundesanwaltschaft hatte von der Generaldirektion der PTT ganze Arbeit verlangt. «Kontrolle aller Gespräche, die über den Anschluss 051 85 61 49 geführt werden.» Eine Kopie der Abhörberichte sei dem Nachrichtendienst der Kantonspolizei Zürich und der Bundesanwaltschaft zuzustellen.

Von all dem erfuhr B. erst 1989, als er am letzten Tag der Wintersession des Nationalrates die über ihn angelegten Fichen zu sehen bekam. «Warum ich beinahe als letzter Parlamentarier an die Reihe kam», notierte der alphabetverwöhnte B. beleidigt und argwöhnisch, «obwohl ich nach gestelltem Gesuch noch mehrmals telephoniert hatte, erfuhr ich bis heute nicht.» Um dann über seinen Besuch an der kurzzeitig schweizbekannten Berner Taubenstrasse 16 zu versichern: «Alle Beamten waren korrekt bis freundlich, der Raum kahl, fast leer, wie ein Verhörzimmer. Auf dem Tisch lagen die 30 Fichen der politischen Polizei, die mich betrafen.»

«Als ob er ein schlechtes Gewissen entlasten oder mir einen Herzinfarkt ersparen wollte», habe ihm der zuständige Beamte, Fürsprech Josef H., bevor er ihn der aufgezeichneten Vergangenheit überliess, die offizielle Mitteilung gemacht: «Gegen Sie lief ein gerichtspolizeiliches Ermittlungsverfahren wegen Verdacht auf Erfüllung des Tatbestandes gemäss Artikel 275ter StGB.» Ein Blick ins Strafgesetzbuch zeigt, dass der genannte Artikel auf Leute zielt, die eine staatsfeindliche Vereinigung gründen, ihr beitreten oder sich zumindest an deren Aktivitäten beteiligen, die dann auch konkret genannt werden: «Verbrechen oder Vergehen gegen den Staat», «Hochverrat», «Angriff auf die

Unabhängigkeit der Eidgenossenschaft», «gegen die Sicherheit der Schweiz gerichtete ausländische Unternehmungen und Bestrebungen», «verbotene Handlungen für einen fremden Staat», «verbotener Nachrichtendienst», «wirtschaftlicher Nachrichtendienst», «militärischer Nachrichtendienst», «Angriff auf die verfassungsmässige Ordnung», «staatsgefährliche Propaganda».
Hansjörg B. will sich partout daran erinnern, Fürsprech Josef H. habe 1989 dieses Verfahren und die Telefonkontrolle mit einer Demonstration gegen den US-General Westmoreland in Verbindung gebracht. B. selbst notierte in seinem etwas hastig niedergeschriebenen Büchlein über «Fichen und Folgen»: «Die Ursache dieser Beschnüffelung grossen Stils erfuhr ich ebenfalls mündlich und konnte dazu auf der Fiche nachlesen: Offener Besuchstag in der Genie RS 236 in der Kaserne Bremgarten mit einem Besuch von General Westmoreland, dem US-Oberbefehlshaber im Vietnamkrieg, an einem Samstagvormittag – 5. September 1969.» Das auf der gleichen Seite abgedruckte Faksimile der entsprechenden Fiche belegt denn auch, dass eine Protestaktion gegen den, so B., «Kriegsverbrecher als EMD-Ehrengast» stattgefunden hat, aber nicht am 5., einem Freitag, sondern am darauf folgenden Samstag, 13. September 1969, acht Tage nach Beginn der Telefonkontrolle. Am 11. September erst warnte die Kantonspolizei Aargau die Kollegen in Bremgarten: «Es muss mit ... Demonstrationen gerechnet werden.» Für den Einsatz der «Bezirksmannschaft Bremgarten» wurde angeordnet: «0730 Besammlung PP Bremgarten. Tenue: Uniform, lange Hose, weisse Mütze, ohne Waffe, Gummiknüppel.» Es sei eine «wahnsinnige Provokation» gewesen, findet B. auch im Rückblick, wie wenn sie «irgendeinen Hitlergeneral aus dem Zweiten Weltkrieg» vorgezeigt hätten. Es sei für sie, ein Grüppchen aus der Friedensbewegung, klar gewesen: «Da müssen wir dabei sein und eine Gegendemonstration machen.» Es sei eine kurzfristig und nicht gut vorbereitete Sache gewesen. B. nickt, als der Berichterstatter spottet: *handglismet.* Sie seien «mitem Isebäänli» nach Bremgarten gezuckelt, hätten dort die Kaserne suchen müssen. «Und dann sind wir in dieses Areal hinein.» Was kein Problem gewesen. «Kurz nach 1100 erschienen vier Helikopter», steht im Rapport an das Polizeikommando Aarau, «die Landung auf dem Bataillonsplatz wurde von den Besuchern als die Ankunft des Generals gewertet, sodass sich beim Eingang immer mehr Schaulustige ansammelten ...» Aber die trickreichen Sicherheitsleute hatten den General längst unbemerkt ins Gelände geschleust, das er nun vor neugierigen Augen zu verlassen gedachte. «Uns fielen etwa 8 Jugendliche auf, wovon zwei Frauen, die ‹nicht ins Bild passten›. Gleich danach, also um 1115, begannen die Motoren der Helikopter zu dröhnen und jedermann erwartete das Besteigen der Fahrzeuge durch die Offiziere. Als der General in Sicht kam, reagierten die meisten der Sicherheitsorgane und schauten rückwärts. In diesem Augenblick stürmten 4–5 der Jugendlichen vor und unter dem Geschrei ‹Westmoreland raus› und ‹Ho Tschi Minh› versuchten sie – jeder für sich – die Sperre zu durchbrechen.» B., der Amtsvormund,

schüttelt den Kopf. Nein, bei solchen Aktionen, da habe er nicht mitgemacht. «Sie wurden jedoch alle abgefangen und in einem Handgemenge zurückgedrängt. Dies nützten 3 andere der Demonstranten aus und versuchten mit einem Transparent ‹Schweizer Offiziere bewundern Kriegsverbrecher› und einer Nordvietnamfahne den Eingang zu stürmen. Das Transparent konnte jedoch nicht entfaltet werden, was jedoch nur mittels Einsatz eines knüppelbewehrten Funktionärs des Berner Begleittrosses verhindert werden konnte», schrieb der Maulwurf und vermeldet dann den totalen Sieg: «Auch die Fahne Nordvietnams ging bald in den Besitz des Militärs über.» Zu B.s Rolle hielt er fest: «Während diesen sicherlich organisierten Angriffen versuchte ein vorher nicht in Erscheinung getretener Herr die fassungslos herumstehenden Besucher zu verwirren.» B. lacht: «Wenn's ums Schnurre gange isch, habe ich wieder Tritt gefasst.» Den Akten liegen eine ganze Reihe von Fotografien bei, auf denen B. mit Bauch und Ledermäppchen herumsteht, teilweise auf Leute einredend. «Ich habe sie über den Sinn unserer Demonstration aufklären wollen.» Allerdings, gibt er zu, sei dem Unterfangen wenig Erfolg beschieden gewesen. Sie hätten die Situation grundsätzlich falsch eingeschätzt, auf Rückhalt bei den Rekruten, auf Unterstützung der BesucherInnen gehofft, aber: «Die waren stolz auf ihren Sohn, der jetzt die Rekrutenschule hinter sich hatte.» Die Väter hätten ihre zwanzig-, dreissigjährigen Soldatengeschichten erzählt, und die Rekruten selbst hätten sich mit den Vergünstigungen des Tages – «Es gab ein gutes Essen» – abspeisen lassen. Während das «verlorene Häuflein», B. über sich und seine MitstreiterInnen, noch herumdiskutierte, so die polizeilichen Chronisten, sei der Helikopter mit dem General weggeflogen. «Die Jugendlichen bekamen allerhand zu hören, liessen sich aber nicht provozieren und versuchten immer wieder ihre Argumente gegen Westmoreland an den Mann zu bringen.»
Vom Berichterstatter mit dem Umstand konfrontiert, dass die Sache, die eingestandenermassen keine grosse geworden und erst zwei, drei Tage vor jenem Samstag, dem 13. September, beschlossen wurde, schon aus terminlichen Gründen – einmal vorausgesetzt, der Staatsschutz verfügte (und verfüge) nicht über eine Zeitmaschine, die es ihm ermögliche, Vorbereitungen zu überwachen, die noch gar nicht begonnen – nicht der Grund für Ermittlungsverfahren und Telefonkontrolle ab 5. September gewesen sein könne und die von B. in Buchform verbreitete Variante des damaligen Geschehens möglicherweise falsch sei, reagiert B. irritiert: «Du fröisch mi au no.» Um dann, mehr für sich, zu grummeln: «Vielleicht hatte es auch etwas mit der Deserteursgeschichte zu tun.» B.s Adresse war in Informationsblättern amerikanischer Deserteure über längere Zeit verbreitet worden, was der Bundespolizei offensichtlich schon im März 1968 bekannt war. In einer Notiz heisst es, «die amerikanischen Soldaten werden eingeladen, in der Schweiz für Rechtshilfe an Hansjörg B.[105] 8600 Dübendorf, im Langacker 6, Tel. 27.05.10, zu gelangen.» Anscheinend hielten die Beamten diese Angelegenheit für

äusserst delikat, trägt doch das Aktenstück den Vermerk. «Für jede Aktenedition gesperrt! Transmission interdite!» Der Berichterstatter zweifelt allerdings auch an dieser Erklärung. Weshalb, fragt er sich, haben die Polizeiorgane dann über ein Jahr gewartet, bis sie mit der Überwachung begonnen. Immerhin – im Fall S. liessen sie sogar vier Jahre verstreichen, bis ... Er bittet B., der Sache nachzugehen. Der erklärt sich dazu bereit, wird sich aber, um seine legendären Papierberge wissend, nicht allzu schnell an die Arbeit gemacht haben, sodass der Tod seiner suchenden Hand zuvorkommt. Die Tochter aber, vom Berichterstatter noch einmal bedrängt, wird fündig, zieht aus der unübersichtlichen Hinterlassenschaft B.s das Dokument heraus, das vermutlich Anlass für die intensivierte Beobachtung des Amtsvormunds B. war. «Sehr geehrter Herr Bundesrat», schrieb er am 29. August 1969 an den damaligen Vorsteher des Eidgenössischen Militärdepartements, Bundesrat Rudolf Gnägi, «Gerüchte verdichten sich, wonach für den Monat September ein Besuch des amerikanischen General Westmoreland mit offiziellen Empfängen und Inspektionen von Truppeneinheiten vorgesehen ist.» Es sei den «Offizieren, Unteroffizieren und Soldaten, die in erster Linie Schweizer Bürger sind», nicht zuzumuten, «General Westmoreland militärische Ehren zu bezeugen». Denn dieser trage, «soweit es ein zeitgenössischer Beobachter feststellen kann», die Hauptverantwortung für «die Verlängerung und vor allem für die Eskalation des Vietnamkrieges». Sein Besuch in der Schweiz müsse deshalb «aus grundsätzlichen und politischen Gründen als unerwünscht betrachtet werden», schrieb der Zürcher Kantonsrat nach Bern und bat den sehr geehrten Herrn Bundesrat, «diese Anfrage mit Verständnis entgegenzunehmen». Was der offensichtlich, wenn auch mit anderem als dem hochachtungsvoll erbetenen, tat und umgehend die Horcher auf ihren Posten berief, sodass diese tatsächlich schon auf der Lauer lagen, als Hansjörg B. und seine KollegInnen sich anschickten, den offiziellen Willkomm des Generals doch noch ein klein wenig als unerwünscht erscheinen zu lassen.

Wie Anjuska W. Kommunistin wurde

Anjuska W. – Dreizehnter Bericht; Jochi W. – Neunter Bericht

Nach dem Ende des Zweiten Weltkrieges war es ihnen nie mehr vergönnt, einen der ihren zu Generalsehren aufsteigen und jenen einsamen Kommandoposten zwischen Himmel und Hölle einnehmen zu sehen. Zu diesem Schritt hätte sich die zivile Spitze der Eidgenossenschaft nur in einem aussergewöhnlichen, einem Ernst-, das heisst Kriegsfall entschlossen. Schon über zwanzig Jahre litten sie nun, die Schweizer Armeeoberen, litten dankbar, gewiss, wie jeder einfache Soldat froh darum, dass sie ihre Potenz nie auf einem real existierenden Schlachtfeld unter Beweis stellen mussten, und gleichzeitig, wie es einfühlsame PsychologInnen formulieren würden, frustriert ob des anhaltenden Interruptus. Da muss ihnen die Aussicht, die blutlasierte Hand eines bestandenen Generals drücken oder das Brot im gleichen Fonduecaquelon tünkle zu dürfen, als Gnade des Herrn erschienen sein und sie in eine derartige Euphorie versetzt haben, dass sie in föderalistischer Solidarität gleich eine ganze Tournee für den Führer der amerikanischen Truppen in Vietnam organisierten, ihn auch im Osten der Schweiz, in Arbon, Station machen liessen und damit Jochi und Anjuska W. Gelegenheit gaben, entrüstet in die Tasten zu greifen, was damals noch weit grösserer Kräfte bedurfte als heute.

Unter dem Titel «Unanständige Höflichkeit» schrieb Anjuska W. die Anstandsregeln um – «Wer gelernt hatte, Besuche freundlich zu empfangen, war für diesmal falsch beraten» –, und das Lob des Meisters wäre ihr gewiss gewesen, wenn der hätte lesen können: «Wer General Westmoreland die Ehre erwies, machte sich verfehlter Höflichkeit schuldig.» Schliesslich hatte Adolf Freiherr von Knigge mit seinem bekanntesten Buch den unteren Schichten – «gleichsam als Beitrag im Emanzipationskampf des Dritten Standes»[106] – bloss ein Instrument in die Hand geben wollen, um sich in besseren Kreisen unverkrampft und ohne unterwürfigen Respekt bewegen zu können, und war, was die wenigsten seiner aktuellen JüngerInnen wissen dürften, seiner anderweitigen, seiner revolutionären Schriften wegen sogar ins Gefängnis gekommen. Jochi W., damals noch mit «Peter W.» unterzeichnend, tauschte in seinem Artikel über den «Besuch von Westmoreland in Arbon und das Massaker von My Lai» – das offensichtlich in diesen Tagen im Dezember 1969 hüben und drüben, wie Jochi W. notierte, die Zeitungen füllte – keine Höflichkeiten aus. «Die Herren Median und Calley[107] sind auf ihre Art konsequent. Der Krieg im Dschungel Vietnams hat sie immer mehr enthemmt. Die Jahre sind nicht spurlos an ihnen vorbeigegangen. Sie sind geprägt worden durch die Bilder des Grauens, der Perversion und des menschlichen Ekels. Sie haben sich mit dem Töten auseinandergesetzt, sie haben konsequent gemordet, bis es ihnen sogar selbst übel wurde. Aber dann hat ihnen die Armee Einhalt geboten. Es ist nicht erlaubt, Zivilpersonen zu morden, Frauen und Kinder; das ist nicht ritterlich. Getötet darf nur der werden, der das Sterbekleid, sprich die Uniform, trägt. Wer Wehrlose tötet, verrät den Krieg, und kann nicht mehr im Mörderclub geduldet werden.» Bevor noch einer oder eine «Einspruch» rufen konnte, stellte er rhetorisch selbst die Frage: «‹Was hat das mit dem Besuch des General Westmoreland in Arbon zu tun?› wird der aufmerksame Leser mit dem Sinn für Zusammenhänge fragen. Hier, wo die Perversion des Krieges so klar und anschaulich auf die Spitze getrieben wird, da protestiert alles einstimmig, kräht christlich nach Vergeltung. Als beim Besuch des Generals eine Minderheit sich gurgelnd gegen die Unmenschlichkeit und Brutalität erheben wollte, wurde ihr Protest glatt erwürgt; der General hat ja nie solche Greueltaten verübt!» Aber, schrieb seine Frau Anjuska W., «war es etwa nicht bekannt, dass General Westmoreland weitgehend an der Situation in Vietnam schuld ist? Dass er, wäre seine ‹Ehrentribüne› nicht so hoch, schon längst im Blutstrom Vietnams hätte ertrinken müssen?», provozierte damit LeserInnenbriefe, wurde zum ersten Mal als Kommunistin tituliert, entschloss sich, genauer zu studieren, was ihr da zugeschrieben, während ihr Mann, Jochi W., als Peter W. noch eins drauflegte, nach einem «fähigen Psychiater» rief, dem der Auftrag erteilt werden sollte, «bei unserer Bevölkerung nach latent vorhandenen kriminellen Fähigkeiten zu forschen». Und er kannte schon das Resultat solcher Untersuchung. «Wir», schrieb Ihre Majestät W. selbstbewusst, «wir möchten mit dieser kleinen Gedankeneskapade nur aufzeichnen, dass unser unauffälliges, hilfsbereites, verantwortungsvolles und weiss noch was für ein Auftreten noch lange kein Alibi darstellt für eine gute Veranlagung.» Der Schulinspektor, der ihm durchaus gewogen und ihm fürsorglich die Wiederholung vergangener Erfahrung – W. war in einer anderen Ostschweizer Gemeinde nicht als Lehrer gewählt worden und deshalb nach Neukirch-Egnach weitergezogen – ersparen wollte, nahm ihn bei Gelegenheit beiseite und flüsterte ihm den gutgemeinten Rat zu, «es könnte für meine Karriere nicht förderlich sein, wenn ich solche Artikel wie den zum Besuch des General Westmorelands in der Thurgauer AZ schreibe». Womit er Jochi, den Revoluzzer, auf Jochi, den Wohlanständigen, hetzte. «Ich habe eigentlich», gibt Jochi W. zu Protokoll, «dazugehören, aber trotzdem ein Oppositioneller sein wollen.»

Der Berichterstatter spottet: *Diplomierter Oppositioneller?*

Und lachend räumt Jochi W. ein: «Ich wollte immer den Kreis quadrieren.» Woran natürlich auch er scheiterte. Seine Frau aber heftete – nach der Lektüre des Gefängnistagebuches von Ho Chi Min –, was als Schandmal gedacht, stolz an den Busen: «Ich habe gefunden – wenn Kommunisten solche Gedichte schreiben, dann sollen sie mich ruhig Kommunistin nennen.»

I cani sciolti

Emilio M. – Zehnter Bericht

Grad noch bevor das grosse Lesen in Korn, Kaffee und Zinn begann, erledigten die alphabetisierten blauen Maulwürfe der Zürcher Stadtpolizei die letzten Pendenzen des zu Ende gehenden Jahres. Leucht- und Knallkörper lagen schon bereit, als sie am 30. Dezember 1969 notierten, der Leiter einer Versammlung der «Neuen Linken» habe sich am 20. Dezember «angesichts des schwachen Besuches» beklagt, das Zusammentreffen werde boykottiert. «Emilio M.», den er namentlich nannte, und andere Genossen – Genossinnen gingen in jenen Tagen offensichtlich noch als Genossen durch – versuchten, Mitglieder für ihre Kaderorganisation zu rekrutieren. «Die Stalinisten», zitierten sie genüsslich den in der Schweiz damals durchaus berüchtigten André Ch., «befänden sich im Vormarsch.» Ein ihnen unbekannter Teilnehmer, hielten die Feinnäsigen fest, «nahm M. in Schutz u. behauptete, dass

derselbe aus sämtlichen Gruppen ausgetreten sei und nie mehr erscheinen wird. Er fürchte sich nämlich vor der drohenden Ausweisung durch die Frepo.»[108]
Emilio M. selbst gibt an, er sei noch vor der definitiven Bestätigung der Ausweisungsandrohung durch das Bundesgericht aus allen politischen Organisationen ausgetreten. Was die staatlichen Schnüffelorgane, wie beabsichtigt, offiziell registrierten. «Unter den angegebenen Umständen könne M. nicht mehr politisch tätig sein, wie er es bisher war», heisst es da zum Beispiel am 16. November 1969. Er habe, rechtfertigt M. seinen Rückzug, keinen Grund gesehen, seine Existenz in der Schweiz aufs Spiel zu setzen. «Wenn es eine revolutionäre Situation gegeben hätte, wäre das etwas anderes gewesen.» Heimlich habe er zur gleichen Zeit «die Revolutionäre Aufbau-Organisation Zürich», eben jene von Ch. beklagte «Kaderorganisation», gegründet. «Klandestin», sagt er, «indem ich mich Bruno O. genannt habe. Das habe ich aber nicht an die grosse Glocke gehängt, und in meinen Fichen ist das nicht registriert», schmunzelt er 1997, die Maulwürfe unterschätzend. Die waren nämlich schon am 21. Januar 1970 im Zusammenhang mit einer Anti-Schwarzenbach-Kampagne,[109] auf die Schrift «Kritik der Kritik» gestossen, die, so steht es in M.s Akten, mit «Bruno X.» gezeichnet gewesen sei. «Wobei es sich beim Verfasser um M. handeln soll, der nun seine polit. Tätigkeit im ‹2. Glied› unter einem Pseudonym fortsetzt.» Sie verpassten nicht, dass M. an der Gründungsversammlung der «Gewerkschaftsvereinigung Freie Berufe und Kunstschaffende» das Wort ergriff. «Obschon kürzlich behauptet wurde, dass M. aus sämtlichen Gruppen ausgetreten sei, mixte er an dieser Tagung eifrig mit», hämmerten sie mit zwei, vielleicht sogar zehn Fingern erbost in die Maschine und liessen es sich auch nicht entgehen, dass M. während der Zeiten der ideologischen Grabenkämpfe am 15. März «nach heftigen Auseinandersetzungen mit ...» – Namen Dritter sind in den Fichen im Allgemeinen eingeschwärzt, so auch hier – «wütend den Saal» verliess und «mit Vollgas in seinem blauen PW davongebraust sein» soll. Der unermüdliche Organisationsgründer verlor im Verlauf der nächsten Jahre seine politische Heimat, zog sich nach einer der unzähligen Spaltungen auch real aus politischen Organisationen im engeren Sinne zurück. «Entscheidend war, dass mein Versuch, eine revolutionäre Bewegung zu entfachen, historisch gescheitert ist. Sonst hätte ich mich nicht zurückgezogen, hätte diese Ausweisungsandrohung nicht diese Rolle gespielt.» M. geriet trotz Aktivitäten allerorten, kulturellen, berufspolitischen, hintergründigen, in eine, wie er es nennt, «splendid isolation», womit er durchaus auch Einsamkeit meint, «vielleicht auch ein bisschen Resignation». Er komme sich vor wie ein herrenloser, ein streunender Hund. «I cani sciolti», grinst der Revolutionär ohne Volk mit wässrigen Augen, «das bringt es auf den Punkt». Viele der Leute, die damals in diesen revolutionären Organisationen aktiv gewesen – «Die sind ja nie richtig revolutionär geworden, obschon sie sich alle Mühe gegeben haben» – hätten ihre politische

Heimat verloren und nie wieder gefunden. «Ab und zu», murmelt er Ende der neunziger Jahre nachdenklich, «hege ich immer noch die Grössenfantasie, ich will wieder einmal eine Partei gründen, wenn ich mit dem Nachdenken weit genug gekommen bin. Aber ich weiss gleichzeitig, es ist eine Fantasie.»

Wie das Geld den Geist einer Pfarrerin stärkte

Leni A. – Achter Bericht

Eigentlich sind die Buren[110] schuld, dass Leni A. Pfarrerin und die Pfarrerin in der Kirche blieb, das heisst, im Grunde lag es an den damaligen Flugpreisen. Erstmals hatte sie von jenem Land im Süden allerdings schon Ende des Zweiten Weltkrieges gehört, als ihre beste Freundin in einem Interniertenlager im Zürcher Oberländer Dörfchen Wald einen Südafrikaner kennen gelernt, ihn geheiratet und mit ihm ans Kap der guten Hoffnung gezogen war, von wo sie zwei Jahre später mit einem Kind an der Hand wieder in die Schweiz zurückkehrte. «Das isch e verruckti Sach gsi», schmunzelt die pensionierte Leni A. fünfzig Jahre später. Er sei «en nette Pursch gsi», aber, habe sie zu ihrer Freundin mehr als einmal gesagt, «wäge some Bürogummi» reise frau doch nicht um die halbe Welt. Zur Tochter der beiden, inzwischen Journalistin, habe sie heute noch Kontakt, und wenn die von einem Besuch in Südafrika zurückkomme, lachten sie gemeinsam und herzlich über deren Dad, der nie habe begreifen wollen oder können, was in seinem Land passierte. Aber wegen jenes Internierten wäre Leni A. nie nach Südafrika geflogen. Dafür brauchte es schon den «Evangelischen Frauenbund» – der sie 1970 an die Delegiertenversammlung des «Reformierten Weltbundes» schickte – und den «Kirchenbund», der sie zwar hochoffiziell als Delegierte akzeptierte, aber verlangte, die Frauen müssten ihr Flugticket bezahlen. «Das ist natürlich klassisch», spottet die Pfarrerin. Die Frauen hätten die damals dreitausenddreihundert Franken übernommen, aber gefunden, wenn sie schon nach Afrika fahre – der Kongress war in Nairobi –, solle sie auch noch ein paar zusätzliche Kontakte knüpfen. Das Reisebüro habe ihr eine Zwischenlandung in Johannesburg empfohlen. Da sei sie halt 1970 zum ersten Mal nach Südafrika gereist und dort von den Mitgliedern des christlichen Instituts eine Woche lang herumgeführt worden. «Die haben mir einen richtigen Stundenplan gemacht.» Sie sei total erschlagen gewesen, von dem, was sie gesehen. «Diese Woche hat mich verwandelt.» Sie sei zu jenem Zeitpunkt eben gerade fünf Jahre im Pfarramt und nicht sehr glücklich gewesen. Sie habe naiverweise geglaubt, wenn sie ihre Botschaft verkünde, würde das die andern überzeugen. Aber dann sei sie «ständig angerannt», vor allem mit ihren Ansichten zur «Dritten Welt» habe sie sich dauernd in die Nesseln gesetzt und schliesslich gedacht, «in dieser Kirche habe ich nichts verloren».

Aus Südafrika sei sie, damals und auch später immer wieder, ermutigt zurückgekommen. «Überwältigt.» Nie habe sie Christsein «so überzeugend und ans Mark gehend erlebt», schrieb sie 1979 rückblickend in der Zeitschrift «Sämann». Unter dem Titel «Ich bin ein Feigling» gestand sie, die ja «nur Vorwürfe, eventuell öffentliche Anfeindungen, aber weder Gut noch Leben» riskierte: «Jedes Mal, wenn man eine Unterschrift für eine ‹heisse Sache› von mir erbittet, bekomme ich Herzklopfen – mit meinem A am Anfang stehe ich ja erst noch ganz oben auf der Liste!» Der im gemütlichen Norden – nur keinen Anstoss erregen – zur Wohlanständigkeit Erzogenen, aber von der Mutter gleichzeitig mit Märtyrergeschichten zur Überzeugung Gebrachten, «ein rechter Christ sei eigentlich nur, wer um seines Glaubens willen umgebracht werde», mussten die Brüder und Schwestern in Südafrika, die unter schwierigsten Bedingungen echte Anti-Apartheid-Politik betrieben – «Ich zittere für sie und bin stolz auf sie. Ich bete für sie und weine für sie, wenn sie gefangen, gebannt und verunglimpft werden» –, als wahre Nachfolger Jesu erschienen sein. So auch der schwarze Student, den sie traf, als er direkt aus dem Gefängnis kam. «In einem halben Jahr fast zur Unkenntlichkeit abgemagert, grau statt schwarz im Gesicht. Die Kost sei ungenügend und fast ungeniessbar gewesen. Gefoltert haben sie ihn nicht, er habe ‹nur› die Schreie der andern gehört. Bei den Verhören habe er ‹nur› stundenlang in Sitzstellung ohne Stuhl aushalten müssen, unter Prügeln und Fusstritten, wenn er aufstehen oder zu Boden gehen wollte. Eine Woche vor seiner Heirat hatten sie ihn gefasst und ihm nicht erlaubt, noch zu heiraten, damit sein werdendes Kind einen Vater hätte. Seine Braut wusste nicht, wo er war – so hat sie das Kind geboren. Er hat nie vernommen, warum er verhaftet noch warum er entlassen wurde. Der erste Gang nachher war der zum Pfarrer, um die Hochzeit anzumelden. Dieser hat mit ihm ein Unservater gebetet – wie auch wir vergeben unsern Schuldigern. ‹Weisst du, ich kann es›, sagte er darauf. ‹Ich kann ihnen vergeben – sie sind ja selber Gefangene des Systems.› Und nun, wie weiter? ‹Ich denke, ich werde mich so ein, zwei Monate erholen müssen. Dann werde ich in der Studentenorganisation weiterarbeiten.› Mir liefen die Tränen übers Gesicht, aber mein Herz klopfte in einer unbändigen Freude. Wie könnte man in Zweifel und Resignation verharren, wo es solche Menschen gibt!» Erlebnisse dieser Art hätten sie, Leni A., «bei der Kirche gehalten. Ich habe gedacht, wenn das dort möglich ist, kann ich in der Schweiz vielleicht auch etwas mehr wagen.» Als Dank habe sie ihre Wohnung in Zürich für allfällige Schweizbesuche angeboten. «Eine Zeitlang hatte ich das reinste Hotel – immer waren Südafrikaner bei mir zu Besuch.»

Wie der Kommunist an den Tisch des Bundesrates kam

Victor S. – Siebzehnter Bericht

Immer wieder verfiel der kleinere und jüngere der beiden Männer, die da durch die Landschaft am Genfersee stapften, in Laufschritt, um dem grösseren und älteren, der, vorwärtsstürmend, auf ihn einredete, einigermassen folgen zu können. «Der hat Schritte gemacht! Du lieber Himmel!», stöhnt Victor S. noch Jahrzehnte nach jenem Spaziergang im Jahre 1970, der besser «Gewaltmarsch» genannt würde.

Der Grosse mit dem langen Schritt, Max A., würde vier Jahre später anlässlich seiner Pensionierung als geschäftsleitender Sekretär des «Verbands des Personals der Öffentlichen Dienste» (VPOD) – was er von 1947 bis 1974 gewesen sein würde – die fast schon hinterhältige Frage des Schweizer Boulevardblatts «Blick», ob er seine politischen Ziele erreicht habe, trocken kontern: «Das kann ich nicht behaupten. Ich habe nur mein Alter erreicht.» Schliesslich ist, was er 1948 geschrieben, bis auf den heutigen Tag Realität geblieben: «Bereichert euch, ist die Parole des Tages. Der Arbeiter, der nichts zu verkaufen hat als seine Arbeitskraft, ist das erste Opfer dieser Gewinnsucht.» Nach einem kämpferischen Gewerkschafter- und Politikerleben würde der Mann zu malen beginnen und schliesslich an seinen Zeichentisch zurückkehren, in der Hoffnung, die Quadratur des Kreises wenigstens mit Zirkel, Massstab und Farbstift doch noch zu schaffen. Gerne hätte sich der Berichterstatter von dem gelernten Maschinenzeichner erklären lassen, wie er mit seinen kräftigen Strichen Kreise in Quadrate zu verwandeln gedachte, und hätte womöglich nachgehakt, ob er sich durch die Vertiefung ins mathematisch Unmögliche nicht vom weiteren Verlauf der Dinge ablenken wolle, der so gar nicht seinen Vorstellungen und Prophezeiungen entsprach. «Niemand zweifelt daran», hatte der Gewerkschaftsboss – der die Liebe zur Geometrie mit Max Frischs Don Juan teilte – am Verbandstag 1952 seinen KollegInnen zugerufen, «dass es nach einigen Jahrzehnten noch Gewerkschaften geben wird, ob es aber dann noch kapitalistische Unternehmer geben wird, das ist schon weniger gewiss.»

Der Mann, der 1970 am Rande des Kongresses des «Schweizerischen Gewerkschaftsbundes» in Montreux Victor S.' Puls so hochtrieb, dass er sich aufs Zuhören beschränken musste, hatte den Kleineren und Jüngeren am Vortag vor dem Zmittag in ein kleines Bistro begleitet und ihn geheissen, einen Moment zu warten. «Du musst noch nichts bestellen», hatte er bestimmt, nachdem er erfahren, dass der Redaktor des kommunistischen «Vorwärts» entgegen den Usanzen im Umgang mit der Presse keine Einladung zum gewerkschaftlichen Mittagessen erhalten hatte. Dann sei A., kolportiert S. genüsslich, was ihm im Nachhinein berichtet, in den Bankettsaal an den Gästetisch gestürmt, wo das «ganze Rösslischpiil» versammelt war, grinst S. und zählt auf: Bundesrat, Bundesbeamte, Regierungsräte, Chefbeamte «und

die Crème de la crème der Gewerkschaften und der Partei», der Sozialdemokratischen, versteht sich. In der Mitte habe der Bundesrat gethront. A. habe sich vor dem weiss gedeckten Tisch aufgebaut, womöglich blies der eidgenössische Sozialminister eben in die Suppe, die sich in dem bestimmt silbernen Löffel kräuselte, als «de Max» mit seiner «gewaltigen Stimme» den Präsidenten des Gewerkschaftsbundes derart anfuhr, dass, wenn es denn so gewesen wäre, der Vater der schweizerischen Altersversorgung erschrocken schluckte, was er sich eingelöffelt und sich die exekutive Zunge verbrannte, während A. seinen Zorn über die Banketttafel kippte. «Ihr habt da einen akkreditierten Journalisten nicht einmal zum Mittagessen eingeladen, und auch wenn der vom ‹Vorwärts› ist», habe er luzernerisch gedonnert, «mit so einer Gesellschaft sitzt der A. nicht an einen Tisch. Entweder ihr holt den jetzt zu uns, oder ich gehe und esse mit ihm.» Das allgemeine Schmatzen habe sofort aufgehört. Ganz still sei es geworden. Keiner und keine habe sich mehr getraut zuzubeissen, bis der geschäftsleitende Sekretär des Gewerkschaftsbundes, ganz Winkelried, alles auf sich genommen – «Es war mein Fehler, Max, beruhige dich» – und dem A. ein paar Essensbons für S. in die Hand drückte. Der habe ihn, S., sofort geholt und sei mit ihm an den Prominententisch «ghokked», visavis der Bundesrat mit dem womöglich beeinträchtigten Geschmackssinn. «Ich wusste nicht, wo ich hinschauen sollte», berichtet S., der, zwar begeistert von A.s Aktion, sich aber auch in eine «blöde Situation» gebracht sah. Unsicher, wie er sich denen gegenüber verhalten sollte, die ihn als «Verräter» gebrandmarkt. «Soll ich denen die Hand geben», habe er hin – «die werden mir doch die Hand verweigern, nachdem sie mich nicht eingeladen haben» – und her – «oder tun, wie wenn nichts wäre» – überlegt, habe schliesslich «irgendetwas gegessen». A. habe sich während des ganzen Banketts nur mit ihm, S., unterhalten und schliesslich auch noch das Hotelzimmer mit dem 1956 mit Schimpf und Schande Verjagten geteilt, der mangels Hotelbon über Nacht hatte nach Hause fahren wollen. «Chabis», brummte A., «ich habe eine ganze Suite, im vierzehnten Stock dieses Luxuskastens, die spinnen ja», mindestens drei Betten habe er, «und den Rasierapparat kannst du auch von mir haben». Nur die Zahnbürste, die wollte A. nicht mit dem «Vorwärts»-Redaktor teilen, hätte sie wahrscheinlich auch dem Genossen Bundesrat nicht ausgeliehen. «Irgendwo wirst du noch eine finden, und sonst nimmst du halt die Finger.»
Am zweiten Tag des Kongresses habe er ihn wieder zum grossen Bankett geschleppt, sei direkt auf den Präsidenten des Gewerkschaftsbundes zugesteuert, ihn, S., mitziehend, und habe verlangt – S. imitiert wieder die Stimme des VPOD-Sekretärs: «Jetzt gib doch endlich diesem Victor S. die Hand, dann ist die Sache erledigt. Das wirst du doch noch fertig bringen, alter Kollege und Genosse!», habe er den obersten Schweizer Gewerkschafter gedrängt. Der habe – S. zerknautscht sein Gesicht zu einer Grimasse, die nur säuerlich genannt werden kann – «so gemacht», dann sei er aber doch auf ihn, S.,

zugekommen und habe ihm die Hand entgegengestreckt. «Die habe ich fest gehalten und gedrückt.» Der Präsident habe gebrummt: «In Ordnung, dann kommst du jetzt zum Essen, ohne Karte, aber du bist eingeladen, irgendwo werden wir ein Gedeck für dich finden.» Diesmal sass S. nicht mehr am Tisch des Bundesrates wie A., sondern irgendwo bei den JournalistInnen vermutlich, und war nicht unglücklich darüber.

Etwa zwei Stunden seien sie bergauf und bergab gloffe, plötzlich habe sich A. – der ihn, S., der kürzeren Beine wegen, immer wieder zum Laufen zwang – umgedreht und zmittst ins rote Gesicht gefragt: «Chunnsch uf Züri, zum VPOD?» S. erinnert sich nur noch, dass ihm ein «Schpinnsch» entfahren sei, das auch dem abrupten Stopp, der ihn mit der Nase auf den breiten Rücken des Gewerkschafters prallen liess, gegolten haben könnte. S., der, obwohl aus dem VPOD ausgeschlossen, im Genfer Vorort Meyrin eine VPOD-Sektion für das Gemeindepersonal aufgebaut hatte, wich aus: «Das ist ein Ding der Unmöglichkeit.» Aber A., der offensichtlich S. und sich selbst noch etwas schuldig zu sein glaubte, blieb beharrlich. «Das lass nur meine Sache sein, ich will nur von dir hören, ob du bereit bist oder nicht.» Bis S., ohne ernste Absicht, versprach, er werde die Sache mit der Partei – und der Frau – besprechen.

Spätfolgen

Anjuska W. – Vierzehnter Bericht; Jochi W. – Zehnter Bericht

Er sehe das kleine, das fünfjährige Mädchen noch vor sich, das ihn damals – «Ich bin nicht schnell gefahren», und getrunken, Alkohol, habe er auch nicht – erst aufgeschreckt, als seine Äuglein stumpf durch die Windschutzscheibe starrten und die verrenkten Glieder auf seiner Kühlerhaube klebten. Er habe nicht bemerkt, dass das Mädchen plötzlich von der Seite unter einer Abschrankung durch geklettert und auf die Fahrbahn gerutscht. «Es gab, glaube ich, auch noch ein Gewitter», kommt ihm die Frau, Anjuska W., zu Hilfe. «Die durch den Unterzeichneten, aber auch durch andere Verkehrsteilnehmer gemachten Beobachtungen in bezug auf W.s Fahrweise», hiess es später in einem Polizeibericht, «lassen darauf schliessen, dass er ein *reaktionsarmer*, schwerfälliger Autofahrer ist. Kritische Situationen dürfte er kaum meistern, auch scheint es, dass er sich beim Fahren *nur auf die Strasse* konzentrieren kann, was links und rechts der Fahrbahn ist, interessiert ihn nicht oder aber er kann dies nicht erfassen; zudem mangelt es ihm ganz eindeutig an der Fahrpraxis.» Er habe erst kurz vorher die Prüfung gemacht, bestätigt W., der, kaum lag das Kind im Sankt Galler Kantonsspital, von Schuldgefühlen geplagt, bei den Eltern auf der Matte stand. Er entsinnt sich nicht mehr, ob die schon informiert waren oder es erst durch ihn erfuhren. Jedenfalls sei er «voll dazu gestanden», was ihm passiert. Die Mutter habe es gar «nicht richtig realisiert», der Vater sei bleich geworden, habe, so stellt er

sich vor, «einen Riesenzorn gehabt», hätte ihn vielleicht sogar am liebsten geschlagen. Was er, Jochi W., gut verstanden. «Aber er ist nicht ausfällig geworden.»
Das Kind, es war schwer, sehr schwer, es war lebensgefährlich verletzt, das Hirn gequetscht, und das Bein, «das zieht sie», die längst erwachsene Frau, «heute noch nach», murmelt Jochi W. bekümmert. Der damals «banged», gebetet und sich immer wieder erkundigt, das Mädchen besuchte, sobald es auch einem Fremden erlaubt, später beschenkte, zu Weihnachten und Geburtstag, ihm ein Bankbüchlein einrichtete, es nicht dabei beliess, er zahlte auch regelmässig kleinere Beträge ein, habe «etwas gut machen wollen». *Du bisch ja fascht en Götti worde*, rutscht es dem Berichterstatter heraus, womit er der Frau offensichtlich aus dem Herzen spricht: «Jajajaja.» Bis auf den heutigen Tag sei der Kontakt gepflegt worden, vor allem von der Überfahrenen, sogar zu Verlobung und Hochzeit seien sie eingeladen worden, und als der Vater gestorben, sei er fast ein Ersatz geworden und habe gedacht: «Gopfertekl, du bist der Täter, und sie ist das Opfer!» Anjuska W. wird – «Es ist eine gewagte Formulierung, ich weiss» – metaphysisch: «Ihr habt einen Unfall miteinander gehabt.» Der sie schicksalhaft zusammengeführt, spinnt der Berichterstatter weiter. Aber Jochi W. kann sich «nicht verzeihen», was das Gericht damals als schwere, als fahrlässige Körperverletzung einstufte, allerdings mit der tiefstmöglichen Strafe ahndete. «Du hast nur eine Busse bekommen», tröstet Anjuska W. Dreihundert Franken, erinnert sich Jochi W. und auch an die Reaktionen im Dorf. «Solidarität» habe er gespürt, «die Bevölkerung hat das als tragischen Unfall betrachtet».
Den «Führungsbericht», den der damalige Ortspolizist geschrieben, bekam der im August 1969 in Neukirch-Egnach zum Lehrer Gewählte erst viele Jahre später mit Fichen und Akten zu sehen. Da wird nicht nur seine Fahrweise charakterisiert, sondern auch die Höhe von Einkommen und Vermögen festgehalten. «Den finanziellen Verpflichtungen gegenüber Gemeinde und Staat kommt er jederzeit nach», wird ihm attestiert. Als «äusserst solider, aber auch als kontaktarmer Mann» sei er bekannt, hatte der Verfasser in Erfahrung gebracht. «Ich habe Mühe gehabt, den Dorflehrer zu spielen und in allen Vereinen mitzumachen oder am Stammtisch zu sitzen», räumt W. ein, dessen Tätigkeit bei «Terre des hommes» der Beamte in seltsamer Ambivalenz vermerkt. «Leidenschaftlich» betreibe der Fahrer des Unfallwagens «diese Helfertätigkeit» und im Stillen. «Auf sein Äusseres scheint W. keinen besonderen Wert zu legen, denn er präsentiert sich stets ärmlich gekleidet. In dieser Hinsicht ist er der Jugend kein gutes Vorbild.» Diese im Sommer 1970 vorgenommene Qualifizierung bekräftigt der inzwischen verstorbene Gefreite Walter T.[111] 1996, dessen Name, vermutlich weil's kein Staatsschutzbericht, in Jochi W.s Akten nicht eingeschwärzt. «Ich bin positiv überrascht», schmeichelt der ausfindig Gemachte Jochi W., «dass Sie so eine Wandlung durchgemacht haben.» Er habe ihn ganz anders in Erinnerung. «En kurlige

Tüpp», habe er damals, noch vor dem Unfall, bei einer Personenkontrolle gedacht. «Ungepflegt. Ich sehe Sie noch vor mir, mit diesem viel zu grossen Winterpullover, der zerrissen war.» Dabei habe er, der Lehrer, doch sicher einen rechten Lohn gehabt. «Die äussere Erscheinung», ärmlich eben, «hat nicht dem Stand entsprochen, den Sie damals gehabt haben.» Jochi W. gibt selbstkritisch zu: «Auf das Äussere habe ich tatsächlich keinen Wert gelegt.» Konsumverweigerung sei auch mit im Spiel gewesen, will Anjuska W. festgehalten haben. «Die sich» laut Polizeirapport «hier als Kindergartentante betätigt» und Jochi W.s Äusserem auch nicht zu mehr Glanz verhalf. T. weiss jedenfalls noch fünfundzwanzig Jahre später zu berichten, aus der Nachbarschaft, die sich an der Wäscheleine orientierte, sei ihm zugetragen worden, die Frau habe auch «keine Ordnung». Sicher hätte er sich, räumt W. ein, und es klingt zerknirscht, das eine oder andere ersparen können, «wenn ich mich besser gepflegt hätte».

Aber dass der Gefreite T. – im August 1970, nur zwei Monate nach dem erwähnten «Führungsbericht», aufgefordert, einen Rapport zur politischen Einstellung des «Abonnenten des linksgerichteten Blattes ‹Zeitdienst›» zu schreiben – diese Charakterisierung nicht nur wörtlich in die Fichen beförderte, sondern noch zuspitzte, das habe ihn – als er's gegen Ende des Jahrtausends gelesen – schon verletzt: «Sein Wesen im Allgemeinen», heisst es da zuhanden des Polizeikommandos Thurgau, zuhanden der Bundespolizei, «wirkt eher abstossend; es steht kaum im Einklang mit seinem Berufsstand.» Der jetzt eingeschwärzte T. war nach eigener Aussage nicht sehr überrascht über den Auftrag, an den er sich gut erinnert. Denn politische Berichte habe er selten, sehr selten, kaum vier-, fünfmal, schreiben müssen. Nach den Motiven befragt, gibt der Befehlsempfänger, als wär er noch immer im Amt, zu Protokoll: «Den Grund kann ich Ihnen nicht sagen, darüber werden wir nicht informiert.» Und so kolportierte der brave Mann amtlich, was ihm von anderer, vermutlich Genossenseite zugeflüstert. Dass der W. – «Obwohl er seine politische Richtung in der Öffentlichkeit bis heute kaum gezeigt hat» – sich innerhalb der Partei, der sozialdemokratischen, «(über-)eifrig» betätige. «Seitens eines Gewährsmannes wird ihm gar eine anarchistische Einstellung nachgesagt; seine Anliegen sind meist umstürzlerischer, oft staatsfeindlicher Natur.» Was Jochi W. entrüstet zurückweist. Kritisch sei er zwar und noch immer für den Sozialismus, den er mit den vorhandenen Möglichkeiten verwirklichen wolle. «Aber ich habe mit jeder illegalen Handlung grosse Schwierigkeiten. Ich bin ein Legalist, durch und durch.»

Als Jochi W. anfangs der neunziger Jahre – er hat eben die Akten aus Bern bekommen und durchgeblättert – aufgebracht zum Telefonhörer greift, rechtfertigt sich Walter T. am anderen Ende der Leitung: «Der Bericht ist regelkonform. Ich bin mir keiner Schuld bewusst, sonst wäre ich nicht einer der acht höchsten Polizisten im Kanton Thurgau geworden.» W.s Erwartung, dass sich da einer entschuldige, wird enttäuscht. «Ich habe gedacht», verteidigt sich T. «was will jetzt der Herr W. von mir. Und habe gesagt – das ist jetzt so viele Jahre zurück, vergessen Sie die ganze Sache am besten.» Aber W. vergisst nicht; was für T. «Schnee von gestern», ist für ihn, der's erst über zwanzig Jahre später erfährt, eine veritable Neuschneelawine. Im November 1996 fährt er in Begleitung des Berichterstatters ostwärts, nach Weinfelden, wo sie T. in einem mit Teppichen ausgekleideten Treppenhaus empfängt. Während der Berichterstatter angesichts des gerahmten T. in Uniform den Gedanken an die bekannten Führerbilder nicht unterdrücken kann, besticht ein Mann seine Besucher mit seinem Schicksal. Er wohne, erzählt er, besorge den ganzen Haushalt allein, die Frau sei vor ein paar Jahren gestorben – Krebs. Der Berichterstatter denkt, so müssen Männer aussehen, die in Katalogen blättern, in denen philippinische Frauen als Bräute feilgeboten werden. Der W., meint der Alleinstehende am Stubentisch versöhnlich, sei «in gewisser Weise kein schlechter Lehrer gewesen». Und spricht aus eigener Erfahrung: «Er hat sogar noch meine Kinder unterrichtet.» «Ein Revoluzzer ist der Herr W. ganz sicher nicht gewesen», hält T. fest, der sich über einen Lehrer mit Sympathien zur «Baader-Meinhof-Bande» – «Das hätte ich dem Erziehungsdepartement am liebsten rapportiert, damit der augenblicklich abgesetzt wird» –, noch Jahrzehnte danach, derart zu echauffieren vermag, dass der Berichterstatter sich nur knapp zurückhalten kann, W. fürsorglich ins Knie zu treten. Aber der verrät sich auch mit unversehrten Knochen nicht, als T. ihm den «Revoluzzer» abspricht – «Das würde ich heute noch unterschreiben» – und sich, mit seinem eigenen Bericht konfrontiert – «Seine Anliegen sind meist umstürzlerischer, oft staatsfeindlicher Natur» –, wehrt: «Wenn ich das so geschrieben habe, dann ist mir das auch wortwörtlich so gesagt worden.» Von wem, das wisse er natürlich nach so vielen Jahren nicht mehr. «Aber sicher habe ich das nicht aus dem hohlen Bauch geschrieben.» Der Berichterstatter erspart dem Witwer die Frage nicht, ob er, T., sich denn keine Gedanken darüber gemacht, was mit W. hätte passieren können, wenn der Bericht in richtige Hände gekommen. «Was mit diesem Bericht passiert, hat mich an und für sich nicht zu interessieren», redet er sich heraus, um dann der eigenen Situation und der fortgeschrittenen Zeit gerecht zu werden: «Damals hat es einfach geheissen, diese Berichte gehen ‹uf Bärn ufe›, das hat für mich geheissen ‹schubladisiert›. Die mussten selber wissen, was sie damit anfangen.» W. schweigt weiter. Vom Berichterstatter auf der Rückfahrt in einem rumpelnden Regionalzug darauf angesprochen, dieser Bericht hätte doch unter bestimmten Verhältnissen fatale Folgen haben können, nickt er: «Ich habe sofort an die Banalität des Bösen gedacht.»

Die Heimkehr

Victor S. – Achtzehnter Bericht

Mai war's, der zweite, 1971, der Berichterstatter lernte die letzten Vokabeln und Formeln für die Maturitätsprüfung, und der VPOD-Vorstand berief S., den einst Verjagten, erneut zum Verbandssekretär. Dies, obwohl A. den anwesenden Kollegen – und neuerdings auch Kolleginnen – alle Karten offen auf den Tisch legte. S. lasse ausrichten, er würde im Falle einer Wahl Mitglied der PdA, des ZKs[112] sogar, bleiben – Schluss mit Verkapptheiten –, habe der Geschäftsleitung aber auch versichert, er würde im Rahmen seiner gewerkschaftlichen Tätigkeit keine Instruktionen «der Partei» entgegennehmen und habe auch nicht die Absicht, «die Partei» über das zu informieren, was er im VPOD erfahre. Ob er sich denn vor allem anderen als Gewerkschafter gefühlt habe, will der Berichterstatter wissen. S. nickt. Und die KollegInnen spürten es schon damals. Auch der vorsorgliche Hinweis A.s – «Möglicherweise erfolgt aber bei einer Berufung eine Pressepolemik. Es frägt sich ob der Verband solche Angriffe in der Presse verkraften kann»[113] – hielt sie nicht davon ab, den, so A., «ungewohnten mutigen Schritt zu tun». Sie folgten seiner Aufforderung, altes Unrecht wieder gutzumachen, «das man mit dem seinerzeitigen Ausschluss aus dem Verband dem Kollegen S. angetan hat».

Die Genugtuung sei gross gewesen. «Bis zum kleinen Zeh» habe es ihm gwoolet, lächelt S. und erinnert sich: «Es war wie heimkommen», als er sein Büro an der Sonnenbergstrasse bezog, auch wenn er es nicht gesucht. «Ich war glücklich in Genf.» Die Berufung nahm er erst nach Rücksprache mit seiner Frau Elsi an – die lieber in der Welschschweiz geblieben wäre –, nach Absprache mit der Partei und nachdem seine erste Bedingung – «dass mich nicht nur eine knappe Mehrheit wähle» – erfüllt worden war. 19 zu 6 Stimmen. Er lacht über die erstaunte Frage, ob er sein privates Schicksal tatsächlich «der Partei» überlassen. «Absolut. Ich hätte sie vor ein fait accompli stellen können, aber ich habe gesagt – ihr entscheidet. Wenn ihr sagt, wir lassen dich nicht gehen, dann bleibe ich in Genf und bin glücklich.» Die GenossInnen liessen ihn, ungern zwar, liessen ihn ziehen und erlaubten ihm damit eine spürbare Verbesserung der finanziellen Lage. Der VPOD-Sekretär S. verdiente viermal mehr als der Vorwärts-Redaktor S. Aber Geld, schmunzelt S., sei für ihn nie ein Motiv gewesen; ähnlich «lebensuntüchtig» wie der Vater sei er in solchen Angelegenheiten gewesen, ein Leben lang. Aber als kinderloses Ehepaar, gibt er zu bedenken, seien sie da natürlich in einer komfortablen Lage gewesen. «Wir waren niemandem verantwortlich, konnten leben wie Bettler oder Millionäre. Wir mussten kein Geld scheffeln, um es den Kindern zu vererben.» S. dachte nicht an die Pension – die ihm und seiner Frau Elsi heute ein angenehmes Leben im Tessin ermöglicht –, als er sich in die Gewerkschaftsarbeit stürzte. «Ich wollte das Vertrauen, das man mir entgegenbrachte, rechtfertigen.»

Und die Wut? Auf die, die ihn damals verjagt? Verflogen?
Sein Gesicht verrät: «Die Wut ist noch da, auch heute noch, wenn man in den Erinnerungen zu graben beginnt» – was der Berichterstatter ja dauernd tut –, dann spüre er sie im Bauch. Eine «Schweinerei» nennt er, was damals passiert. «Ich empfinde mich schon als Opfer des Kalten Krieges», der bei seiner Rückkehr 1971 noch längst nicht beendet. Austritte von einzelnen KollegInnen, von ganzen Sektionen sogar, stapelten sich auf A.s Schreibtisch, Hunderte kehrten dem Verband des Öffentlichen Personals den Rücken. Wegen S.' Parteibuch. Und der damalige Sammler nationaler Sehnsüchte, der TessinerInnen in der Deutschschweiz dazu zwang, den Pass zu zücken, der Eidgenosse Schwarzenbach James schrieb in seiner Zeitung «Der Republikaner» am 1. Juli 1971: «Es ist, als ob unsere Kirchenglocken nie geläutet hätten. Nie wegen Budapest, nie wegen Prag ... In unserem Lande sind die roten Wühler tüchtig und allem Anschein nach ungehindert an der Arbeit.» Die Vorhut der Kalten Krieger, der «Trumpf Buur», mobilisierte die Abwehr: «Der VPOD und die Schweizerische Gewerkschaftsbewegung stehen also vor der Situation, dass ein Kommunist Kenntnis von allen internen Vorgängen und Akten hat, dass er in der Lage ist, damit die vorhandenen kommunistischen Zellen zu versorgen und ihnen zu ermöglichen, gestützt darauf die kommunistische ‹Unterwanderung› der Schweizerischen Gewerkschaftsbewegung wirkungsvoll zu betreiben.» Mühelos könne sich der Wühler «Kenntnisse über Einrichtungen der Elektrizitäts-, Gas- und Wasserversorgung, über Zivilschutzbauten, über die Vorkehren zur Katastrophenhilfe beschaffen», Kenntnisse, «die für die kommunistischen Saboteure, für eingeschleuste Agenten und für Zerstörungstrupps, die mit Fallschirmen abgesetzt werden, ausserordentlich wichtig sind», malte er den Landesverräter an die Wand, während sich S. in direkten Begegnungen das Vertrauen in einen Kommunisten erwarb und viele ihren Austritt aus dem VPOD wieder rückgängig machten. Auch dank Kollegen aus dem Verbandssekretariat, die in den Sektionen S.' Wahl begründeten, was sie als «schiwoffisieren» bezeichneten.
Helmut H., sozialdemokratischer Nationalrat und späterer Parteipräsident – der die Kommunisten 1956 noch «Lumpenpack» geschimpft –, liess sich am 14. Juli 1971 durch die «bornierte Schreibweise» des «Freisinnigen Pressedienstes» herausfordern. «S. hin, S. her», schrieb er in der «Basler AZ», «das ist nicht meine Sache. Mich beschäftigt etwas anderes. Da werden Kommunisten allesamt und kollektiv als dubiose, verräterische Dunkelmänner verteufelt, denen überhaupt jegliche Eigenschaften, die einen anständigen Menschen auszeichnen, abgehen.» Bei seinem Nationalratskollegen Schwarzenbach stiess er damit, wie zu erwarten war, auf taube Ohren. Der drohte vielmehr dem auf der Ratslinken sitzenden A. – «der es unseren Beamten zumutet, fortan von einem waschechten demokratie- und freiheitsfeindlichen Kommunisten dirigiert zu werden» – mit Konsequenzen. «Ob sich unser Staatspersonal eine solche Zumutung seines geschäftsleitenden Sekretärs bieten lässt, werden die

Herbstwahlen in den Nationalrat erweisen.» Der Verband blieb standhaft. Victor S. konnte sich – trotz der erwarteten Pressekampagne und den Anträgen einzelner Sektionen, die Wahl zu annullieren, da sie «Ansehen und Werbekraft des Verbandes» schädige – am erträumten Gewerkschafterpult einrichten, das er erst 18 Jahre später, am 30. Juni 1989, wieder verliess. «Heute», wird seine dannzumalige Kollegin Christine V. zu seinem Abschied im Verbandsorgan schreiben, «würden ihn die Mitglieder – und auch wir im Verbandssekretariat – am liebsten gar nicht mehr gehen lassen.» Max A. musste sein Berner Pültchen schon im November 1971 räumen. Er wurde nicht mehr in den Nationalrat gewählt.

Östliche Umzüge

Anjuska W. – Fünfzehnter Bericht; Jochi W. – Elfter Bericht

Anjuska W. war Ende der sechziger Jahre nur ungern weiter ostwärts gezogen, obwohl sie damit freie Sicht aufs Meer, wenn auch nur das schwäbische, gewann und auch noch gänzlich unbelastet war von den polizeilich archivierten, gutnachbarlichen Bewertungen des W.'schen Haushalts. Ihr war die Munizipalgemeinde am nordöstlichen Rand der Schweiz schlicht zu «behäbig». Und so zog es sie bald einmal regelmässig in die Stadt Sankt Gallen. Während sich bei Jochi W., anfänglich jedenfalls, ein Dalassdichnieder-Gefühl einstellte und er sich gut vorstellen konnte, so könnte es jetzt vierzig Jahre weitergehen. Was bei seiner Frau schon eher chronische Erstickungsanfälle auszulösen drohte, die es ihm unmöglich machten, sein Glück, das er gerne als gemeinsames gesehen hätte, uneingeschränkt zu geniessen.

Anjuska W. wurde durch den Verlauf der Ereignisse an den Herd gedrängt. Nachdem sie ihre Erwerbstätigkeit als Kindergärtnerin hatte aufgeben müssen, erst wegen des Umzugs, dann aus Protest dagegen, dass am neuen Ort die zu grosse Zahl von Kindern als Vorwand dafür benutzt wurde, ausländische Kinder, sogar ihre eigene Tochter, abzuweisen – die die W.s, wie den Sohn, bei sich aufnahmen, und die erst nach der Intervention durch den bisher einzigen offiziellen Kabarettisten im Nationalrat gegen die Verweigerung der Einreisebewilligung den Boden betreten konnte, den einige offensichtlich für einen auserwählten hielten und halten.

Die misstrauischen Behörden bekamen nachträglich, räumt Anjuska W. 1997 ein, Recht – die Adoption eines Kindes aus dem Fernen Osten, Korea, radikalisierte ihr und teilweise auch Jochi W.s politisches Verhalten. Bald einmal schloss sich die Mutter zweier Kinder aus der «Dritten Welt» einer Gruppe von Sankt GallerInnen an, die sich ihre subtile politische Positionierung einiges kosten liessen, bezahlten sie doch sowohl der Partei der Neuen als auch jener der Alten Linken ihren Mitgliederbeitrag. Erst als die Neulinken, gleich einem eifersüchtigen Ehemann oder Liebhaber, eine

Entscheidung verlangten, brach das Dreiecksverhältnis, politisch Volksfront, auseinander. Anjuska W. und die anderen trotzigen OstschweizerInnen gaben ihr Parteibüchlein den ultimativen «Progressiven Organisationen» zurück und blieben der «Partei der Arbeit» treu.

Während Anjuska W. sich zunehmend – zum Beispiel durch Kandidaturen für Parlamentssitze, die allerdings erst in den neunziger Jahren Erfolg haben und sie für acht Jahre zur Zürcher Kantonsrätin machen sollten – öffentlich als «Parteifrau» zu erkennen gab, liess sich Jochi W. nach kurzem Gastspiel in einer sozialdemokratischen Lokalsektion nie mehr in eine Parteiliste eintragen. Umtänzelte zwar immer wieder die Partei seiner Frau, aber: «Ich habe dort keinen Platz», murmelt er, ehefraulichen Protest provozierend. «Du willst nicht!», stellt sie klar, und das gebe ihm nicht das Recht, anderen zu unterstellen, sie gäben ihm den Platz nicht, den er brauche. Das Ehepaar einigt sich auf eine gemeinsame Sprachregelung. «Ja», nickt Jochi W. versöhnlich, «ich will nicht in eine Partei, einverstanden.» Jede Gruppe, jedes Kollektiv, das eine Doktrin festlege, sei ihm letztlich zu eng. Und so hat Jochi W. seit vielen Jahren seinen Platz auf der SympathisantInnenliste der PdA, und zwar einen so prominenten, dass GenossInnen und Staatsschutz in seltener Einigkeit ihn immer wieder als ordentliches Mitglied behandeln.

Auf den parteipolitischen wollte, auf den frauenpolitischen Weg konnte Jochi W. seiner Gattin nicht folgen. Dass auch sie sich einer der vielen neuen Frauengruppen anschloss, bedrohte ihn. «Ich habe gedacht – was reden die da?» Aber er durfte – «so gemein», spottet sie 1997 – nicht mit. «Das ist sicher etwas gegen die Männer, gegen mich», malte er sich aus und hatte Angst, «dass das Gefüge», das Ehe- und Familiengebäude der W.s, «irgendwie auseinander bricht». Die Angst war unberechtigt. «Wir sind gar nicht so männerfeindlich gewesen», kichert Anjuska W., die immer wieder in das Heim zurückkehrte, das ihm – «weil ich aus einer Broken-Home-Situation kam» – so wichtig war. Gerne wäre er lebenslänglich ein richtiger Familienvater geblieben, der für die Seinen sorgt und «das ganze Geld» nach Hause bringt. Gesundheitliche Gründe zwangen ihn später, gegen bürgerliche Männlichkeiten zu verstossen. Allerdings blieb es für ihn eine anhaltende Kränkung, «nur noch einen Teil des Geldes nach Hause zu bringen» und so auch ökonomisch von der Frau abhängig zu werden, die sich, brummt er, «auf die Länge» gar kein Leben als Hausfrau hätte vorstellen können. «Will dir immer d'Tecki uf de Chopf gheit isch.» Hausmann wurde Jochi W. nie, und schon gar nicht mit Begeisterung. «Ich mache, was ich kann», grinst er. Anjuska W. bestätigt sanft, «es hat sich schon eine Arbeitsteilung eingespielt», und attestiert ihm, inzwischen sei er sogar in der Lage, etwas aus dem Kühlschrank zu nehmen. Ein einmaliger Versuch mit Dampfkochtopf und Kartoffeln scheiterte allerdings kläglich, die schweizerische Kriegsknolle landete nicht im Teller, sondern blieb an der Decke kleben. «Kochen will ich gar nicht lernen», sagt er trotzig, «Anjuska ist schliesslich eine ausgezeichnete Köchin.» Mit ihren Putzkünsten allerdings war der Mann nicht zufrieden. Drum lassen die W.s seit vielen Jahren sauber machen. Der Logik folgend, dass jene, die selbst einen tiefen Stundenlohn haben, sich mit reinem Gewissen eine Putzfrau leisten können, zum gleichen Ansatz, versteht sich, im Gegensatz zu den Bessergestellten, die – wenn sie die eigene Raumpflegerin nicht gegenüber ihren KollegInnen privilegieren und damit Ungerechtigkeiten schaffen wollen – zur Ausbeutung gezwungen sind. Im Übrigen, beruhigt der Patron W. den alten 68er, und tut es lachend, «die Sabine[114] übertut sich nicht». Bestätigt prustend, am liebsten hätte er, «natürlich!», ein Haus voller Dienstpersonal. So wie er – er platzt fast bei der Vorstellung – ganz gerne eine Frau hätte, «die mir immer wieder sagt: Du bisch de Gröscht», dann, so ist er überzeugt, hätte er es im Leben weiter gebracht. Noch einmal, 1971, war seine berufliche Entwicklung Grund für die W.s, Koffer und Kisten zu packen. Was Anjuska W. nur allzu gerne tat, allerdings nur in Gedanken, eine schwere Lungenentzündung drückte sie auf die Matratze, mit der sie wie ein sperriges Möbel mit der letzten Fuhre südwestwärts nach Sankt Gallen gefahren wurde. Jochi W. erinnerte sich an die düsteren Prophezeiungen seines Vaters – «Du landest noch einmal im Zuchthaus» –, als er angefragt wurde, ob er als Nichtakademiker Assistent von Professor N. werden wolle. Der damals die schweizerische Strafreformdebatte wesentlich prägte, indem er verlangte, «dass nicht nur die Verantwortung des Täters für die Gemeinschaftsordnung, an der er teilhat, sondern auch die Mitschuld der Gesellschaft am deliktischen Geschehen mit berücksichtigt werden muss». In seinem Buch «Das Böse und das Strafrecht»[115] machte er deutlich: «Das eigene Böse, das man fürchtet und hasst, wird im Sinne eines unbewussten Vorganges auf andere Menschen, auf den sogenannten ‹Sündenbock› projiziert und in diesem gehasst, bekämpft und abreagiert, ein Phänomen, das nicht nur individuell, sondern auch kollektiv auftritt, weshalb es nicht nur für einen grossen Teil der Konflikte zwischen den einzelnen Individuen und sozialen Gruppen verantwortlich ist, sondern auch in den Kriegen sowie im Kampfe der politischen Ideologien eine entscheidende Rolle spielt.» Jochi W. erinnerte sich an seine Vorstrafe wegen fahrlässiger Körperverletzung, erinnerte sich daran, wie er als Kind ein Fahrrad geklaut, «nicht, um es zu behalten, sondern weil ich so gerne Velo gefahren bin und mir der Vater keins gekauft hat». Wochenlang sei er damit herumgefahren und habe «unheimlich de Plausch gha», bis er bei den Eltern denunziert worden, die ihn bis ins Erwachsenenalter als Velodieb behandelt hätten. Das Böse reizte ihn, und die SchülerInnen von Neukirch-Egnach machten es ihm leicht, das Lehrereinfamilienhäuschen zu räumen und dem Ruf des Professors zu folgen. Sie enttäuschten den Gerechtigkeitsfanatiker W. schwer. Als einzelne trotz gemeinsam getroffener Abmachung das in der Schnupperlehre verdiente Geld nicht oder nicht ganz in den gemeinsamen Topf warfen, in dem W. die unterschiedlich hoch ausgefallenen Salärchen hatte sammeln und für eine Klassenreise einsetzen wollen. Es habe ihn «wahnsinnig» verletzt, ganz persönlich habe er es genommen, dass die SchülerInnen, natürlich unterstützt von ihren Eltern, das ihm heilige Prinzip der Chancengleichheit hinter seinem Rücken gebrochen. «Mini Schüeler händ bschisse!», entrüstet er sich noch viele Jahre danach. Enttäuscht warf er damals den Bettel hin, schloss nicht einmal mehr das begonnene Schuljahr ab. «Das Ganze ist auch eine Flucht gewesen», erscheint es Jochi W. im Rückblick, der mit grossen Hoffnungen das neue Büro bezog, wo er ein Bild seiner Frau Anjuska W. an die Wand hängte.

Bei Ganoven-Ede

Anjuska W. – Sechzehnter Bericht; Jochi W. – Zwölfter Bericht

Den Professor habe er weggelassen, wenn der Eduard N. – den sie in ironischer, in dialektischer Anlehnung an den Begründer und langjährigen Leiter der Fernsehsendung «Aktenzeichen XY» «Ganoven-Ede» genannt – nach der Vorlesung, vor dem Zmittag, auf dem Heimweg von der Hochschule in sein Büro gekommen. «Er hat mir ja auch nicht Herr Professor gesagt», gluckst Jochi W. fast triumphierend, als hätte der gleiche Gruss – Grüezi Härr N. Grüezi Härr W. – sie zu Gleichen gemacht. Und so hockten sie denn auch, anfänglich sehr häufig, in W.s Büro und redeten und redeten – der eine über die Reformierung, der andere, manchmal, über die Revolutionierung des Strafrechts. Bis N.s Frau, den angehockten Reis in der Nase, ungeduldig zum Hörer griff, dem N. ein bestimmtes «Chumm jetz go ässe, Mani!» aufs Fell trommelte und den Professor aus den grossen Visionen riss, die er mit W. teilte, der «beflügelt» gewesen, das Gefühl hatte, mit N. etwas bewegen, Visionen einlösen zu können. N. sei für ihn sehr wichtig gewesen, ein Vater fast. Sie hätten einander auch sehr gut verstanden. Schliesslich habe er nicht einfach so auf «tuusig Stutz» Lohn verzichtet. Stolz legt er die Neujahrskarte aus dem Jahre 1972 auf den Tisch: «Lieber Herr W. Ihnen und Ihrer lieben Familie schöne Feiertage zu wünschen, ist mir ein grosses Bedürfnis. Einige Tage der Ruhe und der Erholung im Kreise Ihrer Angehörigen sind Ihnen in ganz besonderem Masse zu gönnen, denn Ihr Einsatz im Dienste der Menschlichkeit ist geradezu aussergewöhnlich. So verbinden sich denn auch mit meinen Wünschen Gefühle tiefster Dankbarkeit für all das, was Sie mit soviel uneigennütziger Opferbereitschaft für unsere Arbeitsgruppe und die von Ihnen Betreuten getan haben. Trotz manchen bitteren Enttäuschungen, die es zu verkraften gab, dürfen Sie mit grosser Genugtuung auf das abgelaufene Jahr zurückblicken. Dass ich Sie als Mitarbeiter haben kann, bedeutet für mich die beste Garantie, dass das begonnene Werk sich weiterhin aufwärts entwickeln wird. Mit herzlichsten Wünschen, auch von meiner Frau, Ihr Eduard N.»

UP-Milch und ein offener Kühlschrank

Anjuska W. – Siebzehnter Bericht; Jochi W. – Dreizehnter Bericht
In der ersten Klasse sei sie vermutlich gewesen; kaum lesen habe sie können, die Tochter aus dem Fernen Osten. «Uuu, pee», habe sie buchstabiert und gefragt: «Steht auf diesem Pack UP, damit die Leute nicht vergessen, dass die Kinder in Chile Milch bekommen?» Sie habe, entsinnt sich Anjuska W., «schier brüelet» zwischen den gut gekühlten Milchpackungen eines schweizerischen Supermarktes. Zwei Tage nachdem der Begründer der chilenischen Milchabgabe – Jeden Tag einen halben Liter für jedes Kind – abgeknallt worden, der Kinderarzt und Präsident der Unidad Popular, UP, Salvador Allende, der erste «freigewählte marxistische Staatschef der Welt»,[116] für Jochi W. bis auf den heutigen Tag eine Lichtgestalt. Er sehe noch den brennenden Regierungspalast – ausgebombt vom putschenden Militär, überall Truppen, Menschenleere in den Strassen –, höre die Stimme Allendes, «die letzte Rede, die er gehalten hat, bevor sie ihn umgebracht haben».
Sie, Anjuska W., könne sich gut an diesen Tag erinnern, habe immer Radio gehört, eine ohnmächtige Wut verspürt, als sie die AktivistInnen der Unidad Popular ins Fussballstadion gebracht, einzelne exekutiert «und Victor Jara die Hände abhackten». «Meiner Meinung nach», widerspricht die andere Hälfte, «haben sie ihm die Hände nicht abgehackt, sondern die Finger gebrochen.» «Neinnein», vertraut die Frau ihrem Gedächtnis, «zuerst haben sie ihm die Finger gebrochen», und als er mit stechenden Schmerzen auf seiner Gitarre weitergespielt, «haben sie ihm die Hände abgehackt.»
Damals habe er ihn verloren, weiss Jochi W. noch, den Glauben an die Demokratie. «Für mich waren die Ereignisse im September 1973 in Chile eine beinahe konkret erlebte Konfrontation mit dem Faschismus», schrieb er in der Publikation «Zwüschehalt»[117] unter dem Pseudonym Chjalman Chalmas. Für ihn habe sich damals das kapitalistische System, hätten sich die Vereinigten Staaten entlarvt, die sich als Hüterin der Freiheit aufspielten, «und wenn's ihnen nicht passt», was in demokratischen Wahlen entschieden, «wird einfach geputscht». Zum ersten Mal habe er sich damals gefragt, ob mann sich nicht doch auch mit Waffengewalt wehren müsse, und frau. Sie sei nie jemand gewesen, stellt Anjuska W. klar, «die leichtfertig der Gewalt das Wort redet oder Gewalt entschuldigt», aber sie könne – «Ich bin sehr, sehr vorsichtig mit Gewalt» – Teil des Widerstandsrechtes sein. «Ach, Macht kommt aus den Fäusten, nicht nur aus dem guten Gesicht, aus Mündungen kommt die Macht ja, und nur aus den Mündern nicht! Genossen, das ist klar, das ist und bleibt auch wahr, das ist die kostbare Wahrheit der Unidad Popular», sang Wolf Biermann, sang es in der Ballade vom Kameramann. «Du siehst bei der Arbeit mit der MP, besonders dies Vieh, dieser Bulle mit Stahlhelm, wie der an den Kiefer die Knarre presst, und wie er sich Zeit lässt beim Zielen beim Zielen …, der Kameramann zielt genau auf den Mann, der Mann legt genau auf die Kamera an, dann wackelt das

Bild, der Film reisst ab – das ist es, was ich gesehen hab ...» Und der Berichterstatter erinnert sich an den Streit mit einem Freund, der wegen Regens nicht an die Demonstration kam, gegen den Putsch in Chile.

Es sei selbstverständlich gewesen, in dieser aussergewöhnlichen Situation, berichten die W.s, dass sie zusammengerückt in ihrer Wohnung, zwar fünf Zimmer, aber immer gut besetzt. «Es ist nicht so gewesen, dass da irgendwo leerer Wohnraum zur Verfügung gestanden hätte. Mitnichten. Es haben immer mindestens fünf, manchmal sogar sechs Leute in dieser Wohnung gelebt», macht Anjuska W. deutlich. Sie hätten die Stube geräumt, für die Leute von Longo Mai. «Wir sind einfach offen gewesen», fährt Jochi W. fort, «haben aber nicht erwartet, dass die unsere Wohnung gleich besetzen und als Bastion in Beschlag nehmen für ihre Aktivitäten.» Teuer sei es sie zu stehen gekommen, dass die Engagierten mit ihrem Telefon die Aufnahme chilenischer Flüchtlinge nicht nur in der Schweiz, sondern auch im umliegenden Ausland organisierten. «Wir haben Glück gehabt, wenn wir noch nach Hause durften», lächelt Anjuska W. gequält. Er gibt an, er habe «innerlich gekocht vor Wut», darüber, dass die sich in seiner Wohnung «breit gemacht» und den Kühlschrank geleert, ohne ihrerseits zu «partizipieren». Die aussergewöhnliche Situation – «in der halt auch Ausserordentliches Platz haben muss» – habe sie das hinnehmen lassen, analysiert Anjuska W. aus Distanz; die Frechheit habe sie sprachlos gemacht. Dabei waren es nicht einmal Flüchtlinge, die alles verloren, die kamen erst Wochen später. Kaum waren die ersten da, habe der Bundesrat die Visumspflicht eingeführt.

Um acht Uhr morgens habe sie mit einem chilenischen Flüchtling, der bei ihnen gewohnt, im Flughafen gestanden, um dessen Frau abzuholen, die aus Chile geflohen, noch bevor jenseits des Atlantiks der schweizerische Visumszwang bekannt war. Bis sechs Uhr abends hätten sie gewartet, verlangt, erklärt, telefoniert, mobilisiert und auf die schweizerischen Beamten eingeredet, von denen sie einzeln befragt, nach Widersprüchen abgeklopft worden, nachdem sie allen drei die Pässe abgenommen. «Ich habe das Gefühl gehabt, das sei der längste Tag meines Lebens.» Und immer die Angst, «die stecken die Frau in den nächsten Flieger». Schliesslich hätten sie – «Ich meine heute noch, das war absolut illegal, in einer solchen Notsituation» –, hätten den beiden – «Die haben eh heiraten wollen, insofern war das kein Problem» –, hätten dem Mann und der Frau, geflohen vor den neuen Herren in Chile, das Versprechen abgenommen, zu heiraten. Um sechs Uhr abends endlich hätten sie zu dritt den Transit verlassen und nach Hause gehen können. Die beiden hätten dann «relativ lange bei uns gelebt – und das ist auch gut gewesen» –, bis sie sich eine eigene Wohnung hätten leisten können.

In friedlicher Mission

Hansjörg B. – Siebzehnter Bericht

B. reiste in Sachen Frieden, reiste mit FriedensfreundInnen, zum Beispiel im Oktober 1973, reiste, vom Staatsschutz registriert, zum «Weltkongress der Friedenskräfte in Moskau». Reiste, von den Trüffelsäuen im Staatsdienst unbeachtet, in die DDR, wo er in Sachen Waffenexport dieselben Argumente gehört wie vom Chef des Eidgenössischen Militärdepartementes EMD.[118] «Wir haben eine Schutzklausel, damit diese Waffen nicht gegen eigene Leute eingesetzt werden.» Auch mit dem Wunsch auf «Vorleistungen» – abrüsten, bevor einem der Feind zuvorkommt – «sind wir auf ähnliche Ablehnung gestossen wie in der Schweiz, nur umgekehrt.» Und für die Gewaltlosigkeit hätten sie drüben so wenig Verständnis gefunden wie hüben. Im Gleichschritt, marsch. Dass sie am Abend in der Kneipe die Tische – sie seien mehr als vier Personen gewesen – nicht zusammenschieben durften, das wäre ihnen in der Schweiz nicht passiert, meint B., der in der DDR beides sah – Diktatur und Utopie. Verglichen mit der Zeit vor «dem Krieg» habe es bestimmt mehr Gerechtigkeit gegeben. «Das waren ja noch feudalistische Verhältnisse, aber der Preis, den sie dafür bezahlt haben, der war schon recht gross.» Allerdings, meint er nachdenklich, «die Leute, die sich völlig untergeordnet haben, denen ist es wahrscheinlich relativ gut gegangen». Die hätten zum Beispiel dank des in Gemeineigentums überführten Bodens billige Mietzinsen gehabt. Schwierigkeiten hätten nur jene bekommen, die «eigene oder abweichende» Ideen gehabt. Was ihm – der die «grosse Antipropaganda gegen den Westen» damals «zu einem grossen Teil richtig gefunden» – am meisten zu schaffen gemacht, «dass sie die Armee bis zu einem gewissen Grad verherrlicht haben», knurrt B., der sich in der Schweiz immer wieder für Militärdienstverweigerer eingesetzt und, zum Beispiel im März 1973, anlässlich des Dienstverwegererprozesses gegen den, dessen Name in der entsprechenden Fiche B.s eingeschwärzt, im Gerichtssaal keinen Platz mehr fand. «Er hielt» draussen vor der Tür «zu etwa 50 Sympathisanten, die auch keinen Einlass hatten, eine längere Rede.» Was den Ankläger drinnen – so wurde es B. und seinen Amtsoberen zugetragen – zur Bemerkung provozierte, er mache darauf aufmerksam, dass der Redner da draussen Amtsvormund der Stadt Zürich sei und an einem gewöhnlichen Donnerstagnachmittag eigentlich seinen Mündeln zur Verfügung stehen müsste. Seine Vorgesetzten hätten an der offiziell festgehaltenen Aktion keine Freude gehabt, aber auf ein disziplinarisches Verfahren gegen den Mündelmund verzichtet, der später als Präsident der «Sozialdemokratischen Partei des Kantons Zürich» und Nationalrat vermutlich noch manchen Donnerstagnachmittag dem Büro fernblieb und das Versäumte in langen Nächten nachsass.

Der Padrone verlässt FrauundKind

Emilio M. – Elfter Bericht

«Trotz der befriedigenden beruflichen Arbeit» – unter anderem in dem von ihm mitbegründeten «Psychoanalytischen Seminar Zürich» – «bin ich politisch heimatlos geworden», notiert M., ab 1974 Psychoanalytiker in Praxisgemeinschaft, in einer «Erinnerungsarbeit», die er im April 2000 seinen Kindern und «Lebensabschnittbegleiterinnen» widmet, einer von ihnen ausdrücklich «zueignet», seinen «engeren Freunden» und auch dem Berichterstatter, per E-Mail, zukommen lässt.

Noch einmal zwar, irgendwann in den Siebzigern, schien sich Emilio M. die Möglichkeit zu eröffnen, seiner Biografie doch noch einen revolutionären Stoss zu versetzen. Die italienischen KommunistInnen, erinnert er sich, hätten aufgrund entsprechender Wahlergebnisse eine Volksfrontregierung mit der Revolutionären Linken bilden können, was – so waren M. und seine GesinnungsgenossInnen überzeugt – «die Amerikaner» nicht toleriert, vorbereitete militärische und paramilitärische Truppen in Bewegung gesetzt und einen Bürgerkrieg ausgelöst hätten. Er habe sich damals «nicht gerade organisatorisch» – und auch schiessen habe er nicht gelernt, lacht er –, «aber psychologisch habe ich mich darauf vorbereitet», dem Ruf der Heimat zu folgen. Habe mit seiner Familie gesprochen, seiner Frau erklärt, wenn es so weit sei, «musst du schauen, wie du deine Brötchen selber verdienst». Er, «Sohn eines Marineoffiziers», gehe dann nach Italien. I Communisti taten ihm den Gefallen nicht, schlossen den so genannt Historischen Kompromiss mit den Christdemokraten, die US-Soldaten blieben in den Kasernen und ersparten M. das Folgemirnach.

«Ich flirte mit der RAF», schreibt er über seine ersten Jahre der politischen Verlorenheit. Aber «zur Stadtguerilla gehe ich nicht, weil ich die bewaffneten Aktivitäten von Brigate Rosse und RAF in der Epoche für falsch und kontraproduktiv für die Gesamt-Bewegung halte. Ich verurteile diese GenossInnen aber nicht grundsätzlich und ertappe mich immer wieder bei meinen ‹klammheimlichen› Sympathien.» Er war beeindruckt, vielleicht sogar ein wenig beschämt von deren Bereitschaft, mit dem Einsatz aller Kräfte, ihres eigenen Lebens sogar, zu kämpfen und zu töten, hätte – wenn eine oder einer von ihnen auf der Flucht an seine Türe geklopft – «so jemanden für kurze Zeit als Gast bei mir aufgenommen, aber nicht für länger». Habe auch real in jenen Tagen geholfen, «wenn man hat helfen können». Was den amtlichen Mithörern und Spitzeln nicht entging, die seine womöglich erotisch motivierten Kontakte zu einem vermutlichen Mitglied der RAF argwöhnisch registrierten – «23. 2. 75: Aus TAB: K. Petra 39 wird heute abend von M. abgeholt» – und vermuteten, er sei im Juli 1975 Richtung Como gefahren, um einen Angehörigen der Roten Brigaden zu verarzten.[119] Allerdings schienen die un-heimlichen Beobachter seine klammheimlichen Aktivitäten – obwohl die europäische Stadtguerilla gerade in jenen Jahren mit spektakulären Entführungen und Mordanschlägen, von Drenkmann, Lorenz, Stockholm, Buback, Ponto, Mogadischu, Schleyer, Moro, von sich reden machte – unter dem Strich nicht als wirkliche Bedrohung der Schweiz einzustufen. «Es befremdet», hämmerten sie zwar in seine Fiche, «dass der Ausländer M. seit Jahren jede Gelegenheit wahrnimmt, unsere Demokratie zu untergraben.» Aber die 1969 ausgesprochene Ausweisungsandrohung liessen sie ruhen, was der Gemütlichkeit, aber nicht dem revolutionären Selbstbewusstsein M.s förderlich war. «Die paar wenigen wirklich illegalen Sachen», grinst M. 1997, an denen er tatsächlich beteiligt, hätten sie nicht mitbekommen. «Was man verstecken wollte, das konnte man auch verstecken», meint er stolz und bedeutungsvoll, lässt – obwohl inzwischen den Schutz des Eingebürgerten geniessend – auch den Berichterstatter, weil unsicher, ob das alles schon verjährt, mit seinen Phantasien allein. Hat er Waffen gesponsert? Oder flüchtige Attentäter in die Berge gefahren? «Wenn sie verjährt wären, würde ich mit Genuss davon erzählen», schmunzelt M., der legal keine Gelegenheit mehr erhielt, seinen Helden zu stehen, was er lange bedauert. «Mittlerweile», gesteht er gegen Ende eines Jahrhunderts, «bin ich etwas bequemer geworden, sind Gewissheiten zerbrochen, und ich weiss, dass es vermutlich besser war, nicht in die Lage gekommen zu sein, ein Held zu werden.»

Seine Familie verliess er erst Jahre später, nicht wegen der Revolution, sondern aus statistisch wahrscheinlicheren Gründen. «Ich hielt die Atmosphäre einer gut situierten Arztfamilie mit Eigenheim und Au-Pair-Mädchen auf dem Land nicht mehr aus», kommentiert er seine Lage nach dem Zerfall einer «im schönen Husertal» begründeten Wohngemeinschaft und zeigt auf das riesige Ölbild, das an die Tage der «Kommune» erinnert, wie er das Zusammenleben mit befreundeten Paaren im Bauernhaus selber nennt. Der Abschied von FrauundKindern, «das war ein Sakrileg», beichtet der durch lockere Reden über freie Sexualität bekannte M., geprägt durch «italienische Moral» – katholische, korrigiert der Berichterstatter pedantisch –, «die Familie tastet man nicht an». Der sich durch den scheinbar sorglosen Wechsel von Geliebten und Liebenden einen Namen gemacht, hält dem 1996 entgegen: «Die Leute nehmen einfach nur wahr, dass ich meine Sexualität auslebe. Das führt zu Neid.» Und dann fielen schnell einmal böse Worte, «Macho» zum Beispiel. Den Feminismus habe er, wehrt sich der Bezichtigte, habe es begrüsst, dass die Frauen auf die Strasse gegangen. «Und wenn meine Freundin Monika K.»,[120] die damals eine Schönheit war, sich ausgezogen hat, irgendwo, habe ich das toll gefunden.» Habe, wenn er allein gelebt, immer den ganzen Haushalt selber besorgt. «Das war meine Antwort. Die Frauen war manchmal ganz pikiert. Die durften nicht mal abwaschen. Ich habe gekocht und ihnen alles serviert», lächelt M. charmant, der nichts dagegen hat, wenn seine aktuelle Freundin «sich abreagiert, indem sie putzt». Gegen den militanten Feminismus, «der den Mann schlechthin zum Feind emporstilisiert», habe er sich «natürlich» gewehrt, «da habe ich zurückgeschlagen». Zum Beispiel gegen die Feministinnen, die als Hexen «mit Kastrationsdrohungen operiert haben», da habe er schon mal verlangt, sie sollten ihm als Teufel «den Arsch küssen». Obwohl es ihm «bis zu einem gewissen Grad wurst ist, was die Leute über mich denken», legt der Verlassende aus tieferen Gründen offensichtlich Wert auf die Feststellung: «Wenn ich mich von einer Frau trenne, und das ist seither alle paar Jahre geschehen, fällt mir das überhaupt nicht leicht.» Und vertraut dem Berichterstatter die Fantasie an, «eine neue Familie zu gründen», was er, knapp vor dem Jahrtausendwechsel, tun wird, um auch diese FraumitKind, ohne Ruf der Revolution, wieder zu verlassen und den Analytiker M. zu bestätigen, der sich mit betrübtem Blick selbst interpretiert – «das ist wahrscheinlich meine Neurose – ich gehe tiefe Beziehungen ein, baue etwas auf, und dann zerstöre ich es wieder».

In der radioaktiven Zone

Victor S. – Neunzehnter Bericht

Bei einem Besuch in der Sowjetunion, eingeladen vom Zentralrat der Sowjetischen Gewerkschaften – «E schöns Reisli hämmer gmacht» –, habe ihn die Präsidentin unter dem Tisch gingget und ihm zugezischt, es gehöre sich nicht, dass er als Mitglied einer offiziellen Gastdelegation so «soufrächi Frage» stelle und die GenossInnen derart in die Enge zu treiben versuche. Die Dolmetscherin, die anschliessend mit ihnen im Auto in die Krim gefahren, habe geweint. Noch nie habe sie auch nur ein Wort davon gehört, welche Gefahren da bestünden, sie wisse gar nicht mehr, was sie glauben, was sie denken solle, ein Schlag ins Gesicht sei das für sie gewesen.
Genosse, Towarischtsch S. hatte in Odessa bei einem Gespräch über die Sowjetunion, die Schweiz und die bilateralen Beziehungen mit dem Vorsitzenden des Obersten Sowjets – «Alle hohen Staatshäupter sind daghokket» – plötzlich die Atomkraftwerke auf den Tisch gezerrt, deren Kühltürme er auf der Hinfahrt im Auto zehn, fünfzehn Kilometer von der Millionenstadt am Schwarzen Meer entfernt gesichtet. Atommeiler, fast in den Vorstädten, wie sie sich das vorstellten, hatte er wissen wollen und nur verständnislose Blicke geerntet. «Unsere Atomkraftwerke sind sauber», hätten sie, nur gerade fünfhundert Kilometer von jenem Ort entfernt, in dem zehn Jahre später der bisher schwerste Atomreaktorunfall radioaktive Wolken in Umlauf setzen sollte, sodass Schweizer Pilze und Waldbeeren ungeniessbar wurden. Sauber seien ihre Kernkraftwerke, das habe die «Akademie der Wissenschaften» festgestellt, hätten sie betupft festgehalten haben wollen. «Und wo tüendsi de Müll ane?», habe er, S., der auch mit Schweizer GewerkschafterInnen über Atomkraftwerke stritt, zum Schluss ins Russische übersetzen lassen, worauf die Anwesenden – «Sie wüssten nicht, wovon ich spräche, das sei doch kein

Problem» – die Sitzung unterbrachen, um den obersten Physiker zu holen, der tatsächlich nur eine halbe Stunde später am Tisch gesessen und gelassen die Antwort auf die Frage «Wohin mit den hoch radioaktiven Brennstäben?» gab: Baikalsee. «Wahnsinn!», sei es ihm, S., entfahren.

Die höflich schweigende Präsidentin habe erst in Zürich bei der Berichterstattung in der Geschäftsleitung des VPOD den Mund aufgetan. «Büffel» seien das da drüben in der Sowjetunion, «aschgrau», was die dort böten. «Da hat sie dann quasi meine Position vertreten, aber in Odessa selbst hat sie kein einziges Wort usegla, kein einziges.»

Amerika eint die Welt

Anjuska W. – Achtzehnter Bericht; Jochi W. – Vierzehnter Bericht

«Wienen Häfelischüeler», wettert Jochi W., sei er sich vorgekommen – habe Figürchen auf die imperialismuskritischen Unterlagen gekritzelt, sei regrediert, interpretiert der Psychoanalysierte den bestandenen Lehrer –, bei ihrer ersten Reise in die DDR, 1974. Zweimal habe er «als Prinzgemahl» mit der in der Parteihierarchie Aufsteigenden mitfahren dürfen. Beim zweiten Mal, 1983 – er habe vorzeitig in den eidgenössischen Westen zurückkehren müssen –, sei er durch den VIP-Ausgang gewiesen worden, und auf der Treppe habe der Flugkapitän stramm gestanden, salutierend. «Ich schaute hinter mich, da war niemand», prustet der solcher Ehre Ungewohnte heraus. Der es zehn Jahre zuvor, noch ganz vom antiautoritären Gestus geprägt, nicht ertragen, dass ihm, im ostdeutschen Klein-Machnow, Lenins Imperialismustheorie eingetrichtert wurde, «dogmatisch, besserwisserisch». Seine Frau Anjuska W. sass mit anderem Blick neben ihm. Sie habe genau das, «was ich wollte», bekommen – Imperialismustheorie. Die Didaktik – «ob das jetzt Schülerlistil war oder nicht» – habe sie nicht interessiert. Gelassen beobachtete sie Jochi W.s empörte Ausbrüche, ausgelöst durch Kleinigkeiten, die für ihn nicht nur Stilfragen waren. Zum Beispiel das «restlos begeisterte» Danktelegramm an Erich Honecker, den damaligen Generalsekretär der «Sozialistischen Einheitspartei Deutschlands». «Restlos begeistert sind nur Idioten», klatschte er Anjuskas GenossInnen ins Gesicht und mokierte sich über die Suite, die ihnen zur Verfügung gestellt worden, «wie Könige haben wir gelebt». Nur in der zweiten Woche, korrigiert Anjuska W. mild, in der ersten «war es sehr einfach». Aber Jochi W. bestätigt dem Berichterstatter beharrlich, es sei gewesen, wie die Rechten sich das immer vorgestellt, «wir durften nach Hause telefonieren – gratis. Und erhielten noch ein Taschen-geld.»

Wenn die die Arbeiterklasse, die Partizipation des Volkes wirklich ernst genommen, es gäbe die DDR heute noch, meint er bitter. «Bei all diesen hierarchischen Geschichten werden doch die Inhalte weitgehend verraten. Wenn ich den Fidel Castro sehe, der den Leuten zumutet, stundenlang auf einem Platz zu stehen und seine Reden anzuhören – das sind doch blosse Machtgebärden!» Ihr habe der antiautoritäre Reflex generell gefehlt, gibt Anjuska W. an, sie habe sich eigentlich nie gegen familiäre und andere Autoritäten aufgelehnt, auflehnen müssen. Die Bedrohung sei für sie immer eine Bedrohung der kleinen durch die grosse Welt gewesen. «Ich anerkenne diese Hierarchien als Realitäten, ich unterstütze sie nicht, aber ich muss auch nicht frontal gegen sie anrennen.» Sie habe sich eigentlich nie für sowjetische Innen-, immer nur für Aussenpolitik interessiert, und die sei häufig durch Unterstützung der Blockfreien und der Befreiungsbewegungen im Trikont[121] geprägt gewesen. Von einer bundespolizeilich registrierten Reise nach Moskau kam sie mit dem Fazit zurück: «Was wir gesehen haben, war nicht so schrecklich, wie es uns im Kalten Krieg immer weisgemacht worden ist», räumt aber ein, «wobei wir sicher auch nur das zu sehen bekamen, was nicht so schrecklich war.» Jung, offen und relativ höfliche Gäste seien sie gewesen. «Gläubige», hakt der Mann wieder ein. «Mindestens sehr empfänglich für die positiven Seiten», schwächt die Frau ab, die sich ganz besonders an die Universität Patrice Lumumba erinnert, die Studierenden aus dem Trikont Ausbildungsplätze anbot. Während in den USA noch immer Rassendiskriminierung praktiziert worden – Stichwort Angela Davis –, habe die Sowjetunion eine Symbolfigur des unabhängigen Schwarzafrikas mit diesem Zeichen ausdrücklich geehrt.

Ein Ehepaar ist froh, als sich der Blick von Ost nach West dreht, denn, da sind sich die beiden einig, wenn es ein «Reich des Bösen»[122] gab, dann waren das die Vereinigten Staaten, auch wenn er, Jochi W., die Sowjetunion «ganz sicher nicht verherrlicht habe». Anjuska W. erinnert an die indianische Urbevölkerung, an die schwarzen Sklaven, «die importiert worden sind», und an «die Unterwerfung des Rests der Welt durch den weissen Mann». Vergleichbares habe die Sowjetunion nicht «angestellt». Die Verbrechen Stalins möchte er da ausgeklammert haben, «das ist natürlich elegant», schmunzelt er. Mit der Gleichsetzung der beiden Weltmächte als militärisch-industrielle Machtkomplexe, die gleichermassen bekämpft werden müssten, seien sie nie einverstanden gewesen. Die Verbrechen Stalins, so Anjuska W., hätten die eigene, aber nie «die Bevölkerung anderer Länder betroffen, das heisst nicht, dass es deswegen keine Verbrechen waren, aber es ist ein Unterschied». Die Absicht, eine Weltmacht zu werden, um andere auszubeuten, das sehe er nur bei den Vereinigten Staaten, die für ihn bis auf den heutigen Tag ein veritables Feindbild abgeben. «Allein schon diese Bermudahosen», feixt Jochi W. «So doof», stellt sie sich an seine Seite. Und beide nicken, natürlich, das Feindbild USA sei berechtigter als das Feindbild Sowjetunion. «Vom Buuch us», so Jochi W., «auf alle Fälle.» Und Anjuska W. besteht lachend darauf: «Ich finde – auch vom Kopf her.» Die «Intention der Oktober-Revolution» sei doch trotz aller Fehlentwicklungen gewesen, «dass es den Menschen auf dieser Welt besser geht, dass die Güter auf dieser Welt anders verteilt werden». Bei «diesem

Liberalismus» gelte immer nur «freie Bahn dem Tüchtigen, koste es, was es wolle». Jochi W. strahlt – «da sind wir uns jetzt also mal wirklich mehr oder weniger einig» – und räumt ein, einer differenzierten Analyse würde der Holzschnitt nicht standhalten, «aber ich möchte mir ein Stück Undifferenziertheit erhalten», weil es, zugegeben, die Welt einfacher mache, «die ist sonst schon kompliziert genug». Und diese Einigkeit mit seiner Frau sei für ihn «herrlich befreiend».

«Kündigung mit Schalldämpfer»

Anjuska W. – Neunzehnter Bericht; Jochi W. – Fünfzehnter Bericht
Zurück an seinem Sankt Galler Schreibtisch verwandelte sich the very important person wieder in den ganz gewöhnlichen Jochi W., der – nach sorgfältigem Abwägen und durchaus auch aufgrund seiner Eindrücke in der DDR – eine Vereinbarung unterschrieb, die ihm der Professor noch vor der Abreise in den damaligen Osten auf den Tisch gelegt. «Herr W. erklärt, dass er keine Initiativen und Aktionen unternimmt ohne ausdrückliche Zustimmung des Leiters der Arbeitsgruppe für Strafreform Prof. N.», hiess es da unter anderem und war Ausdruck dafür, dass es in den vorausgegangenen Monaten zu Konflikten zwischen dem Ordinarius und seinem engagiertesten Mitarbeiter gekommen, der in der Laudatio zu des Professors Siebzigstem ausdrücklich und namentlich, was aussergewöhnlich, erwähnt wurde.
Der Professor hätte es möglicherweise gerne gesehen, wenn er sich hätte scheiden lassen, vermutet Jochi W., vermutet aber auch, er habe da «etwas hineininterpretiert», denn explizit habe N. diese Forderung «sicherlich nie gestellt». Nie wurden die W.s von N. beziehungsweise seiner Gattin, trotz Absichtserklärungen, gemeinsam eingeladen. Den Telefonbucheintrag – Anjuska und Jochi W.-G., Assistent für Strafreform – wollte er korrigiert haben; entweder getrennte Einträge des Ehepaars oder weg mit dem Assistenten. Jochi W. stand zu seiner Frau und liess den Assistenten aus dem Telefonbuch streichen. Immer wieder geriet er in das Dilemma, zu seiner Frau zu halten, ihre politische Arbeit zu unterstützen oder die eigene Karriere zu schützen. Nahm drum das Bild der Geliebten von der Wand, als der Professor monierte, «man könnte meinen, man sei in einer Kommunistenbude», sich nicht mit dem Hinweis besänftigen liess, auch andere schmückten ihren Arbeitsplatz mit ihrem Gspusi, Kommunistin hin oder her. Jochi W. musste zugeben, das Bild seiner Frau hatte Überformat und hing an der Wand. Er nahm es vom Nagel, begnügte sich, eidgenössischer Kompromiss, mit einem kleineren Föteli, das sich auf den Schreibtisch stellen liess, wo es zwischen Aktenbergen fast unterging.
«Ich bin zum Teil hin- und hergerissen gewesen zwischen dir und ihm», weiss Jochi W. noch, der sich – obwohl es eine der aufwühlendsten Perioden seines

Lebens gewesen – erst nach und nach wieder erinnert, dass sich der Konflikt zwischen ihm und dem Professor nicht nur an seinem «Kommunistenweib» entzündet habe, dass er selbst immer politischer, immer «linker» geworden, die Herrschaftsverhältnisse immer stärker in Frage gestellt, enttäuscht gewesen, dass der Professor nicht radikaler, sodass er, Jochi W., immer wieder zwischen die Standpunkte geriet, einmal jenen Recht gab, die die Gefängnisse ganz einfach schliessen wollten, alles andere als «systemstabilisierend» verwarfen, dann wieder N. unterstützte, der mehr Kreativität und anderes hinter die Gitter bringen wollte. Mit ihm war er sich auch einig, «dass gemeingefährliche TäterInnen eingeschlossen werden müssen, weil der Schutz der Gemeinschaft vor die Freiheit dieser Leute zu setzen ist». Anders als der Professor aber machte er die kapitalistischen Verhältnisse für die Entstehung krimineller Entwicklungen verantwortlich. «Ich bin immer zwischen Hammer und Amboss geraten», klagt er, «mein Ambivalentsein hat dazu beigetragen, dass de Lade lahmgelegt worden ist.» Der Professor und sein Assistent hätten schliesslich kaum mehr miteinander gesprochen, bis N. die Vereinbarung auf W.s Tisch gelegt, in der er sich selbst verpflichtet, «mit Herrn W. regelmässig, im Prinzip wöchentlich, die Arbeit der Gruppe zu besprechen».

Er habe, gibt Jochi W. zu, nach der Rückkehr aus der damaligen DDR, wo sie ihm den gewünschten Blick – «Zeig mir deine Gefängnisse, und ich sage dir, in welchem Land du lebst» – in die dortigen Zuchthäuser verwehrt, habe, weil's drüben «nicht effektiv anders», sofort unterschrieben, dass er künftig darauf verzichte, «die praktische Arbeit im Dienste der Strafreform als sinnlos zu bezeichnen oder sie als blosse Befestigung der herrschenden Gesellschaftsverhältnisse abzuwerten», habe gelobt, «in seiner Eigenschaft als Mitarbeiter im Anstellungsverhältnis» keine Aufrufe oder politischen Aktionen «im Namen der Arbeitsgruppe für Strafreform» zu unterstützen, «es sei denn, dass der Leiter der Arbeitsgruppe ausdrücklich seine Zustimmung erklärt hat». Jochi W. unterschrieb, weil er sich damit N.s Zusicherung einhandelte, «dass er, falls Herr W. die vorstehend aufgeführten Punkte anerkennt und berücksichtigt, eine weitere Zusammenarbeit für möglich erachtet». Unterzeichnete dem Frieden zuliebe, was der Zürcher Psychiater Berthold R. als «Kündigung mit Schalldämpfer» qualifizierte. «Die beigelegte Vereinbarung», schrieb er W., «ist insofern ‹unmoralisch›, als sie ja bereits antizipiert, dass Du Dich nicht daran halten kannst.» W. sah sich erniedrigt, «ich habe mich nicht mehr als Partner empfunden», aber aufgrund seiner Osteindrücke habe er «nicht mehr lange überlegt, sondern unterschrieben, weil ich mir gesagt habe, ich bin gottefroo, dass ich jetzt wieder da bin und dass ich da weiterarbeiten kann.»

Der Professor verdankte an Neujahr das gute Arbeitsklima, «das sich im Laufe des Jahres in unserer Gemeinschaft eingespielt hat», es werde dazu beitragen, «dass nun die Festtage in einem besonders zuversichtlichen Geiste begangen werden».

Chief Buthelezi

Leni A. – Neunter Bericht
«Ufemene Gmüeschärreli» sei sie 1975 zum Parlament von Kwazulu, einem den Schwarzen von den weissen Machthabern zugeteilten «Homeland», gefahren worden, wo «Chief Buthelezi» – wie er bei einem seiner späteren Schweizbesuche einen hiesigen Industriellen ihn anzusprechen anwies – gerade eine Rede hielt. Der habe pikiert gefragt, weshalb «die Frau Pfarrer» ihn denn «Gathsa» nennen dürfe; «we are old friends», habe Buthelezi – den sie in einem schweizerisch-evangelischen Tagungszentrum kennen gelernt – dannzumal dem Präsidenten der wirtschaftlich interessierten «Freunde Südafrikas» geantwortet, lacht die Schwester in Christo 1997, die sich zwanzig Jahre zuvor «sofort» in den südafrikanischen Stammesführer und Politiker «verknallt» habe, über den es in Meyers Grossem Taschenlexikon heisst: «Buthelezi, Gatsha Mongosuthu. * Mahlabatini (Nata) 27. 8. 1928; 1972–94 Chefmin. des 1994 aufgelösten Homelands Kwazulu, seit 1975 Führer der Zulu-Bewegung Inkatha, übernahm nach der Abschaffung des Apartheidsystems 1994 in der Regierung unter Präs. N. R. Mandela das Innenministerium.» Buthelezi sei ein mächtiger, ein «imposanter» Mann. «Er sieht gut aus, wenn er nicht grad zu dick ist», schmunzelt sie. Am besten habe ihr sein tiefes Lachen gefallen. «Er kann so richtig aus dem Bauch heraus lachen, wie ich das überhaupt nur bei Schwarzen erlebt habe», erzählt sie und blättert für den neugierigen Berichterstatter in ihren Fotoalben, bis sie zwischen Bergseen und Sandstränden auf Buthelezi stösst, einmal mit Nadelstreifenanzug, einmal in Stammesbekleidung mit einer Kette aus Tierzähnen um den blutten Hals. Die handschriftliche Bildlegende – «an eine nackte Heldenbrust gedrückt» – provoziert den Berichterstatter zur Bemerkung, da sähen sie beide wie ein Pärchen aus. Es sei, bestätigt Leni A., für eine gewisse Zeit jedenfalls, eine sehr intensive Freundschaft gewesen, «er hat mich», obwohl verheiratet, «Bekannten gegenüber als ‹my girlfriend› vorgestellt». Sie hätten einen regen Briefwechsel gehabt, sie habe ihn bei ihren Südafrikareisen regelmässig besucht, und wenn er in die Schweiz gekommen, habe er auch immer «brichtet». Sie habe ihm, lächelt sie, sogar bei der Einrichtung eines Nummernkontos bei der SBG[123] geholfen. Vermutlich hätte sie sich 1975, als das Herz der Parlamentsbesucherin aus der Schweiz – während Chief Buthelezi zu den Seinen sprach – «hochgange isch», niemals träumen lassen, dass sie einmal Angst davor haben könnte, in Anwesenheit ihrer südafrikanischen FreundInnen auf Buthelezi zu stossen und von ihm umarmt zu werden. «Das hätte unter den Schwarzen, die ja nicht Bescheid gewusst haben, sofort Misstrauen gegen mich geweckt.»

Von Büchern und Orden

Anjuska W. – Zwanzigster Bericht; Jochi W. – Sechzehnter Bericht

Gleich einem Bussard, der, von einer zarten Jungmaus gelockt, zum Sturzflug ansetzt, sich aber, von alternden Augen getäuscht, Schnabel voran in den Acker bohrt – so ist es in Jochi W.s Langzeitgedächtnis gespeichert, das Bild des letzten Helikopters, von einem in Panik geratenen Piloten der US-Army gesteuert, die das Land in Indochina, Vietnam, verliess, in dem heute noch Opfer des Entlaubungsgiftes «Agent Orange», Tausende von Kindern ohne ArmeBeineBeckenoderHirn geboren werden.[124] Im Fernsehen habe er es gesehen – triumphierend, zugegeben, auch wenn es «eine blutige Sache gewesen» –, wie der Heli, die letzten Militärberater im Bauch, abgehoben und vor den Ufern Saigons auf das Deck eines Flugzeugträgers der Navy gedonnert, als das Pentagon im Frühling 1975 aus Angst vor den vorrückenden Truppen Nordvietnams die Regierung fallen liess, die sie während vieler Jahre als indochinesisches Bollwerk gegen den Weltkommunismus gestützt. Es sei schon ein «gewaltiges Gefühl» gewesen, gibt Jochi W. zu – «die mächtigste Militärmacht der Welt geschlagen» –, auch wenn es die Trauer über Chile nicht habe auslöschen können.

Nein, Champagner hätten sie keinen geöffnet, zur Feier des Sieges, erinnert sich Anjuska W., während ihr Mann – unvermittelt aufgesprungen und verschwunden – grinsend aus dem ehelichen Schlafzimmer tritt, ein Ehrenzeichen aufs Schlüsselbein des Sekretärs der «CSS»[125] geheftet – «Ich habe mir sagen lassen, das sei ein recht wichtiger vietnamesischer Orden» –, der «Centrale Sanitaire Suisse» verliehen, Mitte der Achtziger, für fünfundzwanzig Jahre anhaltende Solidarität mit einem Land, das damals viele vergassen, weil's für sie nur ein auswechselbares Fröntchen im Kampf gegen die grosse USA.

Nicht so für Anjuska W., die, vom eigenen Ehemann aufgezogen – zöikled, wie die SchweizerInnen sagen würden –, «du bist quasi total mit Vietnam verbunden, und mir händ de höcher Orde», lächelnd korrigiert, sie habe nicht einmal einen weniger hoch einzustufenden, habe gar keinen Orden. Sie baute damals, 1975, das politische Engagement zur beruflichen Tätigkeit aus, übernahm einen deutlich linksorientierten Buchladen, eröffnete in den gleichen Räumen direkt neben dem PdA-Sekretariat eine Sankt Galler Filiale des von einem PdA-Nationalrat gegründeten Basler Reisebüros Cosmos, «das spezialisiert ist auf Reisen in sozialistische Länder», trug der gut informierte Staatsschutz in die 1972 eröffnete Fiche von Anjuska W. ein, der in jenen Jahren minuziös sämtliche Ostreisenden registrierte, auch wenn sie nur an Moskauer Volkstanzwettbewerben teilnahmen, der Einladung zu einem chinesischen Pingpong-Turnier folgten oder Schweizer Schokolade nach Polen exportierten. Den Vertrieb von Büchern, der, so Anjuska W., im Vordergrund gestanden, erwähnten die Landesverteidiger nicht, stuften ihn offensichtlich für weit weniger bedrohlich ein als die Vermittlung von Reisen – «kaum ein Dutzend in der ganzen Zeit», in der sie diesen Laden betrieb.

Er habe den Professor, habe N. über die neue Tätigkeit seiner Frau informiert, en passant, erzählt Jochi W. «Ich habe ihn nicht gefragt, ich habe ihm einfach gesagt, jetzt werde dann dieser Laden eröffnet.» Der Professor habe nicht sofort, habe erst nach einem oder zwei Tagen, vermutlich nach Rücksprache mit seiner Frau – die in der besseren Sankt Galler Gesellschaft gut verankert –, reagiert und kategorisch deklariert, nein, unmöglich, «Sie können doch nicht bei mir arbeiten, während Ihre Frau diesen Kommunistenladen führt». W. liess sich trotz Erinnerung an die unterzeichnete Vereinbarung nicht einschüchtern, habe kühn erklärt, «dann gehe ich lieber Laub sammeln», habe dem Professor getrotzt, bis der nach mehrtägigem Schweigen nachgegeben. «Ich sei ihm so viel wert», darf sich W. erinnern, «aber er wolle dann keinerlei Klagen hören.»

Spitzeltreffen

Hansjörg B. – Achtzehnter Bericht

1976, in dem Jahr, als Wolf Biermann nicht mehr von West nach Ost, nicht mehr in seine Heimat, die DDR, zurückkehren durfte; als sie hier zu Lande noch immer «Moskaueinfach!» riefen, wenn eine oder einer nicht dachte, was zu denken geboten, wurde Hansjörg B. zum Präsidenten der «Sozialdemokratischen Partei des Kantons Zürich» gewählt. Obwohl, als sein Name im Vorstand zum ersten Mal fiel, eine Art «Verdunkelung» – wie er es in der Erinnerung nennt – eingetreten und die Sitzung mit finsteren Mienen aufgehoben worden sei. Danach sei er «eigentlich» davon ausgegangen, «dass es mir nicht reichen würde».

Dass es anders kam, hing mit den Hoffnungen zusammen, die ein Teil derer, die 1968 auf den Strassen Zürichs und anderer Städte den Aufbruch geprobt, inzwischen auf den Marsch durch die Institutionen setzte. Die VertreterInnen der «Neuen Linken» – die sich bei der grossen alten, der SP,[126] einschrieben und nicht etwa bei der kleinen alten, der PdA,[127] oder der kleinen neuen, der POCH,[128] oder der kleinsten neusten, der RML,[129] dies vor allem aufgrund strategischer Überlegungen taten, auf die stärkste der Parteien setzten – sahen in Hansjörg B. einen Garanten für die ideologische Öffnung nach links und waren in diesem Punkt einer Meinung mit dem diplomierten Graphiker und selbst ernannten Staatsschützer, der in jenen Jahren landauf, landab seine Diagramme mittels der in Mode kommenden Hellraumprojektoren auf Leinwände und Tapeten warf und mit kurzen Armen die vom linken Rand in die linke Mitte, ins Zentrum und schliesslich gar auf die rechte Seite vorstossenden Infiltrationswellen an die Wand malte.

Die verdeckteren Tätigkeiten des Mannes – der später, gerichtlich geschützt, «Trüffelsau» und «Subversivjäger» genannt werden durfte – wurden in

ebenjenem Jahr, 1976, bekannt, als einer seiner Spitzel aufflog, die – aus noch nicht gefestigter politischer Überzeugung, Geldnot, Leichtgläubigkeit, Abenteuerlust oder Wunsch nach väterlicher Anerkennung – für den Mann, der zu Recht von sich behauptete, er würde bestimmt noch Nationalrat, in verschiedensten Gruppen und Organisationen, die er als links und/oder staatsgefährdend einstufte, aktiv wurden und mit Vorliebe ungeliebte administrative Funktionen übernahmen. Als führende Mitglieder des «Demokratischen Manifestes» – einer Organisation, die sich «die Erhaltung, den Ausbau und die Förderung der demokratischen Rechte und Freiheiten in der Schweiz auf der Grundlage der Erklärung der Menschenrechte, der Europäischen Menschenrechtskonvention, der Europäischen Sozialcharta und der schweizerischen Bundesverfassung» zum Ziel gesetzt – entdeckten, dass der Kassier nicht nur Einnahmen und Ausgaben minuziös verbuchte, sondern ebenso pedantisch Mitgliederlisten und Protokolle an seinen HerrnundMeister weitergab, führten sie ein offenes, führten ein direktes Gespräch mit dem Gehilfen und hiessen ihn den bekannten Weg enttarnter Spione gehen. Liessen sich Hintertüren aufschliessen und kippten sackweise in die Öffentlichkeit, was da einer während Jahren klammheimlich zusammengetragen, der offensichtlich beste Verbindungen zum Staatsschutz hatte, wurden doch auf Karteikarten und Mikrofilmen immer mal wieder Informationen archiviert, die blosser Beobachtung kaum zugänglich waren. «Bezieht Post direkt aus Moskau», «wird von der Bundesanwaltschaft überwacht», «nachrichtendienstverdächtig»[130] hiess es da unter anderem. Hansjörg B. – der auch bei dieser privaten «politischen Auskunftei für Behördenmitglieder, militärische Stellen, für die Privatwirtschaft und Privatpersonen»[131] Beachtung fand – musste mit Erstaunen feststellen, dass in den Dossiers der «Informationsgruppe Schweiz»[132] sogar ein Aktenstück aus einem seiner Vormundschaftsfälle auftauchte.
Monate später standen sich Trüffel und Sau gegenüber, begrüssten sich «cool», im Bahnhof Basel, und wurden getrennt zu einer gut besuchten Veranstaltung der «Freisinnigen Partei Basel-Land» gefahren. Hansjörg B. erinnert sich an die Begegnung mit dem Mann, der für ihn nicht nur ein «Feindbild, sondern mein Feind» war. Hinter ihm her laufend, habe er ihn beobachtet, wie er in der Bahnhofhalle «dauernd nach links, nach rechts und nach hinten glueget», als würde er nach Feinden Ausschau halten. Er habe vermutlich einen «Verfolgungswahn» gehabt, sei «ein klein bisschen schizoid» gewesen. Vielleicht habe er aber auch um sich geblickt, Hansjörg B. lacht, weil er damals für kurze Zeit der populärste, «nein, der berüchtigtste Schweizer gewesen», und habe schauen wollen, ob ihn die Leute auch wirklich erkennen würden. Eitel sei er bestimmt gewesen, grinst B. und wackelt mit dem Bauch; er sehe ja «nicht wahnsinnig vorteilhaft» aus, habe vermutlich «einiges kompensieren müssen», kolportiert der nur unwesentlich Grössere das alte Vorurteil, die Kleinen müssten sich dauernd in den Mittelpunkt drängen, wo sie doch nur deshalb zuvorderst sitzen, weil sie den Grösseren und Hinteren den Blick auf Leinwand und Tafel nicht verbauen.

Im vollen Saal angekommen, habe sich C.[133] als «armer Verfolgter» dargestellt. Er, B., sei ihm «nichts schuldig» geblieben. Aber es sei eine politische Diskussion, keine persönliche Abrechnung gewesen, betont er. «Ich war nicht als Opfer eingeladen, sondern als politischer Gegenspieler.» Der Berichterstatter wundert sich: *Da sassen doch der Bespitzler und sein Objekt.* «Ich war nicht als Bespitzelter eingeladen, sondern als Gegenspieler», beharrt B. und schaute dem andern nie in die Augen, stellte die womöglich erwartete – «Und weshalb haben Sie über mich ein Dossier angelegt? Bin ich ein Staatsfeind?» –, stellte die gefürchtete Frage nicht. «Ich wollte kein Mitleid wecken.» Er sei als Demokrat verletzt gewesen, gewiss, «schwer verletzt, aber das war ich auch, weil andere bespitzelt worden sind. Persönlich hat es mich nicht getroffen», murmelt B., um sich dann, weiterdenkend, auszumalen, «wozu es hätte führen können und wahrscheinlich auch geführt hätte, in einem Ernstfall – dass ich in ein Ko..., in ein Lager gekommen wäre». Aber das könne man doch nicht selber – und öffentlich, meint er vermutlich – sagen. «Ich will ja auch noch ein klein wenig tapfer sein und so etwas ertragen können.» In den letzten Jahren des Jahrhunderts – und, was er noch nicht weiss, kurz vor seinem eigenen Ende – verspürt er das Bedürfnis, ein paar Dinge, «die nie ausgesprochen wurden, mit einigen Leuten zu bereinigen». Er gibt dem Berichterstatter die Erlaubnis, «den Ernst» – der ihn danach noch ein paar Mal mit dem Auto nach Hause gefahren, «da ist er immer sehr grosszügig gewesen» – zu fragen, ob er bereit wäre, zu einem Gespräch mit seinem ehemaligen Überwachungsobjekt. Aber C. – dessen Sohn als Freund der Freundin der Tochter einmal in B.s Keller gelandet, was B. einem Journalisten brühwarm erzählt und so zum Ärger der Tochter private Verwicklungen mit einem politischen Gegner über Druckwalzen presste – will nicht mehr über alte Geschichten reden, beharrt 1997 auf seinem endgültigen Abschied von der Politik, besteht auf Privatleben und hat vielleicht auch ein klein wenig Angst vor der Frage: «Hast du damals nie an meine Frau und meine Kinder gedacht?»
Die GenossInnen übrigens waren nicht immer zufrieden mit B., dem zum Präsidenten Gewählten. Der wollte «Präsident der ganzen Partei» sein und nicht jene bestätigen, die gegen ihn gewesen. «Eine Revolution kann man ja nicht vom Parteipräsidentenamt aus machen», verteidigt sich B. gegen Kritik von links.

Der mit den Händen im Hosensack

Emilio M. – Zwölfter Bericht

Zu jener Zeit gehörte der Berichterstatter in diesem Punkt noch zur grossen Mehrheit und fuhr, zeitweise zumindest, ein Auto, das er an jenem Abend auch brauchte. Bis ein Uhr, entsinnt er sich, dauerte das Konzert, das zweite in Zürich, von Wolf Biermann, einer seiner ersten Auftritte in der Schweiz nach seiner Ausweisung aus der DDR. Im Zürcher Kongresshaus trat er auf, der Kommunist aus dem Osten, der früher immer bei den GenossInnen im Volkshaussaal die Gitarre gezupft. Von elf an spielte er Zugabe um Zugabe und schaute nicht auf den Stundenlohn. Der Freund und Chemiker – der in jungen Jahren schon am späteren Abend regelmässig einnickte und nur wenig später, er wurde nicht einmal dreissig, an Krebs starb – war noch rechtzeitig zum alten Bahnhof Selnau geeilt und mit dem letzten Zug ins Sihltal gezuckelt. Daran erinnert sich der Berichterstatter noch gut. Nicht aber an Emilio M. Schwach ist das Bild von Disputen mit dem heiser werdenden Schnauzbart auf der Bühne. M.? Oder betätigt sich das Gedächtnis als lausige Dichterin? Und M. drückte sich beim andern der beiden Konzerte als einer der letzten in die hinterste Reihe, wo er sich – so einer der anwesenden Polizeimaulwürfe – «sehr exponiert». Emilio M. selbst weiss noch, dass er dem etwa fünf Jahre älteren Biermann – der seine Konzerte damals mit langen politischen Reden streckte – «Grossväterchen» zugerufen. Biermann habe in jener Phase den Eurokommunismus propagiert, «und die Eurokommunisten, das waren natürlich unsere politischen Gegner», Berlinguer & Co. – Revisionisten. Enttäuscht seien sie gewesen, dass der Biermann – dessen musikalische Lyrik ihm so gut gefallen, mit dem sie wegen seiner Kritik an der DDR sympathisiert – «auf diesen faden Eurokommunismus abgefahren ist» und dass er ihnen, kaum war er im Westen, «Zensuren» verpasste. «Das war ein starkes Stück.» Die Leute in den vorderen Reihen, die den Sänger hätten kritisieren wollen, habe der Redner «abgekanzelt». Da habe er von ganz hinten sein «Grossväterchen» gebrüllt, «worauf er von diesem», registrierten die Aktenersteller baff, «auf die Bühne gerufen wurde». Biermann, spekuliert M., habe vermutlich nicht damit gerechnet, dass er «natürlich sofort» durch den Saal nach vorne ins Scheinwerferlicht und auf die Bühne stürmen würde. «Er wollte dann eine Brandrede für den Kommunismus halten, wurde jedoch von den Anwesenden ausgebuht und niedergepfiffen.» In M.s Vorstellung war der Saal «geteilter Meinung». Er habe Biermann «höflich» erklärt, für sie als Schweizer KommunistInnen sei es eine Provokation, «wenn er die neue Sonne des Sozialismus in Italien aufgehen lasse». Biermann, schrieben die Staatsbeschützer, habe trotz der Unruhe im Saal mit M. diskutiert. Der verlangte, Biermann solle «uns bitte», bei aller Anerkennung seiner Leistungen in der DDR, «keine Zensuren erteilen». Der ausländische Gast bedankte sich zum Schluss beim Störer, habe, vermerkten die Fichenschreiber maliziös, allerdings hinzugefügt, dessen Kritik werde «eingeschmälert durch die Art und Weise, indem M. in lässiger Haltung mit den Händen in den Hosensäcken interveniert habe».

Cherchez la femme

Anjuska W. – Einundzwanzigster Bericht; Jochi W. – Siebzehnter Bericht
Wären die Unentschlossenen nicht von weiblicher Gesellschaft abhängig gewesen, hätten die Schwankenden auf einer Insel gelebt – wie Robinson und Freitag, wie Sohn und Vater –, es hätte der Beginn einer langen, einer wunderbaren Freundschaft sein können, aber so. «Ich war hin- und hergerissen zwischen dir und ihm», erinnert Jochi W. seine Frau noch Jahrzehnte danach an seine «Verlustängste». Er habe «auch gewisse Dinge toleriert», obwohl er für sich befunden, «jetzt geht sie etwas weit», weil er befürchtet, «sonst läuft sie mir noch davon», und vermutet ähnliche Zwiespältigkeiten bei seinem «geistigen Vater». N. sei für ihn, W., eine «ideale Projektionsfigur gewesen», um sich einen Vater «z'baschtle», wie mann ihn sich wünsche. Und sie hätten glücklich miteinander gelebt, bis an ihr seliges Ende, wenn da nicht die fremden Einflüsse gewesen, der Frau und ihrer Kreise. «Die Vermutung liegt nahe», schrieb die Studentenzeitschrift «Prisma», vermutlich aufgrund von W.s Angaben, «dass Prof. N., der als fortschrittlicher und liberaler Professor gilt, welcher sich bemüht, die Unterstützung möglichst breiter Kreise für seine Anliegen zu gewinnen, von konservativen Kräften mit dem Hinweis unter Druck gesetzt wurde, dass es für seine Bemühungen und Arbeit gefährlich sei, einen Mitarbeiter zu beschäftigen, dessen Frau Funktionärin der PdA ist».
Im Sommer 1976 lieferte die «Sozialdemokratische Partei des Kantons Zürich» dem zagenden N. den gefürchteten Grund, um die leidige Geschichte zu beenden und seinen geliebten Assistenten zu entlassen. Die versehentliche Erwähnung seiner «Arbeitsgruppe für Strafreform» in einem sozialdemokratischen Positionspapier lastete der Professor W. als Bruch der zweihändig unterschriebenen Vereinbarung an, liess sich auch durch die umgehende Richtigstellung der GenossInnen, liess sich durch die Versicherung, W. sei bei der Erarbeitung der sozialdemokratischen Grundsätze zum Strafvollzug nur um seine private, um eine fachliche Stellungnahme gebeten worden und «in keiner Weise an der Entstehung dieses Irrtums beteiligt», liess sich nicht mehr besänftigen, zumal W. in der ersten Wut, von jahrelanger, von freitäglicher Fügsamkeit aufgestachelt, dem mutlosen Robinson an den Kopf geworfen: «Sie widern mich an!» Was ihn heute noch schuldbewusst in die Stube starren lässt. «Da bin ich zu weit gegangen», murmelt er und murmelt es zerknirscht. «So etwas» – «Sie widern mich an!» – «zu einem Mann in diesem Alter, mit diesen Verdiensten, zu einem Professor zu sagen.»
Zu einem Gespräch, einem klärenden, kam es nicht mehr. Die im «Prisma» gestellten Fragen – «Wie bringt ein Professor vom Format N.s es fertig, einen qualifizierten Fachmann zuerst auf verschiedene Arten unter Druck zu setzen und schliesslich zu entlassen? Wer bringt einen Mann vom Format N.s dazu, von allen Qualifikationen W.s abzusehen und ihn – wie aus den Umständen

nicht anders zu folgern ist – aus letztlich politischen Gründen zu entlassen (wobei diese zum grösseren Teil nicht einmal ihn selbst, sondern seine Frau betreffen?)» – konnte der Professor nicht mehr beantworten. Er starb, bevor die nächste Nummer, für die er eine Stellungnahme versprochen, erschien. Im Sankt Galler «Grossanzeiger» gerüchtelte Chefredaktor We.: «Niemand kann beweisen, dass die angeführten Publikationen zu einem früheren Tod der genannten Persönlichkeiten[134] geführt haben. Aber es ist erwiesen, dass beide in den letzten Tagen ihres irdischen Daseins sehr unter den Publikationen, die sie selbst noch als gefälschte Darstellungen bezeichneten (was sie höchstwahrscheinlich auch sind) gelitten haben.» Obwohl die Redaktion des «Prisma» in der nächsten Nummer festhielt, «dass wir sicher und zuverlässig wissen, dass Prof. N. den Artikel weder gesehen noch gelesen hat», verbündeten sich innere und äussere Ankläger gegen Jochi W., der ausdrücklich erwähnt, N.s Frau habe ihn noch an dessen Grab entlastet – der Tod ihres Mannes habe mit «dieser Sache» nichts, gar nichts zu tun –, verhalf ihm später sogar noch zu einem Arbeitszeugnis für seine Tätigkeit in der «Arbeitsgruppe Strafreform», versicherte im Januar 1981 eigenhändig, die Arbeitsgruppe habe in ihm «einen aufopferungsvollen, in seinem Engagement beispielhaften Mitarbeiter verloren».
1976 verlor W. seinerseits den Boden unter den Füssen – die Stelle bei N., «das war für mich das EinundAlles» –, verlor seine Existenz. «Das war ein tiefer Einschnitt, der mich jahrelang beschäftigt hat.» In einem kleinen Büchlein, «Skizzen eines Tiefs», das 1979 im «Seegfrörni-Verlag», erschien, notierte er für seine FreundInnen, GenossInnen, KollegInnen: «Ich bin froh, dass es euch gibt.» Sie waren ihm, vermutet der Berichterstatter, Halt in haltlosen Zeiten. «Seit Mitte 1976 wurde ich dann dauernd spürbar mit den Grenzen von anderen und mir konfrontiert. Diese Erlebnisse haben mich gezwungen, der Wirklichkeit zu begegnen. Die damit zusammenhängenden Prozesse lösten in mir Krankheit und Trauer aus, welche für mich während längerer Zeit Aktionsunfähigkeit zur Folge hatten.» Trotz weiterer beruflicher Enttäuschungen trug W. unter dem Titel «Auf der Suche» in dieses Tagebuch einer Depression im Frühjahr 1978 ein:

«Ich zog aus
in die Ostschweiz,
um nach mir selbst
zu suchen.

Als ich mich
mir langsam näherte,
kehrte ich nach Zürich
zurück.»

Auf den 18. März 1978 luden die W.s ihre Sankt Galler FreundInnen und GenossInnen zu einem Abschiedsfest ein. «Wenn es uns gelungen ist», zogen sie Bilanz, «in den letzten Jahren hie und da etwas in Fluss oder bachab zu bringen, so lag das durchaus in unserer Absicht. Sollten wir jedoch beigetragen haben, Überkommenes in dieser oder jener Hinsicht zu zementieren, möchten wir uns dafür bei Euch und der Geschichte entschuldigen, ging es uns doch darum, den sprichwörtlich steinigen Boden etwas zu lockern und damit auch Nicht-Unkraut eine Chance zu geben.» Der Umzug ins vertraute, ins altbekannte Zürich vermochte das Drohende nicht aufzuhalten. W. hatte nicht mehr die Kraft, die inzwischen gefundene Arbeit bei einem jüdischen Hilfswerk zu erledigen – «Nach einem Jahr war ich nicht einmal mehr in der Lage, ein Couvert anzuschreiben» –, und musste sich ärztlich «Arbeitsunfähigkeit» bescheinigen lassen.

Die ersten drei Wochen habe er – dessen Verwandte unter dem «Arbeitmachtfrei» in die Kammern getrieben worden, die zum Massstab allen Mordens und Entsorgens von Menschen zu werden schienen, bevor das Bedürfnis nach Schlussstrichen überhand nahm –, anfänglich habe er die arbeitsfreie, die Zeit ohne Preis mit Genuss verloren, kleiner Aufstand gegen das grosse Timeismoney, aber dann schlug ihm die Freiheit dessen, der nicht gebraucht wird, und anderes definitiv aufs Gemüt. «Einst hatte ich grosse Hoffnungen», schrieb W.,

«An Strukturen mitzuarbeiten,
die menschliches Dasein
in allen Bereichen ermöglichen.
Wahrlich, ich habe all meine Kräfte
In diese Arbeit gesteckt.

Doch ich bin enttäuscht worden,
nicht nur einmal,
sondern immer wieder.
Die Enttäuschungen haben
an mir genagt
und an meiner Substanz
gerissen,
bis ich schliesslich
kaum mehr konnte.»

Er sei, erzählt er und deutet 1997 durchs Stubenfenster, «da ufe gloffe», meint den Zürcher Haus-, den Uetliberg, und habe sich Bäume ausgesucht, geeignete, um sich aufzuhängen. «So miserabel zwäg» sei er damals gewesen, weil – nicht nur für ihn – Visionen, Utopien, «all die emanzipatorischen Träume der 68er Bewegung», an die er geglaubt «wie ein Kind», zusammengebrochen. Seine Krise habe auch damit zu tun gehabt, dass sich die Verhältnisse nicht so entwickelt, «wie ich mir das vorgestellt habe», nicht die grossen gesellschaftlichen, nicht die kleinen Karriereverhältnisse. Sodass er plötzlich «zwischen Stuhl und Bank» sass, weder zu den Erfolgreichen noch zu den RevolutionärInnen gehörend. «Heimat als ein fester Platz an einem festen Ort, das gibt es für mich nicht», beklagt W., der es damals mit der Angst zu tun bekam, «z'verlumpe», darunter litt, nicht mehr das ganze, nicht einmal mehr den grössten Teil des Geldes nach Hause bringen zu können, das «Selbstverständliche» der Frau, Anjuska W., überlassen zu müssen, die, Realistin, schnell erkannte: «Jetzt muss ich mehr tragen.» Anfänglich, betont der Mann, habe er noch das Taggeld der Krankenfürsorge, hundert Franken im Tag, dreitausend im Monat, eingebracht, bis die Frau schliesslich eine feste Stelle gefunden, der ihrerseits grössere Krisen, psychische, fremd waren und sind, die für sich generell beansprucht, was PsychologInnen eine «hohe Frustrationstoleranz» nennen. «Weshalb soll es mir besser gehen, als es dieser Welt geht?»

«Ich gelobe es» und Zürich wird besetzt

Hansjörg B. – Neunzehnter Bericht

Bevor er nach Bern fuhr, stürmte er ein Schuhgeschäft – «s'Sylvia» habe gefunden, wenigstens etwas Rechtes müsse er tragen. «Eine Minute», prustete B. den verdutzten Verkäuferinnen zu, habe er und gab keuchend seine Schuhnummer bekannt, steckte seine Füsse in das Paar, das sie ihm zudachten. «Es ging wirklich nur zwei, drei Minuten.» Ausgesucht habe er sowieso nie. Einkaufen – ein Gräuel für ihn. Schuhe müssten einfach passen, «die dürfen nicht zu klein sein, das war mir schon wichtig». Ob er sich im Intercity die Erstandenen genauer angeschaut oder sie nur gedankenverloren und frisch imprägniert ins Abteil gestreckt, während er Akten studierte, weiss er nicht mehr. Dass ihn in Bern am Bahnhof eine Vertreterin des Friedensrates, eine Freundin, abgeholt, mit Blumen und Obst womöglich, «das hat mich riesig gefreut». Weil er total überrascht gewesen. «Das war eigentlich das Schönste an diesem Tag», einem Februartag des Jahres 1978, an dem er, zum ersten Mal als Gewählter, die Treppe zum Nationalratssaal hinaufschritt und, wie immer in den zwölf Jahren danach, damit haderte, ob er zmittst über das teure Gewebe stolzieren oder sich – «Das sieht aber blöd aus. Wie wenn man zu wenig Selbstbewusstsein hätte» – der Wand entlang über die Steintreppe drücken sollte. Obwohl es ihm nicht an Selbstsicherheit gefehlt, sei er auf Stein – «Ich wollte nicht mit diesem Herrschaftssymbol in Verbindung gebracht werden» – in den Saal gestiegen, in dem er, die Hand auf die Bibel gestützt, gelobte, was andere schworen. Aber in der Bibel heisse es: «Du sollst nicht schwören.» Und daran habe er, B., sich gehalten, der gerade noch rechtzeitig vereidigt wurde, um ein Jahr später als SP-Kantonalpräsident und Nationalrat gegen die «unschweizerische Besetzung» Zürichs durch die Panzer der 6. Division zu protestieren.

Dank vertraulicher Informationen kamen die Friedensorganisationen der Armee mit ihrer Pressekonferenz zuvor, an der auch der Berichterstatter notierte, wie sie die «Wehrvorführungen» – die am 16./17. März 1979 zu Ehren des zurücktretenden Divisionärs Frank Seethaler durchgeführt wurden – als «Seethaler-Festspiele» kritisierten. «Aus Militärdiktaturen und kommunistisch regierten Ländern ist uns diese Tendenz wohlbekannt, wir lehnen sie als ‹Militarisierung der Jugend› energisch ab», rief Hansjörg B. den JournalistInnen entgegen, die eifrig mitschrieben, als er nicht nur den «Personenkult», sondern auch das «organisatorische und inhaltliche Konzept der militärischen Besetzung von Zürich» als «undemokratisch» geisselte. Fragwürdig sei auch die geplante Umfrage über die Armeeshow bei den ZuschauerInnen mit Hilfe von Fragebogen. «Eine Art der Volksbefragung nach ebenfalls bekanntem ausländischem Vorbild mit fast 100prozentig sicherer Zustimmung.» Dass der Präsident der SP des Kantons Zürich Schweizer Panzer mit sowjetischen verglich und parteiintern, wie er sich zu erinnern glaubt, wahrscheinlich gesagt habe, das Ganze erinnere an Nürnberg, war auch für viele GenossInnen ein Tabubruch. Der Glaube, dass er mit seiner Stellungnahme «in einer guten Parteigeschichte» – er lacht – «gut wegkommen» werde, half ihm damals ebenso wenig wie die Unterstützung durch den Berichterstatter, der in der Parteizeitung, dem «Volksrecht», angesichts der erwarteten 50 000 bis 100 000 Zuschauerinnen, die das Treiben der 6000 bis 15 000 Soldaten verfolgen würden, schrieb: «Der ‹Ernstfall› Krieg wird zum grossen Tingeltangel-Vergnügen ... Was in anderen Ländern brutale Wirklichkeit war und ist, verbunden mit Tausenden von Toten, Kriegskrüppeln und Flüchtlingen, Zerstörung, Angst und Elend, das soll in Zürich zu einer einzigartigen Show, einem Wochenendvergnügen für Zehntausende werden. Besonders eingeladen werden Schulklassen – zu einem sinnlich erlebbaren Militärkundeunterricht.» Er sei zu Gewerkschaftsversammlungen zitiert worden, an denen sein Rücktritt gefordert wurde. «Der Vergleich mit den Panzern, das hat alle wütend gemacht.» Die Tochter kritisierte ihn, dass er nicht den Mut hatte, zu einer Protestdemonstration während der «Seethaler-Festspiele» aufzurufen. B. hatte Angst, die Leute in ihrem «Rausch» könnten «ausbrechen und Gewalt anwenden». Mit Schaudern erinnert sich der Berichterstatter an eine ähnliche Veranstaltung in Frauenfeld, bei der sich Leute aus der Friedensbewegung ins aufgewühlte Zielgelände gelegt. «Mitem Panzer drüberfaare», zischten begeisterte ZuschauerInnen in seiner Nähe aufgebracht. Die führenden, die alteingesessenen KollegInnen in der Bundeshausfraktion seien über ihn hergefallen, er sei schrecklich an die Kasse gekommen, nur gerade ein einzelner habe nach dem Gewitter den Spiess ein wenig gedreht und die sozialdemokratische Ständerätin, die Zürcher Stadträtin Emilie L., gefragt: «Warum habt ihr so etwas eigentlich geduldet und bewilligt?» Sogar die damalige Zürcher

Regierungsrätin Hedi L., die er gut gemocht – «Ich wusste, die ist ehrlich und hat keine Hintergedanken» – habe ihm die Leviten verlesen. «Das hat mich betroffen gemacht.» *Weil's eine Frau war?*

B. lacht. «Also, wenn es eine für mich attraktive Frau gewesen wäre, hätte es mich noch viel mehr getroffen.» Er habe, schmunzelt er im Rückblick, die Sache «relativ gut überstanden», habe konsequent von Anfang an erklärt, «in zwei Jahren sind Wahlen, dann steht meine Wahl wieder zur Diskussion».

SchwarzundWeiss zum Sechsten

«Und das in unserem Stadion!» Schrie E. Nachdem ich. Ohne Zögern. Gestanden hatte. Was sie schon wusste. Entwand sich meinen liebenden Armen. Durchsiebte mich mit Laserblicken. Noch nie hatte ich sie so gesehen. Und gehört. Sollte sie auch nie mehr. So. Und anders. Weiss hatte ihr von unserem Abkommen erzählt. Womöglich in eines der schwarzen Satinleintücher gewickelt. Das ich ihnen. Damals. Um E.s Vorlieben wissend. Zur Hochzeit geschenkt. Ich hatte E. beim Einkauf der Wohnungseinrichtung begleitet. Weiss hatte keine Zeit für derlei Alltäglichkeiten. Ass drum aus den von mir für passend befundenen Tellern. Fläzte sich in Ledersessel meiner Wahl. Bat seine BesucherInnen stolz an den nach meinen Skizzen massgefertigten Schiefer-Kirschbaum-Tisch. Er wird den Bauch. Dessen steigenden Fettstand mir E. laufend und lachend meldete. Mich damit zu Eierkuren und Waldläufen trieb. Diesen mit T-Bone-Steaks und Züri Gschnätzletem, Hausmannsnudeln und Pommes duchesses, Emmentaler Meringue und Schwarzwäldertorten gefütterten Fleischhügel. Wird er stolz und blutt gegen die hellblaue Decke gestreckt haben. Als er E. Vermutlich triumphierend. Die Neuigkeit hinterbrachte. Der «edle Schwarz» schreibe jetzt für ihn. Im ersten Moment habe sie geglaubt. Er habe «das mit uns» herausgefunden. Und wolle sie provozieren. Aber dann sei ihr klar geworden. Dass. «Ausgerechnet du!» Ihm den letzten Beweis für seine zynische Theorie der Käuflichkeit von allen geliefert hätte. Ob ich im Ernst glaube. Fegte sie meine Einwände aus der Luft. Weiss sei in den Tiefen seiner Persönlichkeit auf eine gemeinnützige Ader gestossen. «Der investiert sein Geld! Der verschenkt es nicht!» Ich hatte nicht den Mut. Sie darauf hinzuweisen. Dass sie betrieb. Was die SchweizerInnen. Beim Mühlespiel. Figgi und Müli nennen. Sich in einem Bett das Geld. Im andern den Geist holte. «Ein Weiss genügt mir!» Klatschte sie mir ins Gesicht. Das war der letzte Satz. Den ich aus ihrem Mund hörte.

E. stopfte Dessous, die mit Erinnerungen verbunden waren, in den Koffer, der nach unserem Englandtrip ausgerechnet in dem Moment aufgeklappt war, als ich ihn vom Förderband heben wollte, sodass zehn Flaschen Bayleys über gut zürcherisch gebürsteten Boden kullerten, teilweise zersplitterten, anderen Reisenden klebrige Füsse bescherten und allesamt mit Zollgebühren sowie saftigen Bussen belegt wurden; E. verlieh ihrem Abgang mit der Bemerkung Endgültigkeit, den Schiefertisch und die Waschmaschine, die wir uns angeschafft, nachdem die Nachbarin die guten schwarzen Satinleintücher – wir hatten ausschliesslich schwarze Satinleintücher – triefend vor die Wohnungstüre geklatscht hatte, weil wir ihrer durchs Treppenhaus gebrüllten Meinung nach unsere Wäsche an ihrem Waschtag in die Maschine gestopft hätten, hinterhältigerweise während sie sich bei der Dentalhygienikerin mit ihrem Willen und gegen teures Geld habe quälen lassen müssen; Waschmaschine und Tisch lasse sie dann abholen, wenn sie eine neue Bleibe gefunden und sich ordnungsgemäss umgemeldet habe, informierte mich E. mit zusammengepressten Lippen, in der Hand schon den Koffer, der mir keine Gelegenheit verschaffte, meine anhaltende Fürsorglichkeit unter Beweis zu stellen, mit E. am Griff aus unserer Wohnung rollte, die sie nun ganz mir überliess, ohne einen Grund zu nennen, der mir Trost verschafft hätte, sondern mich vielmehr mit dem äusserst unangenehmen Gedanken allein liess, sie habe es all die Jahre nur dank Schwarz mit mir ausgehalten, der in ihren Augen durch seine Kapitulation zum gemeinen Menschen verkommen war, der sich künftig nicht mehr als Protagonist ihrer Träume eignen würde.

Es war. Als erfüllte Weiss. Den letzten Willen einer Verstorbenen. Die. Von der statistischen Sterblichkeitsspitze überrumpelt. Nicht mehr die Zeit oder die Kraft aufbrachte. Vorzeitiger Exitus. Missverständnisse und Heimlichkeiten auszuräumen. «Sie hat viel von dir geträumt.» Schluchzte er. Und das Stadion wimmerte zurück. «Man hätte beinahe eifersüchtig werden können.» Ich hatte Weiss noch nie so gesehen. So verzweifelt. Niedergeschlagen. Geknickt. Und ersparte dem Sieger deshalb die Wahrheit. Über die privaten Folgen unserer geschäftlichen Verbindung. Um die ich. Gerade in diesen Tagen. Ebendieser Weiterungen wegen. Sehr froh war. Dankbar sogar. Sie bewahrte mich davor. In das Loch zu stürzen. Das E.s Lebewohl in mein Leben gerissen. Zwang mich. Ich hatte ja jetzt eine Aufgabe. Das eigene Elend in enge Schranken zu weisen.
Musste ich? Durch Weiss' Geld zur Wahrheit verpflichtet. Ihre Biografien überprüfen. In denen sie sich mir präsentierten. Wie die Models auf den Laufstegen von Paris, Mailand und Tokio. Durfte ich ihren Lebensgeschichten nicht trauen? Die sie wie massgeschneiderte Roben und Anzüge trugen. War ich verpflichtet? Ihre Erinnerungen mit dem Zeigefinger des Nachgeborenen auf faule Stellen abzuklopfen. Auszuplaudern? Was sie. Damals. Um der feindlichen Propaganda kein belastendes Material in die Hände zu spielen. Verschwiegen hatten. Und mir jetzt. Off the records. Oder ganz unabsichtlich. Verrieten. Wem hatte ich zu dienen? Dem Zyniker. Oder den Gläubigen. Der Wahrheit. Oder der Hoffnung. Was trübte meinen Blick mehr? Weiss' Geld. Oder ihre Freundlichkeiten.

Unruhige Zeiten

Leni A. – Zehnter Bericht

Fast hätte der Berichterstatter begonnen, sich die Pfarrerin Leni A., in jenen unruhigen Zeiten – in denen der Schweizer Staatsschutz erstmals von ihr Kenntnis nahm –, Erholung suchend, Hand in Hand mit dem Inkatha-Führer Buthelezi einem südafrikanischen Strand entlang spazierend vorzustellen. Wenn sie ihn nicht an Realitäten, Bodyguards beispielsweise, erinnert hätte. Fahrten über Land – ja. Mit Chauffeur, versteht sich. The Chief and the priest im Fond. Und die Leute, «öppedie», wenn sie ihn erkannten, am Strassenrand auf die Knie fallend. Nachdem er sie ins Hotel zurückgebracht, sei sie «von Stund an wie eine Königin behandelt worden». Buthelezi, der mit seiner Familie in einem Kral[135] lebte, logierte in Durban – «grösste Stadt der Prov. Kwazulu-Natal und bedeutendster Hafen der Rep. Südafrika»[136] – in einer Suite des teuersten Hotels am Platz, wo sie mit ihm gefrühstückt, mit Blick auf den Indischen Ozean, sodass es sie «gluschtete», mit ihm schwimmen zu gehen. Was er ihr vermutlich nicht aus persönlichen Gründen abschlug, sondern auf südafrikanische Wirklichkeiten verweisend. «Dann würde er, hat er gesagt, verhaftet.» Und so zeigte er sich öffentlich, wenn überhaupt, nur mit seiner «gleichrassigen» Frau. Leni A. war die Frau Pfarrer, bei der er sich mit ausladenden Gebärden entschuldigte, dass er ihr bei einem Galadiner mit AbsolventInnen der Handelshochschule Kapstadt zum Beispiel den Platz an seiner Seite nicht anbot – «weil dort die Stadtpräsidentin ghockt isch» –, sondern sie in gebührendem Abstand platzierte. Nach dem geschäftlichen Teil sei er dann aufgestanden, habe sich bei allen bedankt und ohne ihr Wissen angekündigt: «And now pastor A. will pray with us.» Sie habe – «es war grauenhaft, grauenhaft!» – mitgemacht und wurde für ihre gute Miene belohnt. «Er ist auf mich losgestürmt, hat mich umarmt und gesagt: ‹Sister, God is great.›»

«Rednerin», steht am Schluss des ersten Ficheneintrags der «A. Magdalena» über die «bewilligte Weihnachtskundgebung des ‹Vereins Weihnachtsmarsch Zürich›», und: «unbekannt», während alle anderen RednerInnen das Prädikat «bek.» verpasst bekamen. «Das finde ich schön», kichert sie und ist auch etwas pikiert, dass es die in Scherben gelegte Zürcher Bahnhofstrasse brauchte, damit auch ihr eines der 900 000 Staatsschutzdossiers gewidmet wurde, das ihr selbst etwas mager erscheint. «Ich fürchte», schreibt sie dem Berichterstatter 1997, «ich sei zu wenig ‹ergiebig› für Sie. Ich scheine einen ungemein wohlwollenden ‹Begleiter› gehabt zu haben – es klingt alles ganz brav und eher langweilig. Ich fühle mich geradezu diskriminiert.» Die bezahlten Beobachter begnügten sich mit der Notiz, sie hätte erklärt, «dass den Jugendlichen Zeit eingeräumt werden müsse, um ihre eigenen Lebensformen zu finden», listeten aber minuziös auf, was TeilnehmerInnen dieser «Demonstration der älteren Unzufriedenen», so Leni A., sich auf Fahnen und Plakate schrieben. «Wir

erben die Welt nicht von unseren Vätern – Wir leihen sie von unseren Kindern.» «Wissen ohne Handeln ist Feigheit.» «Jeder hat seine eigene Sicht – aber nicht jeder sieht etwas.» «Überleben ist noch kein Leben.» «Hände können tragen, schlagen, quälen, streicheln.» «Lieber eine Jugend die demonstriert als eine Jugend die konsumiert.»
Noch bevor «Wohlstandsjugendliche» Pelzmäntel auf das, je nach Börsenstand, teuerste Pflaster der Welt zerrten, wurden schwarze SchülerInnen in Soweto[137] unruhig, streikten aus Protest gegen die Verwendung der Burensprache Afrikaans als Unterrichtssprache selbst in «schwarzen» Schulen. Buthelezi muss in Briefen an Leni A., die dem Berichterstatter nicht vorliegen, den «African National Congress» (ANC) kritisiert haben – wegen Missbrauchs Jugendlicher, wegen Gewalttätigkeit. Er soll seine Kinder, die Kinder im Zululand, gezwungen haben, in die Schule zurückzukehren, scheint sich in jenen Jahren vom ANC entfernt und sich mehr und mehr auf eine Zusammenarbeit mit der weissen Regierung eingelassen zu haben. Was auch Leni A. in der fernen Schweiz kritisierte, ihn aber gleichzeitig gegenüber ihren KollegInnen in der schweizerischen Solidaritätsbewegung mit den Schwarzen Südafrikas verteidigte. Den Kollegen Paul R. bat sie, Buthelezi bei seiner Reise nach Südafrika zu besuchen. «Nun ist mir natürlich klar, dass Gathsa dir auch zu ‹konformistisch› ist – auch ich finde, er müsste manchmal anders und klarer Stellung nehmen. Auch ist er viel zu empfindlich und nimmt alle Angriffe persönlich. Trotzdem frage ich mich, was die andern davon haben, wenn sie ihn ‹abschiessen›. Inkatha ist eine Macht, mit der man rechnen muss. Dass Gathsa als Homeland-Chief in einer schwierigen Position ist und nicht so radikal sein kann wie ein ANC-Mann, besonders im Gefängnis oder im Ausland, das geben eigentlich alle zu, und auch, dass er immer noch der beste Mann ist, der an der Zulu-Spitze sein kann oder könnte. Also was soll's? Man sollte ihm besser helfen und ihn stützen.»
Fast unterwürfig manchmal bedankt sie sich bei Gathsa – der sich in seinen Briefen regelmässig nach ihrem persönlichen Befinden erkundigt und auch die frohen Weihnachten nicht vergisst –, dass er trotz ihrer kritischen Bemerkungen den Kontakt nicht abbreche, «das ist eine Prüfung, nicht nur für dein christliches Denken und Fühlen, sondern auch für menschliche Grösse, die du, in deiner Position, besonders brauchst, und ich bin so glücklich, dass du es zeigst. Und für mich ist es auch ein Zeichen für das Vertrauen in mich, und das macht mich noch glücklicher.» Um dann nach besten Wünschen zum Geburtstag und dem Verdanken von drei Briefen wieder zur Sache zu kommen. «Ich weiss, du gibst dein Herzblut für eine friedliche Lösung des Südafrika-Problems. Deshalb hast du einen Kurs gehen und beschreiten müssen, wie weit er richtig oder falsch ist, wirst du später sehen … In deiner Position wirst du immer angegriffen, für alles, was du tust, von jeder Seite, und je komplizierter die Situation ist, desto härter werden die Attacken sein … Das Fatale in deinem Fall ist dein Mangel an Zeit … Ich habe den Eindruck, dass du

nicht ruhig genug bist, um deine Feinde von beiden Seiten zu konfrontieren, und dass du manchmal reagierst statt zu agieren.» Eine Formulierung, die den Mann im Süden offensichtlich ärgert. «Ich tröste mich damit», schreibt er zurück, «dass wir beide nicht Englisch sprechend sind, mag sein, dass wir den Worten eine unterschiedliche Bedeutung geben», gibt er sich versöhnlich, um dann klar zu machen, dass niemand, «der weiss, was ich in Südafrika praktisch mache, um die Veränderung herbeizuführen, sagen kann, ich würde nur reagieren und nicht agieren!» Und zu beklagen: «Leute sprechen offen von meiner Ermordung ..., und es wird erwartet, dass ich mich ruhig verhalte.» Ein Jahr später erhielt er Lob aus der Schweiz. «Du bist sehr weise zu versuchen zu verhindern, dass es zu bewaffneten Auseinandersetzungen kommt, so lange als möglich und der weissen Bevölkerung zumindest ein wenig Zeit zu geben, festzustellen, wie viel Uhr es ist», attestierte Leni A. dem Freund auf der südlichen Halbkugel.

Der Berichterstatter hatte den Glauben an den Herrn, die Hoffnung auf höheren Trost und ewige Erlösung längst verloren und es auch offiziell kundgetan, als Leni A. im Oktober 1978 im Ort seiner Geburt und Sozialisation die Kanzel bestieg und den AdliswilerInnen, die sich noch den Kirchhügel hinaufbemühten, den Methodistenpfarrer Theo K. vorstellte. «Er ist Bure, gehört zu den alten weissen Siedlerfamilien in Südafrika, die dort alle Macht und allen Reichtum besitzen. Aber er hat es nicht ausgehalten, zu den Besitzenden zu gehören, während die schwarze Mehrheit ohne alle Rechte daneben leben muss. Vor Jahren hat er sich entschlossen, sein Leben für eine Lösung des Rassenproblems einzusetzen. Er hat sich dem Christlichen Institut angeschlossen, einer Vereinigung von ähnlich Denkenden, die versuchen, einerseits den Schwarzen zu einer Stellung zu verhelfen, anderseits andere Weisse zum Umdenken zu bewegen ... Er ist Leiter des Instituts für Kapstadt und Umgebung geworden. Was hat er davon? Er ist zunehmend angefeindet worden, auch von ehemaligen Freunden. Sein Leben wurde bedroht, mehrmals war er unter Anklage gestellt. Dem Institut wurden die Geldmittel entzogen. Er hat seinen Besitz investieren müssen, um weiterarbeiten zu können. Das Christliche Institut ist vor genau einem Jahr verboten worden, zusammen mit 17 Organisationen von Schwarzen, die für eine Veränderung des Bewusstseins arbeiteten.» In ebendiesem Institut packte sie mit ihren christlichen FreundInnen bei heruntergelassenen Rollläden Broschüren mit einer Folterdokumentation ein, als es an die Türe polterte. «Dann ist für einen Moment alles stillgestanden, ich habe gedacht – so, jetzt, und habe einen Moment, einen ganz kurzen Moment Panik gehabt. Dann habe ich gedacht – ja, nu, vielleicht wird man sogar als Ausländerin verhaftet. Es ist dann nichts passiert.» Und auch der Geheimdienstler – der bei einem Gespräch ihrer Reisegruppe mit zwei schwarzen Sozialarbeitern plötzlich im Hotelzimmer stand und unter dem Vorwand, er spreche auch Deutsch, mitreden wollte – unternahm, obwohl mit nicht gerade freundlichen Worten weggeschickt, nichts. Sodass sie, zurück in

der Schweiz, im sicheren Kirchenschiff einer Zürcher Vorortsgemeinde weiter predigen konnte. «Zahlreiche Schwarze sind eingekerkert, zum Teil getötet worden. Er selber», Theo K., «und andere Weisse wurden gebannt, das heisst Einschränkung auf den Wohnbezirk, Verbot öffentlichen Auftretens etc. Damit er wieder für sein Land arbeiten kann, ist er im Juli geflohen, nachdem seine Frau bereits legal nach Europa ausgereist war.»
Vor dem Sonntagsbraten oder, je nach Lebensweise, kurz nach einem kleinen Brunch liessen sich die zum Besuch verbrummten KonfirmandInnen, die paar Kirchentreuen und die von A. Begeisterten von jenem Kontinent berichten, den sie nur kannten als den fernen Ort, an den das Geld geschickt wurde, das sich in jenem Sparkässeli sammelte, das von einem «Negerli» bewacht wurde, das jeden Fünfer mit Kopfnicken verdankte. «Seit einem Jahr», beschrieb Theo K. Realitäten der siebziger und achtziger Jahre des zwanzigsten Jahrhunderts, «hatten wir darauf gewartet, dass ‹sie› kommen – so wie sie zu kommen pflegen, am frühen Morgen. Am 19. 10. 77 erwachte ich kurz vor 4 h an zuschlagenden Autotüren. Das war an sich nichts Ungewöhnliches in unserem Wohnquartier; aber diesmal wusste ich sofort: das sind sie! Helen, meine Frau, und ich gingen zum Fenster, und da sahen wir sie kommen: 6 Leute, wovon zwei Polizei-Offiziere in Uniform und zwei Nicht-Uniformierte. Sie läuteten und wiesen einen Hausdurchsuchungsbefehl vor. Wir erhielten die Erlaubnis, uns zuerst anzuziehen, aber einer davon begleitete uns bis zur Schlafzimmertür und zur Toilette. Jedes Möbel wurde durchsucht, jeder Teppich aufgehoben, jedes Bild umgedreht, Bücher durchgeblättert. Zum Glück konnten sie nicht die ganze Bibliothek durchstöbern, denn einige wichtige Dokumente hatten wir vor allem in den Bibeln verborgen. Was sie an Schriftlichem fanden, nahmen sie mit – darunter auch Briefe, die meine Frau und ich einander geschrieben hatten, Familien-Fotografien und andere persönliche Dokumente. Das Ganze dauerte einige Stunden. Als sie fertig waren, sagte Helen zu ihnen: ‹Sie tun mir aufrichtig leid, dass Sie eine so entmenschlichende Arbeit tun müssen.› Es gab keine Antwort darauf. Wir mussten dann mit ihnen zu unseren Büros im Christlichen Institut gehen. Dort waren über zwanzig Polizisten der gewöhnlichen und der Sicherheitspolizei beschäftigt, jede Ecke zu durchstöbern. Die Angestellten, die inzwischen eingetroffen waren, durften ihre persönlichen Sachen mitnehmen; aber verschiedentlich gab es Wortwechsel darüber, was persönlich sei und was nicht. Das andere nahmen sie alles mit, bis zur letzten Büroklammer. Das meiste Geld hatten wir zum Glück ausgegeben. Was uns am meisten schmerzte, war, dass sie schwarze Gefangene brauchten, um Möbel und andere schwere Gegenstände abzuschleppen, und dabei sehr rüde und brutal mit ihnen umgingen. Wir konnten uns vorstellen, wie es bei den schwarzen Organisationen zuging, die gleichzeitig mit uns durchsucht und gebannt wurden ... Nach Beendigung der Razzia wurden mir zwei Dokumente in die Hand gedrückt: der Bannbefehl für das Christliche Institut und für mich persönlich. Für das Institut heisst das, dass nicht nur jede

Weiterarbeit unter diesem Namen verboten ist, sondern dass keiner der darin Beschäftigten eine Arbeit mit ähnlichen Zielen tun darf. Die Evangelische Kirche in Deutschland hat drei Monate lang alle Saläre bezahlt für das Personal. – Der persönliche Bann bedeutete für mich: Beschränkung auf den eigenen Wohnbezirk, Verbot irgendein öffentliches Gebäude zu betreten, Verbot eine Versammlung zu besuchen, wobei ‹Versammlung› mehr als zwei Personen heisst. Ich konnte also nicht mehr mit meiner Familie zusammensein, und wenn Besuch kam, mussten entweder ich oder meine Frau das Zimmer verlassen. Natürlich haben wir uns in bezug auf die Familie nicht daran gehalten. Immerhin bekam ich dann jeweils mein Essen auf einem Tablett serviert, sodass ich damit das Zimmer verlassen konnte, sobald es läutete. Ich habe auch von Anfang an gepredigt. Ich wurde deswegen angeklagt, aber es kam zu keiner Gerichtsverhandlung. Gebannt sein heisst ferner, dass man nicht zitiert werden darf, auch im persönlichen Gespräch. Wenn also meine kleine Enkelin erzählt: Grandpa hat mir erzählt ..., so macht sie sich strafbar. Tatsächlich sind solch lächerliche Vorfälle schon gegen Gebannte verwendet worden. Für einen Gebannten ist es praktisch unmöglich, Arbeit zu finden. Wenn jemand ihn anstellen will, kommt sofort die Sicherheitspolizei und macht ihn auf das Risiko aufmerksam, das er damit eingeht.

Ich habe mich entschlossen, zu fliehen, weil ich in Südafrika total blockiert war, und glaube, dass ich meinem Land im Exil mehr nützen kann. Meine Frau war schon vorher legal nach Europa ausgereist. Unser gesamter Besitz ist zurückgeblieben und wird nicht herausgegeben. Vor der Flucht verbrachte ich zwei Tage damit, zu überlegen, was ich in einem kleinen Köfferchen und einer Aktenmappe mitnehmen wolle – mehr war nicht möglich, denn ich durfte ja nicht auffallen, und ausserdem musste ich einen langen Fussmarsch zurücklegen. Wie ich geflüchtet bin, weiss nicht einmal meine Frau – ich könnte meine Helfer gefährden, wenn ich darüber Auskunft gebe.

Vielleicht interessiert es Sie, was ich dann letztlich eingepackt habe: ausser den Toilettensachen (das Pyjama vergass ich!) ein Set Wäsche zum Wechseln, meine Bibel, das Gesangbuch, das Helen mir vor Jahren geschenkt hatte, Familien-Fotografien, die ich versteckt gehabt hatte, und einige andere kleine Andenken, die mich an Verwandte und Freunde erinnern – alles Dinge, an die persönliche Kontakte geknüpft sind. Es ist wichtig, das festzustellen. Es ist ebenso wichtig zu sagen, dass nur der Glaube, das Gottvertrauen mir über diese Zeit hinweggeholfen hat, und ich möchte den Eltern, die heute ihre Kinder zur Taufe gebracht haben, mit aller Eindringlichkeit sagen: der Glaube ist das wichtigste, das Sie Ihren Kindern mitgeben können!»

Auf die Hilfe des Herrn, den sie keineswegs immer als Allmächtigen, zu Zeiten, in Erinnerung an Buchenwald zum Beispiel, sogar als Ohnmächtigen empfindet – «Fast überall in der Welt scheint das Gegenteil dessen zu passieren, was ich für gut und gerecht halte», klagte sie in einem ihrer Briefe an «My dear brother Gathsa» –, auf den Glauben vertraute auch Leni A., wenn sie

an Südafrika dachte. «Selbstverständlich weiss ich um deine Schwierigkeiten», schrieb sie, «obwohl es schwierig ist sich vorzustellen, was im alltäglichen Leben eines Staatsmannes passiert. Ich kenne deine Position, ‹between the millstones›, zwischen den Mühlsteinen.» Was sie bei ihrem Besuch 1981 am meisten «frustriert» habe, «dass alle meine Freunde, die in derselben Sache engagiert sind, so weit voneinander weg und manchmal sogar Feinde sind. Es gibt Kräfte, die ein Interesse daran haben, die Anti-Apartheid-Leute zu spalten, aber es wäre ein Jammer, wenn sie erfolgreich wären.» Deshalb Vergeben und gegenseitiges Verständnis zu praktizieren, ermahnte sie ihre BrüderundSchwestern am Südzipfel des «Schwarzen Kontinents» und zeigte sich froh, dass Buthelezi mit seiner Bewegung – «auch wenn der Erfolg immer mit Enttäuschungen verbunden ist» – weitermache. «Ich sehe dich tapfer und stark kämpfen, und ich kann nur für dich beten – dass du die Kraft eines Löwen bekommst, die Weisheit von Salomo und genügend Geduld, um menschlich zu bleiben.»
Betete weiter, obwohl sie zum Beispiel an Heiligabend 1980 erfahren musste, dass Beten nicht immer versöhnt, als sie nebst Alten, PolizistInnen und PolitikerInnen vermutlich auch die Jungen, die auf Zürichs Strassen gingen, in die Fürbitte einbezog, für sie um den Segen bat, worauf sich «ziemlich viele Leute» von den polierten Holzbänken erhoben und «demonstrativ» die Kirche verliessen, bevor die Organistin in die Tasten griff. Was sie an Reaktionen erinnerte, mit denen sie konfrontiert worden, als sie, «auch in einem Weihnachtsgottesdienst», um den Segen für einen zwölfjährigen Buben bat, der seine Freundin umgebracht. «Da denke ich dann jeweils, das christliche Abendland ist etwas so grauenhaft Unchristliches», murmelt 1997 die Frau Pfarrer Leni A., die am 21. September 1980, vier Monate nach den so genannten Opernhauskrawallen, nicht an dem vorbeizukommen glaubte, «was die Gemüter vor allem in und um Zürich bewegt: die Jugendkrawalle». «Allerdings», hielt sie ausdrücklich fest, «geht es mir nicht um eine Rechtfertigung der einen oder der anderen Seite, eine Parteinahme für Regierung, Polizei, Geschädigte, Eltern, Demonstranten oder Gewalttätige.» Erschreckend scheine ihr aber, «dass so viele Beteiligte und Zuschauer der Gegenseite alle Schuld in die Schuhe schieben wollen, so sicher scheinen, dass ihr Standpunkt der einzig richtige sei. Wie kann man», fragte sie am Tag der geschlossenen Kinos und Cabarets, «als ältere Generation so anklagend von der verdorbenen Jugend sprechen, ohne mindestens die Rolle zu bedenken, die man selber bei dieser Verderbnis gespielt hat?» Um sich dann ihrerseits in die älteren Generationen zu versetzen. «Wir haben gerackert und geschuftet, um den Jungen …», womit sie «die Jungen» im Allgemeinen meinte, denn «eigene» Kinder hatte sie nie und bedauerte es nicht einmal, wie sie Buthelezi in einem Brief vom 30. Mai 1982 gestand, auf den er offensichtlich lange hatte warten müssen. «Ich traue mich fast nicht, dir nach dieser langen Zeit zu schreiben», entschuldigte sie sich und erklärte. «Einer meiner Kollegen ist

gegangen und ist bis heute nicht ersetzt worden, deshalb ist mir die Arbeit über den Kopf gewachsen. Nur, wenn ich lese und mir vorstelle, was du machst, bin ich beschämt ob dieser Entschuldigung.» Manchmal sei sie froh, fuhr sie fort, «dass ich keine Familie habe, ausser meinem» behinderten «Bruder, der sehr zurückhaltend mit Klagen ist. Ich denke, dieses Dilemma» zwischen Beruf und Familie «kann nicht befriedigend gelöst werden». «Wir haben», so Leni A. am Eidgenössischen Buss- und Bettag 1980, «gerackert und geschuftet, um den Jungen bessere Chancen zu verschaffen, als wir sie hatten. Unsere Eltern konnten uns kaum etwas von den Herrlichkeiten kaufen, von denen ein Kinderherz träumt. Darum haben wir unseren Kindern ihre Wünsche erfüllt und sie mit Spielsachen zum Teil überschüttet. Und nun ist diese heranwachsende Jugend überhaupt nicht dankbar, sie anerkennt die Werte nicht, für die wir gearbeitet, uns eingesetzt haben, obwohl sie davon profitiert. Sie macht uns sogar Vorwürfe über die Welt, die wir ihr hinterlassen – wie wenn *wir* sie so gewollt hätten!»

Hansjörg B. – Zwanzigster Bericht

Es war kalt am 5. Dezember 1981, der Berichterstatter weiss noch, er hat, und das kam selten vor, auf dem Bärenplatz «en Kafi Luz» getrunken. Es trifft ihn – schliesslich war er noch nie, würde er nie mehr vor einem grösseren Publikum auftreten –, dass sich fünfzehn Jahre später «kein Schwein mehr» an die Fragen erinnert – «Für welchen Frieden sind Sie denn? Für den roten? Oder den grünen? Den blauen, gelben, braunen, schwarzen? Oder den violetten? Oder gar den orangen?» –, die er, «der Pazifist und Schriftsteller aus dem eidgenössischen Unruheherd Zürich»,[138] in seinem «Grusswort an Friedensdemonstranten von einem nüchternen Staatsmann» übers Mikrofon, das die Schallwellen natürlich nicht bis zum Bahnhofplatz zu spucken vermochte, den vierzigtausend, die sich in Berns Gassen Richtung Bundesplatz drängten, stellte und ihnen nach einer rhetorischen Pause zurief: «Einen violetten Frieden beispielsweise können wir beim besten Willen nicht unterstützen, da müssen wir schon ganz realistisch bleiben.»

Hansjörg B. bietet seiner Eitelkeit nur bescheidenen Trost, er entsinnt sich ebenso wenig an Lilian F., deren Schlusssätze er auch aus anderem Mund an anderer Stelle hätte gehört haben können. «Wir wollen keine neuen Flugkörper in Europa. Wir wollen keine US-amerikanische Intervention in Zentralamerika. Wir wollen keinen atomaren Holocaust. Wir wollen ein atomwaffenfreies Europa von Polen bis Portugal.» Was den damaligen Bundesrat Fritz Honegger nach eigenen Worten erstaunte: «Die Russen bleiben da fröhlich aus dem Spiel. Abrüstung hat überhaupt nur einen Sinn, wenn die Russen dabei sind. Diese Einseitigkeit hat mich am meisten gestört.» Die europäische Friedens- und die amerikanische Freezebewegung demonstrierte damals weltweit und immer wieder gegen den so genannten NATO-Doppelbeschluss, mit dem die Vereinigten Staaten und Westeuropa, so die

zuständigen Verteidigungsministerien, den wegen «den Russen» in Schieflage geratenen Schrecken wieder ins Gleichgewicht bringen wollten. Für jeden Bewohner und jede Bewohnerin West- und Osteuropas, vermuteten FriedensforscherInnen damals, lägen durchschnittlich sechzig Tonnen nuklearen Sprengstoffs bereit. Ende des zwanzigsten Jahrhunderts erschrickt der Berichterstatter beim Lesen dieser Zahlen, darüber, dass er sich schon seit längerem nicht mehr gefragt, was mit den Killerrationen nach dem Zusammenbruch des Ost-West-Gegensatzes passiert.
Dass Hansjörg B. diese Zahlen vertraut waren, ist kein Beweis für seine Anwesenheit an der «grössten Demonstration» auf dem Bundesplatz. Sie wurden damals bei verschiedenster Gelegenheit genannt. Und gegen die erklärte Absicht des US-Präsidenten – der besser noch ein paar Mal den Kinderstar der dreissiger Jahre, Shirley Temple, geküsst, bis sich die moralische Entrüstung gelegt und er's doch noch zum alternden Westernstar gebracht hätte; der in seinen «Kriegserinnerungen» den Satz für die Nachwelt festgehalten haben wollte «Ich hörte die Ansage, dass gerade eine fantastische Bombe auf Hiroshima gefallen war»[139] –, gegen den von Ronald Reagan erteilten Auftrag, die Neutronenbombe zu entwickeln – die Menschen töten sollte, ohne Sachschaden anzurichten – wurde natürlich nicht nur in Bern protestiert, wo der Berichterstatter den fingierten Staatsmann Verständnis für die verängstigten DemonstrantInnen mimen liess. «Wer wird schon gerne versaftet?» Echote es von den Bundeshausmauern. «Aber das ist doch kein Problem, wir sind doch flexibel, bedürfnissensibel, bürgernah, wir hören doch noch auf die Stimme aus dem einfachen Volk. Was wäre Ihnen denn lieber? Eine traditionelle Atombombe? Oder Napalm? C-Waffen? Oder sind Sie eher fürs Biologische? Oder Sturmgewehre? Wir richten uns ganz nach Ihren Wünschen.»
Dass sich Hansjörg B. nicht mehr an das Zutreffendesbitteankreuzen erinnert, hätte zwar als Indiz, wenn auch als schwaches, dafür durchgehen können, dass er seine GesinnungsgenossInnen am 5. Dezember 1981 im Stich gelassen. Ein ausreichender Beweis wäre es vor keinem Scherbengericht gewesen. Aber dann gesteht er die Genugtuung, die er, der ein Leben lang für den Frieden «gweiblet», verspürt, als vierzigtausend, Ortsansässige natürlich ausgenommen, in Extrazügen und Cars bernwärts fuhren. Unter ihnen, «zu meiner grossen Überraschung», sogar seine CousinemitMann. Ein «Riesenandrang», die grösste Demonstration, an die er sich erinnere. Geärgert habe ihn, dass sich seine KollegInnen vom Friedensrat[140] schon im Vorfeld skeptisch zeigten, die Wirkung auf Bombenbauer und Weltfrieden gering schätzten. Fünf Jahre später, nach dem bisher schwersten Atomkraftwerkunfall in der Nähe von Kiew, sollte der dannzumal bereits über achtzigjährige Philosoph Günther Anders solche volksfestähnlichen Massenproteste als «Tschernobyl mit Würstl»[141] verspotten und mit seiner Forderung, die Bedroher zu bedrohen, heftige Reaktionen auslösen.

Damals in Bern, will sich Hansjörg B. erinnern – und der Berichterstatter kann es aus bekannten Gründen weder bestätigen noch dementieren – hätten sich zwei Menschenketten gebildet, zwischen der russischen und amerikanischen Botschaft, die sich völkerverbindend aneinander vorbeigeschoben. Die Stimmung im behäbigen Bern sei «ausgezeichnet» gewesen, berichtet B. «Es gab keinen Misston.» Dann fällt es ihm ein. «War das nicht die Demonstration?» Der Berichterstatter richtet sich auf, sollte er sich wenigstens an seine Schlusssätze erinnern? «Natürlich haben wir nichts gegen den Frieden, aber, sehen Sie, Leute, die niemals gehungert haben, wissen das Brot nicht zu schätzen. Sie verstehen, was ich meine: Nur wer den Krieg erlebt hat, weiss den Frieden zu schätzen. ‹Nie mehr Krieg›, haben die Völker nach den letzten beiden grossen Kriegen geschrieen. Und jetzt? Sehen Sie. Das wird beim nächsten Mal ganz anders sein, ganz anders.» Hansjörg B. holt ihn in die Gegenwart zurück. «War das nicht die Demonstration, bei der am Schluss die Forderung erhoben wurde, die Armee abzuschaffen?» Der Enttäuschte nickt resigniert. Da sei er, B., froh gewesen, dass er nicht auf der Bühne gestanden und die Kundgebung geleitet. Er wüsste nicht, wie er reagiert hätte, gibt der Nationalrat, jetzt a. D., zu.

Der ausgerechnet in jenem Jahr mit dem Umstand konfrontiert wurde, dass der liebe Gott die Friedfertigen nicht mehr in sein grosses Herz schliesst als die Kriegstreiber. Oder dann steht da oben seit eh und je ein Zufallsgenerator, der mit LebenundTod try and error, der Schicksal spielt und B. ohne guten Grund in eine ähnliche Lage versetzte wie den ihm verhassten «Atombombenpfarrer» vom Fraumünster Peter V. Mit dem er sich in ein paar öffentliche Auseinandersetzungen verstrickt. Einmal habe er ihn sogar einen theologischen Stalinisten «oder stalinistischen Theologen» genannt. Als der die Atombombe auch noch mit aufgeschlagener Bibel rechtfertigte, «da hätts mer völlig usghänkt». Und dann sei «das Schreckliche» passiert, «seine Tochter hat Selbstmord gemacht», und er, B., habe in kleinem Kreis erklärt, wenn ihm so etwas zustiesse, er würde künftig beschämt schweigen.

Was er dann – B. selbst legt ungefragt den Finger auf diesen Widerspruch – 1980, als sein eigener Bruder starb, freiwillig aus dem Leben schied, auch nicht getan. Obwohl er «nöimedure» in derselben Situation gewesen, habe er keinen Moment ernsthaft erwogen, seine öffentlichen Tätigkeiten aufzugeben. Er habe, entgegnet er auf den Einwurf des Berichterstatters – *Da will mann in der ganzen Welt Frieden stiften und kann nicht einmal dem eigenen Bruder helfen* –, immer die Auffassung vertreten, mann und frau müsse sich auch in der Friedensfrage engagieren können, ohne alle persönlichen Probleme gelöst zu haben, «da müsste man ja die ganze Lieblosigkeit überwunden haben». Und daran glaube er nicht. Natürlich habe er sich Gedanken gemacht. So ein Selbstmord sei nie nur eine individuelle Sache. «Da trägt man eine gewisse Verantwortung.» Für den Bruder sei er schliesslich eine der wichtigsten Personen gewesen, und wenn er gewusst, dass es so schlimm um ihn gestanden,

hätte er wahrscheinlich anders, hätte er reagieren können. «Vielleicht wäre er sich dann etwas weniger einsam vorgekommen, hätte einen anderen Ausweg, hätte nochmals das Gespräch gesucht.» Aber vielleicht, meint er nachdenklich, «wäre es einfach etwas später passiert.» Schrecklich sei es natürlich für seine Frau gewesen – «Die hat ihn immer noch gern gehabt» – und für die Kinder, die das damals noch gar nicht so bewusst erlebt – «Da ist die Quittung erst viel später gekommen» –, und für die Mutter, seine und des Bruders Mutter, schwer sei das, wenn eine Mutter so etwas tragen müsse.
Ob er, B., denn nicht selbst manchmal verzweifelt und erst recht, als der eigene Bruder aufgegeben? «Los», schnell kommt sie, die schweizerdeutsche Aufforderung, ihm zuzuhören, verzweifeln, das hiesse ja, «de Bättel anewärfe», nicht mehr liebesfähig sein, die Schönheiten der Natur nicht mehr geniessen können, «den Misserfolg herbeireden», kapitulieren. B. will sich vom Berichterstatter nicht auf die verzweifelte Ebene schieben lassen. «Verzweiflung, das ist ein starkes Wort», murmelt er und holt sich ein Glas Wasser.
«Dreissig Jahre», setzt er mit genetzter Kehle neu an, «ist man den gleichen oder einen ähnlichen Weg gegangen», und dann sei beim Bruder ganz viel passiert, «das ich nicht mehr verstanden habe». Die Stelle bei einem Hilfswerk gekündigt. Sich selbstständig gemacht. Zu wenig verdient. Für sich und die Familie. Auf Distanz zu seiner Frau gegangen. Irgendwo alleine gelebt. In eine Isolation, in finanzielle Schwierigkeiten geraten, Schulden gemacht. Dass der Bruder sich von seiner Frau getrennt, irritierte B. ganz besonders – «das habe ich halt noch nie erlebt» – und fühlte sich selbst in emotionale Konflikte gezerrt. Er hätte damals, als der Bruder «die Frau» in die Familie gebracht, die neue Verwandte «als zugehörig akzeptiert», habe sie «gärn biko». «Und dann kommt der und bringt plötzlich eine andere Frau.» Nur wegen einer Krise, brummt er. Hätte er, B., dann die Schwägerin, «aso, in der Art, die mir zusteht», nicht mehr, hätte auch er sich neu orientieren, die Neue «lieb haben» müssen. Schwierig war das für ihn, dem die Beziehung «zum Sylvia», die Geborgenheit der Familie, immer sehr wichtig gewesen.
Daneben sei natürlich, räumt B. ein – vom Berichterstatter mehrfach darauf angesprochen, ob des Bruders Verzweiflung tatsächlich nur eine private –, sei die internationale Entwicklung, sei der Kalte Krieg gewesen. Schon möglich, dass die Punkte, die er jetzt in den Vordergrund gestellt, «nur Symptome», der Bruder «in Wirklichkeit» womöglich «an dieser Welt» verzweifelt; dass er deshalb privat und beruflich «gescheitert». Was da Huhn, was Ei, könne, wolle er nicht entscheiden. Einige hätten auch beobachtet, alles hätte damit begonnen, dass er nicht mehr geraucht; andere, Sylvia zum Beispiel, dass er nicht mehr gelacht. Aber weshalb ist dem Bruder das Lachen, weshalb das Rauchen vergangen? Weil er, wie er selbst beklagt habe, damals durch die Hebräischprüfung gefallen und deshalb nicht Theologie studieren konnte? Er schweigt, der Bruder.
B. übergeht die vom Berichterstatter mehrfach gestellte Frage nach der eigenen

Verzweiflung, will festgehalten haben, auf seine politischen, auf seine sozialen Aktivitäten habe diese Sache keinen Einfluss gehabt. Erwähnt schliesslich eine glaubensmässige Krise. Das Vertrauen in die Existenz eines «barmherzigen Gottes» sei ins Wanken geraten. Sofort reagiert er, als der Berichterstatter sein *An Gott zu zweifeln begonnen?* in die gute Stube schiebt. Zweifel habe es immer gegeben. Nie habe er zu den fundamentalistischen Kreisen gehört. Aber die sichere Überzeugung sei zu einer starken Hoffnung geschrumpft. Hoffnung, er sucht nach Formulierungen, Hoffnung sei «nicht einfach das Gegenteil des Zweifels». Besteht auf dem Unterschied zwischen dem «halb vollen» und dem «halb leeren» Glas. Lebte mit halb vollem weiter, während der Bruder das seine leerte. Erhielt sich die «religiöse Komponente» als etwas Tröstliches, den lieben Gott als Entlastung – «Ich muss nicht die ganze Welt auf eigenen Schultern tragen», da ist immer noch einer, der. Der Glaube an ihn schütze auch davor, sich selber zu wichtig zu nehmen, diese «Rettertypen, ob religiös oder nicht, die glauben, sie müssten die Welt retten – das wird ja meistens gefährlich».

Emilio M. – Dreizehnter Bericht

«Als Staatsfeind» – Emilio M. über Emilio M. – habe er «die Bewegung» selbstverständlich unterstützt, auch wenn er ihretwegen keine neuen Hoffnungen geschöpft, dass die Revolution nun doch noch. «Nein!!! Neinnein!!!», ruft er mit der Klarheit des Illusionslosen über den Tisch. «Das war eine Jugendbewegung, eine starke zwar», deren Ende aber absehbar gewesen, deren «genialen Sprüche» er bewundert. «Keine Macht für niemand», fällt ihm noch ein und «Macht aus dem Staat Gurkensalat», jener Slogan, der Ende der neunziger Jahre – als der Stechschritt auch schon mal als fast autonome Gebärde erscheint – ausgerechnet von denen entlehnt wird, die damals mit den «Bewegten» kurzen Prozess gemacht. Das «Subito» hätten die 8oer von ihnen übernommen. «Vogliamo tutto e subito.» Da sei eine «gewisse Arroganz» drin. «Aber das gefällt mir natürlich.» Und gefreut habe es ihn auch, dass in ihrer Trotzigkeit und Widerborstigkeit die Saat des Antiautoritarismus – «den wir schon vertreten haben» – aufgegangen sei. «Als die Bewegung mit dem Opernhauskrawall im Sommer 1980 und danach während zwei Jahren das Stadtbild veränderte, war ich bereits ein ‹Alt-68er›. Mit Bewunderung und nicht ohne Neid verfolgte ich die überraschenden Wendungen der neuen Jugendpolitik. Ob ich mich einmischen sollte?», fragt er sich in seinen persönlichen Erinnerungen an jene Jahre.

An einer Versammlung von SympathisantInnen sei ihm «der Kragen geplatzt», nachdem er sich eine Weile mit angehört, wie die sich selbst als «ältere Unzufriedene» Bezeichnenden ihr Leiden an Zürich – das später «Zureich» getauft wurde – und ihren Weltschmerz beklagten. Jugendliche hätten das Ganze schweigend beobachtet, bis er das Wort gepackt und erklärt, «dass es mir persönlich gut gehe, meine psychoanalytische Praxis sei voll und ich hätte

eine liebe Freundin», kein Grund also zur Klage, er sei vielmehr gekommen, um in Erfahrung zu bringen, ob die älteren den jüngeren Unzufriedenen «in irgendeiner Hinsicht» behilflich sein könnten. «Wie von der Tarantel gestochen» – die in Zürichs rauem Klima allerdings nicht zu überleben vermöchte – seien zwei, drei Jugendliche aufgesprungen, hätten erklärt, «was sie von uns erwarteten, sei Geld und allenfalls politische Schützenhilfe».
Worauf Emilio M. einmal mehr und ohne zu zögern zur Tat schritt. Ob er denn, will der Berichterstatter – der damals auch unter den Leuten war, die M. zur Gründung des «Vereins Pro AJZ» lud –, will wissen, ob M. der angedrohten Ausweisung wegen keine Angst gehabt. «Nein», gibt der an, «was ich gemacht habe, war ja völlig legal und auch einem Ausländer erlaubt.» In heiklen Situationen habe er sich im Hintergrund gehalten. Der Berichterstatter erinnert sich, wie M. an einer der vielen Demonstrationen strahlend auf ihn zukam, diesmal könne, diesmal dürfe auch er mitmachen. Die Älteren hatten eine Bewilligung eingeholt und bekommen. Die «Bewegung» selbst kümmerte sich in der Regel nicht um solche «Kleinigkeiten», hielt ihn, M., so von der Strasse fern.
Sein «persönlicher politischer Höhepunkt im Zusammenhang mit den 80ern» sei das so genannte Zürcher Tribunal gewesen, an dem in Anlehnung an die Russell-Vietnam-Tribunale Betroffene, teilweise maskiert, auftraten, um von Repression und Gewalt zu zeugen. Der Berichterstatter zuckt fast zwanzig Jahre später noch innerlich zusammen, als er sich an die Szene mit dem inzwischen, vermutlich auch an Spätfolgen, Gestorbenen erinnert, der bei einer der vorbereitenden Sitzungen, das aufgeregte Gerede verspottend, seine Wollmütze vom Kopf riss, unter der ein Schädel mit kokosnussgrosser Delle sichtbar wurde. Der mit einem Knüppel geführte Menschenschlag hatte die Hirnschale zertrümmert und das entsprechende Knochenstück war zur Regenerierung vorübergehend in die Bauchhöhle verpflanzt worden, aus der es Monate später wieder herausgeschnitten und an seinem Stammplatz eingesetzt wurde. Der Aushang des Veranstaltungsplakates übrigens wurde von der Polizei verboten, vermutlich weniger des Slogans wegen – «Bewegung ist gesund, aber wer gesund lebt, lebt gefährlich» –, angeblich auch nicht aufgrund des Bildes, das eine Gruppe von Polizisten in bekannter Tracht zeigte, die einen Jugendlichen übers Pflaster schleifen. Der Aushang, hatte die Stadtpolizei mitgeteilt, wäre auch ohne diese Abbildung unterbunden worden. Es musste offensichtlich der Anlass selbst sein, der eine Massnahme provozierte, die während vieler Jahre nicht mehr zur Anwendung gekommen. Die Polizeirapporte korrigieren die bescheidene Erinnerung des Berichterstatters an die zweiteilige Veranstaltung. Am Donnerstag, dem 12. Februar 1981, hätten sich «zirka 2700–2900 Personen», am Samstag, den 14. Februar, «zirka 1500 Personen» in den grossen Theatersaal des Zürcher Volkshauses gedrängt. Schmunzelnd liest er in den Akten, er, «51 bek», habe «vor prallgefülltem Saal» die Veranstaltung eröffnet. «Gleich einleitend appellierte er an die Zuhörer-

schaft, das Volkshaus vor Beschädigungen und Schmierereien zu bewahren – es gebe hierfür in der Stadt genügend kahle Betonwände.» M. muss dieselben Akten wie der Berichterstatter erhalten haben und kann da, inzwischen mit Schweizer Pass im Sack, nachlesen, er habe sich als «Scharfmacher und Aufwiegler» hervorgetan. M. gehörte zu den Ärzten, welche die Art der Verletzungen, die Jugendliche auf Zürichs Strassen erlitten, medizinisch schonungslos beschrieben.

«An dieser Stelle sei erwähnt», hämmerten die bei solchen Veranstaltungen damals auf generellen Verdacht hin regelmässig und offiziell begrüssten, aber selten identifizierten Spitzel, hämmerten es auf Gummiwalzen, «dass das ‹öffentliche› Tribunal einseitig und unobjektiv geführt wurde. Es kamen weder Vertreter des Staates, der Stadtbehörden, der Justiz oder der Polizei zu Worte», monierten sie, zogen die Glaubwürdigkeit der ZeugInnen in Zweifel und setzten die «schweren Misshandlungen» durch die Polizei in Anführungszeichen. «Konkrete Angaben und Namen von ‹gewalttätigen Polizisten› blieben aus.» Vorstösse, die Zürcher Polizisten mit Namens- oder Nummernschildchen aus der Anonymität zu locken, blieben vor und nach diesen aufgeregten Zeiten erfolglos. «Aussagen der ‹Verletzten› und der oben erwähnten Ärzte wurden durchwegs in aggressiver Art und Weise vorgetragen», kritisierten die Maulwürfe und unterstrichen in ihren Bemerkungen zum Bericht: «Das Tribunal wurde *total einseitig geführt*, d. h. die Polizei wurde nach allen Kanten verschrieen. Während des ganzen Abends war kein einziger Redner am Mikrofon, der etwas *für* die Polizei aussagte. Der den Diskussionsleiter unterstützende und viel das Wort führende Emilio M., 41 (bek), trug wesentliches für diesen Umstand bei.» Und entging in jenen Tagen vermutlich nur knapp dem Packen der Koffer. M.s Fichen entnimmt der Berichterstatter – der nie die nötige Empörung über das staatliche Gefichel aufzubringen vermochte –, registriert mit leisem Erschrecken, dass ihm die Schnüffler mit Betriebsunfallversicherung härter auf den Fersen waren, als er, auch nach der Lektüre seiner eigenen Akten, vermutet, mussten sie doch hinter ihm gestanden oder neben ihm gesessen haben, als er am 28. Januar 1981 ein kurzes Gespräch mit W. C. führte. «Wegen Geld für ‹öffentlich-machen von Wohnungsnot/Bewegung›. – Der W. wird empfohlen, morgen zur Vorstandssitzung bei M. zu kommen.»

Victor S. – Zwanzigster Bericht

Vermutlich gehörten die Mitglieder des «Vereins Pro AJZ» zu den ersten in der Schweiz, deren Adressen digital registriert wurden. Wäre der Berichterstatter bereits mit der neuen Technik vertraut gewesen, er wäre ihrem Namen, Elsi S., schon damals begegnet, aber er musste das Erfassen von schliesslich rund anderthalbtausend SympathisantInnen den Pionieren der Computerwelt überlassen, die Infrastruktur und Know-how gleichzeitig – einmal gegen gutes Geld, einmal fürs Gemüt – Banken und Bewegung zur Verfügung stellten. Fast zwanzig Jahre lagerte er in seinem Schreibtisch das Verzeichnis des längst aufgelösten Vereins, das die Maulwürfsäuglein bestimmt zum Glänzen gebracht. Erst beim Schreiben dieser Zeilen vernichtet er die Liste, nicht ohne die Namen mit Vergangenheit noch einmal schmunzelnd zu überfliegen. Auf denjenigen von Victor S. stösst er nicht. Für ihn war die 80er Bewegung «eigentlich kein Thema». Seine Frau Elsi aber zahlte regelmässig den Jahresbeitrag von fünfzig Franken ein und ging, meist mit ihrer Schwester, auch schon mal mit «den Jungen» auf die Strasse. «Wenn wir schon keine sozialistische Gesellschaft ‹härebringed›», meint sie, «dann sollte man wenigstens Freiräume für die Jungen schaffen.» Sie liess sich durch das «Phantasie an die Macht» begeistern und war beeindruckt von den so genannten Vollversammlungen. «Wunderbar, wie die das gelöst haben – so eine Riesenversammlung, an der jede reden konnte und jeder zu Wort kam.» Im durch den Saal wandernden Mikrofon erkannte sie das Antiautoritäre, und das gefiel der Genossin S., die nie eine brave war und in ebenjenen Jahren den «Glauben an die Arbeiterschaft» zu verlieren begann. Auch mit der PdA «war ich fertig». Als an einer Parteiversammlung der Satz fiel, «die Russen würden in Polen besser heute als morgen einmarschieren», habe sie den anwesenden GenossInnen erklärt: «Nehmt zur Kenntnis, dass das meine letzte Parteisitzung gewesen ist.»

Anjuska W. – Zweiundzwanzigster Bericht;
Jochi W. – Achtzehnter Bericht

«Die letzten sechs Jahre waren psychosozial geprägt von Rezession, Krisen und Depression; Ansätze zu gemeinsamer, solidarischer Bewältigung des Lebens, 1968 weltweit hoffnungsvoll begonnen, wurden in den letzten sechs Jahren unter systematischer Einengung repressiver Toleranz im deutschsprachigen Raum meist leise abgewürgt, da und dort aber auch brutal zerschlagen. Konkret in Erinnerung gerufen, heisst das: Geldmangel, organisatorische ‹Umstrukturierung›, Betriebsschliessungen, Entlassungen, Berufsverbote, Grauzone …», schrieb Jochi W., schrieb es 1981 in dem von ihm herausgegebenen Büchlein «Zwischen Zwängen und Freiheit»,[142] fuhr düster fort, «wenn ich das, was alltäglich um mich herum geschieht – nah und fern – an dem messe, was nach meinen Vorstellungen sein sollte, könnte ich kaum mehr jemanden gerne haben. Ich möchte jedoch lernen, andere wenigstens zu ertragen.» Er versuchte sich trotz allem Mut zu machen: «Wenig ist möglich. Doch: Nicht nichts.»
Aus den Tagen seines ‹Tiefs›[143] zumindest teilweise wieder aufgetaucht, von den SozialversicherungsbürokratInnen präzis eingestuft – fünfzig Prozent erwerbsfähig, fünfzig Prozent invalid. Ein Begriff, der auch am Ende des zwanzigsten und zu Beginn des einundzwanzigsten Jahrhunderts noch gebräuchlich ist und im Herkunftsduden mit «dienst-, arbeitsunfähig (auf Grund von Gebrechen)» erklärt wird. Das aufs lateinische «invalidus» zurückgehende Wort bedeute «kraftlos, schwach, hinfällig», heisst es fast

unverfänglich weiter. Erst der Hinweis auf die Verwandtschaft zu «Valuta» – «Wert, Gegenwert, Geld ...» – und das zum gleichen Stamm gehörende «valere» – «stark sein; gelten, vermögen; wert sein» – enthüllt den wahren Charakter des buchhalterischen Unworts. Kein Zufall wohl, dass die Übersetzung des Adjektivs «invalidus» nicht mit letzter Konsequenz betrieben wird. Wer wollte nach allem noch einen Menschen deutsch und deutlich als «ohne Wert» einstufen? Da behelfen wir uns doch lieber mit dem harmlosen «IV-Bezüger». Zu fünfzig Prozent «invalid», zu fünfzig Prozent erwerbsfähig, war der Strafreformer W. inzwischen als Lehrer in der kantonalzürcherischen Strafanstalt Uitikon gelandet, auch eine Konsequenz der Erfahrungen, die er, noch vor seinem «Absturz», im «Team 72» – einer betreuten Wohngemeinschaft für Strafentlassene – gemacht, die er nach nur einem Jahr, vordergründig aus gesundheitlichen Gründen, enttäuscht verliess.

«Ich fühlte mich von ihnen verarscht und ausgebeutet», notierte er über die Strafentlassenen, die sich in diesem Versuch der begleiteten Selbstverantwortung ohne jede Sanktionsgewalt der Betreuer weder an gemeinschaftlichen Arbeiten, Kloputzen zum Beispiel, noch an den Bemühungen zur Verbesserung ihrer eigenen Situation, zum Beispiel Schuldensanierung, beteiligten. «Meist kamen sie nur, wenn sie etwas für sich brauchten. Wenn ihre Forderungen nicht sofort erfüllt wurden, quittierten sie dies mit bedrohlichem und unverschämtem Verhalten ... Das Verhalten der Bewohner ging manchmal so weit, dass ich mir wie ein Dienstbote vorgekommen bin, der aufgrund ihrer Befehle Aufträge für sie zu erledigen hatte. Ich fühlte mich den Ausgelieferten ausgeliefert ...» W. brachte zu Papier, was er nicht mehr ertragen. «Was ich während meiner einjährigen Tätigkeit in der Wohngemeinschaft an schrecklichen Bildern gesehen habe, vermag ich nicht zu beschreiben. Ich denke da vor allem an Szenen von betrunkenen Hausbewohnern und der freiwerdenden Zerstörungskräfte nach aussen und nach innen ...» War es enttäuschte Gutgläubigkeit, die ihn vergessen liess, was er unter dem Titel «Kluft zwischen Theorie und Praxis» im gleichen Bändchen gefordert – «behutsamer werden mit den Beteiligten». Noch Jahre später, gibt er zu, packten ihn «zuweilen Grauen und Entsetzen, wenn Bilder des erlebten Elends fetzenhaft in mir auftauchen. Es war manchmal bedrohlich. In diesem Zusammenhang ist mir der Ausdruck ‹menschliche Kloake› geblieben ...» Gleichberechtigung und Mitverantwortung sei für die meisten der Strafentlassenen «Überforderung und Bedrohung. Sie vermögen die Freiräume nicht zu nutzen und sind meist wenig lernfähig dazu. Das ist bitter erlebte Realität und schmerzt mich, der sich nach Solidarität und Autonomie sehnt, sehr ...» W. muss erschrocken sein, als plötzlich Fragen aus seinem Kopf purzelten, die dem Revoluzzer vermutlich sauer aufstiessen. «Inwieweit sind ehemalige Strafgefangene, insbesondere nach mehreren Rückfällen, überhaupt veränderungsfähig? Sind sie in der Lage, Angebote zur Partnerschaft überhaupt zu ergreifen? Bin ich Straffälligen gegenüber nicht zu gutgläubig und zu naiv? Ist nicht viel mehr sogenannter schlechter Wille vorhanden, als ich bisher glaubte? Sind diese Menschen nicht doch letztlich böse und schlecht? Habe ich straffällig gewordene Mitmenschen überhaupt gerne?» Um schliesslich die dem Strafreformer W. unangenehmste Frage zu denken: «Sind Straf- und Erziehungsanstalten nicht doch für haltlose Menschen notwendig, damit sie weniger zerfallen? Ist es nicht vielleicht doch notwendig, Verwahrloste zu führen, anstatt ihnen partnerschaftlich zu begegnen?» W. zog den Schluss – «Anstalten nicht wie bisher, ausser für gemeingefährliche Täter, beinahe völlig abzulehnen, sondern aufgrund gemachter bitterer Erfahrungen als notwendiges Übel zu akzeptieren» –, der ihm den Antritt der Lehrerstelle in der Arbeitserziehungsanstalt Uitikon ermöglichte, und machte dann die für ihn paradoxe Erfahrung, «dass ausgerechnet diese Anstalt Uitikon für mich vier Jahre lang ein Stück Heimat wurde».

Viele hätten seinen «bewussten» Entscheid kritisiert, hätten nicht verstanden, dass «einer von ihnen» in eine «Anstalt» ging. «So liberale Reformer», spöttelt W., die «eigentümlicherweise» in grundlegenden politischen Dingen – die erst Ungerechtigkeiten und Voraussetzungen für Straffälligkeit hervorbrächten – «weit weniger radikal waren als ich», die beispielsweise der Putsch in der Türkei am 12. September 1980 – von dem noch die Rede sein wird – überhaupt nicht berührte. Ihnen erschienen offensichtlich die neuen Sätze des Strafreformers W. – der aus seinen Erfahrungen den Schluss zog, «dass es Menschen gibt, die nicht oder nicht mehr in der Lage sind, ohne einen gegebenen, festen Rahmen, der auch Zwang und Sanktion nicht ganz ausschliesst, zu leben» – wie ein Verrat an der gemeinsamen Sache. W. hielt ihnen entgegen: «Es geht nicht darum, diese Menschen aus Lust oder aus bösem Willen oder Machtgier zu unterdrücken und ihnen Gewalt anzutun. Nein. Der feste Rahmen, die Strukturen und damit verbunden, gewisser Zwang, geschieht aus der Haltung der Notwendigkeit in der gesellschaftlichen Wirklichkeit, damit die Betroffenen irgendwie zu überleben vermögen.» Und nahm seine Rolle, gewissenhaft wie immer, sehr ernst, rannte zwei Uitikoner Jugendlichen nach – deren Gruss er beim Abendspaziergang erst freundlich erwidert –, als ihm klar wurde, «die sind ja auf der Kurve», ohne Erfolg, die beiden hängten ihn locker ab. «Im 80-Meter-Lauf habe ich nie geglänzt», schmunzelt er und griff damals zum Hörer, um die Flucht der beiden in der Anstalt zu melden. «Sonst wäre ich erpressbar geworden», erklärt er dem Berichterstatter, dem mit dem fragenden Blick, bekräftigt, wenn er sich zu etwas bekenne, «dänn zieni das dure», und kann es auch untermauern, «so unglaublich und widersprüchlich es klingt, gestalterisches und freiheitliches Leben vermögen Unterdrückte nicht in grossen Freiräumen zu erlernen, sondern nur in begrenzenden Feldern, die Auseinandersetzungen verursachen. Nur so verwandelt sich ein Teil Rundschlagswutkräfte mit der Zeit vielleicht in etwas selbstwertfördernde Energien.»

Schrieb's und ging, herausgefordert, mit «den 80ern» auf die Strasse, folgte ihnen fasziniert ins Ajottzätt, das autonome Jugendzentrum. Der Lehrmeister in der Schreinerei sei «fast ausgeflippt» und zum Chef gerannt. «Ich verstehe

nicht!», muss er ins Direktorenzimmer gekeucht haben, «dass der Herr W. bei uns als Lehrer, als Beamter arbeitet und dann an diese Demonstrationen geht!» Eine Hoffnung, ein Aufbruch sei's für ihn, W., gewesen. Als am Ende Bagger die Mauern der Autonomie einrissen und das Gelände für die Cars planierten – die die ZürcherInnen seither in die grosse weite Welt hinaus und an den Christkindl-Markt in Nürnberg fahren –, sei er «echt traurig» gewesen, erinnert sich der Grenzen Überschreitende, der sich immer wieder in von ihm so genannte «Dilemmasituationen» versetzt sah und sieht, der für sich Gewalt ablehnt – er habe Angst, «wänn's chlöpft, wie unser Hund», lacht er – und sie trotzdem versteht. Eine «Kulturlüge» sei die «Distanzierung von jeglicher Gewalt», wenn mann oder frau nichts mache, «um diese Strukturen zu verändern, die Gewalt evozieren». Spricht's und wundert sich im Gegensatz zum Berichterstatter nicht, dass die autonomen Zeiten in seinen Fichen keinen Niederschlag gefunden. Er habe sich im Hintergrund, habe sich streng an die Gesetze gehalten, habe an allen bewilligten Demos teilgenommen. «An die unbewilligten bin ich nicht gegangen, weil ich erstens sowieso ein Legalist bin, und zweitens», er lacht, «weil ich die Definitionsmacht der Anstalt Uitikon verkörpert habe, und das muss man sehr ernst nehmen.»
Auch in Anjuska W.s Fichenbiografie finden die Zürcher Unruhen – die sogar in US-Magazine vorstiessen – nicht statt, und das liegt nicht an etwaiger Nachlässigkeit der Staatsschützer, die ihre Aktivitäten durchaus aufmerksam verfolgten, fein säuberlich notierten, wenn sie, und das geschah häufig, ein Gesuch für eine Demonstration einreichte oder um Redeerlaubnis für ausländische SprecherInnen ersuchte. «Ich bin keine Exponentin dieser Bewegung gewesen», erklärt sie den bemerkenswerten Umstand. Auch wenn «die Bewegung» für sie eine politisch wichtige Sache und sie häufig «auf der Gasse» gewesen, sei sie in dieser Zeit vor allem anderweitig engagiert gewesen. Am 11. September 1981 zum Beispiel entdeckten die Eifrigen sie auf dem Zürcher Helvetiaplatz, als Leiterin einer Solidaritätskundgebung, die an die Jahrestage der Militärputsche in Chile und der Türkei erinnerte. Einen Monat später legten die Maulwürfe einen Artikel aus dem «Vorwärts» in die Akte W. ab, in dem ihre Wahl zur kantonalen Sekretärin der «Partei der Arbeit» bekannt gegeben wurde. «Es ist das erste Mal in der Geschichte der PdA», hiess es da zehn Jahre nach Einführung des Frauenstimmrechts, «dass eine Genossin in diese Funktion gewählt wird. Sie hat das Vertrauen der ganzen Partei, und wir wünschen ihr viel Kraft, Befriedigung und Erfolg in ihrer verantwortungsvollen neuen Arbeit», die um einiges schlechter bezahlt war als ihre Tätigkeit in einem städtischen Kinderhort.
Im ungeklebten Familienalbum hat offensichtlich jene Szene einen Ehrenplatz, die sich nur wenige Tage nach dem Putsch in der Türkei am 12. September 1980 in der W.'schen Küche abgespielt haben muss, in der Angehörige der ersten Flüchtlingsgruppen aus jenem Land sassen, das für die klassischen EuropäerInnen lange irgendwo «da hinten» lag, bis sie seine Badestrände

entdeckten. Gleich zweimal schildert Anjuska W., wie ihr Mann mit einem Türkisch sprechenden Palästinenser und einem Entkommenen, alles eigene Elend vergessend, eines der «allerersten» Flugblätter über die Folgen der Machtergreifung durch das Militär verfasste. «Alle politischen Aktivitäten wurden verboten. Es kam zu zahlreichen willkürlichen Verhaftungen, Hinrichtungen und anderen Menschenrechtsverletzungen», schreibt selbst das sachliche «Meyers Grosses Taschenlexikon». Neben dem W.'schen Herd wird der Protest etwas heftiger ausgefallen sein. Als «Sternstunde» empfand Anjuska W. das multikulturelle Satzdrechseln, bei dem sie für einmal die Rolle derjenigen übernahm, «die einfach nur Tee und Kafi kochte», es erst noch «absolut gut» fand, aus der zweiten Reihe mit Genugtuung zu beobachten, dass Jochi W. gerade in jener Zeit der persönlichen Verzweiflung nicht Bauchnabel und Selbstmitleid verfiel, sondern ihrer Aufforderung nachkam, auch mal ein wenig hinaus, hinaus in die Welt zu schauen.

Selbstverständlich fehlten die W.s auch nicht an den damaligen Sternmärschen für den Frieden – «Ich habe da sogar tausend Franken gespendet», fällt Jochi W. ein –, fehlten nicht an den europaweiten Demonstrationen gegen die so genannte NATO-Nachrüstung. «Da bin ich einseitig gewesen», räumt Jochi W. auf die Frage des Berichterstatters ein, ob es ihn nicht irritiert, dass sie im Osten nie für den Frieden auf die Strasse gegangen. «Die Hauptbedrohung ist für mich schon aus den USA gekommen», bekräftigt er und grinst dann: «Im Osten haben ja sowieso Friede und Sozialismus geherrscht ...» Anjuska W. empfand die Protestaktionen jener Jahre, an denen sich die verschiedensten Friedensorganisationen – die der Kalte Krieg bis dahin getrennt – zusammengefunden, als generellen «Aufstand der Zivilgesellschaft gegen die militärische Logik». Die tausend Franken, die Jochi W. unbedingt erinnert haben will, weil er sie nach dem Tod seines Vaters für den Frieden gespendet, wurden übrigens nicht auf die Konten jener grossen Friedensdemonstration eingezahlt, die dem Berichterstatter das grösste Publikum seines Lebens bescherte, sondern kamen, wie ein Blick in die gesammelten Belege zeigt, einer Kundgebung im Herbst 1983 in Genf zugute und waren in Wirklichkeit sogar tausendfünfhundert Franken.

Ein administrativer Fehler

Victor S. – Einundzwanzigster Bericht

Es muss für Victor und Elsi S. ein schmerzlicher Moment gewesen sein, als ausgerechnet jene GenossInnen, «die für mich ein Potential der Hoffnung für ein Wiedererstarken der Partei darstellten» (Victor S. in einem Brief an die Parteileitung), ihren Austritt bekannt gaben. Beide erklärten sich solidarisch mit der Stellungnahme der 27 Abtrünnigen, die der Partei vorwarfen, Konflikte zu unterdrücken, «statt sie als Lernchance für politische Erkenntnisse zu nutzen. Wer immer diese Auseinandersetzungen führen wollte, wurde vom dogmatischen Flügel der Partei schnell als parteischädlich in die Dissidentenecke abgedrängt.» Kritik an den realsozialistischen Ländern werde «innerhalb der deutschschweizerischen PdA ... sofort als ‹antisowjetisch› oder ‹bürgerlich› disqualifiziert». Sie stellten in Frage, ob die PdA «die nötige moralische und politische Integrität zur Durchsetzung der Demokratie in der gesamten Gesellschaft aufbringt». Als «Über-Ich» erschien diesen jungen und ins psychologische Weltbild hineingewachsenen Linken die Partei, als «Vater- und Führerfigur» nach dem Motto: Die Partei hat immer Recht. «Der einzelne stellt sich vollkommen in den Dienst des Kollektivs», hielten sie den alten GenossInnen entgegen, für die der wissenschaftliche Sozialismus eine «nicht mehr zu hinterfragende Weltanschauung» geworden sei. «Alle wichtigen Fragen und Probleme sind nach diesem Verständnis bereits einmal gelöst worden, es kommt höchstens noch darauf an, die Theorie der jeweiligen Wirklichkeit anzupassen. Nicht selten aber auch umgekehrt: man passt die Wirklichkeit den bereits feststehenden ‹marxistischen› Lehrsätzen und Rezepten an.» Für sie sei der Marxismus «zu einer eigentlichen Glaubenslehre geworden», kritisierten die Antiautoritären die Unbeirrbaren, «auch wenn sie eine Religionshaltung weit von sich weisen würden.»

Victor und Elsi S. werden, als sie diese Sätze lasen, genickt und sie, ohne zu zögern, unterschrieben haben, allerdings mit Blick auf die «Zürcher Sekte», wie S. die damalige PdA-Sektion in der Limmatstadt auch heute noch nennt. Die aus dem Westen der Schweiz Zurückkehrenden hatten die welschen GenossInnen ganz anders erlebt, sahen den innerparteilichen Streit deshalb vor allem als Zürcher, vielleicht noch als Deutschschweizer Händel und zogen, wie neun andere, nicht die letzte Konsequenz. «Ich verstehe zwar», betonte Victor S., «die Beweggründe dieser – zum Teil aus Resignation – erfolgten Reaktion, ziehe aber für mich selbst einen anderen Schluss.» Elsi S. erklärte in ihrem eigenen Schreiben an die Partei: «Die wesentlichen Programmpunkte der PdAS haben für mich ihre Gültigkeit bewahrt, und es scheint mir, sie seien für mich – für uns – in der Grundhaltung verbindlicher als für die Genossen, die zur Zeit die Zürcher Politik bestimmen! – und die sich offensichtlich in ‹Dissidenz› zur Mehrheit der PdAS befinden.» Die PdA, bekräftigte S. in seinem Brief, sei für ihn so lange «meine Partei», solange er zu den «wesentlichen Grundlagen, Thesen und Programmpunkten» Ja sagen könne. Allerdings, stellte er klar, wenn die ganze Partei auf den Kurs der in Zürich und Basel «zur Zeit den Ton angebenden Dogmatiker einschwenken und den Marxismus zur Glaubenslehre abwerten» oder eine «positive Einstellung zum ‹realen Sozialismus›» verlangen sollte, dann wäre für ihn «kein Verbleib in einer solchen Partei». Schrieb's, hoffte, «dass die PdA Zürich aus diesem Aderlass die nötigen Lehren zieht und zur Besinnung kommt» und hörte dann lange nichts mehr von seiner Partei. Die hätten ihm nicht einmal mehr einen Einzahlungsschein für die Mitgliederbeiträge geschickt. «Immerhin 600 Stutz im Jahr haben sie sich ans Bein gestrichen», brummt er. Elsi S. nahm ihrerseits an, «man habe uns von der Parteiliste gestrichen, und ich habe dann geschrieben, mir ist es mehr als recht, was für mich einem Parteiaustritt gleich kam.» Ausgetreten, «nein!», «nein!», von sich aus, betont Victor S. demgegenüber, ausgetreten sei er «nie». Jahre später – das Ehepaar war nach S.' Pensionierung ins Tessin gezogen – habe die Kassiererin sie da unten im warmen Süden besuchen wollen, um die leidige Sache zu klären. Der habe er, S., geraten, sich den Weg zu sparen. «Ich bezahle ganz sicher keine Beiträge mehr, nachdem ihr mich gestrichen habt.»

Sie habe, erklärt die damals frisch gewählte, aus dem eidgenössischen Osten, «aus einer ganz anderen Welt» kommende Parteisekretärin Anjuska W., den Zürcher Streit «ein Stück weit» mit Kopfschütteln zur Kenntnis genommen, habe sich von niemandem vereinnahmen lassen wollen. «Eine Treue», so S., sei sie gewesen. «Eine Spätgeborene», attestiert Elsi S., als Anjuska W., vom Berichterstatter darum gebeten, am S.'schen Tisch im Malcantone den offiziellen Verbleib der Parteimitglieder Victor und Elsi S. zu klären sucht. «Du bist keine Dogmatikerin gewesen», bescheinigt ihr Victor S., «keine Stalinistin, aber du bist auch nicht auf unserer Dissidentenlinie gewesen; du hast versucht, die auseinander driftenden Gruppen irgendwie zusammenzuhalten, damit es keinen Scherbenhaufen gibt, und das ist dir nicht gelungen». Sie habe sich immer, erklärt Anjuska W., als eine verstanden, «die sich in eine Bewegung einordnet und dort versucht, das Beste zu machen, mit allen Fehlern». Die S., kommt sie zur Sache, seien keineswegs mit Absicht aus der Mitgliederkartei der PdA Zürich radiert worden, müssten vielmehr einem administrativen Fehler zum Opfer gefallen sein. Dies zu einer Zeit, in der noch nicht die Computer für solcherlei Vorkommnisse verantwortlich gemacht werden konnten. «Jetzt wissen wir», nimmt Elsi S. nach langen Jahren zur Kenntnis, «dass wir nicht gestrichen worden sind.» Und Victor S. scheint froh – «Wir können einen Strich machen» –, die Akte «PdA – S.» schliessen zu können.

«Alte Liebe rostet nicht»

Leni A. – Elfter Bericht

«I'm afraid you're cross with me», befürchtete Leni A. im Juli 1983, hätte es auch verstanden – «Mein Hang zum Predigen muss anderen manchmal auf die Nerven gehen» – und brachte ihre Sorge «um deine Sache und jene des ganzen Landes» zu ihrer Verteidigung vor. Im Herbst desselben Jahres beruhigte sie den Gläubigen, der mit seinen Landsleuten anscheinend unter einer langen Trockenperiode litt. «Ich verstehe deine Bemerkung über Gott und seinen Ärger, aber ich kann es nicht glauben, wieso sollte er ärgerlicher mit eurem Volk sein, das so schon viel leidet, und nicht mit uns zum Beispiel, die wir keinen Überfluss mit Regen hatten dieses Jahr, aber immer noch genug, und wir würden sowieso nicht hungern. Seine Wege sind wahrlich unergründlich – ich bete jeden Tag, dass die Dürre stoppt, und ich denke an die Zukunft, auch in Europa, wo die Bäume sterben wegen den Abgasen in der Luft. Welche Konsequenzen wird das haben? Und dann denke ich auch, wir machten ihn krank, was ich in unserem Fall verstehen kann.» Erfreut meldete sie Gathsa aus dem Norden, seine Vertrauenswürdigkeit sei dank einer Attacke des damaligen weissen Ministerpräsidenten Botha gegen ihn, Buthelezi, gestiegen: «Deine Haltung bezüglich der neuen Verfassung bringt dir viele Sympathien.»

Die er aber durch zwiespältige Aktivitäten der Mitglieder seiner Inkatha-Bewegung wieder zu verspielen drohte. Im Dezember 1983 berichtete der «Schweizerische Evangelische Pressedienst», Chief Buthelezi sei mit mehr als hundert seiner Leute am Vorabend einer internationalen Kirchenkonferenz aufgetaucht. «Dieser Massenbesuch von Inkatha-Leuten», kommentierte der «Evangelische Pressedienst», «hatte nicht den Charakter eines blossen Höflichkeitsbesuches, hatten doch im Oktober ebenfalls Inkatha-Leute einen blutigen Überfall auf Studenten der Universität Kwazulu verübt.» Die Konferenz sei aus Angst um jene schwarzen KonferenzteilnehmerInnen, «die gegen jede Form der Homelandpolitik eine kompromisslos ablehnende Haltung einnehmen», abgebrochen und nach Durban verlegt worden. Zwar solle an «Buthelezis persönlicher Integrität nicht gezweifelt werden». Der Zwischenfall sei eine Folge der «gewaltsamen Durchsetzung der Apartheid-Politik», die nicht nur zwischen Schwarzen und Weissen, sondern auch unter Schwarzen grosse Spannungen hervorrufe, «der Unterdrückte droht selbst zum Unterdrücker zu werden». Den letzten Satz unterstrich Leni A., und Jahre später verriet sie dem Berichterstatter: «Buthelezi ist genau derselbe Typ wie die weissen Machthaber, es geht nichts über seine Macht ... Dafür macht er wahrscheinlich ziemlich alles.»

Als sie 1984 mit einer Reisegruppe bei ihm gewesen, habe sie «in seinem Privatflugi» mit ihm nach Durban fliegen dürfen, wo er am nächsten Tag einen Vortrag hielt, zu dem er sie einlud. Sie habe – «Ich bin immer en naive Tschumpel gsi» – erklärt, sie habe keine Zeit, habe ein Treffen mit Wesley Mabusa. «Das war ein schwarzer Methodistenpfarrer, den ich seit Jahren kannte – en waansinnig liebe Tüüp.» Buthelezi habe «sein Haupt geschüttelt» und mit traurigen Augen gemurmelt: «De Wesley Mabusa isch min Find.» Der Berichterstatter denkt bei diesen Sätzen zwanghaft an einen eifersüchtigen Liebhaber, was Leni A. entrüstet von sich weist. «Das war politisch gemeint.» Sie habe noch gelacht, Mabusa sei niemandes Feind. «Er war sicher kein Freund von Buthelezi, aber einen harmloseren Menschen als Mabusa habe ich selten gekannt.» Buthelezi habe, momoll, auf Feindschaft bestanden. Keine Woche sei nach der Landung vergangen, dann sei der Methodistenpfarrer von Inkatha-Leuten zusammengeschlagen worden, «fascht z'totgschlage», und habe aus der Provinz flüchten müssen. Nein, sie habe Buthelezi nie darauf angesprochen, «weil es sinnlos gewesen wäre, absolut sinnlos». In einem Brief, den sie im Dezember 1984 abschickte, zögerte sie, ihn mit «Bruder» anzusprechen, schrieb, «ich habe Angst, dich wütend zu machen», schrieb, «ich war immer durch die Erfahrung berührt, dass du mich trotz allem als Schwester in Christus akzeptiert hast», schrieb: «Alte Liebe rostet nicht.» Später habe sie ihm noch ganz anderes zugetraut. Mehr als einmal habe er mit seiner todtraurigen Stimme sagen können, «der hat mir das und das angetan», und dann sei der «merkwürdigerweise» in der nächsten Zeit umgebracht worden.

Noch ein verkappter Patriot

Anjuska W. – Dreiundzwanzigster Bericht;
Jochi W. – Neunzehnter Bericht

Eigentlich waren die Maulwürfe gar nicht hinter Jochi W. her. «Zielperson 1» an diesem 8. März 1984 war Klaus-Peter A.; dem damals knapp dreissigjährigen Militärattaché aus der im Westen so genannten «Ostzone» hatten sie sich an die Fersen geheftet. Aufgrund abgehörter Telefongespräche – «Die Vereinbarung war von Bern aus [abgedeckt, Jm] über den Anschluss des ‹Centrale Sanitaire Suisse› ... getroffen worden» – wussten sie, dass er sich «in Zürich mit einem Unbekannten treffen sollte», der durch diesen Umstand seinerseits die Aufmerksamkeit der Staatsschützer auf sich zog. Die Aufgebotenen beobachteten, wie «ZP 1 in Begleitung des Treffpartners – dieser kam vermutlich vom PdA-Sekretariat ... zügig zum Restaurant ‹Cooperativo› am Werdplatz» marschierte. «Das Mittagessen», notierten sie, «wird an einem Zweiertisch eingenommen», was die polizeilichen Spürnasen der Möglichkeit beraubte, im vermutlich gut besetzten Restaurant direkt neben ihren Überwachungsobjekten Platz zu nehmen und sich gemeinsam mit ihnen, natürlich auf Staatskosten, in dem von Zürcher Linken oft frequentierten Lokal an gut italienischer Küche gütlich zu tun. «Es wird angeregt diskutiert», bekamen sie mit, «wobei die ZP 2 verm. die Kopie eines Zeitungsausschnittes zum Lesen vorlegt», glaubten sie von ihrem Tisch ausmachen zu können, «A. bezahlt die Rechnung». Nachdem sich die beiden Zielobjekte am Stauffacher voneinander verabschiedet, wurde A. «von den Berner Funktionären in Observation genommen». In deren Anmerkungen findet sich der Hinweis, Klaus-Peter A. habe sich «vorsichtig und teilweise ausserordentlich aufmerksam» verhalten, «im grossen und ganzen seiner Stellung konform». Die Zürcher Kollegen übernahmen die zu diesem Zeitpunkt noch unbekannte «Kontaktperson ZP 2», mit der sie im Zweier zum Paradeplatz fuhren, dann zu Fuss zur Fraumünsterpost, wo der immer noch nicht identifizierte W. ein Postfach leerte, wobei sie ihm offensichtlich direkt und unauffällig über die Schultern linsten, registrierten sie doch nicht nur die Nummer des Postfaches, «5087», sondern auch den Umstand, dass es «u. a. 2 Luftpostbriefe enthielt (vermutlich aus Nicaragua)». W. bemerkte seine Schatten nicht. «Er wirkte gelöst und natürlich. Insbesondere machte er keine Anstalten der Absicherung.» An der Haltestelle Börsenstrasse stieg das Grüppchen wieder ins Tram. Bis Feldeggstrasse. «Im Haus Nr. 42 lässt ZP im dortigen Kopiergeschäft einige Sachen kopieren. Anschliessend begibt er sich direkt an die Dufourstr. 82.» Dort befand sich damals die «Centrale Sanitaire Suisse», bei der Jochi W. seit Sommer 1981 als Freiwilliger, von Juni 1983 bis April 2001 als Sekretär tätig war[144] und die damit einen Drittel seines bisherigen Lebens massgeblich prägte. Um 14.50 Uhr hatten die Staatsschützer genug gesehen.

Zurück an ihrem Schreibtisch identifizierten sie den bis dahin Unbekannten als «W. Pierre Georges, genannt ‹Jochi›, von Baden/AG, Lehrer/Sozialarbeiter ... W. ist dem ND seit 1973 bekannt.» Aus dem ebenfalls aktenkundigen Umstand, dass es sich bei W.s Ehefrau Anjuska W.-G. um die Parteisekretärin der PdA Zürich handelte – «Sie ist zudem noch ZK-Mitglied und Mitglied des Politbüros der PdA Schweiz» –, schlossen sie offensichtlich, auch W. selbst sei «aktives PdA-Mitglied», was dieser, als ihm ein gutes Jahrzehnt später die Fichen geöffnet wurden, richtig stellte. «Tatsache ist, dass ich mich zwar als Sympathisant der PdA verstehe, jedoch politisch unabhängig bin ... Ich habe die Legalität der PdA und ein Engagement dieser Partei immer verteidigt, auch wenn mir – als Nichtmitglied – daraus Nachteile erwachsen sind.» Damit erzwang er den am 6. Juni 1996 eingestempelten Nachtrag: «Von der betroffenen Person bestritten.» Die von ihm geforderte «Wiedergutmachung für die erlittenen Verletzungen ... in Form einer symbolischen Genugtuung im Betrage von Fr. 500.–», die der CSS zu überweisen sei, wurde ihm vom Zürcher Stadtrat allerdings verwehrt. Zwar hielt der «Schlichter für Forderungen aus der Offenlegung von Staatsschutzakten» in seinem Bericht an den Stadtrat vom 4. Dezember 1992 unter anderem fest: «Unter den heutigen, veränderten Gesichtspunkten müssten die Ficheneinträge über Pierre W. dementsprechend als unnötig, bzw. vorschriftswidrig bezeichnet werden. W.s Sympathien zur PdA (der er gemäss den Akten nicht als Mitglied angehörte), oder seine Tätigkeit als Sekretär der CSS und dieser gesinnungsverwandten Organisationen dürften heute vom Staatsschutz nicht mehr erfasst und in Fichen festgehalten werden.» W.s Forderungen seien zwar verständlich und «an und für sich» bescheiden. Da der Stadtrat aber Entschädigungen nur für «besonders schwerwiegende Fälle» vorgesehen habe, sehe sich «der Schlichter nicht in der Lage, dem Stadtrat eine Entschädigung ohne Anerkennung einer Rechtspflicht zu empfehlen». Im Übrigen habe «der Fichierte» selbst nicht geltend gemacht, «die Ficheneinträge seien Drittpersonen zur Kenntnis gebracht worden oder es seien ihm durch die Fichierung irgendwelche Schwierigkeiten oder Nachteile erwachsen». Die «Tatsache der Fichierung allein» mache noch keinen «besonders schwerwiegenden Fall» aus. «Wie ich heute weiss», hatte Jochi W. sein Gesuch «um Festellung und Genugtuung im Zusammenhang mit der Fichierung meiner Person» unter anderem begründet, «ist sogar ein Verfahren wegen Spionageverdachts gegen mich eingeleitet worden.»

Tatsächlich eröffnete die Bundesanwaltschaft am 22. März 1984, nur gerade vierzehn Tage nach dem Zusammentreffen W.s mit dem ostdeutschen Militärattaché und, unwissentlich, mit den eidgenössischen Spitzeln, «ein gerichtspolizeiliches Ermittlungsverfahren wegen Verdachts der Widerhandlungen im Sinne von Art. 272–274 StGB.» Das heisst politischer, wirtschaftlicher und militärischer Nachrichtendienst, wie er schon Victor S. in den fünfziger Jahren unterstellt worden war. Dank der vom Präsidenten der Anklagekammer des Bundesgerichtes bewilligten Telefonkontrolle, TK, war es den amtlichen Spürhunden nun möglich, Jochi W. fast Schritt für Schritt zu verfolgen. «Aus den angeordneten Massnahmen sind bisher folgende Kontakte bekannt geworden», rapportierten sie am 7. August 1984 und listeten dann seitenweise Organisationen und Privatpersonen auf, mit denen Jochi W. in den rund vier Monaten in Berührung gekommen. «Seiner Ideologie entsprechend hat Pierre W. zu Leuten mit vorwiegend gleichem oder ähnlichem Gedankengut Verbindung», fanden die Cleveren heraus. Bei einem weiteren Treffen zwischen A. und W. hatte der Observierende den Eindruck gewonnen, dass W. «irgendwie angespannt wirkte. Bestärkt wurde diese Feststellung dadurch, dass W. erst an der Müllerstrasse kurz still stand, dann zügig zur Rotwandstrasse und für knapp eine halbe Minute ins Haus Nr. 69 ging oder dergleichen tat (das PdA-Sekretariat befindet sich aber im Haus Rotwandstrasse 65) und nachher in verschiedene Richtungen schauend via Müller-/St. Jakobstrasse zum ausgemachten Treffpunkt marschierte.» Trotz aller Bemühungen gelang es bis im August 1984 nicht, «Kontakte eindeutig konspirativer Natur oder solche, die mit Beschaffungsaufträgen in Verbindung gebracht werden könnten», festzustellen. Trotzdem, oder deswegen, wurde die Überwachung im September 1984 – «um die zukünftigen Bewegungen des W., insbesondere [abgedeckt, vermutlich sind die Treffen mit A. gemeint, Jm] frühzeitig erfassen und somit gezielte Überwachungsmassnahmen einleiten zu können» – und im März 1985 erneut verlängert, denn: «Zweifellos ist er beruflich wie ideologisch für eine nachrichtendienstliche Verwendung geeignet.»

Der Beamte – der die Typen seiner Schreibmaschine zu diesen Zeilen provozierte und sich W. womöglich als eine Art «Erich Quiblinger» vorstellte, wie er im Zivilverteidigungsbuch, Ende 1969 in alle eidgenössischen Haushalte verteilt, an die bedrohliche Wand gemalt worden war, der im Zusammenspiel mit dem von einem feindlichen Staat ernannten Sonderbeauftragten Schweiz, Adolf Wühler, «durch Schmeichelei, Propaganda, wirtschaftliche Massnahmen, kulturelle Bearbeitung, Infiltration von Parteigängern schliesslich in Volk und Behörden so viel Einfluss gewinnt, dass sich das Land widerstandslos unterwirft» – wäre vermutlich einigermassen irritiert gewesen, wenn er 1997 neben dem Berichterstatter gesessen und mitbekommen hätte, wie sich der vermeintliche Spion in seinem Furor gegen die ihm Anfang der neunziger Jahre zugänglich gemachten Aktivitäten und Verdächtigungen der geistigen Landesverteidiger als verkappter Patriot entpuppte. «Äs hätt mi schaurig möge», zutiefst verletzt habe es ihn, gibt Jochi W. an, dass gegen ihn – «Ich glaube schon, dass es richtig ist, dass die Armee vor Spionen warnt» – Massnahmen der Spionageabwehr getroffen worden, wo er sich doch, bei aller Kritik, diesem Land, der Schweiz, eng verbunden fühle, bei der Abstimmung über die Abschaffung der Armee 1989 leer eingelegt und immer befolgt hätte, was ihm als Soldat eingebläut worden. «Nie», nie würde er «Dinge, die man mir anvertraut hat», preisgeben.

Er selbst habe schon beim zweiten Treffen mit A. ein ungutes Gefühl bekommen, habe sich gefragt, weshalb sich der Militärattaché der DDR für eine so «unbedeutende Figur wie mich» interessiere. Zum ersten Mal habe er den «jungen, strammen Vorwärtskommer», der durchaus «en gmögige Tüüp» gewesen, bei einem Parteianlass, zu dem er seine Frau begleitet, getroffen.

Das heisst, eigentlich ist Anjuska schuld an der ganzen Sache?

«Ja», lacht W., «sie ist immer schuld», schaut sie liebevoll an – «Gäll, du bist immer schuld?» – und erntet ein herzliches, ein bestätigendes Lachen. Nachdem er beim ersten gemeinsamen Zmittag vor allem Fragen zur CSS gestellt, sei A. beim zweiten oder dritten Gespräch konkreter geworden, erzählt W., immer noch aufgebracht. «Ich finde das eine absolute Schweinerei, dass ein Genosse einen anderen Genossen dermassen in Gefahr bringt. Stell dir vor, ich hätte etwas erzählt! Man hätte mir den Prozess gemacht! Ich wäre das Ungeheuer der Nation geworden!» Er bittet darum, «den Apparat» – das Kassettengerät, das der Berichterstatter als Notizblock braucht – abzustellen. Hätten die mit den weiten Ohren damals, 1984, mithören können, was Jochi W. dem Berichterstatter 1997 vorerst nur off the record, dann doch noch zur Veröffentlichung anvertraut, sie hätten aufstehen und dem Zielobjekt den vaterländischen Dank abstatten müssen. Als A. nämlich, wie sich die Maulwürfe das so vorstellen, tatsächlich aufs Militär zu sprechen kam, richtete sich in W. «instinktiv» und reflexhaft, wie der oft geübte Gewehrgriff, eine Wand auf und er machte den Beauftragten eines fremden Landes – «sehr höflich und sehr dezidiert» – darauf aufmerksam, dass er erstens «als einfacher Soldat» über diese Dinge nur sehr wenig wisse, und zweitens, «selbst wenn ich etwas wissen würde, würde ich es nicht sagen». Vielleicht fügte er noch an: «Ein Schweizer Soldat schweigt wie ein Grab.» Man denke, macht er den Berichterstatter auf den Ernst der Lage aufmerksam, nur an Bunker oder andere Stellungen. «Solche Hinweise könnten im Ernstfall Menschenleben kosten.» Danach habe A. – «Ich bin gottefroo gewesen» – nie mehr mit ihm Essen gehen wollen, und die Bundespolizei musste feststellen: «Wider Erwarten hat [abgedeckt, A., Jm] unseres Wissens keine Kontakte mehr zu Peter W. aufgenommen.» Im Übrigen hätte die gegen W. «angehobene Telefonkontrolle ... auch in anderer Hinsicht keine nachrichtendienstlich

relevanten Hinweise» erbracht, weshalb sie, allerdings erst am 12. März 1986, «Aufhebung der am 27. März 1984 gegen Peter W. angehobenen Kontrollmassnahmen» beantragte. Handschriftlich erklärte sich die zuständige Instanz einverstanden, auch mit dem Nachsatz: «Das gerichtspolizeiliche Verfahren ist weiterzuführen.»
Zu diesen «Vorgängen», weil in den Kompetenzbereich der Bundesbehörden fallend, äusserte sich der Zürcher Stadtrat nicht. Der Bundesrat musste eine von Jochi W. im November 1990 eingereichte Beschwerde zur Offenlegung seiner Karteikarten im März 1994 «teilweise» gutheissen. Zwar hielt er dem grundsätzlich nicht bestrittenen Interesse des Beschwerdeführers an der vollständigen Einsichtnahme die «konträren Interessen des Staates» entgegen. Der «Sonderbeauftragte für Staatsschutzakten» habe ganz generell und zu Recht «Namen von überwachten Drittpersonen sowie weitere Hinweise, die Auskunft über die Spionageabwehr geben, überdeckt, da eine allfällige Offenlegung einen wirkungsvollen Staatsschutz gefährden könnte». Auch in W.s Fall überwiege «das öffentliche Geheimhaltungsinteresse das Interesse des Beschwerdeführers an der Bekanntgabe der zugedeckten Stellen». Da W. seiner Eingabe aber peinlicherweise die Kopie einer CSS-Fiche beilegen konnte, auf der im Gegensatz zu W.s Eintrag mit derselben Aktennummer «der Name der am überwachten Treffen beteiligten Drittperson ersichtlich ist», müsse, so folgerte die eidgenössische Exekutive scharfsinnig, davon ausgegangen werden, «dass der Beschwerdeführer mit Sicherheit die Identität der überwachten Person kennt. Demzufolge ist mangels eines aktuellen Geheimhaltungsinteresses der Name der Drittperson» – Klaus-Peter A. eben – «auf der Karteikarte des Beschwerdeführers offenzulegen.» Auf die «Auferlegung der Verfahrenskosten» sei zu verzichten, entschied die Landesregierung. Der «ganz oder teilweise obsiegenden Partei» – W. also – sei eine «Parteientschädigung von Fr. 800.– zuzusprechen».

Der Berner Bruder

Hansjörg B. – Einundzwanzigster Bericht
Ein Bundesweibel überbrachte B. die Nachricht. Der Berichterstatter erinnert sich an einen dieser Herren, die der schweizerischen Demokratie einen k. u. k. Anstrich geben. Bei einem Besuch im Departement des Äusseren war so ein Frack auf ihn zu, war eine Treppe heruntergekommen, den Fuss Stufe für Stufe etwa dreissig Zentimeter nach vorne schiebend, wo er ihn für einen wahrnehmbaren Moment in der Schwebe hielt, bevor er ihn auf den nächsten Tritt sinken liess, sodass es fast schon wie ein Schreiten erschien. Er, der Berichterstatter, streckte die Hand zum Gruss aus, aber der Livrierte drehte sich, als er noch anderthalb, zwei Meter von ihm entfernt war, um 180 Grad. Er erinnert sich nicht mehr, ob der Kopf im Frack etwas murmelte, ihn

aufforderte, ihm zu folgen. Während seine Hand ins Leere griff, stieg der im Gegensatz zu ihm – «Sind Sie der Telefoninstallateur?», war er am Empfang gefragt worden – protokollgetreu Gekleidete vor ihm die Treppe wieder hoch. Vermutlich erschrak B. damals, als der Weibel ihm meldete, sein Bruder sei da; arglos, wie ein Blick in das von Amtes wegen ausdruckslose Gesicht verraten hätte, er konnte ja nicht wissen, dass B.s einziger Bruder schon vor Jahren aufgegeben.

Der Mann musste dem «höchsten Schweizer» sofort aufgefallen sein. Er sass auf einem der Stühle, die im Nationalratssaal für StänderätInnen reserviert und deshalb nur bei den seltenen Gelegenheiten besetzt sind, in denen sich die Bundesversammlung vereinigt. Dies war ein gewöhnlicher Sessionstag, deshalb hiess der Nationalratspräsident den Ratsweibel, abzuklären, wer da durch die strengen Kontrollen geschlüpft, an denen, erzählt Hansjörg B. lachend, sogar für die Frau des damaligen Präsidenten der «Sozialdemokratischen Partei der Schweiz» kein Vorbeikommen war. Der Fremde gab, von Amtes wegen gefragt, an, er sei Hansjörg B.s Bruder. Der identifizierte, vom Weibel herbeigerufen, den blinden Parlamentarier als Kunstmaler und Mündel.

Der falsche Bruder habe seine Mutter in Meiringen besuchen wollen und deshalb seine Mitarbeiterin bei der Zürcher Amtsvormundschaft um Geld ersucht, sei aber auf Ablehnung gestossen, habe deshalb den nächsten Zug nach Bern genommen, um ihn persönlich um Geld zu bitten, das er ihm auch gegeben. «Oder vielleicht wollte er mich auch einfach nur sehen.» So frei von Anmassung und Selbstzweifel muss der Bevormundete in den Saal der Gewählten getreten sein, dass niemand von ihm Notiz nahm, bis der Mann auf dem höchsten Schweizer Sessel bemerkte, dass da die zwei Welten in einem Saal sassen, zwischen denen Hansjörg B. normalerweise pendelte. Wenn ihm die Leute in Bern «verleidet», habe er sich jeweils bei «meinen lieben Säufern zu Hause» getröstet, die ihm fast sympathischer waren als die «geschniegelten Parlamentarier».

Telefon von Wachtmeister Studer

Anjuska W. – Vierundzwanzigster Bericht;
Jochi W. – Zwanzigster Bericht

Es war, als wäre sie in einem Roman von Friedrich Glauser erwacht. «Hie isch Wachtmeischter Schtuder», brummte es morgens um sieben in Zürich mattenenglisch[145] aus dem Hörer. Als würde sie in jenes Geschehen verwickelt, das die Welt in Täter und Opfer spaltet, woran jener wegen einer Banksache vom Kommissar zum Wachtmeister degradierte Berner Fahnder auf Betreiben seines Schöpfers Friedrich Glauser mehr und mehr zu zweifeln begonnen, worauf er spätestens in «Matto regiert» den festen Boden von Gut und Böse verliess. Aber Glauser war doch schon lange tot, muss es ihr im Halbschlaf durch den Kopf gefahren sein, hatte seinem Studer das Queue aus der Hand genommen. Ein Scherz mit einem toten Ermittler, ein schlechter? Der Mann in Bern war vermutlich schon mehrmals auf KennerInnen der Schweizer Literatur gestossen und fühlte sich deshalb bemüssigt, Fragen zuvorzukommen. Er heisse, machte er durch eine hauptstädtische Muschel klar, «tatsächlich Studer». Sie erinnere sich, kroch es in der Bankenstadt aus W.s Leitung, bestimmt nicht an ihn, er habe «unsere Demo» vor die türkische Botschaft begleitet, «habe gesehen, wie das alles abgelaufen sei».

Am 23. Juni 1986 – «Es war ein heisser, sicher auch ein schöner Sommertag», entsinnt sich Anjuska W. – hätten sie in Bern eine Petition mit Unterschriften für die Rücknahme der Akkreditierung des türkischen Botschafters Haydar Saltik, «eines der massgeblichen Organisatoren des Militärputsches vom September 1980», abgegeben. «Dieser dem Geheimdienst nahestehende Ex-General dürfte hier unter anderem die Aufgabe haben, die in unserem Lande lebenden Türken und Kurden sowie deren Organisationen zu überwachen. Wir protestieren aufs Schärfste gegen diese Akkreditierung und fordern den Bundesrat auf, von der türkischen Regierung die Abberufung dieses Exponenten der blutigen Unterdrückung zu fordern.» Da der Bundesrat diesem Appell nicht nachkam – «Jeder Staat ist frei, seine diplomatischen Vertreter bei anderen Staaten zu bestimmen», hiess es in der Antwort des Eidgenössischen Departementes für auswärtige Angelegenheiten, «der Empfangsstaat seinerseits kann seine Zustimmung zur Akkreditierung eines diplomatischen Vertreters verweigern, doch handelt es sich dabei nach der gängigen Völkerrechtspraxis um eine schwerwiegende Massnahme, welche nur selten und nur bei Vorliegen gewichtiger Gründe ergriffen wird … Im vorliegenden Fall ist der Bundesrat zum Schluss gekommen, dass – gestützt auf die ihm bekannten Elemente – keine ins Gewicht fallenden Gründe gegen die Akkreditierung von Botschafter Saltik vorliegen» –, da vom Bundesrat keine Unterstützung zu erwarten gewesen, hätten sich die rund fünfzig DemonstrantInnen nach der Übergabe der Petition im Bundeshaus mit Bewilligung vor der türkischen Botschaft versammelt, um dem das Geschehen vermutlich hinter gezogenem Vorhang verfolgenden «anerkannten Vertreter eines Landes, mit dem wir seit mehr als sechzig Jahren durch einen Freundschaftsvertrag verbunden sind» – gezeichnet Pierre Aubert, Bundesrat, SP –, das mitgeführte Transparent entgegenzustrecken. «Mörder Saltik raus aus der Schweiz.»

Alles sei «völlig friedlich abgelaufen», erzählt Anjuska W. «Es sei nichts passiert», bestätigte ihr Studer am Telefon und sah es als Gebot der Fairness, sie in früher Stunde davon in Kenntnis zu setzen, dass eine Busse «auf sie zukomme». Anjuska W. hatte, wie so oft, wie in ihren Fichen pedantisch vermerkt, die Demonstrationsbewilligung unterzeichnet und erhielt deshalb in den folgenden Tagen den angekündigten Strafbeschluss. Es sei nicht viel gewesen, «ich glaube, 70 Stutz, oder so». Sie beschloss, nicht zu bezahlen. «Es ging nicht um den Betrag», sondern um die Gelegenheit, «politisch nachzuhaken» und den so genannten Wahrheitsbeweis – das heisst den Beweis, dass der türkische Botschafter in der Schweiz ein Mörder war – zu erbringen.

Die zusammengetragenen Fakten – Saltik, verantwortlicher Befehlshaber der türkischen Invasion auf Zypern 1974 («Besonders in den ersten Tagen nach der Invasion kam es zu barbarischen Verbrechen an der griechisch-zypriotischen Zivilbevölkerung, die auf diese Weise zur Flucht aus den türkisch besetzten Gebieten genötigt werden sollte»);[146] Saltik, einer der führenden Köpfe des Militärputsches 1980; Saltik, mitverantwortlich für Hinrichtungen des türkischen Militärregimes; Saltik, verantwortlich für den Tod mehrerer Personen durch Folterung –, die beigebrachten Beweise überzeugten den zuständigen bernischen Gerichtspräsidenten, der Anjuska W. von der «Anschuldigung des Ungehorsams gegen eine amtliche Verfügung» freisprach und auch das Verhalten von Saltik selbst als Indiz würdigte. «Er hat keinerlei Reaktionen gezeigt und vor allen Dingen nicht Strafantrag wegen Ehrverletzung gestellt, was wohl nicht zuletzt darin gründet, dass keine ‹Beleidigung› vorlag: Die inkriminierte Aussage ‹Saltik Mörder› ist vielmehr eine mehrfach belegte ‹Tatsache›, die im Rahmen des durch die Verteidigung geführten Wahrheitsbeweises problemlos dargetan werden konnte.»

Das liess der staatliche Ankläger nicht auf sich beruhen, sodass das Ganze bis und mit Bundesgericht durchgejuristelt wurde. Dieses hob eine zwischeninstanzliche Verurteilung von Anjuska W. wieder auf und sprach ihr eine Parteientschädigung von Fr. 1500.– zu. Ein Erfolg, der nicht mit Pauken und Trompeten gefeiert wurde. Türkische FreundInnen warnten Anjuska W. – die sich auch dann nicht ins Scheinwerferlicht von Talkshows gesetzt, wenn es sie schon gegeben hätte –, «sei hellhörig», mahnten sie; wenn ihr irgendetwas als seltsam erscheine, «nimm es ernst». Was sie auch tat. Immerhin war das Urteil in verschiedenen türkischen Oppositionszeitungen erschienen und hatte für einiges Aufsehen gesorgt. Nicht, dass sie sich nicht mehr auf die Strasse gewagt, aber den «Leuten aus Kreisen der Grauen Wölfe» sei damals einiges zugetraut worden. «Es ist dann nichts passiert.» Nur der Botschafter sei, früher als geplant, «still und leise ausgewechselt worden» und «von der Bildfläche verschwunden».

Schwierige Freundschaft zwischen Nord und Süd

Leni A. – Zwölfter Bericht

«Die Konfrontationen zwischen schwarz und schwarz», klagte der Mann aus Kwazulu im Januar 1985 in einem Brief an Leni A., «sind so schlimm geworden, dass ich zwei Tage nach der Beerdigung meiner Mutter nach Soweto gehen musste, um an das schwarze Volk zu appellieren, mit den Verstümmelungen, Morden und Zerstörungen des Besitzes anderer aufzuhören.» Er rechtfertigte sich für seine von vielen als «anpasserisch» kritisierte Politik gegenüber der weissen Regierung. «Ich will das rassistische Regime nicht kippen und damit Leiden verursachen, ohne wirkliche Änderungen ... Wenn sich irgendeine Veränderung abzeichnet, bin ich bereit, jedes Leiden zu erdulden.» Gegen Ende der achtziger Jahre finden sich im Briefwechsel zwischen Leni A. und Gathsa Buthelezi vermehrt distanziertere Töne. Nachdem sie ihm noch geschmeichelt – «Du siehst gut aus in den Fernsehbildern» –, sich vorerst noch ganz moderat gegeben – «Du kannst dir nicht vorstellen, wie froh ich bin um deine Verbindung zu Nelson Mandela – so lange ihr zusammenhaltet, gibt es Hoffnung» –, wurde sie im August 1986 konkret: «Selbstverständlich verstehe und schätze ich deine Aufrufe zur Gewaltlosigkeit. Aber – sind sie nicht mehr und mehr unrealistisch? Da ist Gewalt, ob wir wollen oder nicht, und zuallererst durch den Staat. Ich denke, wir müssen zugeben, dass Gewaltlosigkeit in den vergangenen Jahren nicht allzu viel gebracht hat – siehe Mandela.» Obwohl Buthelezi der Frau im Norden – «Ich liebe und respektiere dich in hohem Mass als eine der liebsten Schwestern in Christus» – schon früher zu verstehen gegeben, dass sie nicht wirklich mitreden könne – «Trotzdem bestreite ich, dass du mich besser beurteilen kannst als Leute, die mich seit dreissig oder vierzig Jahren näher kennen, die feststellen, dass ich sogar jenen vergebe, die meinen Mord planen» –, trotz dieser deutlichen Worte und eigenem Zögern – «Ich weiss nicht und wage es kaum» – schrieb sie es doch. «Vielleicht ist eine Verschärfung der Krise nötig, damit die Dinge sich bewegen», verteidigte sie einen von ihm abgelehnten Wirtschaftsboykott – «Nur wenn die Weissen zu leiden beginnen», werde sich etwas ändern – und warnte den Bruder im Süden vor seinen falschen Freunden im Norden, die zwar mit Worten die Apartheid kritisierten, aber mit Taten die weisse Regierung unterstützten. Sie verstehe zwar, dass er – obwohl «der Kapitalismus nicht deine Religion ist» – für die nahe Zukunft auf die Karte des freien Marktes setze, forderte ihn aber auf, «den Wirtschaftsleuten nicht zu sehr zu trauen». Denen gehe es nur um die Stärkung ihrer Position, und die diene, auf lange Sicht jedenfalls, nie den Massen. Als hätte sie Angst vor den eigenen Sätzen bekommen, beschloss sie den Brief ganz christlich mit der Bitte um Vergebung dafür, «dass ich so direkt bin, aber ich denke, es ist der einzige Weg unter Freunden zu sprechen».

Vermutlich las der südafrikanische Freund nicht, was Leni A. im Sommer 1987 in einem in der «Neuen Zürcher Zeitung» veröffentlichten Leserinnenbrief denen entgegenhielt, die «aus sicherer Distanz den Leuten, die täglich leiden, zumuten, auf eine ‹Evolution› zu warten. Die zurzeit eher nach Sankt-Nimmerleins-Tag aussieht.» Gebe es auch nur ein Beispiel aus der Geschichte, fragte sie, «bei dem Befreiung aus Unterdrückung und Rechtlosigkeit ohne Gewalt geschah?», und griff ungeniert in den schweizerischen Fundus: «Wenn wir nächstens unsere 700 Jahre Eidgenossenschaft feiern, werden wir uns mit Stolz an unsere doch nicht ganz unkriegerischen Ahnen erinnern, die ‹Im Namen Gottes, des Allmächtigen› lieber tot als Sklaven sein wollten, und werden mit ebensolchem Stolz auf unsere Armee verweisen, die uns in Zukunft vor einem ähnlichen Schicksal bewahren soll!»

Sicher aber las Buthelezi den Brief, den er Anfang 1988 erhielt. Nach seinem offensichtlich vorausgegangenen Besuch in Switzerland fühlte sie sich verpflichtet, das Versprechen einzulösen, ihm zu erklären, «weshalb mich dein Besuch» – bei dem er sich anscheinend mit verschiedenen hochkarätigen Schweizer Wirtschaftsleuten getroffen – «wütend gemacht». Sie «hasse» den Gedanken, «dass du durch diese Leute vereinnahmt wirst, ob du willst oder nicht», wetterte sie und erinnerte ihn daran, dass er früher mit Leuten, mit denen er jetzt vertraulich tue, ganz anders umgesprungen. «Ich weiss nicht, wer oder was dich von einem moderaten Sozialisten zu einem glühenden Verteidiger des Kapitalismus und des freien Unternehmertums gemacht hat.» Erschreckend auf jeden Fall sei es für sie, «dich immer und immer wieder Mrs Thatcher, Mr Reagan, Mr Kohl und Chirac als Garanten des sozialen Wandels in Südafrika erwähnen zu hören». Weit holte die Adliswiler Pfarrerin aus. «Tatsache ist, weltweit, dass mit Kapitalismus die Reichen reicher und die Armen ärmer werden ... Das System hat versagt. Nur in einem Punkt haben sie nicht versagt. In der Politik des ‹Teile und herrsche› sind sie sehr erfolgreich und im Übertragen der Mechanismen der Unterdrückung auf die Unterdrückten selbst.» Sie glaube zwar nicht an Gewalt, notierte die in Fahrt gekommene Frau Pfarrer – und rettete sich damit knapp vor dem Vorwurf der Gotteslästerung –, und es sei bestimmt nicht «in the spirit of the gospel», aber sie sehe die Fakten, die Gewalt, die herrsche in seinem Land, «und, ehrlich gesagt», schrieb sie dem Dear Gathsa, «ich sehe auch dich nicht, sie zu verhindern». Die Reden, seine Reden habe sie gelesen – «mit zahlreichen Attacken und Beschuldigungen gegen Leute, die ich sehr gut kenne» –, und es mache sie traurig, manchmal, mache sie wütend. «Nicht weil ich denke, sie seien ohne Fehler», aber weil sie wisse, «dass sie sich für die Freiheit der Unterdrückten einsetzten», und weil sie das Möglichste täten, «die Massen versöhnlich zu stimmen und die Gewalt auf einem tiefen Level zu halten»; aber die Omnipräsenz der militärischen und polizeilichen Truppen sei so «provozierend, dass du nicht verlangen kannst, vor allem von den jungen Leuten nicht, dass sie ruhig und geduldig bleiben». Er könne sie mit seinen Beteuerungen nicht überzeugen, vermöge nicht, ihr «glaubhaft» zu machen, «dass es immer die andern sind, die mit Beschuldigungen beginnen». Ihre, der Frau Pfarrer, Liebe gelte auch anderen «Kämpfern für die Freiheit, Kirchenführern, sogar ANC-Leuten, die ihre persönliche Freiheit und manchmal sogar ihr Leben riskieren, und die Gewalt letztlich nicht lieben». Den Brief, den sie noch vor Weihnachten geschrieben, schickte sie erst drei Wochen später ab. «Because it is really not a Christmas letter.»

Der viel beschäftigte Buthelezi reagierte umgehend. «Mein Herz lief über, als ich deinen Brief gelesen habe», beschrieb er seine Gefühle. «Es gehört zu dir, dass du überall gegen unmenschliche Behandlungen anschreist, wo immer du bist», attestierte er der Frau, die das Glück habe, in einem Land zu leben, «das mehr für die Menschlichkeit tun konnte, weil seine Bürgerinnen und Bürger diese Art von Wohlstand und politischer Stabilität geniessen, von der wir in der Dritten Welt nur träumen können». Er sei, verteidigte er sich, «nicht verantwortlich für die Welt, die dich so schmerzt. Wie du versuche ich das Wenige zu geben und wie du weiss ich, es ist nicht genug. Ich tue, was ich tue, weil ich glaube, dass das, was ich tue, das beste ist, was ich unter diesen Umständen tun kann.» Er wolle etwas tun, das Wirkung habe. Zu viel Leiden gebe es, das durch fehlgeleiteten Idealismus verlängert worden. Kein Sozialismus, «kein ideologischer Idealismus» rette die Hungernden in Südafrika, hielt er der Weissen im Norden entgegen, um dann auf den Kern zu kommen: «Gewalt führt zu Gewalt, und wir werden nie regiert werden, wie das Volk es will, wenn revolutionäre Gewalt nach dem Sieg über die Apartheid zu einer Regierung der Gewalt führt.» Er sei, verteidigte er sich, dem Volk verantwortlich, und «mein Volk» sei fähig, mit dem ausbeuterischen Kapitalismus umzugehen. «Es ist stupid», dozierte er, «Angst vor dem grossen Geld zu haben.» Mann (und frau) müsse das grosse Geld benutzen, um den Wechsel voranzubringen. «Als Schwarzafrikaner», erklärte er selbstbewusst, «verhandle ich mit Regierungen, unabhängig davon, wer gerade das Staatsoberhaupt ist.» Sie, Leni A., wies er ihr den Platz zu, habe ihr ganzes Leben im Westen verbracht und sei damit legitimiert zu einer Kritik des westlichen Kapitalismus, aber, fragte er, sei etwa der Kommunismus erfolgreich gewesen? Sei der westliche Sozialismus nicht «reiner Luxus, den sich nur die reichsten Länder der Welt leisten können? Ich habe es mit den Realitäten von Millionen zu tun. Ich kann nicht mit den Ideen und Worten einer westlichen Luxuswelt spielen», diktierte er, vermutlich, einer Schreibkraft. Er könne es sich nicht leisten, seinen FreundInnen im Norden zu gefallen, «wenn mein Volk will, dass ich etwas anderes tue». Und: «Wenn Freundschaft endet, weil du darauf bestehst, dass ich politisch mache, was du willst – was für eine Freundschaft war das vorher?»
Leni A. liess sich Zeit, bis sie zurückschrieb. Der kranke Bruder lieferte ihr Rechtfertigung. Im Übrigen, meinte sie etwas resigniert, könnten sie einander trotz Freundschaft nicht überzeugen, bedankte sich aber für die Zeit, die er sich für sie genommen, um ihm dann mitzuteilen, sie könne künftig, vorläufig wenigstens, nicht mehr nach Südafrika kommen. «I am Persona non grata, unhappy to be cut off the country and friends I love, but also a bit proud, if you can understand me.» Es ist zu vermuten, dass der Freund im Süden mit Kopfschütteln vom seltsamen Stolz des Nordens Kenntnis nahm, mit dem Leni A. all ihre Bekannten in Südafrika – sie habe sofort «en Brief usegla» – über das Einreiseverbot informierte. Stolz darauf, «dass die mich in Pretoria so wichtig finden».

Ihnen gefällt es, wenn Sie als gefährlich eingestuft werden, lächelt der Berichterstatter mit leisem Spott.

«Ja», bestätigt sie, «solange es für mich nicht wirklich bedrohlich wird.» Sie habe, gesteht sie, nie ein grosses Selbstvertrauen gehabt, «und das gab mir ein Gefühl der Wichtigkeit».

SchwarzundWeiss zum Siebten

Ich hatte keine Zeit, Schwarz' Berichte zu lesen, die Schreibmaschine stieg Blatt um Blatt, ungleich langsamer allerdings als seine Grantigkeit, die ich anfänglich dem wachsenden Unmut des Abhängigen zuschrieb, vergleichbar der Abneigung, mit der die Einheimischen die «Grüezeni» und «Schwaaben» mustern, die ihnen eine Existenz, und keine bescheidene, verschaffen, sodass die unterländlerischen Touristinnen am liebsten gleich die Koffer wieder packten, wenn da nicht das versöhnlerische Panorama und die herzigen Geisslein wären; Schwarz aber, der sich rührend und regelmässig nach meinem Liebesschmerz erkundigte, zürnte nicht mir, sein anschwellender Unmut, so musste ich seinen spärlichen Äusserungen entnehmen, galt offensichtlich dem Umstand, dass seine Hauptfiguren lebende Menschen waren, denen er nicht, GottundDichter spielend, Lebensläufe, Gesinnungen und Kinnpartien nach eigenem Gusto verpassen konnte, die sich vielmehr seinen Geschichten zu widersetzen begannen und Wirklichkeit beanspruchten, aber sie überzeugten ihn nicht; je länger er ihnen zuhörte, desto mehr schien er sich in ihre Widersprüche zu verkrallen, oder vielleicht nahm er es ihnen auch ganz einfach übel, dass sie eine Begeisterung aufgebracht hatten und immer noch aufbrachten, zu der er nicht in der Lage war, obwohl er, ganz im Gegensatz zu mir, immer an der Utopie als dem Menschenmöglichen festhielt, aber er hatte ganz einfach kein Talent zum Jubel, schon gar nicht in der Masse; der Gestrenge liebte die Menschen nicht, wie sie waren, nahm es ihnen übel, dass sie nicht seiner Dramaturgie entsprachen, mir aber wurden die verschrobenen Weltverbesserinnen in ihren, so Schwarz, geschmacklosen Polstergruppen immer sympathischer – war am Ende ein Paradies mit krummbeinigen Menschen doch denkbar?

> Ich kam mir vor. Wie die abergläubische Henne. Die. Durch gezielte Futterzufuhr. Dazu gebracht wird. Auf einem Hühnerbein stehend. Mit dem rechten Flügel zu grüssen. Der irrigen Annahme verfallen. Sie habe. Mit dieser lächerlichen Pose. Das Korn im Schnabel. Nur etwas unterschied mich vom Huhn. Ich wusste nicht. Was Weiss für sein Geld wollte. Und machte mir dauernd Gedanken darüber. Probierte. Erfolglos. Alle mir bekannten Stellungen aus. Suchte seine Nebensätze nach versteckten Aufträgen ab. Provozierte ihn zu Hinweisen. Brachte ihn dazu. Mich zu ermuntern. Ihre Zahnbürsten zu zählen. Farbe und Konsistenz ihres Toilettenpapiers zu beachten. An ihrem Aftershave zu schnuppern. Ihren Haarfön auszuprobieren. Oder ihren Lippenstift zu testen. «Der Zustand eines Klosetts.» Verführte ich ihn zu dozieren. «Sagt mehr über einen Menschen als der Inhalt seines Büchergestells.» Und an

jenem unbeschreiblichen. Aber allen vertrauten Ort. Kann mann. Und frau. Nun mal. Die Neugier am diskretesten stillen. Wer traut sich schon? In einer fremden Wohnung. Die Besteckschublade zu öffnen. Oder in den CDs zu stöbern. Ich liess ihn mich auffordern. Sie zu befragen. Nach dem Namen ihres ersten Meerschweinchens. Der Schuhgrösse ihres Pfadiführers. Der Zahl ihrer erotischen Körbe. Der Häufigkeit. In der ihre Biochemie nach einem Kick verlangte. Und dem Zustand ihrer Ehe. Sie auszuquetschen. Was sie. Damals. Gewusst. Geglaubt. Gesagt. Getan. Unterlassen hätten. Bis sie mich. Freundlichaberbestimmt. Stoppten.

Was machte Weiss mit meinen Berichten? Brauchte er sie als Rohmaterial für irgendwelche Peoplegeschichten? Die er. Unter eigenem Kürzel. Womöglich. In seinen Journalen veröffentlichte. Mit denen er. Wie er es darstellen würde. Politische und historische Zusammenhänge transportierte. Aufgepeppt durch das. Was die Leute halt wirklich interessierte. Was Menschen letztlich ausmachte. Zahnstellung und andere Intimitäten. War er. Insgeheim. An einem Nationalfonds-Projekt beteiligt? Das die Persönlichkeitsstrukturen Hoffender erforschte. Und ihre soziokulturelle Herkunft. Suchte er? In ihrer Niederlage. Mildernde Umstände. Für den eigenen Verrat. Drängte es ihn. Nach Jahren des abgeklärten Erfolgs. In alten Zeiten Visionen zu schlürfen. Oder. Ich zögerte. Schob den Gedanken. Der mich zu belagern begann. Wie der rettungslos Verliebte seine Angebetete. Unterdrückte den mir äusserst unangenehmen Gedanken immer wieder. Aber der begann sich. Wie der uneinsichtig Liebende. Der sich noch Jahre nach dem ersten klaren Nein. An Geburtstagen. Ostern. Weihnachten. Pfingsten. Valentins- und Muttertagen. Mit Blumensträussen und Pralinenschachteln. Vor verrammelter Tür aufbaut. In meinem Hirn festzukletten. Deutete nicht alles darauf hin? Die Ersteigerung meiner Schreibmaschine. Der plötzliche. Der geheimnisvolle Auftrag. Und hatte sich das Unvorstellbare nicht immer wieder als Realität erwiesen? Weiss. Hämmerte es in meinem Kopf. War ein Maulwurf. Wem sonst als seinen Auftraggebern wären diese Berichte so viel wert? Wer ausser dem präventiven Staatsschutz interessierte sich? In dieser schnellen Zeit. Für Menschen. Die eben noch als Staatsfeinde gefürchtet. Jetzt als lächerliche Figuren verspottet wurden.

Das Jahr, als die Mauer fiel

Hansjörg B. – Zweiundzwanzigster Bericht

Die Ficheure ahnten nicht, dass ihr heimliches, dass ihr emsiges Treiben nur fünf Monate später ans eidgenössische Licht gezerrt und, wenigstens für Tage, skandalös genannt werden sollte. An Mikrofonen wurde sogar die Staatskrise ausgerufen. Vermutlich wäre es noch heftiger gekommen, wenn nicht zwei Wochen zuvor der historische Fall der Berliner Mauer alle anderen Ereignisse plattgemacht hätte. Auch davon wussten die Maulwürfe noch nichts, als sie «am 13. 7. 89 um 14.30 Uhr, im Bahnhofbuffet Zürich», das Treffen zwischen Hansjörg B. und dem ostdeutschen Botschaftsrat beobachteten, der B. zu Weihnachten immer mal wieder einen der «berühmten Dresdner Christstollen» geschickt hatte, ohne dass die Staatsschützer es bemerkten. «Soweit ist die Verletzung des Postgeheimnisses nicht gegangen», schmunzelt B., der sich an dieses Treffen erinnert. «Das ist eine traurige Begegnung gewesen.» Der Botschaftsrat sei schon im Sommer 89 entlassen gewesen. «Entweder hat es sein Amt nicht mehr gegeben, oder es war kein Geld mehr da, um ihn zu bezahlen.» Der Ex habe eine Stelle gesucht und ihn deswegen um Unterstützung gebeten, die B. ihm nicht geben konnte. Alles noch bevor die Welt die Bilder sah, die zu diesem Zeitpunkt die wenigsten erwarteten und die der Berichterstatter fast gänzlich verpasste, weil er in dem Jahr, in dem 35,6% der Schweizer StimmbürgerInnen die Armee ersatzlos abschaffen wollten, derart in Privates verstrickt war, dass ihm der klare Blick auf Mondiales und Helvetisches fehlte. Er war nicht einmal mehr in der Lage, zum Zmorge die Zeitung zu lesen, was er im Normalfall am liebsten noch an Auffahrt und Ostermontag täte.

Er, B., habe die Beseitigung dessen, was ursprünglich «antifaschistischer Schutzwall» genannt worden – und diese Mauer durch eine Stadt sei ihm immer als etwas «Obszönes, Widernatürliches» erschienen –, habe diese Novembertage nicht als «ganz so dramatisch» erlebt, wie sie in die europäische Geschichtsschreibung eingegangen, auch nicht ganz so überraschend. Nur dass es «mit dieser Mauer so rabiat schnell geht», damit habe er «nie in meinem Leben» gerechnet. «Sensationell!», dass die ganze Entwicklung «fast blutlos verlaufen». Natürlich sei das ein Akt der Befreiung gewesen. «Dieses Regime ist ja immer einschränkender geworden.» Aber, fügt er an, «dieser Riesenstrom der Bevölkerung in den Westen, das habe ich nicht unbedingt als etwas Positives empfunden. Das war kein Strom zur Freiheit, sondern ein Strom zum Konsum.»

Für ihn sei weder der Fall der Mauer noch der anschliessende Zusammenbruch der Sowjetunion Grund zum Zweifel, Zweifel an der eigenen Utopie gewesen. Kein Anlass, dem Sozialismus abzuschwören, Visionen «auf den Misthaufen der Geschichte» zu werfen. Aber natürlich, sagt er 1997, sagt es nachdenklich, gebe es im Moment «wenig Fortschritte. Die Vision ist noch unsichtbarer, als sie es schon immer gewesen ist.» Er sehe sogar Schritte in «entgegengesetzter Richtung». Und die weltpolitische Lage habe sich «gesamthaft» verschlechtert. Zwar sei die Gefahr eines Weltkrieges, die schon seit längerem nicht mehr so akut gewesen, noch kleiner geworden. «Aber dafür sind lokale Kriege und Bürgerkriege wieder möglicher geworden.» Das Gleichgewicht zwischen den Vereinigten Staaten und der Sowjetunion, auch «Gleichgewicht des Schrekkens» genannt, habe oft «bremsend» gewirkt. Dass die USA jetzt «Monopol-Weltmacht» geworden, sei ein hoher, ein «schlimmer» Preis. «Den Golfkrieg hätte es ohne den Fall der Mauer nicht gegeben.» Und ohne den Golfkrieg keinen Krieg auf dem Balkan. «Ich kann das nicht mit Sicherheit sagen», schränkt er ein, «aber mit grosser Wahrscheinlichkeit. Der Golfkrieg hat es möglich gemacht, dass kriegerische Mittel wieder zu normalen Mitteln geworden sind.»

Hansjörg B. – Erster Nachtrag

Am 8. November 1996 kann der Berichterstatter mit Hansjörg B. nicht in der Vergangenheit …, wühlt mit ihm in der Gegenwart. «Strafverfahren gegen Alt-Nationalrat», hat das Schweizer Boulevardblatt zwei Tage zuvor vermeldet. «Kantonspolizisten schellten B. gestern früh aus dem Bett.» Um viertel nach sieben. Er sei mit «dem Sylvia» beim Zmorge gesessen, erzählt B. und erinnert an die Lackmusprobe in früheren Zeiten: Klingelt's in der Früh, steht in der Diktatur die Polizei, in der Demokratie der Milchmann vor der Tür, aber der kommt bei B.s schon seit Jahren nicht mehr. Es war ein Polizist, «hinter ihm, in Deckung, die Bezirksanwältin». Die beiden hätten sich ausgewiesen, hätten, nachdem sie am B.'schen Frühstückstisch Platz genommen, «etwas verlegen» gemurmelt, «sie kämen meinetwegen, es sei ein Strafverfahren gegen mich im Gange», und darum gebeten, auch die drei Beamten, die sich hinter der Hausecke versteckt, noch hereinlassen zu dürfen. Sie hätten Rücksicht auf sein Herz, auf die Nerven seiner Frau genommen. Er habe für einen Moment tatsächlich die Bypässe gespürt, aber darauf verzichtet, seinen Spray zu benutzen, habe keine Schwäche zeigen, nicht den Eindruck erwecken wollen, «ein Theater aufzuführen». Er imitiert den dramatischen Griff ans Herz. Verdacht auf «ungetreue Geschäftsführung», wusste der «Blick» zu berichten, sei der Anlass für Hausdurchsuchung und Einvernahme des pensionierten Mündelmunds gewesen. «Hansjörg B. soll als Zürcher Amtsvormund ihm anvertraute Mündel oder staatliche Institutionen um mehrere zehntausend Franken geschädigt haben.» Vorwürfe, die ein Jahr zuvor amtsintern bereits untersucht worden – «mit negativem Ausgang», wie es in einer Medienmitteilung des Sozialamts heisst –, wurden vom ehemaligen Kanzleisekretär B.s mit «Blicks» Beistand ins Strafrechtliche weitergezogen. Auch wenn in seinem Fall alles korrekt verlaufen – «In dieser Beziehung werden die Leute ja sehr unterschiedlich behandelt; Mündel werden um sechs aus dem Bett geholt, Bührle[147] wird gefragt, ob ihm eine Einvernahme nachmittags zum Vieruhrtee passe» –, auch wenn die Beamten keine Schubladen aus Kästen gerissen und den Inhalt auf den Boden gekippt, wie es im Fernsehen etwa zu sehen sei, B. ist verletzt, beleidigt, allein schon durch den Umstand, dass die Bezirksanwältin in Begleitung von Polizisten gekommen, als würde sie unterstellen, «ich würde Widerstand leisten, sie müssten mich überwältigen». Selbstverständlich habe er ihr sofort die nötigen Unterlagen ausgehändigt. Sie hätte auch einfach telefonieren oder «ein Brieflein schreiben können», er solle vorbeikommen und ihr die Akten bringen.

Überzeugt, nichts Unrechtes getan zu haben, habe er sich bei der Befragung «zusammengenommen», habe sich gedacht, «das Verfahren muss eingestellt werden, möglicherweise habe ich Anspruch auf eine Entschädigung», und die habe er sich nicht mit sarkastischen Bemerkungen verscherzen wollen. Habe es aber dann doch nicht lassen können. Das Mündel, um das es gegangen, habe ihm am Freitag als «Morgengabe» regelmässig ein Pfünderli[148] gebracht. Da könne sie ja, habe er die Bezirksanwältin angeflachst, auch gleich noch ein Verfahren wegen Bestechung eröffnen. Die aber hielt sich in diesem Fall an den Hauptvorwurf, B. habe bei S. – der von einer ausserordentlichen AHV-Rente und Zusatzleistungen lebte – nicht abgeklärt, ob der tatsächlich einen Lottogewinn gemacht. «140 000 Franken Lottogewinn einstreichen und dann Fürsorgegelder kassieren!», geiferte der «Blick» und wollte von B. wissen: «‹Warum haben Sie nicht reagiert, Herr B.?› Der ehemalige Amtsvormund: ‹Ich habe diesen Lottogewinn nur als Gerücht aufgefasst.› Warum gingen Sie dem Gerücht nicht nach? B.: ‹Ich bin nie ein Schnüffler gewesen, weil ich meinen Leuten vertraute.›» Er würde heute wieder gleich handeln, beteuert B., auch wenn selbst ihm Nahestehende den Fall für heikel erachteten. Aber ihm habe die Auskunft des Betroffenen, er habe nicht im Lotto gewonnen, genügt, und er wisse bis heute nicht mit Sicherheit, ob der einen Treffer gehabt habe oder nicht. Wie Koni Loepfe in der «DAZ»[149] richtig geschrieben, habe er die möglichen Folgen eines Vertrauensbruchs als schlimmer eingeschätzt. «Hätte er dem Betroffenen durch Abklärungen hinter dem Rücken das Vertrauen entzogen, wäre ein Rückfall garantiert gewesen. Ein Rückfall, der auch finanziell die Stadt mit den Klinikaufenthalten teuer zu stehen gekommen wäre.» Als Amtsvormund, betont B., sei er für die Mündel da, nicht für den Staat. Darauf hätten die Bevormundeten ein Recht, so wie Angeklagte das Recht auf einen Verteidiger beziehungsweise eine Verteidigerin, vom Staat zur Verfügung gestellt, hätten, und die würden schliesslich auch die Interessen der Verteidigung, nicht des Staates vertreten.

Am 22. Oktober 1997 übrigens meldete der «Tages-Anzeiger»: «Strafverfahren gegen B. eingestellt ... Es habe ihm kein strafbares Verhalten nachgewiesen werden können, sagte Bezirksanwältin Yvonne G. am Dienstag ...»

Hansjörg B. – Zweiter Nachtrag

Am 9. Februar 1999 stirbt Hansjörg B., noch nicht einmal siebzigjährig. «Nach einem glücklichen und erfüllten Leben», heisst es in der Todesanzeige. «Bis zuletzt hat er sich für sozial benachteiligte Menschen eingesetzt.» Und Willy Spieler notiert in den «Neuen Wegen»:[150] «Die eindrücklichsten Worte, die ich je von Hansjörg B. gehört habe und die unverwechselbar nur von ihm stammen können, sind im Gespräch zu seinem 60. Geburtstag nachzulesen. Sie zeigen einmal mehr, wie Hansjörg aus konkreten Begegnungen Hoffnung schöpfte. Auf meine Frage nach seiner Motivation für die radikale Politik, die er verfolge, erhielt ich zur Antwort: ‹Was ich erfahren habe von der christlichen Botschaft, wie Ragaz sie deutet, von dieser Hoffnung auf das Reich Gottes und von der Liebe Gottes, die auch die Liebe zwischen den Menschen einschliesst, das ist letztlich schon der Quell meiner Arbeit. Hinzufügen möchte ich eine regelmässige Begegnung: Jeden Freitag kommt ein Mann zu mir auf Besuch, der während seines ganzen Lebens Alkoholprobleme hatte und heute abgebaut wirkt. Er schenkt mir ein Pfund Brot, weil er meint, die beste Bäckerei in Zürich gefunden zu haben. Und weil er denkt, dass der Mensch vom Brot allein nicht leben kann, bringt er mir auch noch seine liebste Zeitung, den ‹Blick›. Was dahinter steht, ist so echt und liebenswert, dass diese Begegnung für mich jede Woche zu einem Hoffnungszeichen wird. Ich erlebe viele derartige Hoffnungszeichen, die das, was ich unter Reich Gottes verstehe, konkret werden lassen.›»

Leni A. – Dreizehnter Bericht

Sie sei vor dem Fernseher ghokked und habe «brüeled», als sie die Mauer abgerissen, habe gedacht, das könne nicht gut gehen. Sie sei ja nicht gegen den Fall der Mauer gewesen, aber dass es so schnell gegangen, das war für sie eine «Katastrophe». Die Hoffnung, die sie in den Wochen davor noch gehabt – zerschlagen, die Hoffnung, «man könnte die positiven Errungenschaften der DDR hinüberretten. Und das hätte der Westen ja dringend nötig gehabt.» Sie hätte dem nicht mehr Kommunismus oder Sozialismus gesagt – damit sei's schon 56 und 68 vorbei gewesen –, «einfach eine gerechtere Gesellschaftsordnung». Und dass die das alles einfach so «häregheit», sie lacht gequält, «für ein paar Bananen», das sei «die grosse Enttäuschung» gewesen. «Nochmals ein Ende.» Das habe sie selbst im Grunde noch mehr gegen das siegreiche «westliche System aufgebracht, weil es jetzt noch aussichtsloser wird, dass es je eine Alternative dazu gibt». Visionen würden zu Illusionen. Aber sie will «nicht resignieren. Ich will das nicht akzeptieren!» Und packt die letzte aller Hoffnungen: «Es kann nicht immer nu nizzi ga, irgendwann ischmer dunne, dann muss es auch wieder obsi ga.»

Leni A. – Erster Nachtrag

1990 habe sie wieder, diesmal vor Freude und mit neuer Hoffnung, «brüeled» – Sie sei halt «nahe am Wasser gebaut», erklärt Leni A. –, bei der Befreiung von Nelson Mandela. «Sobald die Berliner Mauer gefallen ist, hat es kein Halten mehr gegeben, in Südafrika.» Mandela sei für sie «eine Jahrhundertfigur, vergleichbar mit Gandhi und Martin Luther King», schon im Gefängnis «eine Legende», und jene, die geglaubt, draussen komme er dann «scho obenabe», hätten sich «bös» getäuscht. «Der ist noch mehr Legende als damals» und wurde 1994 zum Präsidenten gewählt. Bei einer Gedenkfeier im grössten Stadion von Soweto habe sie ihn einmal gesehen – zmittst in der Feier habe er «Einzug gehalten», mit einer Wagenkolonne, sei ganz in ihrer Nähe ausgestiegen, natürlich sofort umringt von JournalistInnen, sie selbst habe geknipst «wienen Löli», bis der Film leer war. Zwei Meter von ihr entfernt habe er einen Schwarzen begrüsst und sei dann weitergegangen. «Und dann ist er doch tatsächlich bei mir noch einmal stehen geblieben und hat mich angelacht. Ich habe mich fast nicht getraut, es zu glauben. Und dann hat die neben mir, als ich so schüchtern bemerkte, er habe mich angelacht, gebrummelt: ‹Wieso eigentlich bloss dich?›» Trotzdem sei dieser Moment etwas ganz Besonderes für sie geblieben. «Der hat so etwas unerhört Gütiges. Dass ein Mensch so sein kann, nach 27 Jahren Gefängnis, das isch würkli verruckt.» Ein «Lebensziel», schmunzelt sie, «dem einmal die Hand zu schütteln». Aber: «Es graated eifach nöd, und jetzt denke ich – ich kann auch so sterben.»

Leni A. – Zweiter Nachtrag

1995 stirbt der Mann, den der Berichterstatter einfach Tom nennt, der noch im Dezember davor in Splügen Ski fahren lernen wollte. «Er hat sooo Freude am Schnee gehabt» und war 24 Jahre jünger als Leni A. «Eine verrückte Sache», sagt sie, «eine sehr intensive Beziehung.» Fast hätte sie jetzt die Reise in ihr Traumland doch noch gewagt. Bis 1988 sei sie ja gebunden gewesen, habe den «invaliden Bruder» bei sich gehabt, nach dessen Tod des fortgeschrittenen Alters wegen den grossen Umzug gescheut. Aber als dann am Kap der guten Hoffnung alles zusammenkam – die Befreiung Mandelas, die ersten demokratischen Wahlen und Tom, der farbige Kollege –, da habe sie es sich nochmals überlegt, erzählt sie und erinnert sich an die Szene am Ufer von Kapstadt. Sie konnte vom Blick auf Robbeneiland nicht genug bekommen und gestand dem Mann im Süden, nach diesem Panorama werde sie zu Hause immer Heimweh haben. «Du brauchst nie mehr Heimweh zu haben», tröstete der Mann sie beide, «kauf dir ein Haus und komm.» FreundInnen hätten ihr freudig eine Villa mit acht Zimmern und Umschwung gezeigt, für umgerechnet 120 000 Franken sei das Glück im Süden zu haben gewesen. Sie hätten eine Zeitlang «fantasiert». Dann habe sie sich definitiv für «zu alt» befunden. Die Beziehung, meint sie, hätte dem Mann «sicher Schwierigkeiten» gemacht. «Seit Tom gestorben ist, bin ich alt», beendet sie das Thema.

Leni A. – Dritter Nachtrag

Die Gespräche mit Leni A. sind schon abgeschlossen, als sie doch noch zum ersehnten Händedruck kommt. 1997, Nelson Mandela ist wegen der Olympiakandidatur Südafrikas im Zürcher Nobelhotel «Dolder» abgestiegen, verschafft ihr die Botschafterin eine Audienz bei Mandela. Mit Händedruck, Umarmungen, Küssen «und einem kurzen, aber denkwürdigen Gespräch. Natürlich habe ich wohl gelebt daran.»

Emilio M. – Vierzehnter Bericht

1989 wurde Emilio M. von einer depressiven Stimmung heimgesucht. Der Psychiater M. interpretierte sie erst als «endogen» und schenkte ihr kaum Beachtung. «Ich bin nicht so schwer depressiv gewesen, dass ich mich hätte umbringen wollen. Soweit ging es bei mir nicht, auch nicht so weit, dass ich nicht hätte arbeiten können. Der Antrieb fehlte. Die Freude fehlte. Du bist nicht zufrieden mit dem, was du hast und was du bist. Du freust dich nicht an dem, was du erlebst. Es ist alles ein bisschen grau und ein bisschen Scheisse», beschreibt er seinen damaligen Zustand, den er schliesslich «persönlichen Misserfolgen» zuschrieb. Die Frau, in die er sehr verliebt, die ihn verliess; die schizophrene Schwester; das Projekt, ein türkisches Bad, Treffpunkt für Linke auch, das ein erstes Mal scheitert. Als die «Verstimmung» sich als anhaltende erwies, wollte er diese «paar Dinge, die wirklich belastend» gewesen, nicht länger als hinreichende Erklärung gelten lassen. «1989/90», schrieb der Analytiker in einem später selbst verfassten Lebenslauf, «reagierte ich auf den Zusammenbruch des ‹Realexistierenden Sozialismus› zunächst depressiv. Was das realpolitisch im Weltmassstab für die kommende Generation bedeutet, war mir klar: eine Epoche des Konservativismus und der reaktionären Hegemonie.»

Dass es so weit kam, hätte ihn nicht überraschen dürfen, schliesslich hatte die Linke, weder die schweizerische noch die internationale, nicht beherzigt, was er schon 1983 geschrieben: «Die Übertragung der Formel des Alles-Könnens-wenn-man-nur-will ins Politische führt zwangsläufig zum Voluntarismus und damit auch oft genug zur Selbstüberforderung linker Politik. Da die zu hoch gesteckten Ziele nie erreicht werden können ..., endet so manche Initiative in Mutlosigkeit, Selbstvorwürfen und Depressionen. Es bedarf dann eines geeigneten Feindbildes oder des Sündenbocks, der die Prügel bezieht ...»[151] Die KommunistInnen hatten nicht glauben wollen, «dass es kein allgemeingültiges Glück gibt ..., dass eine ökonomistische, d. h. mechanistisch strukturierte Politik, die einseitig gewisse Bedürfnisse privilegiert (Geld) – wie berechtigt diese auch immer sein mögen – auf die Dauer nicht zu überzeugen vermag ... Was für die anderen Institutionen gilt, gilt auch für eine autoritär strukturierte Parteiorganisation. Wir kennen alle die Geschichte des Stalinismus. Sie wird sich wiederholen, solange diese Probleme in der sozialistischen Bewegung unreflektiert bleiben oder verdrängt werden.» Vermutlich hatten die führenden PolitikerInnen in den realsozialistischen Staaten nicht zur Kenntnis genommen, dass M. zwei Jahre später in seinem «Versuch einer Synthese von psychoanalytischen und ökologischen Überlegungen» von der Linken eine «ich-gerechte Politik», von ihr verlangte, sie solle ihre sozialistische Politik «weniger am materiellen Konsum und Besitz orientieren, dafür aber mehr an phallisch-genitalen Interessen», was er in Klammer, um Eindeutigkeiten vorzubeugen, präzisierte: «Sexuelle und Liebesbeziehungen, kommunikative Bedürfnisse wie Spiel, Fest.» Mit Blick auf die kommende «Massenarbeitslosigkeit», die eine «eigentliche Freizeitgesellschaft» mit sich bringen werde, schrieb er 1985, «könnte eine ‹erotische Utopie› neue emanzipatorische Kräfte freisetzen».[152]

In seiner Depression nach dem Fall der Mauer, den er als «mittlere Katastrophe» empfand – dass jetzt «Gesamtdeutschland» wieder existierte, habe ihn «als Italiener oder auch als Schweizer» doch nicht freuen können –, in seiner postsozialistischen Depression griff M., als schweizweit, weltweit kaum mehr von Utopien die Rede war, noch einmal zum revolutionären Strohhalm und schrieb in Anlehnung an Gebote, die auch in der Wüste ausgerufen, die zehn «für Revolutionäre».

«1. Hüte dich vor dem Gefühl des ‹No Future›, verwechsle deine persönliche Krise nicht mit jener der Welt.

2. Du kannst die Zukunft nicht voraussehen – verhalte dich also stets so, wie wenn die Revolution möglich wäre.

3. Jede Einzelheit ist von Bedeutung, jede Beziehung ist ernst zu nehmen – bilde kleine und grosse Netze des Widerstandes.

4. Beachte stets das Primat der Praxis; Marxismus wie Psychoanalyse sind nur Anleitungen zum Denken und Handeln, keine abgeschlossenen Lehrgebäude!

5. Nimm dich selber nicht als Mass für alle anderen: Askese und Dogmatismus sind kontrarevolutionär im Kleinen wie im Grossen.

6. Sei trotzig und unverschämt, aber nicht schamlos; geh mit Zärtlichkeit auf deine GenossInnen ein und mit Zorn gegen die Macht vor.

7. Verwechsle Toleranz nicht mit Kompromisslosigkeit, sei offen aggressiv, jedoch nicht nachtragend.

8. Nimm dir Zeit zum Lieben, Festen, Trauern.

9. Nimm deine Träume ernst, bilde persönliche Utopien und tausche sie mit deinen Freunden und Freundinnen aus.

10. Nimm dir Kleines vor, das du mit wenigen Gefährten realisieren kannst; sei kein Held – ausser wenn es unbedingt nötig ist!»

Aber auch der, wie er später schrieb, «an und für sich gelungene Versuch, meinen Ich-Über-Ich-Konflikt durch die blasphemische Formulierung von ‹10 Geboten für Revolutionäre› projektiv zu erledigen, schlug fehl. Die Depressivität hielt an und löste sich mit der Zeit ebenso geheimnisvoll auf, wie sie entstanden war.» Erst 1993 sei er in der Lage gewesen, den tieferen Kern seiner Schwermut zu verstehen – dass er «trotz besserem Wissen religiös an die sozialistischen Ideale geglaubt hatte!» «Die Implosion des ‹Sozialismus›» stürzte ihn – vermutlich mit vielen anderen, die ohne sichtbare Trauer eine Utopie auf Null abschrieben –, stürzte ihn «trotz Kritik an Staatsbürokratie und Stalinismus» in eine «Glaubenskrise». Mit dem «Zusammenbruch des sozialistischen Weltsystems» habe er «gewissermassen Glaubensbekenntnis und Kirchenzugehörigkeit zugleich» verloren und musste zur Kenntnis nehmen, dass das Verschwinden des «Weltsystems des bürokratischen Sozialismus» nicht etwa die «autonome und libertäre Neue Linke» stärkte, sondern «der postmodernen Ideologie des Neoliberalismus Hebammendienste» leistete.

Emilio M. – Erster Nachtrag

Nach einem Umzug seiner Praxis packt M. das Bild von Karl Marx – das er von den üblichen Marx-Bildern, Stichwort Personenkult, unterschieden haben will; es sei «ein lustiger Marx», ein oranger, gewesen –, packt das Bild, das er früher im Wartezimmer hängen hatte, nicht mehr aus. «Am neuen Ort habe ich kein eigenes Wartezimmer mehr», grinst er und schreibt am Schluss einer Hommage an Wilhelm Reich,[153] in der er die Bedeutung religiöser Sehnsüchte für die Linke herausarbeitet: «All jene Genossen und Genossinnen, die nun behaupten, ich sei auf meine alten Tage hin wie W. R. (und viele andere) religiös geworden oder die gar zu einem Scherbengericht gegen mich aufrufen werden, möchte ich zu einer ernsthaften Gewissensprüfung einladen: Wie halten sie es mit dem Glauben und mit den ozeanischen Gefühlen? Erschauern sie vielleicht in Vollmondnächten oder bei Orgelklängen oder eingehakt im ‹Schwarzen Block›, vorwärts stürmend? Lieben sie vielleicht insgeheim das Alpenglühen oder gar klammheimlich die Musik Richard Wagners? Und wie halten sie es mit der Astrologie, mit dem I-Ging; glauben sie an die geheimnisvolle Kraft von Vitaminkuren oder an die seelische Purifikation durch fleischlose Kost? Und an die allgemeine Relativitätstheorie? Nein? – Dann werfen Sie den ersten Stein!»

Emilio M. – Zweiter Nachtrag

Gegen Ende des letzten Jahrhunderts scheitert das Projekt eines türkischen Bades definitiv. M. nimmt von einer Idee Abschied.

Emilio M. – Dritter Nachtrag

Im März 2001 schreibt M. dem Berichterstatter, dem er – «Zur dichterischen Freiheit will ich mich nicht äussern» – Absolution für seine Berichte erteilt: «Vielleicht ist es auch von Belang, dass ich in der Zwischenzeit immer mehr und immer konkreter an der Aufgabe der Grundlegung einer neuen revolutionären Organisation herumstudiere.»

Victor S. – Zweiundzwanzigster Bericht

Als zusammenzuwachsen begann, was, so Willy Brandt, zusammengehöre, war Victor S. – am 30. Juni 1989 pensioniert – bereits südwärts gezogen, in die Wohnung im Tessin, in der sich seine Frau schon eingerichtet, für die Tage, die die alten genannt werden. Eine Erleichterung – «Diese Mauer hat uns natürlich weh getan» –, ein Aufatmen sei's gewesen, als der Weg von Ost nach West freigegeben. «Die hätte man schon sehr viel früher abreissen können, so viele wären da gar nicht mehr abgehauen», meint S., der mit seiner Frau befürchtete, wenn die Einheit komme, «wird es eine sehr ungleiche Einheit geben, das heisst, die werden einfach vereinnahmt, kolonialisiert». Und das sei ja dann auch tatsächlich passiert. Alle Errungenschaften der DDR seien rückgängig gemacht worden, und die Freiheit – «was bei uns unter Freiheit verstanden wird» – habe den ehemaligen Ostdeutschen wenig gebracht. Aber den Glauben, den Glauben an den Sozialismus habe er, hätten sie wegen der Einbrüche, wegen der Zusammenbrüche im Osten nicht verloren. «Das ist eine vorübergehende Erscheinung. Den Sozialismus kannst du nicht beerdigen.»

Auf das Land allerdings, auf das er einst – und mit Gorbatschow noch einmal – gesetzt, auf die ehemalige Sowjetunion, auf die neuen, die starken Figuren – «fanatische Nationalisten, Schirinowski-Typen, reine Nazis» – schaut er mit besorgtem, schaut er mit düsterem Blick. «Das könnte zu sehr gefährlichen Entwicklungen führen», murmelt er und nickt, als der Berichterstatter auf das tragische Paradox hinweist, dass S. ausgerechnet in dem Land, das einst das seiner Hoffnung war, die Gefahr eines neuen Faschismus heraufziehen sieht. Aber deswegen, lächelt S. traurig, «hänkedmer öis jezt nümmen uf, gäll!»

In den letzten zwei Jahren, räumt der «unverbesserliche Optimist», S. über S., ein, habe er sich Elsis, habe er sich dem Pessimismus seiner Frau angenähert, die den Menschen für «eine Fehlkonstruktion» zu halten begonnen. «Der liebe Gott», schmunzelt sie, hätte nicht schon am siebten Tag ruhen dürfen. Nirgends sehe er Anzeichen, «dass es besser werden könnte». Kein Staat – nicht einmal Südafrika, mit Mandela –, der sich als Hoffnungsträger eigne, «wo der Mensch nicht länger des Menschen Wolf ist». Als Verlierer empfindet er sich nach all den Niederlagen trotz allem nicht. «Der Ausdruck ist mir zu militärisch.» Niedergeschlagen sei er, «weil ich keine Morgenröte sehe», seufzt er und nimmt den Satz des Berichterstatters – in Anlehnung an Max Frischs «Ein Weg ist ein Weg auch in der Nacht»[154] –, dankbar nimmt er das *Ein Weg ist ein Weg, auch im Dunkeln* auf. «Auch im Dunkeln gibt es Wege – das stimmt. Und du hast wenigstens die Utopie, dass du am Ende dieses Weges wieder ans Licht kommst.»

Anjuska W. – Fünfundzwanzigster Bericht;
Jochi W. – Einundzwanzigster Bericht

«Ausgerechnet Bananen», muss es einigen durch den Kopf geschlagert sein, als sie die Angehörigen des Arbeiter- und Bauernstaates noch vor der eigentlichen «Wiedervereinigung» den freien Markt stürmen sahen.

Gemeint sind die Bananen, die 1926 um die Hüften der ziemlich blutten Josephine Baker baumelten, die ihr «Heimatland USA verlassen, in dem kaffeebraune und schwarze Menschen keine Chancen haben»,[155] um in Paris mit der «Revue Nègre» ihre Erfolgskarriere zu beginnen. «Ausgerechnet Bananen, Bananen verlangt sie von mir», frotzelte der österreichische Jude Fritz Löhner-Beda, der auch den noch bekannteren Schlager – «Was machst du mit dem Knie, lieber Hans?» – sowie mehrere Libretti für Franz Lehár geschrieben, der sich noch im Januar 1938 auf der Bühne der Wiener Staatsoper mit den Textern seiner Operette «Das Land des Lächelns» zeigte. Nach nur vier Aufführungen «fallen die Deutschen in das Land ein».[156] Der Operettenkönig beugte sich dem Führer, während sich der Autor von dessen Lieblingsliedern, Fritz Löhner-Beda – einen Tag nach dem «Anschluss» Österreichs abgeholt –, vor den Lautsprechern des Lagerfunks verneigte, wenn zum Beispiel sein «Dein ist mein ganzes Herz» gespielt wurde, und murmelte: «Der Autor dankt.»[157] «Wiedervereinigung»[158] hätten es die Nazis genannt, schrieb Rudolf Kalmar, der mit «Beda» ins Konzentrationslager Dachau abtransportiert worden war und das grosse Morden überlebte. Fritz Löhner-Beda wurde später nach Buchenwald «verschoben», wo er den von Lagerführer Rödl angeordneten Wettbewerb für ein «Lagerlied» gewann. «Beda schuf dann den direkt revolutionären Text des Buchenwaldliedes, der mir von allen Texten am besten gefiel, und so schrieb ich gleich eine Melodie dazu», berichtete der «Buchenwäldler» Herrmann Leopoldi später.[159] «Nach dem Komponisten fragte niemand, und für den Text zeichnete ein grüner (krimineller) Häftling, denn wir durften auf keinen Fall sagen, dass der Text von Beda war …» Stefan Heymann erinnerte sich kurz nach dem Krieg in der «Thüringer Volkszeitung»: «Text und Melodie des Liedes mussten in der Freizeit eingeübt werden, bis es eines Tages nach dem Abendappell – es war Ende Dezember 1938, bitterkalt und alles tief verschneit – hiess: ‹Das Buchenwald-Lied singen!› Selbstverständlich konnte das beim ersten Mal (11 000 Menschen standen auf dem Appellplatz) nicht klappen … Endlich, gegen 10 Uhr abends, kamen wir ausgehungert und steif gefroren auf unsere Blocks. Diese Szene im tiefsten Winter, als die hungernden und frierenden Menschen im grellen Licht der Scheinwerfer im tiefen, grellweissen Schnee auf dem Appellplatz singend standen, hat sich jedem Teilnehmer unauslöschlich ins Gedächtnis gegraben.»»[160] Endlos müssen die InsassInnen des Lagers Buchenwald Löhners Refrain wiederholt haben. «O Buchenwald, ich kann dich nicht vergessen, / weil du mein Schicksal bist. / Wer dich verliess, der kann es erst ermessen, / wie wundervoll die Freiheit ist. / O Buchenwald, wir jammern nicht und klagen, / und was auch unsre Zukunft sei – / wir wollen trotzdem ‹ja› zum Leben sagen, / denn einmal kommt der Tag – dann sind wir frei.»[161] Als Fritz Löhner-Beda Buchenwald verliess, war es Herbst und Deutschland kein «Land des Lächelns».[162] Seine letzte Zugfahrt endete in Auschwitz. Kaum war der Krieg vorbei, am 26. Mai 1945, stand im Wiener Raimund-Theater «Das Land des Lächelns» wieder auf dem Programm. «Doch in den Programmheften steht nichts über den Tod des Autors in Auschwitz, um so mehr über Franz Lehár. 1947 wird ‹Das Land des Lächelns› in New York aufgeführt. Neue Librettisten haben das Stück auf den amerikanischen Geschmack umgearbeitet. Lehár protestiert dagegen. Nicht protestiert er, dass die beiden Textdichter Fritz Löhner und Ludwig Herzer gar nicht auf dem Programmzettel genannt werden. Sie sind nicht nur tot, sie werden nun auch totgeschwiegen.»[163] Im Mai 1945, befragt von Klaus Mann, erklärte Lehár: «Keine Politik bitte. Alles, was ich Ihnen sagen kann, ist, dass die letzten Jahre sehr schwierig gewesen sind für uns alle. Wir wollen gar nicht darüber sprechen. Die Politik ist schmutzig, und ich mag nicht über schmutzige Dinge sprechen ...» Und: «Meine ‹Lustige Witwe› war Hitlers Lieblingsoperette. Das ist doch nicht meine Schuld, oder?»[164]

«Ausgerechnet Bananen.» Auch Anjuska W. erinnert sich an die Frucht, die im Deutschgetümel zum «Schlauchapfel» mutierte. Erinnert sich an eine Karikatur aus dem November 1989, die den guten alten Karl Marx zeigte, der auf einer Banane «usschlipft». Jochi W. – für den das Einrollen des Stacheldrahts zwischen Ost und West «nicht so etwas Einschneidendes gewesen», obwohl er's immer gern habe, «wenn Mauern fallen» – schüttelt noch immer den Kopf beim Gedanken daran, dass «ein ganzes System dermassen leicht überrollt worden ist». Schüttelt den Kopf über den unsozialistischen Wunsch – «Mir wänd au Banane» –, obwohl er diesen «Sprüchen» vom sozialistischen Bewusstsein und der sozialistischen Gemeinschaft nie so ganz vertraut. Da habe er sich immer gedacht, «das geht nicht tief in die Leute hinein», aber dass diese einen Staat, der die Befriedigung ihrer Grundbedürfnisse – Nahrung, Dach, Arbeit, Gesundheit – garantierte, so leichtfertig aufgaben, «das ist für mich bis heute ein Rätsel», die Käuflichkeit des Menschen – eine Enttäuschung. «Als die ersten grossen Besucherströme in den Westen gekommen sind, hat ja jeder zuerst einmal einen 100-Mark-Schein erhalten», entsinnt sich Anjuska W. «Das Eintrittsbillet in den Konsum», spottet Jochi W. «Gruusig», schüttelt sich die Frau, und der Mann wundert sich, «wie leicht diese Leute sich haben blenden lassen», um dann einzuräumen, er habe gut reden, habe fast alles gehabt; da sei es natürlich einfach, zu verzichten, aufs Auto zum Beispiel; ungerecht, von den Leuten, die das alles nie gehabt, Gleiches zu verlangen. Zwiespältig seien ihre Empfindungen gewesen, erzählt Anjuska W., als da – «klar» – eine historische Epoche zu Ende ging; keine Euphorie, aber auch nicht das Gefühl, alles, was ihr wichtig, krache zusammen. «Die DDR», stellt sie klar, «war für mich nie so etwas wie eine Heimat», was allerdings mehr mit «den Ostpreussen» als mit «dem System» zu tun gehabt. Anders sei's beim Zerfall der Sowjetunion gewesen. «Ich habe», sagt sie, auch mit Blick auf Jugoslawien, «einen Horror vor ethnisch einheitlichen Staaten.» Eindrücklich, dass das alles – «meines Wissens» – über die Bühne, die deutsche, gegangen, «ohne dass ein Schuss gefallen ist». Wenig habe der Zusammenbruch für sie geändert. Die Verhältnisse, sie seien nicht besser geworden; die Motive, sie zu verändern, nicht verloren gegangen. Belustigt habe sie reagiert, wenn «die Leute» gefragt hätten, ob sich die PdA jetzt auflöse. Da sei ihr noch einmal bewusst geworden, «wie sehr wir über diese osteuropäischen Länder definiert worden sind». Dass das wegfiel, «das habe ich als Erleichterung empfunden». *Eine Schockreaktion?*, wühlt der Berichterstatter in Wunden, dass sie einfach so weitergemacht, als ob nichts geschehen wär. «Wir sind so lange dabei, ich kann gar nicht mehr anders», grinst Jochi W., und seine Frau will es «nicht völlig ausschliessen». Entscheidend aber sei das andere – wie es eine Freundin von ihr jeweils formuliere: «Hämmer öppis Bessers z'tue?» Sie, Anjuska W., wüsste nichts Besseres. *Eine geborene Verliererin?*, lässt sich der Berichterstatter wieder vernehmen. «Für mich sind nach wie vor die Inhalte das Wichtigste, und wenn ich mit diesen Inhalten verliere – ma foi. Das ist die Realität. Aber ich muss mir die Niederlage nicht künstlich holen», stellt die Frau klar, und der Mann fühlt sich «gar nicht unbedingt als Verlierer». Erinnert an seine Grenzen – «Ich bin einer von Milliarden» – und an seine Endlichkeit. Wenn er sich, wenn es einmal so weit sei, «sagen müsste – du hast dich von dir selber entfernt, dann wäre das für mich ein schrecklicherer Tod, als wenn ich zu den Verlierern gehörte. Wie viele bedeutende Frauen und Männer sind schon in absoluter Einsamkeit gestorben. Henri Dunant auch …»

Anjuska und Jochi W. – Erster Nachtrag

Der Thurgauer Kantonspolizist a. D. Walter T. hätte seine helle Freude am ehemaligen Lehrer W. gehabt, wenn er ihn gesehen – putzt und gschträälet, mit perfekt verknoteter Krawatte und frisch polierten Schuhen, bereit zum Empfang des hohen Gastes im Zürcher «Hotel Savoy». «Das mache ich ganz selten», grinst W. «Wenn du heiratest und wenn du den Giap triffst», lacht die Gattin, die sich selbst zurechtgemacht, nicht für die Schweizer Honoratioren, sondern für die vietnamesischen Gäste. In Vietnam sei «gschaalet cho» ganz traditionell Ausdruck von Höflichkeit und Ehrerbietung, und die ist sie in diesem Fall gerne aufzubringen bereit.

«68er Establishment empfängt sein Kriegsidol», titelt die VPM-nahe Wochenzeitung «Zeit-Fragen» am 1. Oktober 1996 und berichtet aus den alten Schützengräben. Der «kommunistische nordvietnamesische General Vo Nguyen Giap» werde während seines zehntägigen Besuches in der Schweiz «nicht nur vom Bundespräsidenten, sondern von allem, was in der Schweiz Rang und Namen hat, empfangen: IKRK, Genfer Regierung, Zürcher Stadtpräsident, Neuenburger Offiziersgesellschaft, Sandoz, Schweizerische Kreditanstalt und so weiter. Die 68er Generation kann nach ihrem ‹Marsch durch die Institutionen› dem angegrauten Idol nun einen gebührenden Empfang bereiten.»

«Ja», bestätigt W., «der Giap ist für mich eine Heldenfigur.» Dass er's geschafft, «den Franzosen und den Amerikanern eins draufzuhauen», dafür «zolle» er ihm grossen Respekt. Natürlich sei's für ihn – das Wort braucht W. häufig – eine «Dilemmasituation», dass Giap tagelang mit jenen Leuten Verträge aushandle, die «auf der Seite dieser Westmorelands» gewesen, und dann nur grad zwei, drei Stunden Zeit «für unsereins» habe. «Das heisst aber nicht, dass das jetzt seine neuen Freunde sind», stellt Anjuska W. klar. Er komme «als Botschafter seines Landes», komme aus einem «mausarmen» in ein reiches Land, die Schweiz, den «elftwichtigsten Investor in Vietnam», um seinen «Job», um einen «guten Job» zu machen. Das heisse heute eben nicht mehr, «Dien Bien Phu befehligen, sondern Vertrauen für Schweizer Investoren schaffen». Da sei es für sie verständlich, einleuchtend sogar, dass er – «Mir ist bewusst, dass das eine militärische Terminologie ist» – zuerst «an die Front geht und dann seine Freunde trifft». Die VietnamesInnen seien «schlicht zu arm, um es anders zu machen».

Anjuska und Jochi W. – Zweiter Nachtrag

Es ist Frühling und 1996, der Berichterstatter sitzt wieder einmal bei W.s am runden Tisch, bei Mineral und Gebäck. Jochi W. kommt aus dem Nebenzimmer zurück, ein Anruf hat das Gespräch unterbrochen – «Das ist eine Riesenschweinerei!» –, es wird heute nicht mehr fortgesetzt, spürt der Berichterstatter sofort. Zu gross ist W.s Empörung. «Eine Riesenschweinerei ist das! Ich muss zurücktreten! Zurücktreten muss ich! Da wären wir dann wieder beim Staatsschutz.» Er werde aufgefordert, als Aktuar der Organisation «Schweizer Freundeskreis von Givat Haviva»[165] zurückzutreten. Wegen der Teilnahme an einer Demonstration am 20. April gegen die Bombardierung Libanons durch die israelische Armee.[166] «Stopp dem israelischen Staatsterrorismus», habe auf einem Transparent gestanden, nach dem schon während der Demonstration erregte Hände gegriffen. Anjuska W. – einmal mehr hat sie, jetzt wahrscheinlich nicht mehr staatlich beachtet, die Demonstrationsbewilligung gezeichnet – verteidigt die freie Meinungsäusserung gegen vorbehaltlose Solidarität mit Israel. Nach der «Demo» seien libanesische TeilnehmerInnen – «zielsicher, obwohl die uns nicht gekannt haben» – auf Jochi und sie zugekommen, hätten sie äusserst freundlich zum Tee eingeladen, was sie auch angenommen. Es sei für sie offensichtlich sehr wichtig gewesen, dass an dieser Kundgebung Leute von der jüdischen Seite teilgenommen; ein Beweis, dass es überall «gute Leute», Leute für den Frieden, gebe. Der Tee jenseits nationalistischer Freund-Feind-Bilder sei «das Kontrastprogramm» zu dem gewesen, was bei «Givat Haviva» gelaufen.

Jochi W. tritt nicht zurück. Einsam ist er an der Sitzung, an der er offiziell

aufgefordert wird, sein Amt niederzulegen. «Einsam, weil ganz wenige wirklich verstanden haben, warum ich da teilgenommen habe.» Nicht aus persönlichen Gründen – bei einigen habe er gespürt, dass sie ihn mochten –, aus taktischen Gründen hätten sie seinen Rücktritt verlangt, «um der Sache nicht noch mehr zu schaden». Aber Jochi W. bleibt standfest, «stur» nennt es die Präsidentin des «Schweizer Freundeskreises Givat Haviva». «Ich lasse mir von niemandem mehr, auch nicht vom jüdischen Establishment, etwas aufoktroyieren», gibt Jochi W. als Motiv für seine Weigerung an.
In Abwesenheit – während einer Reise nach Israel und Palästina – wird Jochi W. von seinen VorstandskollegInnen abgesetzt. «Ich respektiere die Abwahl», schreibt er, zurück in der Schweiz, am 17. Mai 1996, besteht aber darauf, dass er als Privatperson und Projektverantwortlicher der CSS Zürich an der umstrittenen Demonstration teilgenommen. «Die israelischen Militäraktionen im Libanon habe ich wegen der schlimmen Folgen für die dortige Zivilbevölkerung scharf verurteilt. Aus meiner Sicht darf sich der Friedensnobelpreisträger Shimon Peres solch unverhältnismässige Schläge nicht leisten, wenn der Friedensprozess im Mittleren Osten glaubhaft sein soll ... Auch ich verurteile die Beschiessungen der israelischen Zivilbevölkerung durch die Hisbollah. Aber gäbe es nicht andere Formen der militärischen Aktion, gezieltere?» Nur wenige Tage später findet er in der «Jüdischen Rundschau», was ihm der Direktor von «Givat Haviva» in Israel persönlich per Fax mitgeteilt – «dass eine Weiterarbeit Deinerseits für Givat Haviva nicht mehr in Frage kommt. Deine Argumentation, dass Du Dich öffentlich mit anti-israelischen Aktivitäten solidarisieren kannst, während Du gleichzeitig in unserem Namen eine offizielle Funktion ausübst, ist für uns weder verständlich noch akzeptabel.»
W. fühlt sich an den Rausschmiss aus der Sankt Galler «Arbeitsgruppe für Strafreform» erinnert und kann, muss in der «Jüdischen Rundschau» lesen, dass ihm die Redaktorin Gisela B. vorwirft, mit «seinen ewigen Auftritten gegen israelische Aktionen» die Haltung zu zeigen, «die typisch war für ‹Golus-Juden›:[167] immer gebückt, immer geduckt, immer bereit, sich in vorauseilendem Gehorsam für etwas zu entschuldigen, das sie gar nicht zu verantworten hatten ...» Anjuska W. läuft es kalt über den Rücken, als ihr bei der gemeinsamen Lektüre dieses Kommentars plötzlich bewusst wird, was die Redaktorin eigentlich schreibt: «Nicht-gebückter Gang heisst für sie – man darf bombardieren.» Wörtlich lässt die Redaktorin ihre LeserInnen wissen: «Alibi-Juden waren und sind ein gefundenes Fressen für Grüpplein jeder Couleur, Holocaust-Gegner haben ein paar Alibi-Juden, welche die Zahl von sechs Millionen Toten anzweifeln, als wäre nicht einer schon zu viel gewesen ... Auch Schweizer Israel-Gegner, die ihren ideologischen Kinderschuhen nicht entwachsen scheinen, haben ihren Alibi-Juden, nur merkt er offenbar nicht, dass er dazu benutzt wird. Dass sich eine friedensfördernde und dialogwillige Institution wie Givat Haviva von ihm distanziert, sollte diesem Alibi-Juden eigentlich zu denken geben.»

Der als «Alibi-Jude» geschmähte W. sieht die «seriöse politische Auseinandersetzung» verunmöglicht, spürt aber auch die befreiende Wirkung. «Es ist eine Klärung», meint er. «Ich bleibe Jude.» Aber der «Rausschmiss» helfe ihm, sich von der «emotionalen Illusion, doch noch irgendwie dazuzugehören», zu lösen. Er habe sich damit, unterstellt der Berichterstatter, *einen heldenhaften Abgang verschafft*. Zu *gewöhnlich* wäre es für ihn, W., gewesen, so einfach zurückzutreten, ohne den Hauch des Martyriums. W. wehrt sich nicht gegen die Boshaftigkeiten des Berichterstatters. «Seit Jahrzehnten», hält er fest, «kämpfe ich, gemeinsam mit den ‹Verdammten dieser Erde›,[168] für Befreiung und aufrechten Gang. Dies war und ist nicht immer einfach, sondern mit Ängsten und Entbehrungen verbunden.» Der Rauswurf bei «Givat Haviva» wird – auch wenn die einstmals Überwachten in den Zeiten des Post als verstaubte, als lächerliche Figuren erscheinen mögen –, der unfreiwillige Abgang des Jochi W. wird nicht sein letzter gewesen sein. Auch wenn die Begründungen in den schnellen Zeiten des grossen Fun nicht mehr dieselben sein werden.

Anjuska und Jochi W. – Dritter Nachtrag

«Angesichts der ausserordentlichen Tragik zwischen Israel und Palästina arbeiten wir seit kurzer Zeit wieder zusammen», schreibt Jochi W. dem Berichterstatter im Zusammenhang mit verschiedenen Textkorrekturen im Sommer 2001. Die Präsidentin des «Schweizer Freundeskreises Givat Haviva» habe ihm ihre aktive Mitarbeit im «Verein Kampagne Olivenöl» – der im Oktober rund 18 000 Halbliterflaschen mit Olivenöl extra vergine aus Palästina unter die Bevölkerung in der Schweiz bringen will – zugesagt. «Nach den schweren Auseinandersetzungen zwischen uns in den vergangenen Jahren und den gegenseitigen Verletzungen ist das keine Selbstverständlichkeit.» Dass sie sich erneut zur «Verständigungsarbeit zwischen Israel und Palästina» an einen Tisch setzten, «ist für mich ein Zeichen der Hoffnung».

Anjuska und Jochi W. – Vierter Nachtrag

Alle Schreibenden kennen es: Konfrontiert mit den Sätzen in Schwarz auf Weiss keimt bei PolitikerInnen und ganz gewöhnlichen Menschen der Wunsch nach Klarstellung und Versöhnlichkeit. Auch der Berichterstatter muss sich mehr als einmal einen Schubs geben, um Zuspitzungen und wörtliche Zitate den Bitten der Realexistierenden zu opfern. So entspricht er auch dem letzten Wunsch von Jochi W., dem alttestamentarischen Gebot – «Ehre Vater und Mutter, damit es dir wohlergehe auf Erden» –, das er, Jochi W., früher als «apodiktisch» und «befehlend» empfand, und trotz allem, was er «abbekommen», Nachachtung zu verschaffen. Denn «meine Eltern haben mir mein Leben geschenkt. Dafür bin ich ihnen dankbar, je mehr ich vom Überleben ins Leben treten kann.» «Schrittchen für Schrittchen» verstehe er seine toten Eltern, ihre «Grenzen, Nöte, Unzulänglichkeiten», besser und könne sie jetzt «mit mehr Respekt» loslassen, Schrittchen für Schrittchen; ein Prozess sei es, schreibt W., kein gradliniger, ein lebenslänglicher.

SchwarzundWeiss zum Achten

Hätte E. mich nicht verlassen, ich hätte grinsend die Schlafzimmertüre geöffnet, sie aufgefordert, sich etwas überzuziehen und sich den friedfertigen Schwarz anzusehen, wie er breitbeinig, leicht in den Knien hängend, den Arm einer auf mich gerichteten Pistole nachgestreckt, auf unserem Teppich stand, den sie vor Jahren stolz auf dem Parkett ausgerollt hatte, «ein Unikat», das Schwarz, ToninTon, fast schluckte; der fuchtelte mit seinem Ding vor meiner Nase herum, Globus, dritter Stock, Spielwarenabteilung, registrierte ich beruhigt, aber ich tat ihm den Gefallen, zuckte ob seinem Gedrohe zusammen, entnahm dem cholerischen Gestammel, er wolle seine Texte zurück, und zog die Briefumschläge mit Schwarz' Berichten unter meiner Schreibmaschine hervor.

> Ich kam mir. Kaum trampelte ich über den Teppich. Den ich. Damals. Nach wochenlanger Suche. Entdeckt hatte. Ausgesprochen lächerlich vor. Zum Glück hörte mich E. nicht herumschreien. Weiss' Gelassenheit verunsicherte. Der selbstverständliche Griff nach den ungeöffneten Couverts demütigte mich. Weiss war Weiss geblieben. Hatte sich durch meine. Seine Schreibmaschine. In der. Zwischen den Typenhebeln. Ein Büschel Veilchen verdorrte. Nicht zum Wiss machen lassen.

Ich hatte keinen Moment die Absicht, Schwarz die gut bezahlten Berichte zurückzugeben, und als er mir SpitzelundStaatsschutz durch die Gehörgänge kreischte, überkam mich eine unangemessene Heiterkeit, die mich unvorsichtig machte.

> Der rote Fleck auf Weiss' Hemd. Der sich noch sekundenlang ins umliegende Gewebe grub. Hätte nicht einmal den achtjährigen Nachbarsbub mit seiner sechsjährigen Schwester erschreckt. Ich hatte etwas viel Rahm in die Spaghettisauce geschüttet. Die ich in die Pistole abgefüllt hatte. Als ich das Basilikum an Weiss' Kragen kleben sah. War es um die Ernsthaftigkeit meines Angriffs geschehen. Und ich liess meine Waffe resigniert auf den Teppich fallen.

Es hätte nicht viel gefehlt, und er hätte mir, wie die Schweizerinnen sagen, is Weschtetäschli brüelet, «Du hast sie nicht einmal gelesen», jammerte er. Während ich mit mässigem Erfolg an dem orangeroten Fleck auf meinem Hemd rieb, schob ich ihn zur Wohnungstüre, wo er sich noch einmal umdrehte, mich mit seinem grässlichen Hundeblick anglotzte und lamentierte: «Dann brauchst du die Berichte gar nicht», was ich dem Masochisten, der es offensichtlich aus meinem Mund hören wollte, bestätigte, ihn damit, Schwarz wäre nicht Schwarz gewesen, wenn er uns das erspart hätte, zu einem «Warum?» ermunterte, «aber warum», stammelte er, «hast du sie mich dann schreiben lassen?» Ich zerstörte vermutlich definitiv das Bild, das er sich von mir gemacht hatte, als ich ihm nach kurzer Überlegung die ehrliche Antwort gab: «Ich wollte dir, obwohl es für mich das Einfachste gewesen wäre, nicht einfach einen monatlichen Check zukommen lassen, sondern dir das Gefühl geben, das Geld zu verdienen.» Er stand schon im Treppenhaus, als ich den Verzweifelten, der sich wie ein Hypnotisierter bewegen liess, glaubte beruhigen zu müssen: «Ich lasse dir das Geld natürlich auch künftig überweisen», womit ich seinen «Danke»-Reflex auslöste; dann schloss ich die Tür hinter dem Versager, liess mich in die Polster fallen, die, wie ich zum ersten Mal bemerkte, genau zum Teppich passten, nahm einen der Berichte aus dem Umschlag und begann zu lesen.

Anmerkungen

1 Johannes 1,1.
2 Gregor Sonderegger/Christian Dütschler: Ein PUK-Bericht erschüttert die Schweiz – Der Fichenskandal, in: Die Schweiz und ihre Skandale, hg. von Heinz Looser u. a., Zürich: Limmat Verlag, 1995.
3 Fantasiename.
4 Tatort.
5 Berner Zeitung, 11. Januar 2001: «Der Bundesrat zieht Schlussstrich: Der Bundesrat hat den endgültigen Schlussstrich unter die Fichenaffäre gezogen. Er hat den Bundesbeschluss über die Einsicht in Akten der Bundesanwaltschaft auf den 1. März 01 aufgehoben. Die Aufhebung erfolgt, nachdem die letzten Beschwerden erledigt sind und das Archivierungsgesetz seit dem 1. Oktober letzten Jahres sicherstellt, dass auch die Verwaltung nicht mehr auf die Staatsschutzakten zurückgreifen darf. Nachdem der Sonderbeauftragte für die Staatsschutzakten 1996 seinen Schlussbericht veröffentlicht hatte, wurden die Akten dem Bundesarchiv übergeben, mit Ausnahme jener Akten, die der Bundesanwaltschaft zur weiteren Bearbeitung überlassen wurden. Zu diesem Zeitpunkt waren noch einige Beschwerden beim Bundesrat hängig, die inzwischen erledigt worden sind. Weiter galt es sicherzustellen, dass der Verwaltung der Zugang zu den Akten während 50 Jahren verboten wird ... Der Bundesrat hob nun den Bundesbeschluss vom 9. Oktober 1992 über die Einsicht in die Akten, die dazugehörige Verordnung sowie die Verordnung vom 5. März 1990 über die Behandlung von Staatsschutzakten des Bundes auf. Und zieht damit definitiv den Schlussstrich unter die Fichenaffäre.»
6 Heute Stadträtin von Zürich.
7 «Die Überprüfung einiger weniger, jedoch nicht ganz zufällig ausgewählter Dossiers hat gezeigt, dass diese allgemeine Aussage in der Praxis nur beschränkt zutrifft und bei der Weitergabe von Informationen auf die Erfordernisse eines ausreichenden Datenschutzes zu wenig Wert gelegt wird. Zur Verdeutlichung der Problemstellung kann auf drei Beispiele hingewiesen werden: In einem ersten Fall wurde der Befund einer im Jahre 1985 durchgeführten Sicherheitsprüfung für eine Stellenbewerberin (Teilnahme an einer bewilligten nationalen Demonstration zum internationalen Tag der Frau, Einsatz für die Einführung des Zivildienstes) im Jahre 1987 ergänzt, weil die Betroffene im Impressum einer Fachzeitschrift aufgeführt worden war. Im entsprechenden Rapport wurde festgehalten: ‹Die Feministin zog am ... von ... nach ..., wo sie heute in bester aussichtsreicher Lage in einem Zweifamilien- oder zusammengebauten Einfamilienhaus wohnt. ... Laut Briefkasten wohnt sie mit Y. zusammen. ... Beide sind der Kapo ... nicht bekannt und fielen in den letzten Jahren auch in politisch-polizeilicher Hinsicht nicht nachteilig auf. Dagegen ist aber auch nicht bekannt geworden, dass X. dem Radikalfeminismus ‹entsagt› hätte. Vielmehr scheint es dem Paar darum zu gehen, auf dem Marsch durch die Institutionen eine gutbezahlte Bundesstelle bzw. Beschäftigung beim Kanton einnehmen/ausüben zu können.› Auf dem internen Laufzettel brachte ein Mitarbeiter der Bundespolizei den Vermerk an: ‹Es geht fröhlich weiter. Gibt es eine Warnungsmöglichkeit?› Der Chef des Innendienstes fügte dazu an: ‹Ich werde [Name des Vorgesetzten von X.] gelegentlich auf seine neue Mitarbeiterin ansprechen.› Dazu befragt, erklärte er, dass der die Intervention beim Vorgesetzten von X. zwar in Erwägung gezogen, diese dann aber doch unterlassen habe. Auf die Frage

nach der inhaltlichen Berechtigung der vorgesehenen Intervention führte er aus: ‹Die Zugehörigkeit der Frau zu den Radikalfeministinnen warf gewisse Fragezeichen auf. ... Es lässt auf eine extreme Gesinnung schliessen. Man muss schauen, ob die Frau sich in ihrem Amt irgendwie verdächtig verhält, Informationen weitergibt, etc.›»

8 Stefan Heym: Radek, München: btb Taschenbuch, 1996.
9 Julius Streicher: «Politiker (NSDAP). Geboren in Fleinhausen 12. 2. 1885, hingerichtet in Nürnberg 16. 10. 1946; Lehrer, gründete 1923 das antisemitische Hetzblatt «Der Stürmer», 1925–40 Gauleiter von Franken; 1946 in Nürnberg zum Tode verurteilt.» (Meyers Grosses Taschenlexikon, Mannheim, Leipzig 1998.)
10 Hannah Arendt: Eichmann in Jerusalem, Reinbek bei Hamburg: rororo Sachbuch, 1983.
11 «Alle deutschen Land-, See- und Luftstreitkräfte in Europa haben sich bedingungslos den alliierten Expeditionsstreitkräften und den russischen Truppen am 7. Mai 1945 um 1 Uhr 41 mitteleuropäischer Zeit ergeben.
Die Kapitulationsbestimmungen, die am 8. Mai um 23 Uhr 01 mitteleuropäischer Zeit in Kraft treten, wurden durch einen Vertreter des deutschen Oberkommandos unterzeichnet.
Die alliierten Expeditionsstreitkräfte haben den Befehl erhalten, ihre Operationen einzustellen und in ihren gegenwärtigen Stellungen Halt zu machen, bis die Kapitulation in Wirksamkeit tritt.»
[Sondercommuniqué der Alliierten vom 8. Mai 1945, veröffentlicht in der «Neuen Zürcher Zeitung» vom 9. Mai 1945, Morgenausgabe.]
12 Wolfgang Langhoff: Die Moorsoldaten, Zürich: Schweizer Spiegel Verlag, 1935.
13 Sprüche 2, 27.
14 Sprüche 2, 28.
15 Heinrich Gretler spielte die gleichnamige Figur in den verschiedenen Glauser-Verfilmungen von Leopold Lindtberg.
16 Neue Zürcher Zeitung, 9. Mai 1945, Morgenausgabe.
17 Vorwärts – und nicht vergessen! 100 Jahre Arbeit in der proletarischen Öffentlichkeit. Standpunkte 5. Schweizerische Vereinigung für marxistische Studien, Bern: VMS-Verlag, 1995.
18 Ebd.
19 Am 8. Mai 1945 um 20.15 Uhr, nach dem Läuten der Kirchenglocken, auf Radio Beromünster ausgestrahlt.
20 Neue Zürcher Zeitung, 10. Mai 1945.
21 Ebd.
22 Ebd.
23 Ebd.
24 Max Sauter: Churchills Schweizer Besuch 1946 und die Zürcher Rede, Dissertation, Zürich 1976.
25 Ebd.
26 Ebd. «Über diese Besprechung hat mir alt Bundesrat Petitpierre berichtet. Die hier vertretene Ansicht darf nicht ganz wörtlich genommen werden. Sie zeigt jedoch, wie sehr sich Churchill 1946 mit dem Gedanken einer bevorstehenden militärischen Auseinandersetzung mit der Sowjetunion beschäftigte.» (S. 40)
27 Ebd.
28 Tages-Anzeiger, 18. September 1996.
29 BGB: Bauern-, Gewerbe- und Bürgerpartei, heute SVP, rechtskonservative Partei, in dem vor allem Mittelstand und Bauern organisiert waren.

30 Jacques Picard: Die Schweiz und die Juden, Zürich: Chronos, 1994.
31 Historisches Lexikon der Schweiz, http://www.snl.ch/dhs/externe/protect/deutsch.html: «Die S. ist ein vom Bundesrat am 25. 2. 1944 eingeleiteter Zusammenschluss konfessionell und polit. verschiedenartiger Hilfswerke, deren Ziel es war, im kriegsversehrten Europa humanitäre Hilfe und Wiederaufbauhilfe zu leisten. In Abgrenzung zum späteren UNO-Nothilfswerk UNRRA (United Nations Relief and Rehabilitation Administration) konzipiert, sollte die S. als patriot. Hilfswerk des Schweizer Volkes auch zur Überwindung der aussenpolit. Isolation der Schweiz beitragen. Die S. verfügte bis zu ihrer Auflösung am 30. 6. 1948 über 203,95 Mio. Fr., davon hatte der Bund in zwei Raten 152,85 Mio. Fr. beigesteuert. Die Broschüre ‹Unser Volk will danken›, von der 1,5 Mio. Exemplare verschickt wurden, leitete eine Sammelaktion ein, die vom Febr. 1945 bis März 1946 rund 47 Mio. Fr. einbrachte. Hilfe wurde in achtzehn europ. Ländern – auch in Deutschland – geleistet. Das vom Bundesrat eingesetzte Nationale Komitee präsidierte alt Bundesrat Ernst Wetter, die Zentralstelle leitete Rodolfo Olgiati. Aus der S. entstand 1948 der Verein Schweizer Europahilfe.»
32 «Er nannte sich Surava» – Film von Erich Schmid, 1995.
33 Zu diesem Zeitpunkt sehr auflagestarke Zeitung (bis zu 120 000), unterstützt von verschiedenen Kreisen, unter anderem Gewerkschaften, Sozialdemokraten, Winterthurer Demokraten, Teile des Freisinns.
34 Abschied von Surava. Eine Dokumentation, hg. von Erich Schmid, Zürich: Wolfbach Verlag, o. J. [1996].
35 Tages-Anzeiger, 17. und 20. Februar 1998.
36 Ausstellung «Anne Frank und wir», zitiert nach Josef Estermann: «Ein lebender Vorwurf», in: Abschied von Surava. Eine Dokumentation», hg. von Erich Schmid. (S. 55)
37 Neues Testament, Apostelgeschichte 9, 3 ff.
38 «jude»: einen besseren Preis aushandeln, den Preis drücken, «händele».
39 Palmiro Togliatti, 1893–1964, Mitbegründer der Kommunistischen Partei Italiens.
40 «schofel»: «in beschämender Weise geizig, selbst dann nichts oder nur wenig hergebend, wenn es wirklich angebracht und erforderlich wäre» (Duden).
41 Sitz der Polizei in Basel.
42 Artikel von Otto Böni in DAZ vom 12. September 1996, «Die kommunistischen Weltjugendfestspiele und ihre Höhepunkte aus schweizerischer Sicht».
43 Hansjörg Hofer: «Völker, hört die Signale ...». Erinnerungen eines Basler Kommunisten, Basel: Pharos Verlag, 1998.
44 Otto Böni ebd.
45 Bekannter Schweizer Marxist.
46 Schweizerdeutsch für Kantone und BürgerInnen, deren Loyalität zum Bund, zum Staat nicht über alle Zweifel erhaben ist.
47 1948.
48 Zitate von S., unter anderem aus den Verhören und Einvernahmen im Vorfeld des Prozesses 1957 beziehungsweise 1958.
49 In den Fichen und Akten der Bundespolizei wird S. meist mit «Sch.» abgekürzt. Um die LeserInnen nicht zu verwirren, habe ich dieses «Sch.» in den Auszügen aus Fichen und Akten durch «S.» ersetzt.
50 Wo S. als Packer arbeitete.
51 Beim «Frauentraum» handelt es sich um einen eingetragenen, das heisst namentlich geschützten Coupe, der mit seiner Form beabsichtigte Fantasien weckt.

52 Stefan Heym: 5 Tage im Juni, Frankfurt am Main: Fischer Taschenbuch, 1990.
53 Bertolt Brecht: Studienausgabe, Band 20, Frankfurt a. M.: Suhrkamp Verlag, 1967, S. 327.
54 Zitiert aus Rote Revue, Heft 8/9, 35. Jahrgang, 1956.
55 François Furet: Das Ende der Illusion, München: Piper-Verlag, 1996.
56 Michail Gorbatschow: Erinnerungen, München: Goldmann-Verlag, btb-Taschenbuch, 1996.
57 Das Besatzungsstatut endete am 15. Mai 1955.
58 Zitiert nach «Volksaufstand oder Konterrevolution», Seminararbeit von Gottfried Hodel, Historisches Institut der Universität Bern.
59 Ebd., «Der für die massiven Repressionen nach der blutigen Niederschlagung des Volksaufstandes von 1956 und die Hinrichtung von Imre Nagy und anderer Aufständischer mitverantwortlich gewesen war, danach jedoch einen ‹Kurs der Versöhnung› eingeschlagen und als Generalsekretär der MSZMP [Ungarische Sozialistische Arbeiterpartei, Jm] über 31 Jahre lang die Politik des Landes massgeblich geprägt hatte, die den Ungarn zwar nicht die gewünschten Freiheiten, aber zumindest in den 60er und 70er Jahren einen relativen wirtschaftlichen Wohlstand gebracht hatte.»
60 Helmut Hubacher zeichnete mit H. H-er, der Einfachheit halber von mir durch Helmut H. ersetzt.
61 So sagen die ZürcherInnen dem rechten Ufer des Zürichsees, weil dort, grob gesagt, die reicheren Leute wohnen.
62 Damit ist in grossen Teilen der Agglomeration Zürich und zum Teil auch darüber hinaus die Stadt Zürich gemeint, die einfach als «d'Stadt» bezeichnet wird.
63 «1. Wer im Interesse eines fremden Staates oder einer ausländischen Partei oder einer anderen Organisation des Auslandes zum Nachteil der Schweiz oder ihrer Angehörigen, Einwohner oder Organisationen politischen Nachrichtendienst betreibt oder einen solchen Dienst einrichtet,
wer für solche Dienste anwirbt oder ihnen Vorschub leistet, wird mit Gefängnis bestraft.
2. In schweren Fällen ist die Strafe Zuchthaus. Als schwerer Fall gilt es insbesondere, wenn der Täter zu Handlungen aufreizt oder falsche Berichte erstattet, die geeignet sind, die innere oder äussere Sicherheit der Eidgenossenschaft zu gefährden.»
64 «Trumpf Buur» oder «Aktion für freie Meinungsbildung» platziert seit 1947 wöchentlich politische Inserate in verschiedensten Tageszeitungen, kann als rechtsbürgerlich eingestuft werden, wird von den Autoren des Buches «Die unheimlichen Patrioten» der «politischen Reaktion in der Schweiz» zugeordnet. Selbstdarstellung auf Homepage 2001: «Der Trumpf Buur will alle, die sich für das Wohl unseres Landes interessieren, durch sachliche und klare Informationen auf jene Erscheinungen im politischen Leben aufmerksam machen, welche auf die Dauer die persönliche Freiheit einschränken und den Rechtsstaat aushöhlen. Mehr Freiheit – weniger Staat. Mehr sparen – weniger Steuern. Mehr Markt – weniger Bürokratie.» [Wer ist der «Trumpf Buur»?] «Diese Frage stellen sich seit gut 50 Jahren immer wieder hunderttausende Schweizerinnen und Schweizer, denn seit 1947 ist der Trumpf Buur die meistverbreitete politische Meinung in unserem Land. Von niemandem abhängig, nur sich selbst verpflichtet. Diese Unabhängigkeit garantiert der Verein ‹Aktion für politische Meinungsbildung›, welcher den Trumpf Buur trägt und weder vom Staat noch von politischen Parteien finanzielle Unterstützung entgegennimmt. Dafür kann der Trumpf

Buur auf über 30 000 Bürgerinnen und Bürger zählen, die mit seinen politischen Zielen einiggehen und ihn in seiner Aktivität finanziell unterstützen. Dabei bestimmt jeder Spender die Höhe seines Beitrages selbst. Die Tatsache, dass die grösste Einzelspende nur knapp 2% des Trumpf Buur Budgets ausmacht, garantiert, dass der Trumpf Buur von Geldgebern nicht unter Druck gesetzt werden kann.»

65 Private (Mittel-)Schule.
66 Wochenzeitung der Migros, des grössten Grossverteilers der Schweiz. Damals eng verbunden mit dem «Landesring der Unabhängigen», einer von Migros-Gründer Duttweiler gegründeten Partei der Mitte (inzwischen aufgelöst).
67 Es handelt sich dabei um Wilhelm Frick, der von Walther Hofer entsprechend charakterisiert wurde, was ihm mehrere Ehrverletzungsklagen des Frick-Sohnes eintrug, die 1998 in einem Urteil des Zürcher Obergerichtes geschützt wurden. Siehe Tagesanzeiger vom 24. 9. 1998 und Walter Wolf – Faschismus in der Schweiz – Flamberg Verlag, 1969, Schaffhausen. Walther Hofer ist auch in Deutschland bekannt mit seinem Buch «Der Nationalsozialismus. Dokumente 1933–1945», Frankfurt am Main: Fischer Verlag, 1957 ff. Bei der SVP handelt es sich um eine rechtskonservative Partei, in etwa der CSU entsprechend, die vor allem in der Deutschschweiz, insbesondere auf dem Land, eine starke Position hat.
68 Psychiatrische Universitätsklinik des Kantons Zürich.
69 Deutschland und der Schweiz.
70 Gleicher Staatsschutzbericht wie oben.
71 Historisches Lexikon der Schweiz, http://www.snl.ch/dhs/externe/protect/deutsch.html, Abschnitt «Atomwaffen».
72 In der Schweizer Mundart wird mit dem Wort «Schabe» einerseits, wie im Hochdeutsch, ein Insekt, die gemeine Küchenschabe, bezeichnet, andrerseits aber auch eine Frau, «e tolli Schabe» ist in etwa «ein steiler Zahn» oder so ...
73 Erich Mückenberger 1996 in seiner Erklärung als Angeklagter vor der 27. grossen Strafkammer des Landgerichtes Berlin im sogenannten Politbüroprozess, in dem die ehemaligen Mitglieder des Politbüros des ZKs der SED wegen der Toten und Verletzten an der Grenze zwischen Ost und West angeklagt wurden. Das Politbüro auf der Anklagebank. Eine Dokumentation mit 8 Interviews und Nachworten, von Dietmar Jochum, Berlin: Magnus-Verlag, 1996.
74 Vorwärts vom 18. August 1961, Vorwärts = Zeitung der Partei der Arbeit.
75 Der volle Wortlaut der Anklage: «Den Angeschuldigten wird folgendes zur Last gelegt: In Ausübung ihrer politischen Ämter, insbesondere als Mitglieder des in Berlin tagenden Politbüros des Zentralkomitees (ZK) der SED, waren die Angeschuldigten über verschieden lange Zeiträume entscheidend an der Errichtung bzw. dem nachfolgenden Ausbau und an der Aufrechterhaltung der Grenzsperranlagen zur Bundesrepublik Deutschland in ihren damaligen Grenzen und zum Westteil Berlins ab August 1961 beteiligt. Hierbei nahmen sie die Tötung und Verletzung Fluchtwilliger durch Schusswaffengebrauch der Grenzposten bzw. Detonationen von Erd- und Splitterminen zumindest billigend in Kauf.» («Das Politbüro auf der Anklagebank».)
76 Zitiert nach Peter Bender: Episode oder Epoche? Zur Geschichte des geteilten Deutschland, München: Deutscher Taschenbuch Verlag, 1996.
77 Dietmar Jochum: Das Politbüro auf der Anklagebank, siehe oben.
78 Alle nachfolgenden Zitate von Jean Villain sind aus der «Vorwärts»-Ausgabe vom 18. August 1961, in dem es zwei Artikel von ihm hat.
79 Vorort von Genf.
80 Aus der Suhrkamp-Werkausgabe:

«Die Lösung
Nach dem Aufstand des 17. Juni
Liess der Sekretär des Schriftstellerverbands
In der Stalinallee Flugblätter verteilen
Auf denen zu lesen war, dass das Volk
Das Vertrauen der Regierung verscherzt habe
Und es nur durch verdoppelte Arbeit
Zurückerobern könne. Wäre es da
Nicht doch einfacher, die Regierung
Löste das Volk auf und
Wählte ein anderes?»

81 Schweizerdeutscher Ausdruck für leichter oder einfacher zu erziehen, weniger eigenwillig beziehungsweise verhaltensauffällig.
82 Nach einer Abstimmung in Algerien, die eine Mehrheit von rund 99% ergab, rief General de Gaulle die Unabhängigkeit Algeriens aus und schloss mit der provisorischen Regierung das Abkommen von Evian.
83 Duden 7 – Herkunftswörterbuch:
«*Vormund* «rechtlicher Vertreter minderjähriger oder entmündigter Personen»: *Mhd.* vormunde «Beschützer, Fürsprecher, Vormund», *ahd.* foramundo «Beschützer, Fürsprecher» ist eine Bildung zu dem Substantiv älter *nhd.* Mund «Schutz, Vormundschaft», *mhd., ahd.* munt «[Rechts]schutz, Schirm» …, vgl. entsprechend *aengl.* mund «Schutz, Vormundschaft; Hand» und *aisl.* mund «Hand». *Aussergerm.* ist z. B. verwandt *lat.* manus «Hand» (s. die Fremdwortgruppe um *manuell*). – Das Wort wandelt früh seine Bedeutung von «(schützend über jemanden gehaltene) Hand» zu «Schutz» oder «Macht», besonders «Macht über Sippenangehörige ohne rechtliche Selbständigkeit». Abl.: *bevormunden* «jemanden an der freien Willensentscheidung hindern; gängeln» (16. Jh.: an Stelle eines älteren *mhd.* vormunden «Vormund sein, sich als Vormund betätigen»).»
84 Zürcher Vergnügungs- und Sexviertel.
85 Zitiert aus Paul Bösch: Meier 19. Eine unbewältigte Polizei- und Justizaffäre Zürich: Limmat Verlag, 1997.
86 Ebd.
87 Ebd.
88 Ebd.
89 Manuskript Victor S.
90 Ebd.
91 Ebd.
92 Ebd.
93 Aus einer Publikation der «Jungen Sektion», die die vollumfängliche 1.-Mai-Rede von Marco P. veröffentlichte.
94 Edgar Woog, Begründer und Generalsekretär der Partei der Arbeit, Zürcher Stadtrat, Nationalrat.
95 Das damals leer stehende Gebäude hatte dem Warenhaus «Globus» als Provisorium gedient. Nachdem die Globus AG das neue Warenhaus an der Löwenstrasse bezogen hatte, verlangten die Jugendlichen das leer stehende Gebäude als Autonomes Jugendzentrum. Heute steht das Provisorium noch immer und ist eine Coop-Filiale.
96 Zitiert nach dem Film «Krawall» von Jürg Hassler.
97 Aus dem Erinnerungsprotokoll der Einvernahme bei der Fremdenpolizei vom 15. August 1968, verfasst von Emilio M. selbst.

98 Ebd.
99 Zürcher Manifest: «*Wir stellen fest:* In Zürich ist es zwischen Jugendlichen und der Polizei zu Kämpfen gekommen. Damit brachen auch in unserer Stadt Konflikte auf, wie sie sich gegenwärtig in Ost und West zeigen. *Wir folgern:* Die Zürcher Ereignisse dürfen nicht isoliert beurteilt werden. Sie sind eine Folge unzulänglicher Gesellschaftsstrukturen. Sie als Krawalle abzutun und die Beteiligten nur als randalierende Taugenichtse und Gaffer hinzustellen, ist oberflächlich. *Wir sind überzeugt:* Eine Ursache der Krise ist die Unbeweglichkeit unserer Institutionen. Diese Unbeweglichkeit wendet sich gegen den Menschen. Sie verhindert die Anpassung an die sich wandelnden Bedürfnisse der Menschen und die Entfaltung schöpferischer Minderheiten. *Wir erinnern:* Wesentliche Umwälzungen sind immer von Minderheiten ausgegangen. So fand 1848 der Liberalismus gerade in der Jugend leidenschaftliche Anhänger. Diese Minderheit – damals Revoluzzer genannt – bewahrte die Unabhängigkeit der Schweiz und schuf unseren Bundesstaat. *Wir warnen:* Einen kulturellen Konflikt lösen weder Prügel und Verbote noch Besänftigung durch gönnerhafte Angebote. ‹Wohltätigkeit ist das Ersaufen des Rechts im Mistloch der Gnade› (Pestalozzi). Unterdrückung der Konflikte treibt die Jugend auf die Barrikaden. *Wir fordern:* 1. Bereitstellung eines zentral gelegenen autonom verwalteten Diskussionsforums für Jung und Alt. 2. Verzicht auf Sanktionen wie Relegation von Studenten und Schülern, Entzug von Stipendien, Ausweisung von Ausländern, Entlassungen, sofern nicht schwerwiegende Delikte vorliegen. 3. Wiederherstellung des verfassungsgemässen Demonstrationsrechts. 4. Fortsetzung der Gespräche mit allen Minderheiten. 5. Einladung zur Meinungsäusserung aller Konfliktparteien durch Presse, Radio und Fernsehen. 6. Unverzügliche Bildung einer wissenschaftlichen Arbeitsgruppe mit dem Auftrag, die tieferen Ursachen des Konflikts zu erforschen und praktische Vorschläge auszuarbeiten.»
100 Vollversammlung.
101 Im Kalten Krieg von den Supermächten umkämpfte Länder wurden auch etwa als «Dominosteine» bezeichnet, ausgehend von der Theorie, dass bei ihrem Fall ein Land nach dem anderen – wie Dominosteine eben – umfallen und in den kommunistischen Einflussbereich geraten würde.
102 Die folgenden Passagen sind aufgrund des Erinnerungsprotokolls von Emilio M. geschrieben, wenn auch nicht immer wörtlich zitiert.
103 Treppe am Ufer der Limmat, auf der sich in den sechziger und siebziger Jahren viele Jugendliche trafen.
104 Fortschrittliche Studentenschaft Zürich.
105 In der Fiche heisst es «H. H. B.», um keine Missverständnisse zu verursachen, der im Buch üblichen Schreibweise angepasst.
106 Zitiert nach einem Text von Iring Fetscher.
107 Am My-Lay-Massaker in Vietnam Beteiligte, dafür auch gerichtlich belangt.
108 Frepo: Fremdenpolizei.
109 James Schwarzenbach (unter anderem Nationalrat) war in den siebziger Jahren die führende Figur im Kampf gegen die «Überfremdung der Heimat». Mit der so genannten Schwarzenbach-Initiative versuchte er den Ausländerbestand zu senken, was an der Urne knapp scheiterte.
110 Niederländische und deutsche Siedler, die in Südafrika die Macht innehatten und ein Apartheidsystem einrichteten.
111 Name geändert.
112 Zentralkomitee.
113 Diverse Zitate aus Protokollen der Geschäftsleitungssitzung vom 7. beziehungsweise der Vorstandssitzung vom 25. Mai 1971.

114 Name geändert.
115 Eduard Naegeli: Das Böse und das Strafrecht, München: Kindler Taschenbücher, 1966.
116 Chronik des 20. Jahrhunderts, Braunschweig: Westermann Verlag, 1982.
117 Peter Arnold u. a. (Hg.): Zwüschehalt, Zürich: rotpunktverlag, 1979.
118 Heute Departement für Verteidigung, Bevölkerungsschutz und Sport (VBS).
119 «2. 7. 75: v […] Notiz betr. Pflege eines verletzten Italieners in der Region Como/I., der eventuell den «Roten Brigaden» angehört, […] teilte in diesem Zusammenhang am 20. 6. dem […] mit, dass […] zusammen mit einem Arzt aus Zürich, verm. M., heute noch nach Italien fahren. Der Arzt betreute den Verletzten, bei dem es sich um den bekannten […] oder ein Bandenmitglied handeln könnte, über das Wochenende.» Auffällig ist übrigens, dass M.s Fichen in dieser Phase viele eingeschwärzte Stellen enthalten, die, offensichtlich auf Nachfrage M.s, teilweise «aufgedeckt» wurden.
120 Name geändert.
121 Dritte Welt.
122 So nannte US-Präsident Ronald Reagan die Sowjetunion.
123 Schweizerische Bankgesellschaft SBG, die später mit dem Schweizerischen Bankverein SBV zur UBS, Union Banque Suisse, fusionierte.
124 Stern 74/2000.
125 Kurzporträt von Jochi W.: «Die Centrale Sanitaire Suisse CSS Zürich ist eine gesundheitspolitische Organisation mit NGO-Charakter. Sie arbeitet in demokratischen Strukturen und ist nicht gewinnorientiert.
Die Gründung der CSS Zürich geht auf den antifaschistischen Widerstand in den dreissiger Jahren zurück. ÄrztInnen und Krankenpflegepersonen schlossen sich damals zusammen, um die republikanischen KämpferInnen im Spanischen Bürgerkrieg medizinisch und ideell zu unterstützen. Diesem unabhängigen, der Sache verpflichteten Engagement gegen Unterdrückung, respektive für Freiheit und Demokratie ist die Centrale Sanitaire Suisse Zürich auch heute noch verbunden. Die Arbeit hat jedoch durch die antiimperialistischen Bewegungen der siebziger und achtziger Jahre (Vietnamkrieg, Befreiungsbewegungen in Zentralamerika) eine weitere Akzentuierung erfahren.
Heute unterstützt die CSS Zürich basismedizinische Projekte in Cuba, El Salvador, Eritrea, Guatemala, Nicaragua, Palästina und Vietnam.»
126 Sozialdemokratische Partei.
127 Partei der Arbeit.
128 Progressive Organisationen Schweiz.
129 Revolutionäre Marxistische Liga.
130 Dossier Cincera, Demokratisches Manifest.
131 Ebd.
132 Unterstützt gemeinsam mit der «Gruppe für zeitkritische Analysen» Ernst Cinceras Schnüffelarchiv. Die «Gruppe für zeitkritische Analysen» erhielt 1974 vor allem aus Banken- und Industriekreisen total 46 000 Franken (Dossier Cincera, Demokratisches Manifest).
133 Ernst Cincera, so heisst der Subversivenjäger, die Sache wurde damals als «Cincera-Affäre» bekannt.
134 Hier wird offensichtlich ein anderer Fall, der Tod von PD Dr. Stamm, mit dem Fall Naegeli vermischt.
135 Meyers Grosses Taschenlexikon: «Kral [afrikaans aus portug.] der (Kraal), Rundlingssiedlung afrikan. Völker mit dem oft ebenso benannten Viehgehege in der Mitte.»

136 Meyers Grosses Taschenlexikon.
137 Meyers Grosses Taschenlexikon: «Abk. für engl. South Western Township, Wohnstadt für Schwarze im SW von Johannesburg, Rep. Südafrika mit mehr als 2 Mio. Ew. (starker illegaler Zuzug). Seit 1976 kam es in S. zu Protestdemonstrationen gegen die südafrikan. Apartheidpolitik.»
138 So der Moderator der Friedenskundgebung laut «Neuer Zürcher Zeitung».
139 Konrad Ege/Jürgen Ostrowski: Ronald Reagan. Eine politische Biographie, Köln: Pahl-Rugenstein, 1986.
140 Zusammenschluss schweizerischer Friedensorganisationen (ohne jene, die als sowjetfreundlich galten).
141 1987 schreibt der Philosoph Günther Anders in dem Buch «Gewalt Ja oder Nein. Eine notwendige Diskussion» (Ein Natur Buch, München: Knaur Verlag, 1987) zu den Demonstrationen gegen Tschernybol, gegen Atomkraftwerke unter anderem: «... sobald hunderttausend zusammen sind, wird automatisch ein lustiges Volksfest draus. Dann gibt es Würschtl, Tschernobyl mit Würschtl ... Wenn Tausende zusammenkommen, dann stärkt das automatisch den Mut. In der Menge, in der sie dann baden, vergessen sie schnell, dass es Tschernobyl gibt und dass Tschernobyl morgen hier sein kann ...
Es ist nicht möglich, durch liebevolle Methoden, wie das Überreichen von Vergissmeinnichtsträussen ... effizienten Widerstand zu leisten. Ebenso unzulänglich, nein: sinnlos, ist es, für den atomaren Frieden zu fasten. Das erzeugt nur im Fastenden selbst einen Effekt, nämlich Hunger, und vielleicht das gute Gewissen, etwas ‹getan› zu haben. Den Reagan und die Atomlobby interessiert das aber gar nicht, ob wir ein Schinkenbrot mehr oder weniger essen. Das sind alles wirklich nur ‹Happenings› ... Jedenfalls halte ich es für erforderlich, dass wir diejenigen, die die Macht innehaben und uns (ein millionenfaches ‹Uns›) bedrohen, einschüchtern. Da wird uns nichts anderes übrigbleiben, als zurückzudrohen und diejenigen Politiker, die gewissenlos die Katastrophe in Kauf nehmen oder direkt vorbereiten, ineffektiv zu machen. Schon die blosse Androhung könnte vielleicht und hoffentlich eine Einschüchterung zur Folge haben ... Solange sie uns zu beherrschen oder zu erpressen oder zu demütigen oder zu vernichten suchen, oder solange sie unsere mögliche Vernichtung auch nur (aber dieses ‹nur› reicht!) in Kauf nehmen, solange sind wir – ich bedaure – durch diesen Notstand genötigt, auf den eigenen Gewaltverzicht zu verzichten. In anderen Worten. Unter keinen Umständen dürfen wir unsere Friedensliebe dazu missbrauchen, den Skrupellosen die Chance zu eröffnen, uns und unsere Kindeskinder auszulöschen ... Unsere Gewaltausübung darf immer nur als Verzweiflungsmittel, immer nur als Gegengewalt, immer nur als Provisorium eingesetzt werden. Denn letztlich zielt sie auf nichts anderes ab als auf den Zustand der Gewaltlosigkeit ...»
142 Jochi Weil (Hg.): Zwischen Zwängen und Freiheit. Jugendlichkeit zwischen Anstalten und Autonomie, Konstanz: edition neser, 1981.
143 Er selbst nennt die dieser Zeit entstammenden Texte, 1979 im «Seegfrörni-Verlag» erschienen, «Skizzen eines Tiefs».
144 Am 30. April 2001 beendet Jochi W. seine Angestelltentätigkeit bei der CSS und arbeitet als Beauftragter für den Nahen Osten weiter mit der Organisation zusammen.
145 Berndeutsche Dialektvariante, die im ältesten Industrie- und Unterschichtquartier «Mattenenge» gesprochen wird.
146 Unterlagen Pressekonferenz.
147 Bekannter Schweizer Industrieller mit Waffenfabrik, der 1970 vom Bundes-

strafgericht zu einer Gefängnisstrafe von acht Monaten bedingt und 20 000 Franken Busse verurteilt wurde. «Wegen schuldhafter Nichtverhinderung illegaler Waffenausfuhren nach Südafrika.» Looser, Kolbe u. a.: Die Schweiz und ihre Skandale, Zürich: Limmat Verlag, 1995.
148 Brotlaib von 500 Gramm.
149 Die andere Zeitung, Zeitung der sozialdemokratischen Partei der Stadt und des Kantons Zürich, Nachfolgezeitung von «Volksrecht» und «AZ».
150 Zeitschrift der religiös-sozialen Bewegung.
151 Subjektivität und Klassenkampf, Widerspruch, 1983.
152 Aus Vorabdruck des «Versuchs einer Synthese von psychoanalytischen und ökologischen Überlegungen im Hinblick auf die Optimierung linker Politik» (Psychoökologie) in Widerspruch 9/1985.
153 Hommage à W. R. Psychoanalyse und Politik vor der Jahrtausendwende.
154 Max Frisch: Der Mensch erscheint im Holozän, Frankfurt a. M.: suhrkamp taschenbuch, 1981, S. 90.
155 Günther Schwarberg: Dein ist mein ganzes Herz, Göttingen: Steidl, 2000.
156 Ebd.
157 Ebd.
158 Achim Becker in der Zeitschrift «antifa» über das Buch «Dein ist mein ganzes Herz» von Günther Schwarberg.
159 Günther Schwarberg: Dein ist mein ganzes Herz, Göttingen: Steidl, 2000.
160 Zitiert nach David Schwackenberg «Die Musik der Konzentrationslager im Zweiten Weltkrieg», www.shoa.de.
161 Ebd.
162 Titel eines anderen bekannten Schlagers von Fritz Löhner-Beda aus der gleichnamigen Operette von Lehár.
163 Günther Schwarberg: Dein ist mein ganzes Herz, Göttingen: Steidl, 2000.
164 Ebd.
165 Einem jüdisch-arabischen Friedenszentrum.
166 Meyers Grosses Taschenlexikon: «Wiederholte Raketenangriffe der Hisbollah auf Grenzgebiete im Norden Israels führten 1996 zu schweren Kampfhandlungen und einer Seeblockade der Häfen im Süden L.s; zum ersten Male seit 1982 griff die israel. Luftwaffe 1996 wieder Ziele in Beirut an.»
167 Exiljuden.
168 Er bezieht sich auf das gleichnamige Buch von Franz Fanon.

Jürgmeier: Der Mann, dem die Welt zu gross wurde – Variationen zur letzten Aussicht, Nürnberg: Lectura-Verlag, 2001 – ISBN 3-934772-35-8, 355 Seiten, Fr. 30.–

«Die Texte, die Jürgmeier in diesem Band versammelt: brillante Essays und Kolumnen, ‹verdichtet› mit Erzählungen und Gedichten, haben etwas ebenso Beklemmendes wie Befreiendes. Das ist kein Widerspruch, Befreiung beginnt mit der *Aufklärung*, die das, was ist, auf den Begriff bringt. Der Autor weiss: Aufklärung ist das Gegenteil der ‹Höflichkeit›, die ‚es für ‹unziemlich› erklärt, die Wirklichkeit beim Namen, die Reichen reich und die Mächtigen mächtig zu nennen'. Diese Aufklärung prägt die Arbeit von Jürgmeier, der dabei so gar keine Angst hat, bürgerlich unmöglich zu werden ...
Noch nie habe ich Texte von einem Mann gelesen, die eine so scharfsinnige, scharfsichtige und engagierte Kritik am ‹Konzept Mann› enthalten, an diesem ‹Versuch, alles unter Kontrolle zu bekommen›, auch das ‹Unkontrollierbare schlechthin, Sexualität und Tod›. Jürgmeier weist das ‹Konzept Mann› an immer neuen Beispielen nach, von der männlich dominierten Kriminalität, zu der auch die Kriege zählen, bis zu seiner ‹radikalsten und grauenhaftesten Erfüllung› im Faschismus. Umso schlimmer, wenn gerade heute ‹die Sehnsüchte nach dem starken Mann› wiederkehren ...
Jürgmeiers Kritik ist nie selbstgefällig, sondern Ausdruck einer Sehnsucht nach Harmonie, vor allem zwischen den Geschlechtern. Er werde ‹immer wieder den Graben zwischen Wirklichkeit und Vision aufreissen›, lesen wir in der ergreifenden Abdankungsrede für den Vater. Die Vision – das wäre die ‹Desertion›, in der die ‹Liebe tatsächlich die Gräben des Geschlechts und der Klassen› überwinden würde, oder die Utopie, dass der Mensch dem Menschen ein Mensch sei› ...»
Willy Spieler, Neue Wege

«... Jürgmeier setzt sich in seinem neusten Werk – eine kluge, verführerische und anstossende Auswahl von Texten, Gedichten, Essays von 1986 bis in die Gegenwart – mit den vielfältigsten Themen entlang des Alphabets auseinander. von A wie *Als wärs ein Stück von mir* über F wie *Familie tottal* bis hin zu Z wie *Das waren andere Zeiten, damals*. Oft ausgehend von einer alltäglichen Beobachtung, entwirft er eine Welt- und Weitsicht, die von einer patriarchatskritischen und Männer reflektierten Perspektive zeugt; Zugänge eröffnend, die die herkömmlichen, auch gewohnten Sichtweisen irritieren, die feministisch engagierte Frauen nachdenklich und männerbewusste Männer herausfordern können. Jürgmeier beschreibt den Alltag und seine Utopien – und zwar gleichermassen mit spitzer Feder und Humor, mit knallharten Facts und gefühlvollen Reflexionen, mit einer herzhaften Prise Moral (ohne jedoch zu moralisieren) und einer wahrnehmbaren Zuneigung zu den Menschen, die er – fiktiv oder real – zu seinen ‹Helden› macht. Ein sinnliches Lesevergnügen!» *Lisa Schmuckli, Rote Revue*

Chronos-Bücher zum Thema

Sibylle Birrer; Reto Caluori; Kathrin Lüssi; Roger Sidler
Nachfragen und Vordenken
Intellektuelles Engagement bei Jean Rudolf von Salis, Golo Mann, Arnold Künzli und Niklaus Meienberg
2000. 245 S. 28 Abb. Br. CHF 38/EUR 23 ISBN 3-905314-08-8

Huber, Peter
Stalins Schatten in die Schweiz
Schweizer Kommunisten in Moskau: Verteidiger und Gefangene der Komintern
1994. 629 S. 58 Abb. Geb. CHF 78.00/EUR 43.50 ISBN 3-905311-29-1

Urs Kälin
«Leben heisst kämpfen»
Bilder zur Geschichte der Sozialistischen Arbeiterjugend Zürich, 1926–1940
Herausgegeben vom Schweizerischen Sozialarchiv, Zürich
2001. 176 S. 220 Abb. Geb. CHF 48/EUR 32.90 ISBN 3-0340-0528-8

Andreas Petersen
Radikale Jugend
Die sozialistische Jugendbewegung der Schweiz 1900–1930
2001. 554 S. 60 Abb. Geb. CHF 68/EUR 42.50 ISBN 3-0340-0510-5

Christian Werner
Für Wirtschaft und Vaterland
Erneuerungsbewegungen und bürgerliche Interessengruppen in der Deutschschweiz 1928–1947
2000. 440 S. Geb. CHF 68/EUR 39.00. ISBN 3-905313-26-X

Christoph Späti
Die Schweiz und die Tschechoslowakei 1945–1953
Wirtschaftliche, politische und kulturelle Beziehungen im Polarisationsfeld des Ost-West-Konflikts
2001. 762 S. Geb. CHF 78/EUR 45.00 ISBN 3-905313-54-5

Walter Leimgruber; Werner Fischer (Hg.)
Goldene Jahre
Zur Geschichte der Schweiz seit 1945
1999. 204 S. 10 Abb. Br. CHF 34/EUR 19.50 ISBN 3-905313-16-2

Chronos-Neuerscheinungen

Habib Souaïdia
Schmutziger Krieg in Algerien
Bericht eines Ex-Offiziers der Spezialkräfte der Armee (1992–2000)
Mit einem Vorwort von Ferdinando Imposimato.
Übersetzt aus dem Französischen.
2001. 205 S. Br. CHF 32 /EUR 19 ISBN 3-0340-0537-7

Pierre Heumann, Sharif Kanaana
Wo ist der Frieden?
Wo ist die Demokratie?
Der palästinensische Witz:Kritik, Selbstkritik und Überlebenshilfe
2001. 157 S. Br. CHF 28/EUR 16 ISBN 3-0340-0536-9

Hanna Zweig-Strauss
David Zvi Farbstein (1868–1953)
Jüdischer Sozialist – sozialistischer Jude
Ein Leben im Kampf gegen Benachteiligung und Ausgrenzung
2002. 280 S., 18 Abb. Geb. CHF 42/EUR 28.90 ISBN 3-0340-0502-4

Revital Ludewig-Kedmi, Miriam Victory Spiegel, Silvie Tyrangiel (Hg.)
Das Trauma des Holocaust zwischen Psychologie und Geschichte
2002. 212 S. Br. CHF 34/EUR 21.90 ISBN 3-0340-0538-5

Heinz Käufeler
Das anatolische Paradox
Weltliche und religiöse Kräfte in der modernen Türke
2002. Gebunden. 544 S. CHF 78/EUR 53.90 ISBN 3-0340-0552-0

Chronos Verlag
Eisengasse 9
8008 Zürich
Fax 01 265 43 44
e-mail: info@chronos-verlag.ch
www.chronos-verlag.ch